思行者

THINKACTER

廉思 / 著

社会科学文献出版社
SOCIAL SCIENCES ACADEMIC PRESS (CHINA)

推荐语

　　我从廉思身上看到了中国传统的士大夫精神，看到了一个真正知识分子的影子。他做的这些事很有意义。秉持实事求是原则，坚持反映群众呼声，尤其是弱势群体的呼声，是每一个知识分子的职责。

——武汉大学原校长　教育家　刘道玉

　　读《思行者》，我脑海中浮现出三个关键词，责任感、科学性和接地气。廉思是80后，他的成长和中国的改革开放同步，他深知，自己和同龄人是祖国发展的长跑接棒人，责任重大。因此，他努力去了解青年，研究青年，懂得他们的疾苦和诉求，实际上成为这一代年轻人的代言者之一。作为研究者，他又有着科学的方法论，从"蚁族""工蜂"到"拐点一代""战疫一代"，他的研究涵盖了当代青年的整个横切面，当然也就更有说服力。社会的声音有高有低，高者容易被听见，低者往往被忽略，廉思的研究让低声者发声，为无语者正言。他不是书斋学者，他深入"蚁族"中，也如同"工蜂"一样辛苦劳作，诸多的青年朋友就是他智慧的源泉。在我看来，这本书就是他用自己生命酿出的蜜。

——共识传媒总裁　资深媒体人　周志兴

　　廉思的《思行者》是他多年来对于当代青年问题、社会阶层问题、流动人口问题等方面研究思考和学术创新的结晶。他有着敏锐的时代嗅觉和严谨的治学态度，对社会问题的探索素以极其深入的田野经验和实地调查为基础而著称。十年前，他的《蚁族》一书出版后，立即得到社会各界的广泛关注和高度好评，蜚声海内外。但他并未止步于此，而是继续带领课题组扎根一线，总计对30多个社会群体进行了抽丝剥茧般的调研分析，其中很多都是时代发展中涌现出来的新群体和新现象，因此，他称得上是"中国新兴群体的瞭望者"。他对青年人口和社会流动的研究以及对社会治理和群团改革的建议，在学界和政界都引起了很好的反响，对于推动中国青年社会学发展做出了积极贡献。

——清华大学文科资深教授　社会学家　李强

《思行者》书中收录的各项精彩研究，采用青年发展的视角和实地调查的方法，从不同层面探讨了社会群体与时代变迁的机理关系。这些成果不仅体现出廉思在认识中国方面经验研究的可贵积累，而且反映出他在理论创新道路上的不断求索。廉思带领课题组希望从纷繁复杂的社会现象中找到中国发展的规律，有人质疑他创造的学术概念，但他总是以无法辩驳的事实作为支撑和说明，所以，他形成的判断是返璞归真的。说生存环境影响了思想观点，这不能称之为惊人的观点；但是仔细描述生存环境的状态，探究如何影响某个群体的思想形成，进而研判其采取行为的逻辑，却绝非一件容易的事。

——北京大学中国与世界研究中心主任　政治学家　潘维

马克思、恩格斯高度重视青年问题，从社会关系层面把握青年的本质及其在社会历史中的独特作用。廉思这本书，立足于马克思主义青年观，分析了当代中国青年发展和阶层演变过程中的一系列重大问题，提出了不少具有原创价值的独到见解。廉思一直秉承"人大人"心怀天下的价值理念，从"蚁族"研究开始，凭借"位卑未敢忘忧国"的使命感，带领课题组长期俯身基层做调查研究，用"脚底板"做学问，努力用研究成果增强党对青年的凝聚力和青年对党的向心力，体现出马克思主义基本原理与中国具体实际相结合的优良学风，展现出新时代青年学者强烈的责任意识与扎实的理论素养。

——中国人民大学"长江学者"特聘教授　马克思主义学家　马俊峰

十几年来，廉思以社会学家的专业、知识分子的情怀，关注社会普通青年的现状与命运，他所提出的"蚁族""工蜂""洄游""蜂鸟"这些极为形象又富于解释力的概念，引起了社会各界的广泛注意，描述了一代青年在大转折年代的独特境遇。因此，这本《思行者》既是一部青年成长史，又是一部国家发展史。廉思尤其关心和鼓舞那些被前进社会所冷落的人，从本质上说，他和弱者是息息相通的。他用自己的智识为社会边缘者提供了理论赋权的机会，彰显了一个学者的人文价值。社会底层的青年们，不能成为社会遗忘的角落，让阳光沐浴到他们吧，这正是廉思所要呼唤的声音。

——华东师范大学紫江学者　历史学家　许纪霖

青年，从来不是问题，但如果忽视青年面对的问题，就是一个社会的大问题。廉思和他的团队，一直把青年面对的问题当作课题，他们写下的文字，给了青年向往美好、追求光明的勇气。《思行者》一如既往，她是一种温度，也是一座桥梁，还可能是为青年向社会发出的声音。青年人可以从这本书中，找到同伴，找到温暖，找到力量。

——中央电视台著名主持人　记者　作家　白岩松

我和身边的很多网络作家都是廉思的好友，从他的研究中找寻现实题材创作的灵感和小说人物的原型。一个人的声音只能代表自己，但无数个声音汇聚在一起，就可以代表一个时代。廉思课题组的成果汇聚了当代青年的声音，从不同侧面展现出一代人的生活状态和精神世界。从他的作品中，我们可以读懂时代的面貌，感受时代的脉搏。每一个关心中国未来的人，都应该读一读他的书。

——中国作家协会主席团委员　知名网络作家　唐家三少

作者简介

　　廉思，男，1980 年生，中国新兴群体的瞭望者，首创"蚁族""工蜂""洄游""蜂鸟"等社会学概念，提出"拐点一代""战疫一代"等青年世代划分称谓。祖籍燕赵，北京市人。国家三级教授，博士生导师。中国人民大学经济学学士、管理学硕士、法学博士，北京大学政治学博士后，美国芝加哥大学社会学系访问学者。

　　中宣部文化名家暨"四个一批"理论人才、教育部"新世纪优秀人才"、北京高校首批"青年英才"。获全国青年岗位能手、北京市劳动模范、北京青年五四奖章、北京市未成年人保护工作先进个人、共青团中央优秀干部、履职优秀全国青联委员、北京高校优秀辅导员、首都教育系统奥运工作先进工作者、北京大学优秀博士后、对外经济贸易大学惠园杰出学者、对外经济贸易大学科研标兵等称号或荣誉。

　　大学期间担任中国人民大学学生艺术团总团长、校研究生会主席、校务委员会委员、湖北省广水市市长助理等；工作后相继担任北京博士后联谊会副理事长兼秘书长、北京市委教育工作委员会委员助理、对外经济贸易大学党委研究生工作部部长、对外经济贸易大学深圳研究院院长、共青团中央学校部副部长等。

　　现主要担任全国青联常委兼社会科学界别副主任委员、中国青少年研究会副会长、中国青年志愿者协会副会长、中国人才研究会青年人才专业委员会副理事长、中国青年科技工作者协会常务理事、国家《中长期青年发展规划（2016～2025 年）》专家委员、国家保密战略专家咨询委员、团中央中国特色社会主义理论体系研究中心专家委员、中央社院统战高端智库特聘研究员、国家人力资源和社会保障部干部教育培训专家、新华社瞭望智库专家等。

先后在《人民日报》《光明日报》《学习时报》等重要报纸及各种刊物上发表论文百余篇，其中十余篇被《新华文摘》《红旗文摘》及中国人民大学复印报刊资料转载。主持国家社科基金和省部级课题数十项，以及霍英东高校青年教师基金、中国博士后科学基金特别资助和一等资助等。

多次应邀为共青团中央、国家保密局、国务院机关事务管理局、北京市委、香港中联办等政府机关中心组学习做专题报告。积极参与国际交流，在"一带一路"国际合作高峰论坛、中欧高级别人文交流对话、中非青年领导人论坛、中韩青年领导者论坛等许多重大国际会议上做主旨发言，在世界舞台发出中国声音。获评"《中华儿女》年度人物""《南风窗》为了公共利益十大年度人物""《南方周末》致敬年度人物"、中国互联网新闻中心"中国好教育——敢言奖"等，并担任北京市人民政府特邀建议人、重庆市青少年工作研究特聘顾问、江苏省青少年工作特聘顾问、湖北省青少年理论研究特约研究员、辽宁省"青马工程"导师、河北省青少年发展研究会名誉会长以及电子科技大学、太原理工大学、西北大学、河北工业大学、成都理工大学、华侨大学、山西大学等全国十余所高校的客座教授和兼职教授。

由其领衔的研究团队，以擅长田野调查著称，长期蛰伏在不同群体之中进行深度观察研究，具有击穿社会阶层、对话各种身份、跨越学科分野的能力。在研究过程中，始终把社会问题放在中华民族伟大复兴的历史进程中予以考察，见证当代中国不同社会群体在经济、政治、社会、文化等领域的成长困惑和代际诉求。成果荣获"文津图书奖""华语传媒图书大奖""中国图书势力榜非文学类十大好书""国务院参事室第三届费孝通田野调查奖一等奖""北京市哲学社会科学优秀成果一等奖""教育部高校人文社会科学研究优秀成果二等奖"（两次）"北京高校青年教师社会调研优秀项目一等奖"等。成果亦成为海内外了解中国新兴群体生存现状和思想动态的重要参考文献，受到海内外广泛关注和青年持续讨论，作品被翻译成英文、日文等并登上美国《时代周刊》，被世界各大主流媒体相继报道。

课题组具有直达中央的学术影响力，撰写的有关"蚁族"（未稳定就业大学毕业生聚居群体）、"工蜂"（高校青年教师）、"洄游"（返乡青年）、"蜂鸟"（快递小哥）、新生代农民工、青年产业工人、城市新移民、新文艺群体、新的社会阶层等社会群体的一系列研究报告，20 余次得到中央领导同志的批示和高度重视。中共中央办公厅、中央统战部、文化和旅游部、共青团中央、国家保密局、全国哲学社会科学规划办、新华社、人民日报社、光明日报社、中央社会主义学院、北京市社科联等部门多次发出通报，对课题组高度的政治敏锐性、坚定的政治立场、自觉关注现实问题、深入实际调查研究、努力推出高质量的研究成果予以肯定和表扬。

书名题字：毛广淞，著名书法家，江苏涟水人，武警总部大校警官，中国书法家协会会员，中国书法十大年度人物，擅写"爨体"，字法遒劲古朴、气势磅礴，世称"毛爨"。

序　言
新时代的青年发展呼唤务实求是的青年研究

　　欣闻廉思课题组十年来的论述汇编结集成册，在此表示热烈的祝贺！并借此机会，向一直以来辛勤耕耘、为推动中国青年研究事业做出不懈努力的社会科学工作者们致以崇高的敬意！

　　廉思同志长期从事青年研究，坚持用"脚底板"做学问，他所带领的研究团队，围绕中国社会发展中的青年问题和青年现象，开展了一系列卓有成效的调查研究，形成了一批具有重要理论意义和现实价值的成果，为党和国家提供了高质量的政策建议，为促进青年工作和青年发展做出了积极贡献，已经成为海内外观察中国青年的重要窗口和文献参考。

　　我是在 2009 年廉思课题组出版《蚁族》后对他有较多了解的，在当年底举办的第五届中国青少年发展论坛上，我向与会学者隆重介绍了廉思团队和他们的研究成果。后来，他们出版第一部青年蓝皮书，我也应邀到场祝贺。应当说，廉思是我看着成长起来的青年研究专家。在接触中我逐渐发现，他不是一个书斋里的学者，他十分注重对现实问题的回应、对时代课题的解答。他课题组的研究成果，观点新颖、数据扎实、表达鲜活、深入浅出、渗透力强，在青年研究领域风格独特、自成一家。同时，他广泛深入青年，在青年中交有很多知心朋友，其研究成果不仅在学术界有较高的认可度，在青年中也有很高的知名度。十余年来，他带领课题组成员深入基层，调查研究，著书立说，笔耕不辍，不仅撰写了大量的理论文章，提出"蚁族""工蜂""洄游""蜂鸟""拐点一代""战疫一代"等脍炙人口的生动社会学概念，还作为国家中长期青年发展规划专家委员，在建言献策方面积极履职尽责，提出真知灼见，中央领导同志对其调研报告做出过很多重要批示。可以说，廉思同志及其课题组的研究成果，很好地体现了理论与实践的结合、应然与实然的结合、宏观与微观的结合。

廉思同志的这本书从百年变局与国家发展、党的领导与团的行动、社会结构与阶层流动等分析视角切入，运用多学科知识方法结合调查研究数据，围绕时代进程中的社会热点问题，条分缕析，动中肯綮。从书中论述我们可以感受到，经过十年的磨砺锤炼，廉思课题组对一些问题的思考日见深邃、研究方法愈发完善、政策建议更趋务实。借此书出版的机会，我也想和广大关心和支持青年研究事业的同志们谈谈自己的几点看法，供大家参考，请大家教正。

第一，青年研究要始终贯穿问题意识，坚持问题导向。马克思曾指出："问题就是时代的口号，是它表现自己精神状态的最实际的呼声。"所谓问题意识，是指对客观存在的现实问题的一种自觉性，这种自觉性具有能够适时发现掩藏在一般现象之下共性规律的敏锐意识和洞察能力。具体到青年研究，这一领域不是简单的、静态的知识体系，而是不断产生新的问题，并在解决问题的过程中不断发展理论的新兴学科。青年研究的理论创新一定是来自对社会生活的深入观察，离开了社会生活本身，青年研究就是无本之木、无源之水。当前，我们站在新的历史起点，正在进行具有许多新的历史特点的伟大斗争。新的历史起点、新的历史特点，很大程度就反映在我们所面对的复杂矛盾上，反映在我们所要解决的实际问题上。而反映在青年领域，就是我们要解决的青年问题往往都是牵动性强的深层次问题，都是一些难啃的硬骨头。从"蚁族"开始，廉思课题组关注的流动青年群体、青年知识分子、青年职业发展、青年价值观变迁等，之所以能够得到党和国家的高度关注，正因为其体现出很强的问题意识，强烈的问题导向贯穿于廉思课题组的研究始终，是他们启动调查、坚持调查的原发动力。历史已经证明，谁能更好地发现青年问题、把握青年问题并且解决青年问题，谁就能赢得发展的先机和主动。我们要深刻领会党中央群团改革的核心要义，以新的精神状态和奋斗姿态将问题意识融入推进国家治理体系和治理能力现代化的目标中去。

第二，青年研究要始终贯穿科学态度，坚持知行合一。认识和解决复杂多变的时代问题，仅靠经验是不行的，必须以科学的理论把握问题的实质。青年问题的产生错综复杂，既有内部原因，也有外部原因；既涉及经济领域，也涉及政治领域、文化领域、社会领域；有曾经经历的，也有从未遇到过的；许多问题相互联系、连锁反应。这就要求我们必须用辩证唯物主义和历史唯物主义方法，科学分析问题，深入研究问题，弄清问题性质，找出症结所在。许多问题并不是一眼能看穿识透的，这就需要见微知著，由表及里，透过现象看本质，撇开枝节抓根本。既要读万卷书，也要行万里路；既要读有字之书，也要读无字之书。廉思课题组提出的对一些青年问题的研判，在之后发生的青年现象以及青年运动的走向中，都不同程度地得到验证，从一个侧面反映出他们对实际问题的准确把握和对研究对象的深刻认知。慧眼的练就一方面来自他们长期浸染在青年生活和青年文化之中，与不同青年群体进行持续的、深度的、频繁的交流互动；另一方面也来自他们研机析理，察形见势，上下求索，对学术理论的不懈追求。好的青年研究成果，应当能够从繁杂问题中把握青年成长的规律性，从苗头问题中发现青年思想的倾向性，从偶然问题中揭示青年行为的必然性，最终形成兼具启发性和实操性的学说体系和政策建议。

第三，青年研究要始终贯穿党的理念，坚持人民立场。社会科学领域的任何研究，都是有价值预设的。青年研究要做到政治方向不偏，就要增强看齐意识，坚持向党的理论和路线方针政策看齐、向中央对社会科学工作和共青团工作的要求基准看齐。在任何时候任何情况下保持清醒头脑，坚定理论自信，不忘肩负使命。在大是大非面前旗帜鲜明，在关键时刻挺身而出，发出时代强音，弘扬主流旋律，以理论上的正本清源廓清青年思想上的困惑迷雾。坚持正确导向还应站稳人民立场，真正践行为人民做学问的理念。对青年研究而言，让广大青年有更多的获得感、幸福感、安全感是根本出发点和落脚点，要把青年的向往作为研究的方向，把青年的需求作为研究的追求，把青年的痛点作为研究的重点，把青年的感受作为检验研究成效的标尺，努力成为忠诚于党和人民事业、深受广大青年信赖、对青年成长有所裨益的学问家。廉思课题组的青年研究就突出体现了一种情怀，他们不是冷冰冰的旁观者，而是带着感情来为青年鼓与呼。本书字里行间流露出的强烈的问题意识和鲜明的价值导向，都饱含着他们对青年群众的深厚感情和对青年冷暖的共情体悟。好的青年研究者，应当关注青年所思、所忧、所盼，聚焦重点群体和关键领域，围绕青年在身心健康、就业创业、社会融入、婚恋交友等方面的实际困难和急迫需求，出谋划策，为党分忧，回应青年关切，促进青年发展。

党的十八大以来，习近平总书记关于青年本质、青年地位、青年教育、青年成长成才等青年工作与青年发展的诸多重要论述，构成了新时代中国特色社会主义思想的"青年篇"。2017年，在习近平总书记的直接关心和亲自指导下，党中央制定出台了《中长期青年发展规划（2016 - 2025年）》，这是新中国历史上第一个青年发展规划，是我国青年事业的重要顶层设计，提出了我国青年发展的政策体系和工作机制，充分体现了以习近平同志为核心的党中央对当代青年的高度重视、充分信任和殷切期望。在朝向实现"两个一百年"奋斗目标前进的过程中，当代青年肩负着重大的历史使命。在新的历史条件下，共青团要发扬"党有号召、团有行动"的光荣传统，不断提升组织的吸引力和凝聚力，切实增强"四个意识"，坚定"四个自信"，做到"两个维护"，始终保持政治性、先进性和群众性，引导青年树立远大理想，带领广大青年坚定不移地听党话、跟党走。

共青团事业向来具有鲜明的理论品质，研究工作是共青团工作的重要组成部分，对于完善青年政策、促进青年成长，具有十分重要的意义。青年研究不是坐而论道的清谈玄学，不是偏居一隅的高谈阔论，而是在思想前沿和基层实践中来回往复的一项充满挑战性和创新性的艰难探索。经过40多年的改革开放，我国经济社会发展取得了举世瞩目的成就，经济体制、社会结构、利益格局、思想观念都在发生广泛而深刻的变化，新情况新问题层出不穷。意识形态领域形势错综复杂，各种思潮暗流涌动，青年思想引领和成长成才的任务仍然艰巨。解决青年发展中的重大理论和实践问题，迫切需要加快中国青年研究，努力探寻中国青年发展的规律，提高共青团工作的科学化水平；迫切需要涌现一批像廉思同志一样，既有扎实学术功底又勇于开拓创新的青年研究骨干力量；迫切需要发现、培养、集聚一批既有深厚马克思主义理论素养，又能立足国际学术前沿、植根中国青年实际的研究大家。

我很高兴看到这部充满时代感的文集出版，希望廉思同志和课题组成员能够不忘初心，继续发扬老一辈学者实事求是、严谨治学的优良传统和科学精神，自觉把继承学术传统同大胆探索创新结合起来，把个人的人生追求同祖国的前途命运结合起来，不辜负历史和时代赋予这一代人的光荣使命。也期待这本书能够为我国青年研究起到抛砖引玉、添砖加瓦的作用，吸引更多学者对青年问题的关注目光、对青年工作的倾心支持，共同为新时代中国青年的成长成才贡献智慧与力量。

"桐花万里丹山路，雏凤清于老凤声"。相信廉思同志和课题组成员一定能在学术研究上勇攀高峰，取得更多新成就。

是为序。

郗杰英

国务院参事室特约研究员

中国青少年研究中心原党组书记、主任

2020 年 7 月

目　录

第一篇　当代青年问题

第二篇　新的社会阶层

第三篇　思想政治工作

第四篇　人生感悟思考

第五篇　报道采访评论

前　言
在时代演进和社会变革中探寻
中国青年的发展规律

> 问：你为什么喜欢去做实地调查？我看到很多青年学者从书本到书本，写了好多书。
>
> 费孝通：我主张做学问应该从实求知。从实际出发，从生活中去理解生活，理解什么是文化。离开了生活，我想做的学问就没有了。
>
> ——费孝通晚年谈话录（1981－2000）①

社会大变革的时代，一定是哲学社会科学大发展的时代。当前社会思想观念和价值取向日趋活跃，主流和非主流同时并存，社会思潮纷纭激荡。这其中，青年是思想最为活跃、最能推动社会变革的力量。因此，青年研究，理应成为推动哲学社会科学大发展大繁荣的重要来源。中国哲学社会科学要构建中国话语体系，让世界读懂中国，就要首先读懂青年。如果说乡土中国是中国的过去，青年中国就是中国的未来。

青年兴则国家兴，青年强则国家强，党中央高度重视青年工作。2017年4月，中共中央、国务院印发了《中长期青年发展规划（2016－2025年）》，

---

① 张冠生记录整理：《费孝通晚年谈话录（1981－2000）》，三联书店，2019。

这是新中国历史上第一个青年发展规划。2019 年 1 月,在中央党校"省部级主要领导干部坚持底线思维、着力防范化解重大风险专题研讨班"上,习近平总书记指出的七大领域重大风险中第一个就是青年问题。近年来发生在香港的一系列事件,虽有国外势力插手和香港政治制度的原因,但其中反映出来的青年思想教育、青年社会流动等问题,都给我们以极大的警醒和触动。因此,从事青年研究,既是理论的需要,也是现实的呼唤。

一 成果综述

改革开放后的前三十年,文化资本的积累成为社会变革的底层动因,反映在青年身上,文化资本的积累与经济资本、社会资本的积累高度同步。但是近十年来,随着改革开放进入深水区、中国高等教育普及化、我国经济增长从高速增长转向高质量发展,社会流动、财富分配的逻辑发生变化,文化资本积累在不同群体中的作用和价值正在迅速发生变化,尤其是对于高知群体而言,其边际效应递减显著,这不仅正在改变很多青年的命运,也给社会治理以及党的执政带来新课题。

基于这一观察,我课题组重点关注文化资本积累增量最多的青年群体,通过观察他们的生活状态和价值观念,进而探究不同资本形态对人生发展的影响,以及给国家治理现代化带来的新挑战,主要成果有以下几个方面。

(一)"蚁族""洄游"及流动青年群体研究

2007 年,我发现在中国的城市特别是大城市中,逐渐出现了一个以刚毕业大学生为主体的新群体——"高校毕业生低收入聚居群体",2009 年,我将其命名为"蚁族",出版《蚁族——大学毕业生聚居村实录》。由此,一个庞大的、鲜为人知的城市沉默群体,得以浮出水面。"蚁族"一词当年即入选"年度十大流行语",并在百度搜索中以 20008252 次的搜索量当选"影响时代社会类"事件,随后入选《现代汉语词典》(第六版)。一个新的群体——"蚁族",正式进入公众视野,登上中国的话语舞台。2010 年底,我课题组"蚁族"研究新成果《蚁族Ⅱ——谁的时代》出版,第一次对全国七个大城市的"蚁族"群体进行全面系统的摸底调查。如今,"蚁族"已经成为人们耳熟能详的社会群体和社会科学研究的重要概念。在中国知网以"蚁族"为关键词搜索,共得到801篇文献、662篇期刊论文、104篇硕博士论文①。

"蚁族"的出现折射出我国城市管理、大学生就业、社会分配制度、户籍管理制度、社会底层群体稳定等现实问题,特别是在高等教育持续扩招、城市管理日趋复杂以及当前我国经济下行压力较大的大背景下,这一现象尤其值得关注。自我发现并命名"蚁族"群体以来,课题组一共进行了七次针对该群体的调查,系统分析了"蚁族"的生活状态、职业特点及产生原因,还分专题对"蚁族"的身份认同、政治倾向、职业流动、社会公平、网络行为、居留意愿、消费行为等方面进行了深入研究,并探讨了"蚁族"引发的我国高等教育问题以及形成的"在职贫困"现象。"蚁族"系列共形成了数十篇论文和研究报告,为国家更好地制定大学毕业生相关政策提供了扎实的数据支撑和可靠的理论依据。"蚁族"研究成果荣获"教育部第六届人文社会科学研究优秀成果奖""北京市第十一届哲学社会科学优秀成果奖""文津图书奖""华语传媒图书大奖""中国图书势力榜非文学类十大好书"等。

在研究中,我们并未止步于对"蚁族"现象的一般揭示,而是从"蚁族"问题扩展开去,引申到对流动青年群体的系统研究。我们认为,当代中国青年的流动包含着两个同时发生却又反向进行的组成部分:一个是从农村或中小城市流动到大城市的年轻人,我们称之为"城市新移民";另一个是曾经在大城市工作生活,现在又返回家乡或中小城市的年轻人,我们称之为"洄游"青年。改革开放40年来,流动青年既是社会变革的推动者,也是社会变革的承担者。他们既有青年的特点,也具移民的特质,是中国工业化、现代化进程的一个缩影。有鉴于此,我们对两种流动进行了对比分析,针对城市新移民,我们分别对新生代农民工、青年"白领"及"蚁族"进行了比较研究,揭示了三类城市新移民亚群体在社会融入和居留意愿等方面的差异。

---

① 根据2020年6月21日检索结果显示。

其中，城市新移民中的"蚁族"和"新生代农民工"很多租住于城中村之中，虽然地理位置在城市空间边缘，却是社会变迁的核心地带，由此形成了农村、城市和落脚区的三元社会结构，即一个是"城市社会"，一个是"农村社会"，一个是夹在两者之间的"落脚社会"。在"落脚社会"内居住的青年成为特殊的"双重边缘人"：就业在城市，户籍在农村；劳力在城市，父母在农村；赚钱在城市，保障在农村。他们用较低的生活成本完成原始积累，期待实现阶层跃升。

针对"洄游"青年，我们以瑷珲—腾冲线（胡焕庸线）为基准，调研"线"两侧各延伸 100 公里的带状区域内的县级市中、曾在一线城市生活工作一年以上、现在返回家乡生活工作的青年群体，尤其关注大迁移经历对其生命历程的影响。调研涉及全国 11 个省份、22 个县市，共发放 3000 余份问卷，最终成果出版为《中国青年评论（第 1 辑）——中间地带的青春中国》。通过调研"洄游"青年，我们认识到，知识能否使人向上流动会受到地理空间位置的影响，知识价值的大小要看其与当地经济社会发展的匹配度以及当时当地的知识存量水平高低。正是中国相对畅通的"横向"人口流动，缓解了日趋固化的"纵向"阶层流动所带来的社会风险，有效减缓了纵向流动变慢对社会结构和政治稳定的冲击。青年在一、二线城市阶层跃升受阻后，可以横向流动到三、四线城市继续开展二次奋斗的尝试，而中小城市作为知识的相对"洼地"，为青年提供了向上流动的空间和希望，避免了"相对剥夺感"的累积，消解了部分反社会情绪的极化。可以预见，"洄游"青年是中国经济新常态向纵深发展的重要人力资源支撑力量，他们能在更大的空间范围内促进生产要素自由流动和优化配置，助推二、三线城市地区成为中国经济新的增长极，他们将造就一个"中间地带的青春中国"。

人类的历史，其实有一大部分是由漂泊的无根之人创造而成的。在几次针对流动青年大规模调研的基础上，我们总结了当代中国正在同时经历三个重要的拐点变化（刘易斯拐点、老龄化拐点、城镇化拐点），提出当代中国青年是"拐点一代"的时代论断，生动形象地揭示了经济社会发展对青年的重大影响，以及当代青年在中国历史发展中的独特地位。"拐点一代"的时代特点,使得当代青年具有以往任何一代中国青年不曾有过的成长经历,他们由此在时间纵轴上迥异于之前历史中的青年,但同时又使不同国家的青年具有了横向空间上的普遍联系。

(二)"工蜂""海归"及青年知识分子研究

社会学研究是穿梭于经验环境与形而上环境之间双向往复的运动,"蚁族"虽然是一种新近现象,但它部分折射出中国现代化背景下"知识"与"力量"逐步背离的趋势和问题。基于这种思考,从 2011 年开始,我课题组亦将研究对象延伸至包括"高校青年教师""青年科技工作者""留学归国青年"等在内的"知识青年"群体,深度探究以学历资本为代表的文化资本在中国阶层上升过程中的作用及机制。

青年是我们党的未来和希望。高校青年教师,既是党的未来和希望,也在培养党的未来和希望,其中一些人近年来已陆续走上领导岗位,逐渐成为学校教学科研和行政管理队伍的主体。作为青年中知识层次最高的群体,高校青年教师对社会思潮,尤其是青年学生的价值取向具有很强的引领作用。因此,高校青年教师的思想动态和政治倾向,事关党和国家人才培养工作的大局,对中华民族伟大复兴的中国梦能否实现意义重大。2011 年,我课题组对全国范围的高校青年教师展开调查,在北京、上海、广州、武汉、西安五个高校大规模聚集的城市回收有效问卷 5138 份。此外,我们还采取深度访谈、焦点组座谈和研讨交流等社会群体研究方法,组织青年教师座谈会60 余场、学生座谈会 30 余场,深度访谈 200 多人,研究成果出版为《工蜂——大学青年教师生存实录》,提出了高校青年教师的新称谓——"工蜂",引起中国知识界的强烈共鸣。在研究中,我们重点对高校青年教师面临的职业困惑和职业伦理进行了剖析,并对个人成长期待与国家科研制度之间的关系进行了研究,提出应鼓励青年教师积极参与重大前沿科学研究,在各种管理制度中开辟青年教师特别通道,在各种评先评优机制中特别制定 40 岁以下青年骨干教师选拔机制,重点扶持有发展潜力的优秀青年教师,以及采用更为弹性的管理制度和方法等政策建议,相继被有关部门采纳,并在国家级人才项目规划中予以体现。

同样,青年科技工作者也具有和高校青年教师相似的代际特点。一方面,他们比老一辈学者具有更好的成长环境和全面系统的学术训练,不少人已开始在相关领域崭露头角。另一方面,他们在成长过程中,面临升学、就业的激烈市场竞争和生存压力,很多人还有较长时间的海外学习和工作经历。在这些因素的综合作用下,他们的道德观念和行为准则与老一辈学者有很大不同:一方面他们追求更为实用的知识技能(如拥有多类资格能力证书),敢于展现自我,渴望自我价值实现,希望尽快得到社会的认可、尊重、理解和信任;另一方面他们又过度关注自我,一切努力都围绕着是否有利于个人职称晋升和职务升迁,谋求"工具合理性"。他们不是老一辈那种理想的、奉献型的群体本位主义者,而是倾向于务实的、功利性的个体理性主义者。尤其是青年科技工作者知识文化水平高,具有高于常人的思考能力,在结合专业知识的基础上,该群体发表的言论多具有剖析性、预测性的特点,往往会引发社会各界的高度关注。社会上其他群体的思想价值观念或受其影响,或与其形成共振。因此,做好这个群体的工作,有利于其他群体工作的顺利开展、事半功倍地凝聚社会共识。2017年,受中国科协委托,我课题组开展了青年科技工作者思想状况的调查,并形成报告上报中央。

在国内整体就业形势严峻的背景下,归国留学青年(海归)就业难的问题也逐渐显现。尤其是中学毕业就直接出国留学的"新新海归青年",纵然有"海归光环",但其年龄低、学历低,综合竞争力较于国内毕业生并不具有明显优势,甚至逊于国内名校毕业生。这使得归国留学青年特别是中下层归国留学青年就业难问题凸显。课题组调研发现,目前国家对于归国留学青年出台了许多政策,实施了各类海外高层次人才引进计划,但是对于归国留学青年的生活关注仍有欠缺,比如落户问题、往返签证、夫妻随迁等,给其工作带来种种不便。另外,对于低层次海归青年关注较少,在高层次归国留学青年成为竞相争抢的对象时,多数平庸的归国留学青年反而成了尴尬的"夹心层",很多直接成为"海待"而沦为弱势群体,这需要我们创新工作方式,不断扩大工作覆盖面,加强思想引领,并进行相应的就业扶持。

在对上述青年知识分子进行实证数据分析的基础上,我课题组着重对其政治价值观进行了研究,并提出自己的分析框架。我们认为,青年知识分子政治价值观的形成是一个从思想观念到实践结果的连续过程,根据从抽象认同到具体实践的顺序,政治价值观可以划分为制度信任、执政效能、信息权威三个维度。在三个维度中,对政治制度的信任感属于政治认知,对执政效能的满意度属于政治评价,对信息权威性的依赖度属于政治实践。我们从政治认知、政治评价、政治实践三个维度出发,确定测度价值观的测度指标,建立了测量知识青年政治价值观的指标体系。运用几次调研样本的数据进行层次分析法(AHP),进而得出对不同指标的权重,以确保量化得分的科学性及合理性,使青年知识分子的政治价值观可量化、可测量。经我课题组分析得出的一些重要结论,如知识资本的累积影响政治制度信任感、与体制距离的远近影响执政效能满意度、年龄地域的变化影响对国家发展的信心等,引起中央高度关注。

(三)新社会阶层及新兴青年群体研究

新的社会阶层是 21 世纪以来对特定新生社会力量的政治概括,是以市场化改革为先声的社会转型的附带后果,是国家治理面对社会变迁的适应性调整,是中国共产党处理阶级阶层关系历史经验的创造性延续。据不完全统计,目前我国新社会阶层总体规模约为 7200 万人,其中 70% 是 40 岁以下的青年人,又称"新兴青年群体"。新社会阶层主要包括四类群体:私营企业和外资企业管理技术人员、中介组织和社会组织从业人员、新媒体从业人员、自由职业人员。新社会阶层的思想认识和价值取向呈现多元多样的特点,给中国共产党以一致性引领多样性带来了挑战。同时,新社会阶层的产生也为党在新的历史条件下扩大群众基础、巩固执政基础带来了新的机遇。如何团结引领好新的社会阶层,是共产党人需要解答的重大时代课题。2016 年 7 月,中央统战部成立"八局"(新的社会阶层人士工作局,后于2018 年底改为"六局");同年 9 月,共青团中央成立"社会联络部"(联系新兴青年群体);2017年2月,中央召开首次"全国新的社会阶层人士统战工作会议",推动新的社会阶层统战工作全面深入开展。

为准确把握这一新生力量的真实情况,我课题组开展了持续性研究,深入新社会阶层工作生活的重点场景进行田野观察,采用问卷调查法、深度访谈法以及焦点小组法等展开实地调研,共进行了四次大规模的数据采集:第一次调查从2015年7月至2016年7月,针对新的社会阶层四类群体,回收有效问卷6317份,访谈285人,举行座谈会56场;第二次调查从2016年8月至2017年1月,针对青年社会组织从业人员、青年自由职业者和青年网络人士三类群体,回收有效问卷6136份,访谈371人;第三次调查从2016年12月到2017年2月,针对网络主播群体,联合42家网络直播公司及平台,回收有效问卷1889份,访谈100人;第四次调查从2017年3月至2017年8月,针对文化领域新的社会阶层,访谈40人,举行座谈会6场。

新社会阶层内部分化比较严重,构成和成分复杂,收入水平、社会地位、利益诉求及政治态度等方面差异性明显,且一直处于快速变化之中,研究难度很大,其中的自由职业人员甚至是研究的盲区。我们基于四次调查数据,系统梳理了新社会阶层的主要特点和面临的挑战,从作用发挥、社会风险、引导路径等方面展开深入分析,并在数据和材料的对比中,加强对新社会阶层的规律性和趋势性研判。此外,还对中国历史上新社会阶层的治理经验进行了梳理和思考,对意识形态输出性强的文化领域新的社会阶层(新文艺群体)进行了专题研究,对社会关注度高的网络主播群体进行了典型研究,对影响力逐渐增强的新兴青年群体进行了趋势研究。整个成果既有全景透视式的立体画像,也有对具体重点群体的细致精准素描,首次形成了有关当代中国新社会阶层的完整系统认知。相关研究成果形成了数篇内参报告和十余篇论文,中央深改组围绕成果召开专题会议,新的社会阶层研究成果荣获"北京市第十五届哲学社会科学优秀成果奖一等奖""教育部第八届人文社会科学研究优秀成果奖""北京高校青年教师社会调研优秀项目一等奖""《中国青年研究》优秀论文奖"等。

与此同时,随着物联网技术的进步,快递业获得了新的发展机遇,在提高人民生活质量、改善居民消费结构、促进青年灵活就业等方面发挥着越来越重要的作用,走街串巷的"快递小哥"已经成为劳动者辛勤工作的真实写照,他们是新时代城市新青年的缩影。研究分析快递小哥呈现何种特征,其与普通青年的共性与差异,其主要诉求和价值判断等,对党和政府准确把握新兴青年群体的生存状态和思想动态、进一步做好新时代的青年群众工作至关重要。2019年,我课题组对北京市范围内的快递小哥群体进行了深入调研,共得到有效问卷1692份,选取了样本中典型性较高的62个快递小哥进行了一对一深访,拍摄了217张快递小哥工作的照片,并分别召开了快递小哥座谈会、管理层座谈会和基层站长座谈会,深入快递小哥工作生活的重要场景进行研究观察,对城市快递小哥群体的生存状态和思想动态形成了一些重要认识与创新研判。

课题组对快递小哥具有的人群特质、蕴藏的社会功能、承受的风险压力等方面进行了深入的分析解读,并从五个方面提出了20条意见建议。我们将快递小哥称为城市的"蜂鸟",这种鸟色彩鲜艳,通过快速拍打翅膀得以"悬浮"停在空中,是唯一能悬停飞行的鸟类。快递小哥穿着不同颜色的快递服,穿梭在城市楼宇和街头巷尾,像蜂鸟一样"光彩夺目",同时他们也"悬浮"在城市上空,并没有真正落脚在城市:一方面,在中国城乡二元结构的制度障碍下,他们回农村难以挣钱,在大城市难以立足,在空间上"悬浮"于城市和农村之间;另一方面,他们"悬浮"于既有制度设计之外,体制内的各种保障,由于身份户籍所限,他们不能满足条件,制度外对低收入群体的各项福利照顾,由于其收入高于政策标准,他们也无法拥有,他们是制度政策的夹心层。课题组就有关快递小哥的研究成果刊发近十篇论文,并出版学术专著,政策建议被国家邮政总局采纳,保障了从业人员的合法权益,推动了物流行业的健康发展。成果荣获国务院参事室"第三届费孝通田野调查奖一等奖""《青年探索》优秀论文奖"等。多家主流媒体全方位跟踪报道,其中《中国青年报》"冰点"周刊文章《城市跑男》阅读量达到10万+,微博点击量23万+,引起社会广泛热议,产生极为轰动的社会效果。

（四）"左翼""港青"及青年社会运动研究

2018年7月以来,一些知识青年积极参与工人"维权"事件,他们中有很多来自知名高校的学生理论社团和公益组织,家庭背景相似,喜欢研读马列著作,宣称拥护社会主义制度。这是中国特色社会主义事业进入新时代后,在我国发展历史交汇期和世界发展转型过渡期相互叠加的大背景下出现的新兴社会现象。可以预见,在不久的将来,一批既有较高政治理论水平又有较强政治参与能力的"左翼"青年活跃分子将在经济发达地区和高等教育领域频繁出现。各种迹象表明,中国部分"左翼"青年群体的政治参与模式正在由"线上表达为主"向"线下积极行动"转变,中国"左翼"青年思想的理论准备、民间动力和社会基础正在逐渐生成。

思想的背后是不同社会阶层或社会群体的利益反映,是不同阶层或群体在具体经济社会环境中所产生的心态的极端表达。在不懈的努力下,我课题组通过多种方式与一些"左翼"青年组织的领导人物和基层处理相关事件的一线干部有扎实深入的交流互动,根据大量的私密访谈以及在深圳等地对产业工人的实地调研,形成了"左翼"青年思想动态调研报告。在报告中,我课题组不仅对群体的思想状态进行表层的梳理和一般性的解读,而且深入群体行为模式背后的结构机理中去剖析和探究,尤其是对调查对象在日常行为中不经意或不自觉流露出来的生活态度和价值倾向给予特别关注。恰恰是这些细微之处的瞬间表达,有可能反映其内心深处的精神追求和价值认同。而通过深挖调查对象的深层心理世界,才能真正了解"左翼"思想理论的来源,详细阐释该思想解读与接受环节是如何逐步在具体问题上"降维"的,即说清楚:该思想的根据是什么,援引的出处在哪里;是谁,站在什么样的立场上解读和阐释;是谁,站在什么样的立场上接受和传播等。形成的研究成果得到中央高度重视。

"左翼"青年思想的出现,既有国内经济社会结构深刻变化的因素,也有国际政治环境发生重大转向的背景。青年一代容易接受社会上的新思想和新理念,对改变底层人民生活、推动社会制度变革等问题抱有激进且富有理想主义色彩的认识。因此,他们的思想往往具有改革制度、批判现实的特性,尤其是在社会矛盾激化和利益错综复杂的时代,青年容易信奉以彻底革新现存制度为目标的革命理论,或将类似理论作为自己的行动纲领和思想依据。从近年来西方各国发生的青年运动来看,它们之间特征相似且联系紧密,都在不同程度上导致了一定的社会骚乱乃至政治动荡。从某种意义上讲,这些运动甚至构成了世界范围内新一轮的社会抗议周期。因此,与"左翼"青年思想密切相关的社会运动研究也被纳入我课题组的视野之中。通过对"茉莉花革命"、英国青年骚乱、欧美"占领运动"、香港"占中"等青年社会运动的比较分析,我课题组总结出未来青年运动的四个新趋势:(1)动员渠道从实体转向虚拟;(2)组织形态由垂直转向扁平;(3)运动诉求由先赋转向后致;(4)运动先锋由高校学生转向失业青年。这些新趋势启示我们应具备复杂性的思维方式,认真总结高知青年群体参与社会运动的行为模式和心理特点,深入研究青年运动的国际化共性和中国特性,加强对重点领域和敏感时期的青年的信息采集分析,积极探索青年运动预防预警体系构建,面对青年的潜在社会运动风险,审慎制定相关政策。形成的成果转化为数篇论文,并为中央决策提供了重要参考。

我课题组于2018年受深圳市政府资助成立全国青年大数据调查实验室,立足粤港澳、放眼全世界,考察青年社会运动的新态势和新变化。2019年6月以来,香港因修订《逃犯条例》引发一系列游行示威和暴力冲击活动,引起举世瞩目,造成深远影响。一般而言,社会运动发起简单,长期维持则非常困难,此次修例风波在社会运动史上较为少见,是香港回归以来持续时间最长、波及范围最广、影响最为深远的政治事件。和近年来国际上发生的多数社会运动一样,这一系列事件的显著特点是青年成为运动的主体和中坚力量,而且在运动中参与暴力违法活动的绝大多数也是青年。造成这一结果的原因,既有青年群体敏感易冲动的青春期特性,也有中国崛起背景下外部敌对势力的挑唆鼓动,还有长期以来香港发展的内生矛盾。

自香港发生修例风波以来,我课题组多次派成员赴香港实地走访调查,与各界青年进行广泛深入的交流互动,调研对象的政治立场涵盖了泛民派

（包括激进泛民和温和泛民）、中间派到建制派，职业分布包括中学生、大学生、金融业白领、媒体从业者以及历史文化学者等十余个类别，形成的研究报告深入分析了香港修例风波呈现的社会运动新特点，从代际原因、社会原因、心理原因和政治原因等四个方面剖析了香港青年政治态度的新变化，并在此基础上对未来香港青年统战工作提出了三方面建议：（1）重新认识求同存异的统战原则，寻找契合香港实际的统战新话语；（2）充分发挥粤港澳大湾区独特的地缘政治优势，更加关注香港普通青年的发展诉求；（3）构建"一国两制"的青年话语体系，加强对港软实力建设，增强意识形态柔化力。我就报告主要内容在全国青联常委会及各种内部会议上发言后，得到积极回应和肯定评价，报告提交有关部门后，亦引起中央领导同志的高度重视并转发对港工作部门进行研究部署。

（五）党建保密及青年思想政治工作研究

2017年，团中央领导同志在和我交流时谈及，当前"95后"大学生存在入党积极性不高、入党动力降低的情况，我课题组立即在几个高校展开摸排，发现也都存在类似情况，递交入党申请书的学生人数明显减少。我们意识到，这绝不是偶然现象，背后一定有深刻的行为逻辑，将会对党的建设产生重大影响。"95后"大学生是现阶段高校学生的有生力量。他们对党的感情和认知，关系着党的队伍能否始终保持生机和活力这一时代课题，对于确保党和国家事业后继有人、兴旺发达，具有深远意义。我课题组随即展开调查，在北京、天津、上海、浙江、广东等30多个省（自治区、直辖市）的157所高校进行抽样调查，共发放问卷10193份。此外，还采取深度访谈、焦点组座谈等社会学研究方法，深度访谈123人，召开座谈会44场，最终形成了"95后大学生入党状况"调研报告，归纳出"95后"入党状况的六个新特征：（1）入党竞争加剧与入党动力降低"矛盾式共现"；（2）入党门槛提升与党员光环消散"共生性并发"；（3）高中宣导缺失与大学党团工作"断崖式割裂"；（4）思政教育固化与价值追求分化"内生性冲突"；（5）就业渠道多元与功利主义抬头"融合式发酵"；（6）形象认同深化与现实表现弱化"张力性演进"。在报告中,我课题组还从制度构建、渠道优化和过程联动三方面提出了意见建议:(1)制度构建:注重科学评价,坚持"能中选好",树立正确的大学生党员发展质量观;(2)渠道优化:用好课堂教学主渠道,利用"第二课堂成绩单",实现第一课堂与第二课堂协同育人;(3)过程联动:注重形成整体合力,完善"推优"制度,协同发挥学生党建和团建的力量。形成的成果转化为数篇论文,研究报告得到中央领导同志的高度重视。

与此同时,国门的进一步开放也加快了国外各种思潮在我国的传播,这在丰富我国思想文化市场的同时,也难免对我国社会主流价值观造成一定的冲击,这其中,保密工作是意识形态交锋的前沿阵地。在信息公开日益成为社会主流认识的情况之下,保密工作由于其工作性质的特殊性,往往容易招致民众的误解,尤其是青年的抵触,进而得不到青年的支持,乃至不能顺利开展工作。因此,迫切需要做好新时代保密意识形态工作,树立保密工作正面形象,赢得青年的理解、支持和信赖。为了让广大青年更好地接受保密理念、讲好保密故事、传承保密传统、创新保密话语体系,国家保密局委托我课题组就新时代保密意识形态问题展开调研。我课题组在马克思主义世界观和方法论的指导下,从政治学、社会学、哲学等多学科的角度,立足于有关意识形态和保密工作的相关理论和实证调查材料,综合运用逻辑研究和实证分析相结合、定性与定量相结合以及比较研究、历史研究等方法,对新时代保密意识形态关键问题分析与工作路径研究这一重大理论课题进行多视角的剖析和探究,提出加强新时代保密意识形态工作的思路举措。中央保密办对研究成果高度评价,专门发函通报表扬。

在移动互联网和手机通信等新传播技术迅速发展的新时代下,中国主流意识形态传播为适应新时代、迎接新机遇做了很多努力,但也应当看到,在快速发展的信息技术革命引起的新变化面前,中国主流意识形态传播的很多方面还存在不相适应的问题,尤其在对青年学生价值观的引领方面仍有较大的提升空间。如何调动并发挥青年的创造性和能动性,让青年从内心里真正认同主流意识形态和中国发展道路,是一个重大且富有挑战性的课题,我在担任团中央学校部副部长以及对外经济贸易大学党委研究生工作部部长期间,在这方面也进行了一些探索和尝试,形成了一些思考成果。在战略层面,我借用中国古代思想家管仲"取之于无形,使人不怒"的观点,提出要让主流意识形态"用之于无形,使人不厌"。在战术层面,努力实现时代话语的转变、艺术话语的转变、个体话语的转变,运用"大人物讲小故事,小人物讲大故事,老人物讲新故事"的工作方法。在长期和青年交流沟通的过程中,我感受到主流意识形态同青年价值观之间的关系是引领而不是批判,是对话而不是责骂,是寻求共识而不是诋毁压制。我们应当利用自己的知识优势和思想优势,用鲜活的故事和朴实的话语打动青年,将主旋律融入青年的日常生活之中,把宏大叙事"打包",把抽象的意识形态观念蕴含在生动活泼的表现形式之中,实现主流意识形态同青年价值观的沟通对话。

针对当前意识形态领域的"不对称战争",我提出"降维打击"的工作思路,让党的理想信念对接青年生活的各个场景,并且不断提高构建青年生活主场景的能力。场景越有传播能力,青年对主流意识形态的认同就越容易形成。要构建一个有传播动能的场景,我认为有三个方面需要考虑:(1)场景本身是否有内容,让年轻人有转发的欲望;(2)场景本身是否足够真实,让年轻人有体验的动力;(3)场景本身是否形成一种基于亚文化的人格,让青年人能够感受到一种温度,愿意参与和亲近。场景中这样的内容越多,传播就越有动能,形成的认同感就会越强。做好新时代青年思想政治工作,我们不能再简单执着于宣传内容,而要专注洞察新的场景可能;我们不能再拘泥于自我本位诉求,而要激发青年主动传播分享;我们不能再以肉搏战获取青年关注,而要用新视角独占新场景红利。

(六)"战疫一代"及国家应急支援力量研究

2020年新冠肺炎疫情突如其来,这是新中国成立以来,传播速度最快、感染范围最广、防控难度最大的重大突发公共卫生事件,也是"二战"以来人类面临的最严重的全球危机,必将对价值观正处于形成期的"90后""00后"产生深远影响,成为一代人心理成长和思想成熟的人生标记。根据国家卫健委数据,援鄂医疗队4.26万人中,护士有2.86万人,占比近70%,其中"90后"护士占到40%。因此,正是基于新冠肺炎疫情对当代青年具有特殊的代际符号意义,2020年4月,我提出"战疫一代"的时代称谓,引起社会高度关注和青年热烈讨论。

为了系统呈现"战疫一代"的代际特征,全面反映"战疫一代"的时代内涵,我课题组于2020年3~4月组织开展了"新冠肺炎疫情对当代青年价值观影响调查",采用判断抽样的方法,以此次战疫中参与一线工作和当地防控任务的"90后""00后"青年为对象,在全国范围内回收有效问卷11736份,从社会关系的六个层面入手,形成了疫情期间当代青年价值观演进变化的一些初步结论:(1)自然观:敬畏自然与环保意识相伴,生态理念深植;(2)道德观:跨代共鸣与情感直觉交织,核心价值内化;(3)社会观:责任担当与扶危济困同向,公共精神升华;(4)政治观:道路选择与人民理念坚定,制度自信激活;(5)民族观:家国情怀与传统文化破壁,民族共感深化;(6)国际观:开放包容与互助合作融通,大国意识觉醒。这些结论为研判中国未来10~30年主要劳动人口的精神状态和价值取向提供了分析基础和政策参考。成果刊发在《中国青年报》《光明日报》后,被共青团中央、全国青联等公号相继转发,课题组制作的短视频《战疫一代·青春不败》亦被《中国青年报》抖音号官推,点赞量过万,观看量超过百万次,激发凝聚起打赢防控阻击战的强大力量。

同时,在新冠肺炎疫情发生后,我课题组迅速通过网络途径启动工作,运用已有调查平台和联系渠道,通过电话、微信等形式对778名在疫情期间仍在岗工作的快递小哥开展调查,对其工作状况、防护措施、心理波动、社会评价等进行分析,成果相继发表在《人民日报》《光明日报》,并向有关部门提交报告,得到国家邮政总局和北京市主要领导的批示和重视。在调研快递小哥疫情表现的过程中,我们发现有一些社会群体和快递小哥一样,立足自身岗位、发挥职业优势,保障城市正常运转,对疫情期间社会局势的稳定起到了关键作用,他们事实上已经成为应对突发公共卫生事件中重要的应急支援力量。这些社会群体包括网约车司机、卡车司机、退役军人、社会组织从业者等,他们在此次疫情中的表现有其必然性,对于今后重大突发事件的应急管理建设具有一定的普适意义。

有鉴于此,我们创造性地提出"支持性治疗"的危机治理理念,即在公共突发事件中,国家在传统应急力量被紧急动员起来"应战"以外,还可组织一批可以积极"迎战"的社会有生力量,尤其是在危机治理中有可能发挥更大作用的一些关键人群,通过他们来激发社会自身"免疫力"。这些群体具有深度嵌入性、技能优势性、高度机动性、组织协作性等特点,在日常生活中就像"流体"一样,游走于群众生活之中,穿插进群众需求之间,一旦遇到危急时刻,受到巨大外力冲击,就能发挥关键作用,凸显其"过硬"的价值,好似物理学中的"非牛顿流体",我们将其命名为"游隙群体"。机械轴承中存在"游隙"是为了保证系统灵活无阻滞运转,而社会中"游隙群体"的存在,则保证了秩序的平稳运行。我们借鉴中国历史上生产—应急状态转换的典型范例"府兵制"的经验,归纳和提炼"平战结合"的普遍转化机制及动员规律,提出以"游隙群体"等应急支援力量为抓手,完善国家应急管理体系,提升国家治理体系和治理能力现代化水平的建议。成果发表在《人民论坛》"精品力作"栏目,后被"人民网"等转载,引起社会关注和学界讨论。

疫情期间,我课题组善于发现疫情中群众面临的突出困难、善于反映疫情中群众迫切的意愿呼声、善于总结疫情中群众创造的经验做法,始终坚定地站在党和人民的立场想问题、做研究、出实策,以调查为基础、以研究为核心、以媒体为扩展、以思想引领为目标,围绕疫情应对相关问题产出一系列高质量成果,拿出了一批"用得上、靠得住"的政策建议,为打赢疫情防控阻击战、维护经济稳定发展大局做了扎实细致的研究工作,得到有关部门的高度评价。

二 学术价值

十余年来,我课题组深入城乡社区和基层一线,通过扎实细致的实地调查,走近青年生活工作的"第一现场",感受青年群体的喜怒哀乐,反映青年群体的诉求渴望,围绕时代挑战与青年命题,从概念本质、中国经验到国际视野,得出了一系列有关当代中国青年群体的探索性创见和前沿性成果,系统阐释了中国青年的时代特征与发展趋势,并结合当前群团改革实际,不断探寻新时代青年工作的突破口和新方法。

(一)我们通过横纵交织的研究体系,立体勾勒出当前中国青年的经验版图,并且在青年研究领域回答了"什么需要记录"以及"如何准确记录"这两个重要的理论问题

一方面,在横向维度上,我们根据青年群体的不同职业类型、不同教育背景、不同生活方式,分门别类地调研了 32 个青年群体。这其中既有以"蚁族""洄游"为代表的青年流动人口,也有以"工蜂""海归"为代表的青年知识分子;既有以新生代农民工、产业工人、青年白领为代表的传统行业青年群体,也有以网络主播、流浪歌手、快递小哥为代表的新兴青年群体,我们把脉每一类青年群体的具体特点和真实状态,让一些鲜为人知的青年群体走入了大众的视野,在人们的脑海中活起来、亮起来,让政策的出台更具针对性、更有的放矢。

另一方面,在纵向维度上,我们打破青年群体划分的界限,着眼于整个青年群体的全面发展,围绕青年向上阶层跃升的关键要素,进行系统化研究,避免零星地、孤立地、点状地看待青年发展,这方面的成果集中反映在课题组出版的《中国青年发展报告》(青年蓝皮书)系列中。作为中国社会科学院"皮书"中最早的青年蓝皮书,《中国青年发展报告》每次出版均引起社会各界的广泛关注和深入探讨。2013 年第一本青年蓝皮书《中国青年发展报告——城市新移民的崛起》,聚焦青年"户籍"问题,研究分析在大城市生活工作但没有取得大城市户口的年轻人;2014 年第二本青年蓝皮书《中国青年发展报告——流动时代下的安居》,聚焦青年"住房"问题,研究分析大城市青年的居住焦虑和住房分层;2017 年第三本青年蓝皮书《中国青年发展报告——阶层分化中的联姻》,聚焦青年"婚恋"问题,研究分析大城市青年的婚恋困境。我们试图通过这些青年阶层跃升中的不同关键词,来揭示转型中国社会一代青年的群像。

社会科学领域的研究,有两个重要的问题必须直面回应,第一个问题是"什么需要记录"。社会现象纷繁复杂,内容庞大,任何一个研究者,都不可能记录这个社会所发生的一切,只能根据自己的研究视域,进行选择取舍。因此,什么需要记录的问题,其实是研究志趣和学术方向的定位问题。当然,不同的时代不同的研究者,认为"需要记录"的东西会有所不同。具体到青年研究而言,我课题组不仅关注青年中的优秀分子,更重视占据绝大多数的中下层青年;不仅关注高新科技行业、新兴文化产业和高端服务业的青年精英,更聚焦传统制造业和中低端服务业中的普通青年。或者说,我们觉得更需要记录的是这个时代那些被遮蔽的、被边缘的、被忽略的、被淹没的青年群体。当然,这并不是说先进青年不需要记录,而是我们认为,先进青年已经有很多平台在培养、很多资源在倾斜、很多学者在研究。就像看东西,聚光灯照到哪里,哪里就亮,就被关注,反而其他地方就被遮蔽在黑暗之中。我们希望把聚光灯变大一点,多照亮一些原来忽略的部分,即所谓"发潜德之幽光",但并不是说聚光灯原本照亮的地方就不重要了,只是我课题组更希冀记录普通青年的人生际遇和群体形态而已。

第二个问题是"如何准确记录"。社会科学研究已经形成一套相对成熟的、较为科学的方法体系来反映社会现实。我课题组在十余年的研究过程中,通过借鉴学习前人已有的经验,发展出一套自己的方法论。我们把实地调查与信息技术结合起来,把个人领衔与团队协作结合起来,把资料分析与理论研究结合起来,综合了日志分析、计量统计、网络问卷、深度访问、焦点小组讨论及田野调查等多种研究手段,尝试将扎根于社会学、人类学的质性研究方法与数据分析方法相结合,更加强调身临其境"耳闻目睹说"等多种方法的综合运用、对于"旁人"和"关系"的重视、大时代和小世界的呼应、大数据和小数据的关联、"生活志"和"口述史"的对照等,逐渐形成了"深度入场、共情交流、抽离研判"的研究经验,"资料就在背包上,调研就在大路上,案台就在膝盖上,成果就在大地上"的研究作风和"服务人民找问题,俯下身子做调研,把握规律提建议,凝聚理想建团队"的研究宗旨。2019 年,我们根据自身摸索的实践经验,结合成熟的调查理论,出版了专门论述调查研究方法的著作《如何有效开展调查研究》,该书入选了《人民日报》主题教育读本,受到广大领导干部和实务工作者的好评。

（二）我们以强烈的问题导向意识,把社会前沿领域的青年研究作为撬动中国社会科学发展的支点,使青年研究成为拓展社会科学研究边界乃至社会科学研究视域的重要工具

从最早的"蚁族"研究开始,我们就注意到:"蚁族"大多来自农村,这些家庭社会经济地位较差的大学毕业生获得了高等教育文化洗礼,在学历及文化资本上与中产阶层差异较小,可是其经济收入以及劳动条件却处于底层,这会对既有的社会文化资本结构造成重大改变,也冲击着阶级不平等及差异的合法性。同时引发我们思考,社会中下层家庭的子女是否已无法通过大学渠道获得阶层晋升?何种背景的青年才可以从文化资本中获得阶级地位提升或巩固?这一切都涉及阶级及阶级结构的动态再生产问题,反映了"学历资本在阶层晋升中的贬值",或者更准确地说,是反映了以学历为代表的制度性文化资本与经济资本、社会资本以及阶级位置的关系正在发生更复杂的变化。

回顾改革开放 40 多年来中国社会的变化,意义最大的、最为根本的变化,莫过于社会结构的变迁。社会结构变迁的核心是社会分层流动的快慢,而青年是最为渴望向上流动,也是阶层流动最为频繁的群体,通过对不同青年群体资本形态的变化分析,来考察社会分层结构的变迁情况,是一个独特的视角。改革开放 40 多年来的阶层分化是扩大还是缩小了阶层的不平等?哪些阶层的地位上升或下降了?哪些阶层得到了更多的利益或失去了既有的利益?由此引发了哪些问题,带来了怎样的后果?需要进行怎样的分析和探讨,解决问题的路径又是什么?这既是理论与现实中亟待解决的问题,也关乎未来我国社会阶层结构的合理建构,而从青年入手,是一个很好的观察窗口。

一直以来,青年研究并非社会科学的显学,但随着改革开放的深化、新媒体技术的发展,青年改造社会的能力越来越强,青年研究也受到更多关注。毛泽东同志曾说,必须"用社会科学来了解社会,改造社会,进行社会革命"。反过来看,也需要用社会现实的研究来改造社会科学,进行社会科学革命。我课题组始终坚持以问题为导向,注重研究和解决中国社会的重大现实问题。无论是"蚁族""工蜂""洄游",还是产业工人、青年白领、快递小哥,抑或是新文艺群体、社会组织领袖、小微企业创业者,我们的研究成果一直紧扣国家和时代发展脉搏,敢于直面中国社会的核心问题,努力探寻中国青年的发展规律,着眼于对实际问题的理论思考,着眼于新的实践和新的发展,不断做出新的学术概括,打造具有中国特色、中国风格、中国气派的青年研究话语体系,增强中国特色社会主义理论体系在青年中的说服力和感召力。

在研究方法上,因为青年问题的复杂性和系统性,在研究过程中我课题组充分借鉴各学科的研究方法与经验,不仅充实丰富了当代中国青年研究的数据库信息,而且以交叉学科实践推动社会科学研究的新发展。除了将定性收集的信息与通过问卷定量分析得到的洞察进行有机结合,我们还在坚持马克思主义的立场上,综合运用社会学、人类学、经济学、政治学、历史学、新闻学等学科理论,对青年群体的类型结构、生活状态、职业发展、空间分布、价值观念等进行深度透视,剖析不同青年群体在工作、学习、生活、网络等方面的特点和规律,对不同青年群体的演变路径和阶层内涵做出科学化的理论阐释,力图找到影响中国社会分层背后机理的解释因素。这些研究成果,不仅丰富了我国社会科学研究中青年群体的知识储备,为后续学者提供了丰富、鲜活、生动的养料;而且提炼出了一系列有关青年问题的创新观点,对于研判未来中国青年的发展趋势和行为方式具有重要的学术价值。

(三)我们立足实际开展调查研究,不拘泥于西方理论体系,将青年问题放在中国社会转型的总体框架里加以考察,尝试通过青年研究,构建起读懂中国社会前沿、分析中国社会变革的新话语新视角,进而推动中国社会科学的本土化发展

不同于一般基于西方社会分层理论的阶层研究和纯学理分析,我课题组长期蛰伏在不同青年群体之中,运用大量实证数据和质性材料,从中国的制度、文化、历史等多个维度延展,对当下中国的青年群体做出了符合中国国情的研判。在讨论当代青年及其引发的现象和问题中,我课题组不是简单地以一种传统说教式的框架,比如国家与社会、传统与现代、全球与区域、政党与人民等二元模式来展开填空式的叙述,而是将自己作为观察者和亲历者,对青年进行长时间的交流、对话、参与式观察、深度访谈等,融入他们的社会生活与文化生活之中,同时又保持了一种人类学上的研究距离。我们在田野中把握青年问题的实质,将青年的个体、家庭、群体、社会,及其所面临的焦灼、不安、困惑、苦恼、渴望、诉求等,放在现代性、全球性、国家主导等分析视角下,展开讨论和思考,丰富了中国社会阶层研究的视角,特别是流动人口和新兴群体的认知,拓展了我国社会学研究的视域,对梳理不同青年群体的社会经济影响,理解当前中国的社会分层与社会结构以及推进中国社会科学本土化,具有原创性的学术价值。

　　例如,中国的社会阶层结构一直是社会科学研究的重要议题和难题。过往的研究观点无论是单一标准还是多元标准,其核心思路都是把职业结构作为阶层结构的核心,所描述的是不同职业的声望、收入、教育或消费的相对高低或相对资源量多寡。这种思路的潜在理论假定是,在现代社会里,职业是社会分工的最主要形式,从而试图把权力关系与经济利益整合起来。在这样的视角下,网络主播、签约作家、私营企业管理技术人员、社会组织负责人等新兴群体便会因其巨大的职业差异而被视作不同阶层,这放大了群体间的异质性,而忽略了群体间的同质共性。我课题组从新兴青年群体以及新社会阶层的视角出发,重视从关系性模型视角看待阶级阶层结构,不是停留在阶级阶层成员所拥有的收入、消费品等资源的状况上,而是更关注阶级阶层关系如何导致了经济利益、社会福利、就业与政治机会等社会资源分配的不平等;在阶级阶层关系中居于不同社会位置的成员,是否形成了相近的地位认同、社会政治态度,是否有可能发生维护自己的既得社会资源或争取新的资源的集体行动等,并进而提出:新的社会阶层本身是具有文化性的,他们是意识形态输出性很强的阶层。新的社会阶层所拥有的文化资本使其不同于其他社会阶层主要基于家庭(血缘)、地域(地缘)、教育(学缘)和职业(业缘)等联结方式,而是更多地基于"价值观"(意缘)认同,他们是"意缘联结"的阶层。新社会阶层的出现,突破了原来以政治身份、户口身份和行政身份划分阶层的局限,突出了社会阶层对经济资源、社会资源和文化资源的占有方式。新的社会阶层的出现让我们认识到,他们在某一领域有了权威,但是背后没有赋权,他们是自我赋权的阶级。

从这些分析可以看出,我们的研究成果,是从现实维度和理论维度,将青年问题放在中国社会转型的总体框架里加以考察,描述中国阶层关系变迁的动态图景和发展轨迹,通过对社会中具有较强社会行动能力的青年群体进行深入研究,整合性研究当前中国社会转型过程中的诸多重大社会问题,如社会分层与社会结构、流动人口服务和管理、社会组织与社会治理等,并在理论创新上做出有益的尝试。

(四)我们以青年研究这一观察社会的"中观切片"为入口,以"上接天气,下接地气"的研究路径为载体,既可将群众分散的智慧集中为党的决策,把群众分散的意志上升为党的主张,也可让党的声音为群众所乐于接受,使党的政策为群众所理解

对于学者在社会角色中的定位,很多人认为要坚持独立之精神,不应和政府走得过近,以免影响知识分子的独立性。我不否认这种认识有一定的合理性,社会科学领域的任何研究,都是值得审慎对待的,但是审慎不等于不接触,也不意味着没有立场。一项成果要真实反映情况,并检验实际效果,恰恰需要和政府以及研究对象频繁接触,了解他们的想法、说法、做法。因此,在研究中,和政策制定者以及政策影响者既要保持适度距离,又要有充分沟通交流。我课题组用"一臂之距"和"介入的旁观者"这样的描述来形容我们和政府部门以及与研究对象的关系。"一臂之距"意味着研究的结果,将有可能会影响到一定层面的社会群体。这种责任,让每个参与工作的团队成员在心底最深处产生一种敬畏感,这考验的不仅仅是我们的学术能力和知识体系,也是在检测我们的学术道德和社会公心。"介入的旁观者"意味着我们坚定地认同国家的政治体制，拥护党的执政理念和大政方针，但同时保持对世界大势、国家前途和民族命运的理性化思考和去情绪化分析，坚持发出不同的声音。我们秉承热情、专注、冷静、理智的学术精神，从不放弃对已有认知的质疑。面对研究中的每一个细节，以谨慎的态度判断政府的价值取向，充分考虑政府在处理中国问题时的多重处境和复杂难度。我们始终抱有这样的认识态度：我们希望看到的不仅是学术的创新、社会的创新、经济和商业的创新，我们更希望看到的是政府行为的创新，因为只有这样，影响的人群才会更为广泛，我们的研究才会变得更有价值和意义。

基于这种认知，我课题组立足当代中国的社会实际，进行系统深入的社会调查，将分散的经验材料提炼成指导实际工作的政策建议。其中，"蚁族"研究成果多次得到习近平、胡锦涛等中央领导同志的批示，北京、上海等一线城市在其日常统计中单独增设相应口径，准确掌握该群体的数量与分布，并根据研究成果出台了一系列针对大学毕业生低收入群体的扶持政策，帮助该群体创新创业。高校青年教师研究成果得到习近平总书记400余字长篇批示，习总书记在批示中高度评价我们的研究报告，认为"报告写得很好，反映的问题很重要"，报告中提出的加强青年教师思想政治工作、加大青年教师社会实践力度、开辟青年教师专门成长通道等举措也被相关部委所采纳。《"95后"大学生入党状况调研报告》得到习近平总书记的重要批示，中办专门发函进行通报表扬。新生代农民工和城市新移民的调研成果得到李克强总理的高度重视，批示要求发改委认真研究报告中提出的问题，报告中提出的推动网上社保和公积金异地转移接续，探索条块结合、以块为主、分级管理的办法等，被有关部委和许多省市采纳施行。新兴青年群体和新社会阶层的研究成果连续几次得到习近平总书记的重要批示，十余位中央领导同志相继做出批示，中央深改组就报告召开专题会议，研究成果为2017年"全国新的社会阶层人士统战工作会议"的顺利召开提供了重要的会议材料和政策预演。《"左翼"青年思想的研判分析和工作建议》上报后，中央领导同志高度重视，批示中提到"这是一份很有价值的研究报告,前瞻性很强"。《近期香港青年运动折射的价值观变化以及对港青年工作前瞻思考》上报后,全国政协主席汪洋做出重要批示,要求有关部门认真研究报告中提出的问题和建议。"战疫一代"有关成果发表后,得到社会各界,尤其是青年朋友们的热情反馈和积极评价,大家自发点赞并分享传播,喊出了"战疫一代·青春不败"的时代呼声,多家中央媒体予以转载和刊发。

自从事研究工作以来,有关部门普遍反馈我们的研究成果针对性强、有实效性,对新时代党建工作、宣传工作、统战工作、群团工作、社会治理等,均具有很强的参考价值。我课题组的研究成果能够高频次地进入中央文件并推动形成部门举措,在某种程度上反映了我们对当前中国社会变迁的敏锐把握和成果具有很强的政策实操效果。2014年7月,我应邀在共青团中央书记处第十一次集体学习上主讲青年问题;2017年2月,应邀赴香港为香港中联办、中资企业负责人、驻港部队团以上干部主讲社会运动问题;2018年4月,应邀为国家保密局中心组学习主讲保密意识形态问题;2019年12月,应邀为北京市委领导班子主讲城市治理问题。多年来,我应中央统战部、文化和旅游部、国资委、国务院机关事务管理局等部委以及国家能源集团、中石油、中石化、中国核工业、中国航天科技、中国电子科技等数十家大型国有企业的邀请主讲青年问题,使政策制定者更加了解青年、支持青年工作,出台更加符合青年实际情况和发展需要的政策举措。

三　社会价值

青年是社会结构变化的直接投射,是社会转型的灵敏探针。近年来,青年研究日益受到重视,究其根源,正是我国处在政治、经济、社会、文化、技术等因素叠加推动下形成的前所未有的剧烈转型之中,而青年始终是这一转型的中坚力量和活跃因子。从历史上看,积累了大量文化资本的青年,更是社会变革的关键群体。一方面,如果发挥好青年群体的作用,他们便可成为推动社会发展的强大力量;另一方面,在社会流动速度放慢的阶段,如何"安置"好青年群体,亦是社会长治久安和可持续发展的重要课题。总的来看,我课题组研究成果的社会价值主要体现在以下三个方面。

(一)通过研究,把握青年与社会的关系,在弥合裂痕和尊重差异的基础上,实现不同群体的融通共情

在多年的青年研究中我们逐渐认识到,不应将青年单纯作为一个客体予以看待,而是要将青年作为认知社会的一个维度来加以分析,着眼于青年与社会、政治、经济、文化等的关系,即在青年与整体社会形态的关系中去把握青年,特别是对后喻时代背景下青年行为与社会发展之间的关系进行思考。马克思主义认为,事物的本质在关系中才得以呈现出来。因此,在社会要素变化对青年的影响以及青年对社会发展的影响这种双向互动中来把握青年与社会的关系,才能够更深入地认知青年的时代特点和行为模式。因此,与其说是研究青年,不如说是通过青年来观察社会。一个善于研究青年问题的人,应当是既能"入",又能"出"。"入"而深入分析,进入不同青年群体内部解剖麻雀;"出"而旷观大体,能够站在宏观层面考察青年与社会其他要素的关系。

而如果说我们的研究对社会有什么价值的话,我觉得首先应该是"弥合社会裂痕"。作为一项研究工作,要承载这么重要的使命,很多人会觉得夸大其词。但如果耐心读完我们的作品,了解了32个青年群体的状况,我想应该会得出与我们同样的结论。泥人也有土性,小草也会呻吟,面对来自底层的叩问、来自民间的立场、来自弱势的目光,倾听不同群体的声音,其实就是消除彼此成见、弥合社会裂痕的开始。这不仅关乎国家的发展、社会的和谐,在人类精神的层面,更是使那些已经在我们的心中越来越淡漠的善良、宽容、尊重、平等、倾听、公正……这样美好的词语,不仅仅是一种漂亮的修辞。

当今社会流动性的增加,带来居住选择的多元和职业选择的多元,形成人生发展方向的多元和生活交际方式的多元,进而导致思想价值观念的多元。在许多具体的生活个案中,人们发现找不到所有人都认可的关于是非善恶的唯一标准了。不同的社会群体对以往有高度共识的"幸福""伟大""英雄""成功"等概念内涵均有不同的定义和理解。而青年群体,由于收入差别大、工作性质不同、生活方式迥异,基于各自不同的知识结构、思想认知、生活经历、利益诉求而形成不同的价值观念,对历史和现实的理解日益分化,差异日趋显著,有的完全对立,有的互不相容。近年来一些网络舆情事件也表明,对于同一个社会现象,不同阶层的青年群体表现出了迥异的价值判断。

通过我们的作品,人们得以"近距离"地接触不同青年群体,并认识到每个人的生活境遇都不是一道简单的算术题,它的复杂性远超想象。我们今天所获得的回报,可能并不仅是我们努力的结果,更是我们身处的环境和命运的眷顾所赋予的,不能把机遇运气和外在条件简化为自身能力。我们能够上大学是以很多人不能上大学为代价的,我们能够做目前的工作是以很多人要做那些枯燥的、重复的、无聊的甚至折磨人的工作为代价的。不要因为取得一点成绩而洋洋自得,也不要一味地沉浸在自己的领域中,忘记了这个世界的辽阔和丰富。只有学会谦卑和感恩,才能设身处地为他人着想;只有不断换位思考,才会尝试去理解其他群体坚守的价值准则。

因此,作为研究者的我们,正是要让自己的学术成果成为不同青年之间相互融通、彼此包容的纽带。十余年的研究经历,让我们产生了一种跨越不同群体各自认知系统和评价标准的"通灵感"。当我们看到不同职业类型、不同收入水平却和自己身处一个国家、一个社会、一个城市甚至是一个街区的人们,正过着并不如意的生活,正在为自己的生计打拼,心中就会产生一种"同源"的感受。我们正生活在一个不断加速变迁的社会,如果没有这种和其他社会群体的"共情"和"通灵"以及与其他群体建立平等尊重关系的心理需求,那么,我们就会失去在这个世界的"根"。每个人都是与大陆相连的一部分,没有人是一座孤岛。善待他人,也就是善待自己。我们的研究,为不同群体的心意相通搭建起一座座理解的桥梁、拆除一堵堵成见的高墙。

（二）通过研究，宣传党的理论政策，在价值实现和利益满足的协调发展中，达到思想引领的最佳效果

调查研究在某种意义上也是做群众工作，也肩负着面向群众宣传党的理论和路线方针政策、让党的创新理论"飞入寻常百姓家"的重要责任。调查研究中的群众工作，不同于课堂教学和社会实践，不是从理论到理论、从活动到活动，而是要将调研的大量案例和鲜活资料与我们党领导的伟大社会革命和自我革命有机结合起来，与我们的伟大实践有机结合起来，把党的理想主张用学术思维、通俗话语、真诚交流打包起来感召青年、教育青年、感染青年。

调研启动后，我课题组成员抓住一切机会与调查对象交流讨论，用历史的、全面的、辩证的、发展的眼光和他们一起分析问题。既向人民群众虚心学习，也教育引领人民群众；既当人民群众的学生，又当人民群众的老师。我们生动讲解一个个"中国故事""中国纪录""中国奇迹"背后迸发的思想火花，让中国特色社会主义制度在广大群众中生根发芽。无论是在企业、矿场、油田，还是在街道、乡村、城中村，在无数次的访谈座谈和问卷发放中，我们都向调查对象潜移默化、润物无声地传达党的理论方针政策，使青年在交流中相互启发、共同提高，努力在中国的时代发展进程中不让一个青年掉队。

在研究中我们逐渐认识到，影响青年政治态度和社会感知的核心要素在于几个关键变量，即住房（租房）状况、职业发展路径和婚恋家庭支持，这是青年初涉社会立足起步的重要基础。这几个关键因素解决好了，青年对未来就充满希望，在人生中遇到挫折困难时也能自我疏解并进行调适。如若这几个方面靠自身努力长期得不到根本改善，青年就有可能对人生意义产生怀疑进而丧失对社会公平正义的期待。因此，执政党要赢得广大青年的支持，就必须从青年群体的核心诉求和心态波动出发，制定更有针对性的政策，提升社会治理能力。只有关注重视青年成长过程中的核心权益，加大力度解决影响青年发展的关键变量问题，切实回应青年发展面临的现实问题,才能使党的政策赢得广大青年的衷心支持和积极拥护。

调研过程中,当群众尤其是青年朋友对当前社会现实有一些不满和抱怨时,我们向他们认真分析哪些是国家暂时无法解决的问题,不能空谈空想,要放长眼光,着眼发展;哪些是国家已经在着手解决的问题,不能过于急躁,要耐心包容、看到进步;哪些是中国特殊国情和发展阶段的问题,不能盲目对比,要客观理性、立足实际。我们向他们答疑解惑,哪些是马克思主义的基本原理,必须长期坚持;哪些是针对具体问题做出的具体论断,需要根据时代的发展不断与时俱进;哪些是对马克思主义错误的和教条式的理解,澄清打着马克思主义旗号的错误观点,引导群众用科学的态度看待中国当前发展中的问题。十余年来,我们通过不回避、深层次、成系统的思想碰撞,以平等的姿态、高超的思辨,从感性上吸引,从理性上说服,扭转了很多青年对党的误解怀疑和错误认知,积极探索把广大青年紧密团结在党的周围,为新时代党的青年群众工作尽了一份绵薄之力。

(三)通过研究,加深对人民整体性和分类性的认知,在针对性和复杂性的动态平衡中,创新社会群体调查的研究范式

我们从事的青年研究,属于大的社会群体研究范畴。我们党始终以人民为中心,党的政策源于对现实的关照,人民的关注就是社会现实的需要,脱离了人民的政策是没有价值、没有生命力的。党代表最广大人民的利益,但是在具体的现实政治操作中,人民并不是一个单一主体,而是分阶层、分群体的。不同阶层、不同群体的人民,其诉求往往是不一样的,有时甚至是相互冲突的。有的群体诉求集中在物质生活水平的不断提高上,有的群体对安全、教育、医疗、环保等公共产品的质量改善反映强烈,还有的对公平、正义、民主、法治等方面的保障要求持续增长。可以说,从生存到发展,从物质到精神,人民的需求呈现个性化、多元化、多层次等特点。那么,如何辨析判断每一类群体的真实诉求,在有限的资源供给条件下,应当先实现哪部分人民的利益、先维护哪部分人民的权益、先发展哪部分人民的福祉,才是代表了最广大人民的根本利益?这是改革进入深水区后我们必须面对的重大课题。

与人民分层不同的是,我国党政机关的设置是按照行政业务的类型来划分的,每一类政策的适用对象与诉求不同的社会群体之间并不是一一对应的关系。在精细度越来越高的管理模式和撕裂度越来越大的群体分层中,要做到精准施策、重点突出、统筹兼顾、协调发展,其实是在考验我国治理体系和治理能力的现代化水平。从这个意义上讲,社会群体研究是当前认识中国、分析中国、改进中国不可绕行的必经之路。

具体而言,我认为社会群体研究具有两方面的突出特点:一方面是很强的针对性。研究问题越具体越难,社会群体研究需要对调研对象有极为精准的把握。某一群体是不是可以成为学术意义上的研究对象?或者成为实际工作中政策指向的一个类别?如果可以,该群体是如何界定的?其有别于其他群体的本质特征又是什么?反映到学术概念上该群体的内涵和外延又是什么?在国家发展的当前阶段,该群体是否达到了可以单独施策的标准?等等,都需要进行具体而微而不是大而化之的分析。很多时候,群体界定不清或认知不准,使不具备在当前发展阶段受助的群体享受了国家的优惠政策;或群体界定的范围过大、标准过宽,使原本有效的政策降低了实际应用的效果,都是研究的失败。

另一方面是很强的复杂性。中国当前的行政体制呈条块状分布:纵向为条——中央各部委对地方归口单位进行业务指导,且具有考评权力;横向为块——地方党政领导对属地各部门具有管辖权力,直接决定干部升迁。在实际政治操作中,一项工作在具体执行中往往既受中央"条"的业务指导,又受地方"块"的实际领导。我们在研究某一群体时,由于诉求多种多样,渠道千差万别,必然会牵扯到不同党政部门和不同利益主体。条块分割,横纵交织,犬牙交错,这就对研究者把握平衡不同部门的政策供给能力提出了很高的要求。因此,做社会群体研究,不同于一般的政策研究,既要聚焦到某个具体政策去梳理来龙去脉,找准该政策未来的改革方向,还要把社会群体放到中国行政体制的条块分割中去综合研判,从横纵两个维度来解剖调查对象的特点、问题、起因和趋势。在研究中,每个部门都有自己的利益导向,都有自己的权力边界,且不同部门之间业务跨度大、政策联系紧,牵一发而动全身。如果研究不深入、分析不精准,最后导致利益配比失衡,很可能造成政策之间的扯皮和对冲,降低了实际效果,甚至可能起到反向的作用,违背了研究的初衷。比如快递小哥,虽然由邮政牵头管理,但涉及民政、社保、税收、公安、交管等十余个部门以及共青团、工会等群团组织,横跨党、政府、群团三个系统。新的社会阶层亦是如此,虽然该项工作由统战部门具体负责,但是民政、宣传、文化、广电、体育、税收、群团等都与新社会阶层有着千丝万缕的工作联系。因此,做社会群体研究,是对研究者处理复杂性问题能力的全方位考察和综合性检视。

四　关于本书

这本书是我课题组十年来所发文章的精选,以往这些文章散落在不同杂志和报纸以及媒体报道之中,并未系统成书,就好像一颗颗珠子,散落在故纸堆或岁月的尘封中。把这些"珠子"串起来,形成一串美丽的"项链",既可以追溯尘封的记忆,又可获得一次难得的反省契机。

书中的文章总共分为五个部分,均为近十年课题组研究思考的结晶:第一部分主要围绕当代青年问题展开,收录了我们比较经典的一些研究成果,如"蚁族""工蜂""洄游""拐点一代"以及城市新移民等,同时,还从青年整体发展和国际青年运动的视角,遴选了一批前沿的研究成果。第二部分是新社会阶层相关研究,自 2015 年以后,我课题组有意从青年研究转向阶层研究,其切入点就是新的社会阶层。之所以选择这一角度,一方面是因为这一阶层正在发展壮大,鲜有扎实深入的研究成果,学术拓展空间较大;另一方面是这一阶层的人口构成大部分是青年,我课题组在以往研究中或多或少有所涉及,并不陌生。第三部分是基于我课题组调研成果撰写的一些青年思想政治工作的文章。长期的科研和行政双肩挑经历,让我在研究中自觉地把学术成果运用到实际工作中去。共青团中央的工作经历更让我认识到,社会科学研究成果既不能束之高阁,也不能置身事外,理论成果归根结底是要给青年看的,是要青年接受和引领青年的。第四部分是我在研究之余的一些感悟随笔,涉及人生观、大学回忆和田园野趣等,是我人生状态的另一个侧面,这一面更生活,也更真实。第五部分是摘录的部分媒体对我的报道采访和一些学者对我的评论,意在展现别人眼中的"我"和社会大众期待看到的"我"。

本书收录的文章有些曾经发表,有些属首次发表。已发表的文章均为十年间刊发在《人民日报》《光明日报》《学习时报》《中国青年报》《中国社会科学报》等主流报纸和《人民论坛》《中国青年研究》《人文地理》《首都师范大学学报》《思想教育研究》等学术期刊上的力作,报道我的文章则为一些学者和《中国青年》《中华儿女》《读者》《新京报》《中华英才》等知名媒体的记者采写而成。书中首次发表的文章也是过去呕心沥血的作品,但之前由于机缘巧合,未能得以公开,此次一并以飨读者。真是不整理不知道,这次认认真真地把自己十年来的文章梳理了一遍,点开久违的文档,好像打开了过去十年的时光,倏地发现,自己在不经意间竟也洋洋洒洒写下数百万文字。显然,将所有文字都收录进本书中是不现实的,那么到底遴选哪些文章,也颇费了一番周折,经过无数次的煎熬和比较,最终确定了入选本书的有50余篇。在撷取这些文章时,自己划定了以下几个原则。

(一)已经结集成书、系统论述的不再收录

我课题组对社会问题的研究,不是平均着力的,有些持续性强、较为深入;有些因为课题委托和政策需要,时效性强。我课题组的"蚁族""工蜂""洄游""蜂鸟"等社会群体研究,以及青年户籍、青年住房、青年婚恋等社会问题研究,绝大部分已系统呈现在《蚁族》《蚁族Ⅱ》《工蜂》《中国青年评论》《中国青年发展报告》等著作中,对于这些书中已有的文章,本书不再收录。对于以往书中未出现,而仅刊发在杂志或报纸上的文章才考虑是否收录,即收录文章的首选标准为未曾入选以往出版过的图书。当然还有一些文章属于首次发表。透过这些文章,大家会对我课题组的研究有更为系统全面的了解。

（二）收录的文章要能够反映课题组的调查水平和研究能力

由于图书出版过程相对较长,时间较为宽裕,给了我"再回首"思考的时间。细细品来,在我课题组完成的数十个课题、写就的几百万文字中,有一些是应景之作,有些结论也未必正确。此次成书,我严格评审标准,把自己认为较为满意的、能够反映当时课题组水平的文章予以收录,力求宁缺毋滥、优中选优。需要说明的是,我课题组很多成果涉及内容敏感,已经上报中央,因而无法公开。这些成果的质量过硬,研究扎实,分析透彻,建议务实,但由于已经定为密件,不能让读者一窥真容,不得不说是一种遗憾。总之,最终入选的作品都是从上百篇可以公开的文章中精选出来的,这些作品不一定论述精辟,但起码视角独特;未必百分百正确,但能给人启迪;也许给不出答案,但会拓展认知空间。

（三）文章非必要不修改,基本保持了原貌

此次出版尽量保持原文不动,这不仅是对当时自己思想认识的尊重,也是对时代发展的尊重。文章是时代的产物,我课题组的研究成果与文学作品不同,是在时代发展和社会变迁的视角下,立足特定时空中的调查呈现的真实图景。所以文章一旦完成,所形成的结论也就定格于当时的历史之中,修改文章,等同于修改历史。但是,绕不过去的一个问题在于,由于社会变化日新月异,有些观点或说法已经和现在有了较大差异。而且,有些文章当时刊发时,由于时间较紧,对一些问题也来不及细加考虑,难免出现不如人意之处。因此,本着对当今负责的态度,我只对一些明显的谬误和必须更新的政治表达进行了修正,其他地方如无太大必要或无重大影响,即使时过境迁也没有进行调整,尽量保证成果的原始感和历史性。

（四）出书的目的不仅是为了课题组留存记忆,更是为了记录一个时代

书一旦出版,对书的感受及评价,大多已超越作者之外,归诸赋予其意

义的社会各界,但我仍要在此强调编撰本书的意图。应当说,研究与书写是我和课题组对身处时代的结绳记事,以此铭记我们经历过的风起云涌或黯淡幽微,出版更是我们对研究过群体的伦理义务与基本反馈,来表达我们的社会意识与生命关注。我课题组出版的书,虽然题材与体裁各不相同,但有一点是共同的:那就是书中流淌着我们团队的血液。每一部书都是一个生命体,著书者如果不能给作品注入丰沛的血液,不管生命的构造多么好,终究是个死物。我希望我们的作品能够为这个时代作注解,为一代人立传。

熟悉我的人都知道,我不喜欢"评而不论",仅仅评述别人的观点而不阐发自己的见解,这是典型的马后炮;我也不喜欢"坐而论道",坐在书斋中挥斥方遒、指点天下,这是夜郎自大的表现。但是,明确提出自己的观点,并在现实中不断否定自己、修正自己的认识,的确是件费力不讨好的事。在研究中,我力图做到既不偏信古今中外的大家之言,笃定他们是不容推翻的定见;也不认为自己做些调研就能发现真理或规律,凭一孔之见而洋洋自得。虽然在研究中尽量小心翼翼、战战兢兢,但书中的错误疏漏仍在所难免,言不及义或未能尽言之处,还望读者见谅。

在开始本书的正式章节之前,我还是要一如既往地表达一些感谢(按理说,感谢应该放在本书最后,但我担心书的内容枯燥,无人坚持看到后记)。这个仪式虽不能免俗,却极为真诚。

我要感谢家人的理解和支持。这十年,我见识了丰富多元、各色各样的社会百态,人生如梦,世事沧桑,往事如烟。工作后,我总往基层跑,令父母家人为我担忧不已,我亏欠太多,无法弥补。每次回家,我都给他们讲述调研中的见闻轶事——我专挑会令他们发笑的部分说,希望能让他们安心些。但后来我发现,这其实没用,他们一点都没有因此而放松紧张焦虑的神经。在我的成长经历中,外婆对我影响很大,她虽是裹小脚的"清朝人",却是我生命中第一位教我做人做事,以及勇敢看世界的长辈。是她告诉我温柔地留意他人的生命苦痛,但同时对人生保持乐观豁达的态度,这本书的精神正是外婆留给我的生命教诲。

我要感谢领导和老师们的指导和宽容。我的成长之路并不是一路笔直地通往康庄大道，也经历了不少蜿蜒曲折的幽径。我从一个顽劣的"胡同串子"变成一个喜爱思索的青年学者，集无数领导和老师的关爱于一身，自己何德何能，有此殊荣！我自知资质平平，没有什么过人之处，他们非但没有嫌弃放弃，更是努力发现我身上的优点，不断鼓励并加以锻造，最终练就了我如今闯荡世界的底气和根基。每当回忆起他们的言传身教，我都会告诫自己，不要把今天的成就简单归因于天分和努力，不要把所获得的得天独厚的环境和资源，用来嘲笑和贬低那些没有这么幸运的人，而是要尽自己的所能去帮助别人。

我要感谢课题组成员的智慧和奉献。无数次的争吵讨论，无数次的熬夜改稿，这好像都已经成为我们生命中的日常。和你们在一起，我有莫名的勇气和坚持。沈路、冯丹、芦垚、张钊、黄小东、加小双、周宇香、意如、张梅艳、张然、李琳熙、卜恒沁、张冉……还有我的研究生邓楚绚、李赵楠、周媛、唐盘飞、刘洁、吴强、曹轶昕、李颖……恕篇幅所限，不能一一列出近百人的名字，这本书你们都是共同作者。谢谢你们在我的生命中出现，我的人生因你们而精彩。友直、友谅、友多闻，此生有你们这样的益"友"，夫复何求！十年间，我们没有喝过大酒，极少互诉衷肠，大家都在各自的岗位专注工作，但一有召唤，必有回响，心心相印，正应了古人那句"君子之交淡若水"。多少个日日夜夜，多少个春夏秋冬，谁能想象我们的许多重大成果竟是夜深人静时分在快餐店和咖啡馆里完成的。今天，当我们回首往事的时候，不是只有吃喝玩乐，而是有很多值得珍藏和品味的回忆，尽管有些是苦涩的，但比那些平淡无奇的人生要有意义得多。而在经历这人生的同时，我们也在这个时代走出了自己的足迹。

我要感谢调研对象的帮助和启迪。感谢在调研中接受我课题组问卷调查或访谈座谈的 32 个群体数万人，是你们让我经历了 32 种人生，并欣赏了如此丰富多彩、美妙奇特的风景，让我见识了世界的辽阔和丰富、人性的悲哀与善良。你们中的一些人出现在我的不同作品中，一些人出现在我的讲座报告中，但是更多的朋友、更多的情感、更多的感悟，在我以前的文字著述中，缺席却在场。我们每个人都是平凡的小人物，放在宏大的历史中好像不值一提,但是每个人都有自己的尊严、自己的生活、自己的态度。当我因研究成果获得关注和赞扬的时候,你们中的很多人仍在迷茫彷徨中坚守和奋斗,这令我深感愧疚,更觉任重道远。我不仅希望课题组的努力被社会肯定,更希望你们的努力能被社会看见,你们的声音能被社会聆听,这是我始终如一的初衷。

我很庆幸十年前自己误打误撞进了社会学这个领域,这门学科教会我的,是在开展任何分析与批判之前,要学会谦卑与警惕,要了解自身视野的狭窄和认知的局限,要明白自己所处的社会位置及与其他阶层的异同。是社会学让我懂得了"没有调查,就没有发言权"这句话的真正含义,她将我以前所学的经济学、管理学、法学和政治学都统合到一起,如果每个专业能用一个乐器来比喻的话,社会学就像是一个交响乐团,她的奏鸣就是在不断地提醒我:人类的历史很长,人类的活法很多,你要去了解不同的活法,不要认为你自己的活法最好。只有调查了,理解了,尊重了,最后才能形成自己的判断。正如费老(费孝通)所说:"各美其美,美人之美,美美与共,天下大同。"我们要懂得各自欣赏自己创造的美,还要包容地欣赏别人创造的美,然后将各自之美和别人之美拼合在一起,才会实现理想中的大同之美。

此次结集出版是我人生阶段性的总结和梳理。重读这些文章,感觉好似触摸到当时蓬勃跳动的脉搏,仍能感受到其具有的强大冲击力。追寻着捡拾到的这些彩珠,就像是从泥土深处探出的芽头,零乱弱小但蕴涵着坚强的生命,让我看到过去十年间没有看到的东西。事业的得失、认识的深浅、成长的历程,也有了更为直观的参照。蓦然回首,我才发现自己再也不会回到写作《蚁族》时那个懵懂可爱的少年了。《蚁族》有可能是我这一生中最能打动读者的一本书,我当时那种充满青春气息的质朴、那种莫名强大的好奇心、那种面对未知事实的勇气、那种天不怕地不怕的二愣子精神是不可复制的。现在我再去做调研,自带一大堆社会身份,双方都会顾忌很多,担忧很多,交流起来也是另一套话语体系了。应当承认,我现在写文章的理论性、概括性都比十年前好很多,凝练抽象的观点也比那时强不少,但是那种打动人心的、原生态的展现力反而大不如前。对我而言,《蚁族》才是更真实的社会学写作,但是过去了就过去了,时光无法倒流,亦不可追悔,《蚁族》永远是我的"乡愁"。同理,今天呈现在大家面前的这本《思行者》,再过十年来看,其中很多观点可能是幼稚的,甚至是错误的,但这是人生必经的历程。不同的人生阶段有不同的观察方式,要珍惜每个阶段进入社会的方式,现在的进入方式对现在的我来说就是最好的。从这个角度来看,人生的每一步都是到达,通过这本书把我四十岁时进入社会的方式记录下来也是有价值的,尽管这种方式并不那么完美,但它毕竟是我人到中年的"不惑"之笔。

1980 年,我出生,国家刚刚改革开放,中国亦新生;2010 年,我三十而立,那一年,中国首次超过日本,成为仅次于美国的全球第二大经济体,中国亦而立;2020 年,我四十不惑,这一年受新冠肺炎疫情影响,改革开放以来中国 GDP 单季度首次出现负增长,但民族复兴之路反而愈加清晰,中国亦不惑。回望来途,百感交集,对酒当歌,慨当以慷;瞭望未来,洪波涌动,日月之行,若出其中。我 40 岁生日时暗自立下宏志,要再假以十年时光,全面梳理当代中国不同社会群体的生存状态和发展诉求,深入分析中国的发展道路,面对人类的共同挑战,以紧迫的历史责任感和丰富的社会学想象力尝试理论创新。同时,锻造中国研究的国际化平台,在更高层次上打造当代中国研究的学术团队,以包括社会学、人类学、政治学在内的社会科学研究的特有方式留存中华人民共和国发展的风雨历程。

社会的发展变化不仅存在于当前的社会结构之中,更存在于曲折和递进的历史演进之中。我们的研究成果记录当下正在发生的社会事象,是"当代人著当代史",要做到客观公允,并能有所前瞻,难度可想而知。"任何一个当代人欲写作 20 世纪历史,都与他处理历史上其他任何时期不同,不为别的,单单就因为我们身处其中……我以一个当代人的身份,而非学者角色,聚积了个人对世事的观感和偏见。"[1]当霍布斯鲍姆以 77 岁高龄创作

---

① 〔英〕艾瑞克·霍布斯鲍姆:《极端的年代:1914~1991》,中信出版社,2014。

《极端的年代：1914－1991》时，他的笔端充满了迟疑，过于近距离的观察和判断，无疑让他心生畏惧。更何况我们要研究的中国青年，是人类历史上价值观变化最为剧烈的一代人，其复杂性、前沿性、多变性，都使得要获得有关这一对象的任何判断，必须"小心翼翼"加"大胆探索"，将两个看似悖论实则互补的思维模式有机统合起来。但是即便这样，也未必就一定能取得研究进展，因为当代中国青年超乎以往的极速迭代性会导致任何研究结论都随时可能面临"过时"的危机。日本第一位诺贝尔奖得主、著名理论物理学家汤川秀树曾描述他的研究工作是没有地图的旅程，是孤独的行旅者在未知的地方摸索，青年研究又何尝不是上下而求索？尽管面临种种前所未有的不确定性，但有一点是确定无疑的：在当今时代，谁能准确抓住中国社会发展中的关键问题，谁就能把握世界未来发展的轨迹。越是中国的，就越是世界的。这样的研究成果，不仅有助于解决中国的现实问题，而且对于整个世界的发展也具有意义和贡献。这样的研究成果，不仅具有国内水平，也会具有国际水平。而当代中国的青年研究，就符合这样的特点，做出中国特色的青年研究成果，不仅有助于中国青年的成长成才，而且对于整个世界的青年发展也会贡献非凡。

当今中国巨大的时代转型，为我们提供了丰富的研究题材和鲜活的现实土壤，身处于这样一个伟大的历史变革之中，我们如果不写出跨越时代的、能够被历史记忆的"经典"作品，实在是有愧于那些真正参与时代变革却无暇记录或无法记录的社会群体。因此，如何写就"经典"？这个问题时常拷问我们的内心。同一个时间点一个人不可能在两处同时出现，让不同时代的人读到同一段文字，都能产生共鸣和感动，何其艰难！那么，"经典"究竟是如何做到既是"以往的"，又是"当代的"；既是"过去的"，又是"现时的"？我想，"经典"应当具备以下几个要素：她的社会影响巨大，她的思想历久弥新，她的文笔细腻感人，她的结构雄浑博大，她的内容丰富充盈……但其中最重要的因素可能是：她反映的价值观已然超越时空，体现了普遍的人性终极问题以及人类对未来世界的美好追求。反观我课题组的每一部作品，不敢奢望成为"经典"传世，但是我们一直将"经典"作为自己努力的方向,持续聚焦这个时代的普通人和他们平凡感人的故事,就像历史长河中任何一代青年都面临的问题和困惑一样,我们把当代青年在转型社会中的奋斗、梦想、迷茫、彷徨、痛苦、焦虑、思念、无奈,如实记录下来,正如美国历史学家兰克所说:"写历史一如它所发生的",尽自己所能,为后世留下一幅有声有色、栩栩如生的当代中国青年画卷。

(本文原载于《青年学报》2019 年第 4 期,此次刊发增补了新的内容)

第一篇

当代青年问题

与流动共生　与时代共振

　　人类与世界之间存在着一种特殊的悖论关系。一方面，他是被抛掷到这个世界中来的，当他来到这个世界、睁开眼看世界时，这个世界的现状不是他自己选择或建造的，他并不拥有眼前的世界；另一方面，他又是注定要继承这个世界的，他无法选择世界的样子并只能按照这个世界为他设定的模式和道路开启自己的人生。这个关系告诉我们，想要接掌世界，"新来者"就必须先习得这个世界的基本知识以及"融入"这个世界之中——这就是人的社会化。

　　人的社会化有多种方式，当人采取"现代化"方式完成"社会化"时，这一方式由于带来生产力巨大提升，以及对一些特定价值观的尊重和推崇，很快扩张开来，成为全世界争相效仿的对象。自工业化以来，西方率先形成的现代化浪潮虽然并不代表历史的进步，却是一种单向度不可逆的发展趋势。现代化并没有增强人类作为一个整体在自然界的生存能力，或者使人的社会化过程更加文明，但一旦按照现代化的轨迹发展，人类与整个世界的关系将很可能走向共同的归宿。比如现代化带来的城市化和市场化就自然会产生种种权利要求，女性自我意识觉醒后就不可能再回到男尊女卑的时代，一个群体萌生了集体记忆就很难再抹去历史痕迹……加之信息技术导致的全球化和网络化，更加放大了这种权利诉求。面对现代化带来的种种问题，必须要产生与之相应的家庭关系、组织结构、族群政治和权利意识等。

　　同时，现代化赋予以物质财富为导向的工具理性一个正面的价值。如果对这一价值不加以控制，整个社会将唯利是图，甚至礼崩乐坏。但如果对这一价值所代表的种种欲望控制过强，经济将缺乏活力，社会将走向封闭。中国改革开放四十年的现代化进程正是在这一"收"一"放"的推拉过程中急速展开的。

如果回顾改革开放四十年青年发展的关键词，我认为最重要的是"流动"。流动是液体和气体的特性，与固体强调空间维度不同，液体和气体强调时间上的延续。固体会在障碍面前止步不前，而液体和气体则会绕过或溶解障碍之物。因此，流动是连续的存在，具有时间上的延展性和传承性。而且流动是变化的，时刻处于过程之中，不仅周围的情境在发生变化，其自身也在发生变化。流动是双向的，它既可以向前，也可以向后；既可以向内，也可以向外。

中国人是不喜流动的，中国传统话语中和"安"有关的表述都说明了这一点——安居乐业、安身立命、安贫乐道。而流动则意味着动荡、痛苦、不确定和无尽的思念。在中国历史上，流动人口常被冠以"流民""游民"的不雅称呼。改革开放四十年来，青年人口的流动形成了新生代农民工、北漂、"蚁族"、"洄游"等众多社会现象，这是在960万平方公里范围展开的空间位移。还有一些流动，我们看不见，但它与看得见的人口流动相互呼应、彼此嵌入，共同构成了改革开放四十年的青年图景。

一 异代并存：观念的流动

每个世代都会有他原生的心灵样态，任何现象都会同时拥有两个独立且交错的年纪：事物本身的年纪和它知觉者的年纪。当不同年代的人看待同一社会现象时，因为年纪的差异，社会现象会以不同的方式呈现出来。年龄是一个隐形元素，当我们看待世界时，我们不是把自己的年龄赋予社会现象，而是社会现象通过年龄所特有的接收方式和知觉形式来抵达我们。在不同年龄人的眼中，世界的样子是不同的。父辈们崇尚物质主义、秩序、规律性、习俗、理性思维、自律和生产力，青年人赞美创造力、叛逆、新奇、自我表现、后物质主义和真实的体验，到底哪种认识更能反映世界的真实形态？身处转型中国，青年人与其父辈虽然相会并存在于同一时空之中，但是观念的迥异使他们站在鸿沟的两方，仿佛来自不同的世界。

这种差异首先表现为节奏感的不同。人们是用节奏感来区分彼此的，父辈们节奏慢，对一件事从了解、学习到熟悉，要经过较长的周期。青年人节奏快，被时代推着走，网络塑造了青年特有的节奏感。很多青年发微博、抖音、快手和朋友圈都会设定节奏，是一天发两条？还是发三条？青年的节奏感很多是在打游戏的场景中形成的，是用升级迭代来衡量的，一旦养成这种快节奏的习惯，就会认为每天升级变换不同的场景是正常的。"手速"是青年专有的概念，每秒按鼠标两下和四五下的人是无法对话的。抖音和快手更强化了这种节奏感，无数 10 ~ 15 秒的叠加让大脑皮层一直处于亢奋状态。节奏感会带来成就感和获得感的不同，为什么很多学生不喜欢老师照本宣科、千篇一律地讲课？因为老师的讲义更新得太慢，学生们已经适应了一天升级三次，他们渴望变化、渴望新鲜、渴望不同，但又有哪个老师可以达到如此高的迭代频率？

其次是审美观的不同。互联网具有丰富性，能够包容各种各样的新生事物。在游戏里面，男人甚至比女人都要精致，年轻人喜欢 Cosplay（角色扮演），因为可以把二次元世界的东西模拟在自己身上。青年人的审美观表现在生活的各个方面，简单到一次普通的吃饭亦是如此。过去的美味就是指口味，现在的美味不仅要口感好，还要"长相"好，卖相不好的东西青年往往是不会喜欢的。青年人看待社会事物也有内在审美感，对不符合他们审美观的往往不愿去了解，"颜值"成为青年潜在的过滤模式。青年人愿意为美好的东西付费，为感性体验买单，"小鲜肉"受到热捧和欢迎也就不足为奇了。

最后是权威生成方式的不同。马克思·韦伯所说的权威来源，有血缘、组织、制度等，这些都基于传统社会的产生机理。对于"80 后"而言，他们心目中的权威，很多是自己的父母，他们对世界的认知是从父母口中得来的。但是"90后""00后"的知识主要不是从父辈处获得的，"10后"的妈妈更是找不到在什么地方可以下载。当代青年认同的权威是在互联网上形成的，让我们设想一个场景：一个不经常玩游戏的人，往往一上场就被"打死"。但如果这时候有人带你玩，你被他带着"死"了又"复活"，"复活"后又"死"，进入自己从未看到过的游戏场景。你能感觉到在这个过程中自己被他提携、被他吸引、被他带领，这就是互联网塑造权威的模式，它已经不同于通常的权威生成机制了。中国网民有7亿多，其中绝大多数是跟从者、追随者和被操纵者，但仍有少部分人会成为设定者、引领者和权威者。

面对青年价值观的巨大变迁，我们是否已经做好准备？青年将移动互联网视为日常生活的一部分，他们用网络平台记录自己的生活，拍摄短视频，向社会输出对于各种问题的看法。我们观察发现，一些重点大学中有将近40%的学生开设了自己的个人公号，虽然每个公号的粉丝可能不多，但他们会通过这个渠道发出自己的声音，成为一个又一个自媒体。在这样一个全媒体时代，我们应该怎样去和青年人交流？除了线下面对面的对话外，我们是否也需要在线上开设公号以另一种身份出现？新时代的思政工作如何开展需要进一步探讨和摸索。

二 剩人独活：关系的流动

剩人，即被自己的子女、老伴、亲戚、朋友等所远离或疏远的一个群体，以上年纪的老人为主。他们大多是被自己的子女安置在养老院的无伴老人，或是在农村自己单独生活着的老人。

现在，剩人现象也延伸到青年，他们同样也是被家庭远离的群体。不过与老人的被动远离不同，青年的远离大多是主动选择的。随着城市化的迅速发展，中国的城市和乡村产生了"两头空巢"。青年在大城市打拼，面对茫茫人海和钢筋水泥，独自一人生活——独活。老人被安置在养老院，青春则被安置在大城市，"空巢老人"和"空巢青年"共同构成了这个时代的"剩人社会"。

人口流动、人口异质和人口密度所催生的城市焦虑、冷漠、匿名性、陌生性等大城市病,让大城市青年难以获得满意的生活指数。而物质主义生活观和享乐主义消费观的出现,使青年社会关系发生"异变"。今天年轻人不再焦虑选择的缺乏,而是焦虑如何在每一次选择中都做出收益最大化的选择,让每一个当下都获得最大化的个人价值。因此,如何重建个体与社会的关系、获得归属感,成为重要的命题。这里首先是个人与家庭、朋友等亲密关系的建立和维持。其次是个人在学校和职场等组织获得归属。再次,个人参与到居住社区、公共社群、兴趣小组、行业协会等社会组织当中。

与现实世界的孤独寂寞冷相反,网络世界的青年热闹非凡。人人与屏幕相处,网络一方面加强了联结,另一方面也加剧了圈层分化。即便是在同一圈层内,不同亚圈层之间的"结界"也增强了,互相理解与交流的难度增加了。青年人有极强的网络分化的能力,有各自非常垂直的粉丝基础,同样喜欢 TFBOYS 的青年,有喜欢一个人的、喜欢两个人的、喜欢三个人的、喜欢一个人不喜欢另一个人的、喜欢两个人不喜欢另一个人的等等,都有专门的称谓,都有自己的阵营。正如青年自己说的:"如果有一天因为非法下载音乐被抓,请按照音乐品味给我们区分牢房。"

大量中弱度关系带来的不仅是社会网络的扩大,同时也带来社交过载和负担。社会网络的"展示"姿态,使得人际实际状态被掩盖。无论生活中有多大的烦恼和焦虑,在朋友圈晒出的一定是最美好的自己,打开朋友圈,就会陷入"总是羡慕别人"和"处心积虑让别人羡慕"的境地。在大城市生活的青年,一方面拥有更大量、流动的社会关系;另一方面,也面临丧失建立深度的、有意义关系能力的挑战。

当然,剩人现象也带给青年另一种体验。剩人,也意味着自我保留的完整、独立意志的展现、私人空间的维系。美国社会学家艾里克·克里南伯格在《单身社会》一书中从人口、环境、文化和性格等角度对这样一种现象进行了解读,他认为,"独居和孤独并非同一个概念""几乎没有证据可以证明独居是造成人孤独感的元凶""决定孤独感的并非人际交往的数量，而是质量"。但是，人们的确需要情感寄托，需要使"孤独感"和"空巢感"在必要的时候可以得以缓解。

"剩人"是这样一群与父母及亲人分居、单身、独居、租房的年轻人最为真实的写照。关注和引导这一群体形成正确的社会心态并避免产生心态越轨、社会越轨，为他们化解孤独、提供支持，需要相关的社会工作者提供社会支持网络和提供增权服务。这种支持既包括情感支持，也包括物质支持。应当为他们开展各种活动提供条件，增强他们对实体空间的归属感和认同感，并提供情感支持和心理矫治，引导他们迈向更健康的成长空间。

三　意缘驱动：阶层的流动

"80 后"价值观形成的年代物质并不丰富，集体主义仍在，理想主义犹存，表达工具远没有现在丰富，其价值观中保留有很多传统的东西。1992 年小平同志南方谈话，给改革开放注入了一针强心剂，在"90 后"价值观形成的年代中国经济正在腾飞，价值观中集体主义和个人主义交融混杂。整体而言，20 世纪八九十年代中国社会充斥着一种悲愤情绪，我们的外交总是在抗议谴责却无能为力，1999 年甚至发生了震惊中外的我驻南联盟大使馆被炸事件。但"00 后"完全不一样，他们与"80 后""90 后"的成长背景完全不同，他们是中国两百年来第一代从出生开始就是站立着的青少年。在他们的记忆中，中国已经是世界第二大经济体，他们的大国心态、民族自信、爱国情结都是与生俱来的，他们不会用以往的姿态仰视西方，他们的主体意识更强，呈现一种后物质主义的价值观，即"没有吃饱肚子，为肚子而斗争；一旦吃饱肚子，就会为价值观而斗争"。

越来越多的青年开始拒绝遵循父辈安排的成长模式，选择新兴职业，比如网络主播、网络作家、独立音乐人、电子竞技选手、网约车司机等，青年人挑战了既有的社会分层模式和父辈传统的观念，使阶层的流动呈现另一种可能性。我们 2017 年完成的网络直播调查显示，网络主播中家庭所在地在省会城区和直辖市区的占比均为 14.2%，为地级市区的占比 17.4%，为县、乡、村的合计占比 55.0%。网络直播在某种程度上起到了底层青年群体上升通道的作用，为出身底层的青年群体提供了新的上升空间，给予了他们实现梦想的机会。这是中国历史上第一次，底层青年群体真正有了向全社会广播的能力。这意味着，上层对底层的影响在被削弱，底层通过网络直播的形式在自我强化。

从传统意义上讲，公务员、律师、银行家、医生、大学教师等"高声誉"职业一直是社会的中坚力量，他们拥有无数人羡慕的中产阶级生活方式。之所以这些职业在社会中拥有较高的地位，是因为从事这些职业的人处于信托双方关系中专家或权威的一方，可以说是"家长训导式"的知识拥有者。他们不仅享有相当高的声誉，并且掌握相当大的社会影响力和关系网络。在很多人看来，"这些人是世俗化了的贵族成员，而社会的命运则掌握在这些精英阶层手中"。① 今天这一群体按传统标准仍然可能在社会中处于很高的等级，但他们所具有的影响力正在减弱，一个新的社会阶层正在崛起。

这个新的社会阶层包括私民营企业和外资企业的管理技术人员、新媒体从业员、中介组织和社会组织从业人员以及自由职业者。以经典划分阶层的方法进行考量（比如收入、职业、声望等），貌似这四个群体无法被归为一类。我们必须冲破已有的阶层划分视角，重新审视新阶层的时代意义。

联结上述四个群体的纽带不是家庭（血缘）、家乡（地缘）、教育（学缘）和职业（业缘），而是"价值观"（意缘）。他们是"意缘驱动"的阶层，其共同点是：有一定知识技能，并不停滞与满足；能让领导满意，也不循规蹈矩；向上层努力，却没有看不起底层；有一定社会地位，

---

① 〔加〕约瑟夫·希斯、安德鲁·波特：《叛逆国度：为何反主流文化变成消费文化》，张世耘、王维东译，上海译文出版社，2014。

但不蔑视公平正义；拥有丰富多彩的生活方式，但又避免炫耀性消费。在他们眼中，价值观和认同感比血统和出身重要得多。新社会阶层开始在一些新兴领域崭露头角，有的已经改变经济组织和社会组织的发展方向。

新社会阶层无疑是最具创造性的力量，但创造性和破坏性往往是一对孪生兄妹，体制外知识青年群体曾让世界各国苦恼不已。西方国家一直为此寻求解决之道，在这方面，资本主义在包容接纳新阶层问题上体现出了很强的制度优势，它通过"产出和测试"的周期方式运作，产生一个不间断的新生事物之流——新的消费商品、新的生产和运输方式、新的市场、新的组织形式等。这个过程是一个持续的变革过程，旧的经济结构被破坏，取而代之的是新的经济结构和新的社会阶层。资本主义颠覆一切，但唯独保留资本主义本身。面对新社会阶层，作为更先进制度的中国特色社会主义，该如何引导、服务、管理好他们？这是新时代必须面对的新挑战。

回望过去四十年，青年的作用超乎我们的想象。站在下一个四十年的起点上，我们更要重视青年的价值。我们深知，青年一代，不仅对中国未来，而且对世界格局都有举足轻重的影响。正如美国卡内基基金会的包道格所说："代际因素成为中美贸易战中的重要变量。多数美国外交官员从事中国相关事务的时间只有大约十年或更少。他们没有经历过改革开放前的中国，对于作为中美关系基础的'三个联合公报'没有个人记忆，对于邓小平低调处理外交事务的'韬光养晦'政策或是中国从'文革'中走出的崛起过程缺乏了解。他们对中国的了解始于令人印象深刻的2008年北京奥运会（那一年中国超过美国，获得了迄今为止最多的金牌数量），而不是尼克松与贫穷、落后的中国建立关系的勇敢之行。他们只知道一个强大、正在崛起、与美国竞争，并试图以美国为代价来重塑亚洲——如果说不是世界的话——的中国。这些年轻的官员只有了解了这些才会认识到，除了冲突之外，还有别的选项。"

过去并不会因为我们对它失去记忆而不复存在。不管我们是否意识到，一段五千年的文明史蕴涵在改革开放四十年的进程之中，从这个意义上讲，改革开放四十年是人类发展史上"最年轻"的社会变革，因为它正在发生；但同时，改革开放也是人类发展史上"最古老"的社会变革，因为它承载了五千年的记忆。每个青年人都是既活在当下，又活在历史之中的。国家应该让每个青年人都知道自己从哪里来，不仅要知道生理学意义上的生养者，而且要了解文化意义上的哺育者。我是一个"80后"，也是与国家改革开放同步成长的亲历者。从1978年到2018年，中国是一艘驶往未来的大船，她在风雨缥缈之中坚定前行，每一代人离开她的时候，都心怀不甘和不舍，而下一代人，他们非常感怀自己的前辈，但是他们注定扬帆、注定起航、注定超越，这就是中国青年的历史使命，也是中华文明得以绵延不绝的原因所在。

（本文原载于《中国青年发展（1978~2018）》导语，2019年3月出版）

当代城市青年新画像[*]

10 年前，廉思带领课题组成员，在大城市发现"大学毕业生低收入聚居群体"——"蚁族"。10 年来，他带领课题组成员持续关注当代青年的发展变化，深入"蚁族""工蜂"等 32 个青年群体，了解他们的生活状态、倾听他们的核心诉求。

"分析这些青年群体的数据，我们深刻感受到，在社会转型的大背景下，城市青年群体在交往方式、工作形态、生活需求、压力困扰等方面呈现明显新特征。"由中国青少年研究中心、中央团校和中国青少年研究会联合主办的第十五届中国青少年发展论坛（2019）上，对外经济贸易大学教授廉思发布其课题组研究成果，基于对 32 个青年群体的研究，总结出当代青年整体状况的一些全局性特点，尝试从不同维度为当代城市青年画像。

一　新交往方式：独而不孤、圈层社交、重塑认同

"当一个农村青年到城市以后，他是有孤立感的。"廉思说，正是这种"孤"的现代化处境，让年轻人有了建构新的"共同体"的向往，而互联网技术的发展提供了这种可能。

青年在保持自我意识独立、探索自我兴趣的同时，也在追求新的圈层

---

　　*　采写者为《中国青年报》记者杜沂蒙。

联结,这种趋势被称为"独而不孤"。廉思解释,所谓"独"是保持自己的想法,维护私人空间,不戴面具;而"不孤"则是指向往被关注,向往有人分享话题与情绪,获得社群中的交流与认同。

年轻人常常因兴趣、喜好聚集成一个个圈子,创造出属于自己的话语体系并成为众多网络流行文化的发端。在廉思看来,正是这样的圈层给青年以归属感、目标感、意义感和接受感。

"我们看到抖音、快手上,一些手操的视频能够迅速形成几十万人甚至上百万人的自组织平台。"廉思发现,以兴趣爱好为节点的圈层化社交在青年中已初露锋芒,"军事""古风""虚拟偶像"等圈子五花八门。

"圈层本身蕴含的格调与品位属性正逐渐消解着传统'权力·声望·金钱'三维的阶层划分标准,重塑着青年的群体认同与归属感建构。"廉思认为,越来越多的青年开始根据不同的品位与格调来识别彼此、判断"圈层",达成身份认同。

二 新工作形态:依附性减弱、精力碎片化、时间稀缺性

廉思课题组在研究中发现,随着国家经济社会的发展,年轻人生存的动力由"活下来"晋级到"有意义",从事工作的原因不再是为了"挣钱",而是为了"价值"。

课题组研究发现,当代青年的职业发展和工作形态被打上了深刻的时代烙印,呈现三个新的特征,即依附性减弱、精力碎片化与时间稀缺性。这些特征植根于社会运行的底层逻辑,在被时代形塑的同时,也彰显着时代的趋势。

"当代青年的个体身份意识较强,在市场中依赖自我能力与社会资源谋生,组织更多的展示和加持个体价值的平台,而非传统意义上具有身份归属效应的'单位'。"廉思说,年轻人更多自我决策、自我负责、自我行动。

"当代青年的生活时空,被流动现代性所裹挟,难以有整段的注意力

投入、经常被琐事打断、信息过载且单个任务的处理时间变短、闲暇与工作时间穿插进行互相干扰……"廉思介绍，年轻人不可避免地整体呈现"节奏快""并行多""协同杂""全天候"的特征。同时，他们对时空的掌控感更强了。

"不确定性与碎片化导致时间稀缺性。"廉思解释，当代青年的大量时间被用在处理场景切换与沟通协作之中，一些"家庭化""模块化""即时性"的职业形态也应运而生。

三　新生活需求：小世界的定制打造、陪伴确幸的 体验诉求、精致时空的自我规训

廉思分析，工作形态上的依附性减弱、精力碎片化与时间稀缺性三者共同作用，助推了当代青年生活需求的趋势激变。

"不确定性催生了小世界的定制打造。"他解释，对单位依附性下降的风险增加了青年对自我生活掌控感的需求，而身边小环境恰恰是实现对生活掌控感的重要方式。青年选择用全新的概念来定义自我的衣食住行。"年轻人会觉得大大的世界不由我掌控，小小的生活却因我而改变。"

他举例，烘焙、花艺、香道等文化类兴趣，都是青年用来搭建自我小世界、彰显小世界的独特性与自我属性的方式。"造一个确幸的小世界"已经成为一部分年轻人的重要消费诉求，他们"为诗意生活而造"，希望通过赋予日常细节以情感和温度、打造温暖与仪式感的氛围来对抗工作的苟且。

另外，碎片化滋生了陪伴确幸的体验诉求。

"'生有涯，而事无涯'的焦虑感由此而生，凡此种种都会令青年产生'轻而不腻陪伴'的需求。"廉思看来，陪伴，是指需要闲暇时间的填充、焦虑情绪的缓解与自我空间的搭建；而所谓"轻而不腻"，则是与碎片化的特征相匹配，需要一种轻量化、易触及的、不复杂的、简单可依赖的小确幸和小陪伴。对于尚未进入家庭期的青年而言，"空巢独居"与时

空碎片化相互叠加，更加放大了对陪伴与确幸的需求。

"稀缺性激发了精致时空的自我规训。"在介绍中，廉思提到，随着收入水平和生活质量的提升，青年不再盲目追求大牌，而是更注重生活本身的品质。如线上商店——网易严选、淘宝新选等，线下商店——名创优品。

青年对时间的重视在生活行为上的另一种表现是催生了以节约时间、解放劳动为目的的懒系商品。

四　新压力困扰：职业前景模糊、住有所居期待、婚恋选择多元

新的变化必然产生新的压力，廉思发现，年轻人若在 10 年之内，职业发展、居住、婚恋三个方面能够通过自己的努力奋斗改变，则对未来生活、对社会制度就有期待，反之就会对社会制度产生质疑。

就职业发展而言，随着信息技术的发展，青年就业创业面临更多路径，一些职业由于时间自由、收入高、灵活度大等因素，吸引着高学历青年。但同时，仍有少部分具备劳动能力的青年自愿选择不就业的生活状态。

这部分不升学、不就业、不进修或不参加就业辅导，终日无所事事的青年族群——"尼特族"值得关注，课题组根据 2010 年第六次人口普查数据测算出，14～35 岁不升学未就业青年约为 622 万人。

青年婚恋作为重要一项被写入《中长期青年发展规划》。廉思课题组曾经做过城市青年婚恋状况调研，发现当代青年的择偶标准更为多元，且更注重配偶的性格、人品等内涵性的标准，也注重对方学历、身体状况、年龄等情况。但同时，家庭情况这一较为传统的择偶标准仍是人们较为看重的标准，且"外貌协会""爱美"等非理性标准也仍存在。

然而，廉思也发现，现实生活中，青年工作时间长，职业压力大，没有过多精力和时间寻找对象和经营感情，从而陷入"婚恋难"的困境。

"青年正在依据住房条件如价格、户型、面积以及子女教育资源等因素来建构婚姻上的'区隔性'，并以这种'区隔性'来进一步确认自己的身份"。

五　做好青年工作关键要解决好青年核心诉求

课题调研时，廉思给大家定了个规矩——深度入场、共情交流、抽离研判。比如对快递小哥群体进行研究，至少得先跟着他们跑完一天。

"要研究他们，首先你得站在他们的视角、体验他们的生活。"在廉思看来，这既是向调研对象表达自己的诚意，也是让自己能够理解调研对象的人生抉择。调研是要脚下粘着泥土的，不是简单发个问卷、做个访谈就可以完成的。只有走进不同青年群体的生活场景，了解他们每个选择背后的考量因素和人情冷暖，才能做出真正符合实际情况和中央需要的研究成果。

悬停在城乡之间的"蜂鸟"，是廉思课题组对快递小哥的定义。他解释，快递小哥回到家乡收入不高，在大城市也难以融入，就像悬停在空中的"蜂鸟"。蜂鸟是唯一可以悬停的鸟类，它们不断地拍打翅膀，让自己不跌落而下。

让廉思和课题组成员印象深刻的是，访谈中曾遇到一个35岁的快递小哥吴某，从2002年起就和妻子带着不满百天的孩子"北漂"。尽管他们勤奋、努力，对美好生活充满向往，但是现实对他们而言依然严峻。

因为没有北京户口，吴某最发愁的是上五年级的儿子不能留在北京上学。他儿子对滑冰感兴趣，两年前，学校开始组建短道速滑队，小吴成为第一批加入的成员，如今个人排名在区里也能达到五六名。

中学招收体育特长生一般只要前五名，为了能够留在北京上学，吴某必须更加努力地送快递，给孩子交课余指导费用。

"通过我们的作品，让弱者发声、发光，让每个人都看到跟你生活在同一个社会、同一个社区的人，正在为生计打拼，生活中也有不如意，自己也就更珍惜现在的拥有，更愿意去帮助他人，也激发出奋斗动力。"廉思强调，这种看到其他群体共情、共理的"通灵感"是做好社会科学研究的基础。

怎么做好新时代的青年工作？

廉思认为，关键是青年的核心诉求能否通过个人努力奋斗得以实现。"职业发展、婚恋家庭和住有所居是影响青年的核心变量，这些重大问题解决不好，单纯的说教很难真正触动青年"。

他提醒，做青年工作，要把具体的事情做好，还要讲好故事。不能光说不干，也不能只做不说。这对于青年工作者的组织动员能力、思想引领能力提出了很高的要求。

国家出台了《中长期青年发展规划（2016～2025年）》，就是要解决青年政策的协调性问题。如何推动《中长期青年发展规划（2016～2025年）》落到实处？廉思分析，要以国家规划为指导，深入实施青年优先发展战略，将分散于不同党政部门、群团组织和社会中的青年政策，纳入整体性的政策框架中予以系统推动，形成强大协同合力，体现优先次序。这其中，共青团替年轻人发声的功能要发挥出来，让国家对于青年的诉求有更为及时准确的了解，有时候年轻人的一些诉求国家现阶段无法立即予以满足，共青团也要及时向青年解释。"团组织的桥梁纽带作用要发挥好"。

多年青年群体研究中，廉思最自豪的，不仅是做学术研究，而且是通过自己的课题研究，带动课题组的学生观察、体验不同群体的生活，推动人和人之间相互理解。

廉思还记得，每次调研之后都要和课题组学生座谈。对快递小哥进行调查后，有个学生表示"再也不冲快递小哥发火了，他们真的太辛苦了"。在廉思看来，这很重要。一个研究生，通过这样的调研，不仅在学术上有收获，而且他的人生观价值观也发生了积极的变化，这才是更为深远的意义。

（本文原载于《中国青年报》2019年12月4日3版）

大变革时代中国青年的发展趋势

随着网络化、全球化、市场化、城镇化叠加的影响不断深化，其对青年的影响愈发复杂。现代社会的复杂性，使得各因素对青年的影响并非呈现线性相加的简单关系，其不确定性大大加强。无论是英国脱欧成功，抑或是特朗普胜选，均显现出世界的不确定正在不断增强的趋势。世界的表象与本质、迹象与方向之间的相关性，正遭受越来越多的挑战。

市场化与网络化的叠加，使得意识形态的塑造源产生了转移；城镇化与网络化的叠加，使得民间舆论场的话语权产生转移；全球化和网络化叠加，使得青年拥有了跨越国界的共振能力和迁移能力，形成了国际移民问题。这些都是青年对于现有的政治秩序和社会稳定挑战的预演和积蓄。

一 一二线青年替代三四线青年

在移动互联网出现之前，我国一直存在两个舆论场，一个是官方舆论场，一个是民间舆论场。此前，民间舆论场的早期主体是都市类报纸。随着移动互联网对传统媒体行业的颠覆，民间舆论场正在呈现新的特征。传统媒体式微造成的结果使得新社会阶层的话语权在逐渐提升。传统媒体对底层的关怀不再是所谓的民间舆论场中议程设置的核心命题。远离了农村，居住于一二线城市的青年，成为网络舆论的主要发起者和参与者。由此，这些大城市青年的局部问题被放大，在舆论上，具体体现为一线城市的白领对于清洁空气的需求大于三四线城市的"蓝领"对于工作岗位的需求。而在城镇化过程中，人口流动管理、户籍改革、公共服务均等化等存在相对滞后问题，导致大城市流动青年产生了较强的相对剥夺感。而流动青年大多处于竞争性较强的行业，工作和生活压力又增加了其焦虑感，这成为网络舆论场负能量的重要来源。

另一个值得注意的问题是，相比此前民间舆论场的主要被关注者，即以农民、农民工为代表的基层群众，当前更多代表中产阶级利益的网络舆论场，其对主流意识形态的冲击烈度较低（具体表现为烈性公共事件少、议题较为温和等），但这一阶层对主流话语的信任度并不如基层群众。因此，目前舆论场低烈度冲突表象下的信任流失尤为值得关注。剥离表象看本质，网络舆论的哈哈镜效应，使得真实的政治态度被深埋，这并不足以成为判断当前民情的全部依据。

在2016年基层人大代表的选举过程中，出现了一些令人颇为不解的现象。例如，在上海举行基层人大选举时，松江区某大学选区有不少选民将票投给"特朗普"，此外还出现一些不属于候选人之列的其他废票，致使真正的候选人未达到当选所需票数。有些观点指出，这至少体现中国大学生政治意识在觉醒，同时也反映出大学生们政治责任感差、娱乐至上、不珍惜民主权利。相比这些判断，我们更倾向于认为，这些现象体现出的更为严峻的现实是，有序的政治参与与无序的个体意志的冲突，在当下和未来有可能呈现继续扩大的趋势。当主流意识形态无法对青年形成吸引，原本消极配合的一些群体，将随着社会和市场自由空间的扩大、文化和观念的多元空间扩大，越来越可能选择积极拒绝的态度。与五年前出现的独立候选人相比，这种来自更广大的选民的变化，将对有序的政治参与提出更大的挑战。

二 互联网平台替代传统制单位

当前我国已经进入共享经济时代，服务业到2020年将占到国民经济的55%左右。共享经济与服务业相结合，会产生一种新的就业模式，即"自由人——共享平台——消费者"模式，实现"从劳动者的模块化组合到自由人的平台化联合"的转变。按照这种发展模式,未来企业将会消失,只剩下拥有不同资源和需求的人,以及共享平台,这预示着自由人联合时代的到来。从时代发展潮流来看,基于人才共享的趋势,未来专业性的人可能不再依附于某个组织,他跟企业和组织的关系将是一种联盟的关系,那么这种关系可能会使得大量的青年在体制外生存,意见领袖的数量将迅速增长。

在这种背景下,各种互联网平台就成为意见领袖与广大青年的桥梁纽带。当前,以各种直播平台和O2O平台为基点,一批网络主播、签约作家、流浪歌手拓展了自己的生存空间。在技术"平权"的过程中,传播门槛不断降低,对新媒体的敏感和对新语言的使用是施加"影响力"更为重要的因素。意见领袖由于本身的知识储备、工作属性和社交需要,是与新媒体接触最为紧密的群体,这决定了他们将是社会思潮的"扩音器"和广大青年价值观的"路由器",具有集散思想文化信息的软实力和引导社会舆论走向的潜能力,而其中的网络平台将是连接意见领袖和青年大众的关键节点。2017年我们对网络主播的调查表明,北京市网络主播人数约为30万人,提供互联网直播平台服务的企业已超过300家。北京聚集了全国40%以上的网络直播平台。整体呈现本科以下学历为主、三四线城市和农村为主、北方为主的特征。

同时,因其工作性质,意见领袖会特别注重自身品牌的建设和自我IP的打造,意见领袖对个体品牌的认同感和关注度会越来越高于对相应平台的认同感。虽然网络平台是其赖以生存的基础,意见领袖往往要借助某些平台才能开展工作,但为了自身发展的安全需要和长远考虑,他们势必要求所建立的社会关系网络是基于对其个人产生的信任,而非对平台产生的依赖。就像网络主播关注的是个人粉丝量的增长,而非粉丝是属于哪个平台的,因此,以后青年对意见领袖的从众心理将更为明显。

三 小而美替代大而强

"小而美"建立在一种高度的世俗性和个体性之上,它与任何"崇高""伟大""理想""英雄"都无关。因此，"小而美"所反映的首先是青年一种特定的生活状态。当今的"小而美"恰恰是对"大"与"强"的切割与隔离，唯其"小"，才能保证其"美"。比如很多青年人积极地去做公益，他们也不唱什么高调，也不愿意和既有的志愿者组织联系，就是纯粹过去帮忙。总之，青年之所以愿意过去，不是因为被组织起来，而是为了满足自己的内心需求。

很多青年渴望向上流动，所以有了各种奋斗打拼，与"向上流动"的强烈动力不同，"小而美"反而显得安全实在。心理学认为，当人们进入一个专心致志、活在当下、浑然忘我的状态，才会感受到最真切和细微的幸福。因此，"小而美"不是不思进取的生活作风，而是当代青年独特的政治态度。青年们通过"小而美"来表达"不想做大做强"这样无害的乃至甜美的诱惑，拒绝了与任何物质名利的联系。面对"大时代"的冲击，生活在焦虑感不断增强中的青年个体，选择"小而美"的方式安身立命，能够折射出整个青年群体的气质。

随着全球化、网络化、市场化、城镇化的展开，执政党依托的青年群众基础发生了巨大的位移。面对这一前所未有的社会变局，如何寻找自身代表的阶级这个问题，再一次历史性地摆到了执政共产党人面前。2015年2月，中共中央印发了《关于加强和改进党的群团工作的意见》，该意见深刻阐述了新形势下加强和改进党的群团工作的重要性和紧迫性。2017年，中共中央、国务院印发了《中长期青年发展规划（2016－2025年)》。此规划是新中国历史上第一个青年发展规划。这两份重要文件的出台，充分体现了以习近平同志为核心的党中央对青年一代的亲切关心、对青年工作的高度重视，是我国青年发展事业的重要顶层设计。唯有正确的阶级分析，才能有精确的利益分配。寻找出自己新的阶级基础并扩大这个基础，是共产党人在国家发展进程中的必修课。

（本文原载于《中国青年报》2017年5月8日7版）

当代中国青年诉求的变迁

20世纪80年代以来诞生的人后来成为"80后""90后",这批人经历了中国改革开放的大历史变迁,成长为当代青年。作为当代中国的重要力量,当代青年的诉求和表达有强烈的时代特点。了解他们才能引导他们。

一　接受文化变更的速度加快

纵观中国数千年历史,从来没有哪一代人像当代中国青年一样,成长在如此复杂多变的社会思潮之中。随着人类社会靠代际经验传承塑造价值的模式发生深刻改变,观念的代际更迭将加速,文化的更新速度将前所未有地提升。在人类历史上的长久岁月中,各个社会主流文化的更替速度极为缓慢,人们终其一生,或许都生活在一种文化影响之下。而在当下,文化变更的波长迅速缩短,再没有任何一种文化能够覆盖人们的一生,乃至无法完全覆盖青年成长的短短数年。

改革开放以来,中国思想文化界和大众文化领域出现了"去政治化"的话语现象。在这一文化的影响下,当代中国青年,其政治理念已经在悄然改变。这其实不是脱离政治,而是一种新的政治态度。青年的政治态度,更加世俗也更加理性。利益问题取代政治理想,生活琐事取代宏大叙事,成为影响青年政治判断的重要影响因素。

二　更关注与自己相关的话题

在我们所做的多个群体调研中，青年群体普遍对社会话题的关注多于政治话题。而在对所有话题的关注中，与其自身利益相关的话题受关注度最高。例如，企业青年是城市青年的主体组成部分，2014 年我们进行的北京市企业青年调研显示，在目前的时政热点中，该群体关注度排在前列的，除了全民关注的反腐问题外，其余分别是"房产税加快立法""医疗体系改革""单独二孩政策"等，与个人的关系十分紧密。

这样的变化也反映在国家对青年的影响力上。当前青年对"神舟十号"上天的关注度远没有当初"神舟五号"上天时那么强烈，由此而生的民族自豪感与自信心也没有之前热烈。近年来，类似神舟上天这样的国家发展重大成就事件，对青年爱国情感的激励效果存在边际效应递减趋势。有的青年说"无非就是一次航天发射，没有必要对其感到骄傲与自豪"，还有的青年认为"自身的生活还没看到希望，干吗要关注这些东西"。可见，国家要想把握青年并使之获得认同感，单纯依靠宏大事件的激励已远远不够了，我们不仅要给青年以国家的希望，更要给他们以个人发展的希望。

三　权利诉求

与此同时，不同青年群体间的权利诉求差异在日益加大。中国社科院发布的《2013 年中国政治参与报告》显示，公民认为对个人发展最重要的权利由高到低的排序是经济权利、法律权利、社会权利、政治权利和文化权利。也就是说，这一序列中，越是靠前的权利，对于个人发展越具有基础意义。根据我们对不同青年群体的调研显示，这些权利诉求涌现的规律，与其排序也明显相关。即当序列中的基础权利得到满足后，更高阶的权利诉求往往会显现出来。

例如，新生代农民工以经济诉求为主，更关注保障生计，而受过大学教育的"蚁族"和城市"白领"则以居留发展诉求为主，更关注社会参与。我们在调查中发现，有71.9%的"白领"表示愿意参加志愿活动，有50.1%表示愿意参与到社会管理工作之中，而当问到"对自己身边的事务有不满意的地方"时更有超过半数的"白领"表示自己会"站出来，向有关部门反映"。同时在调查中也发现，"蚁族"群体对社会事务有着细致的观察与深入的思考，公民参与意识较强。可见，随着经济诉求得到满足，青年群体的社会诉求和政治诉求将会提升。

而由自身权利诉求引发的对政治判断的情绪性反馈，是影响青年政治认同的重要原因。例如，我们对全国5400名高校青年教师的调查显示，该群体对当前晋升制度、薪酬体系、科研管理、绩效考核等高校管理制度普遍评价较低。64.9%的受访者认为现行科研项目经费管理体制比较刻板，缺乏灵活性。68.4%的受访者认为高校职称晋升制度多以年龄划线，"论资排辈"现象严重，缺少激励作用。73.5%的受访者认为高校薪酬体系设计不合理，不能体现工资收入与个人能力相挂钩。高校青年教师不像公务员那样有机会接触到国家根本政治制度，这些日常工作中与之直接发生利益关系的具体制度是他们获得对国家认识的主要渠道。对管理体制不满意，将会导致他们对国家政治信任感的流失。

可以预见，青年群体的权利诉求复杂化的趋势将日益明显。尤其是在经济诉求之外，有社会诉求和政治诉求的青年群体，比如城市"白领"正在不断壮大。从2002年到2014年，我国城镇就业人员总量由25159万人增加到39310万人，而全国乡村就业人员总量由48121万人减少到37943万人。这意味着，青年整体的政治权利诉求将日益提升。尤其是对于诉求表达更为激进的青年群体，其权利诉求上升的速度和政治参与制度化的速度之间的差距，将相当程度上决定未来中国的政治稳定。因此，能否将青年的权利诉求纳入有序的政治参与中、有效回应青年诉求，是未来中国政治发展的重要课题。

放眼世界，今天的青年成长在日益同步的全球化背景下，构成其认同基础的，不再仅仅是家族传统、地区习俗、民族特征，现代传播营造的软环境和工业生产打造的硬环境正迅速成为引导全世界青年的决定性力量。工业标准化生产以相似的生活工作环境和方式取代传统的就地取材、各具特色，现代传播则用生活化的意识形态取代传统的宏大政治。借此，这两股新力量消弭了地理空间的差异，同时建立了新的社会空间格局，其界限标准是依附于身份的工作生活方式、价值理念和权利诉求。在这一新的空间中，人们旧有的身份将逐渐淡化，新身份将逐渐凸显，人们的认同、标签、归属感，都将随之改变。对于既有的意识形态建构者，这将是一个严峻的挑战。

四　价值观念体会和表达

青年的价值观念是一个时代最活跃的意识形态现象，在青年群体中，有时虽然听不到他们对意识形态的辨析，但是在他们对日常生活的思考中，我们能感知到他们特殊、具体而生动的价值理想和生活准则，这些是最真实且最有活力的意识形态，而做好青年群体的思想工作，实现主流意识形态和青年价值观的沟通对话，无疑是所有群体中最具挑战性的。

当前我国的主流意识形态表述是一种典型的理性结构，其思想内容是以概念、判断和推论等理性形式表达的，而且这种表述都是经过深入思考而具有明确的政治目标、价值原则和实践要求的。当互联网和手机通信迅速普及后，社会传播不仅获得了迅速发展的技术基础，而且也展开了信息传递的影像化、符号化的感性传播方式，人类社会由此进入一个视觉文化时代。广大社会成员，尤其是青年人的意识活动主要是处于感性层面的心理活动，使得只有那些能够形象化和感性化的影视信息才能产生喜闻乐见的效应，包含于其中的价值理念、行为规则和理想目标才能得到理解和认同。因此，主流意识形态要想真正成为青年信息传递和意识形态沟通的主要内容，成为在社会生活中真实而普遍发挥作用的信息权力，就必须实现主流意识形态的文字内容视觉化、理性概念感性化的转变。我们要把抽象的意识形态观念蕴含在生动活泼的表现形式之中，才能使主流意识形态超越理性概念与感性意识的间隔，实现主流意识形态同青年价值观的沟通对话，在最大限度上争取达成共识。

（本文原载于《学习时报》2015 年 5 月 4 日 9 版）

"拐点一代"新命

　　关于青年的界定，人们始终是在两种对立的观点之间寻求平衡：一种是强调青年内在的共同性和同质性；另一种则是关注青年的差异性和异质性。根据第一种观点，青年被界定为由个体构成的社会群体，这些个体属于特定的生命阶段，我们通常把 14 岁至 35 岁的社会成员的集合称为青年①，这等于说，只要在这一年龄段内，不管性别、文化程度、从业身份、社会地位、兴趣爱好、性格倾向、行为习惯、活动地域方面的差异如何，其社会成员都视为属于同一群体。根据第二种观点，青年则是一个多样化的社会群体，这一群体内的文化差异是以不同的社会阶层、经济状况和兴趣爱好作为划分方式的。在这种情况下，青年的概念更多涉及的是不同的社会属性，这些属性几乎没有任何共同之处。如果说第一种观点坚持了生物决定论的立场，那么第二种观点则侧重于强调青年的某些社会建构特征，即青年的社会化。

　　当代中国正在经历三个重要的拐点，预示其发展阶段的根本性变化。第一个是以劳动力无限供给特征开始消失为标志的刘易斯拐点，第二个是以人口抚养比的止降反升为标志的老龄化拐点，第三个是以中国内地城镇化率突破 50% 为标志的城镇化拐点。这三个拐点的同时出现，是中国发展进程中的重大指标性信号，使转型的中国面临着更多更大的挑战，对当代青年而言更具有非同寻常的深远意义。

---

　　① 有关青年年龄的认定，有很多不同的标准，本文采用国家《中长期青年发展规划（2016～2025 年）》中的界定。

一 刘易斯拐点——由生产型社会化向教育型社会化转变

刘易斯拐点的到来，意味着劳动力无限供给特征逐渐消失，预示着支撑我国经济30余年高速增长的丰富劳动力开始变得稀缺，要继续保持经济高速增长，必须转变产业结构，提高技术水平，实现产业转型与升级。这会对我国大批劳力密集型企业形成一种"倒逼"机制，推动我国企业把劳动力人力资本培育视为企业的自觉行为和应尽的社会责任，而这时劳动力的知识技能也必须相应提高，教育结构需要做出重大调整，我国劳动力优势取向发生历史性转变，劳动力资源特色发生重大转型。

对劳动者知识技能要求的提高，导致青年所必需的学习期延长，参加工作的时点推后，青年期有更长时间是在学校度过的。青年期的这种变化，即从主要与工作直接结合或者至少与工作相联系的生活方式转变为以学校为主的生活方式，必然影响青年的人生发展、行为倾向，以及他们的社会态度。

——青年在更长的时间内不参加工作和其他方面的社会生活，而只在学校接受系统化的学习教育，这使得青年接触社会各种政治制度和潜规则较晚，对科层组织旨在实现效率最大化的各种规范了解感知亦较晚。在学校里，青年人的错误与缺陷得到宽容的程度远远高于社会上的科层组织，因为科层组织必须追求效益。科层组织是通过严格的考核选拔并运用强制性规范来管理人、控制人进而影响人。因此，当青年进入社会，由宽松环境瞬间进入严苛环境，往往会出现种种不适应。

——青年需等到接受完整的高等教育后才能开始自己的工作或职业，进入实际社会的时点延后，物质生活上达到自立较晚，父母供给的时间延长。青年对家庭的依赖性在这一过程中也不断增长，不能在现实生活中安身立命，他们尚未确立的自我失去了经济独立的依靠。这既导致一部分青年在工作后，仍然依赖父母，形成了所谓的"啃老族"，又使得青年人较晚才能体验到自己参与社会再生产所做出的贡献以及发挥的作用，社会责任感也难以随之建立，青年期的迷茫、彷徨将成为常态。

——在现代社会中，人的生理与社会之间存在着越来越大的不平衡，生理性成熟的前倾和社会性成熟的后移，使社会成熟的过程开始脱离生理成熟的过程，形成一个相对独立的社会群体及相应的文化系统。而学校本身就具有青年高度集中并与外界相对隔离的特点，青年较长时间处于受教育这种脱离生产实践的过程之中，学校中理论知识具有更多理想主义色彩，而实践知识趋于现实主义，长期理论知识的训练使青年人具有普遍的乌托邦倾向，逐渐形成独立于社会实践的超前思想，使得青年人对于现实生活的态度也会发生变化。

——由于受教育期延长，青年与同龄人相处的时间更长，而进入主要与成年人交往的阶段更晚。青年人在同一年龄群体中共同性不断增多，父母、单位领导等成年人的影响相对减弱，同辈群体（Peer Group）的影响逐渐增强，青年人有更多的机会去形成他们自己的价值，而取代了自动追随成年一代价值观的传统成长路径，这也使代际差异日益加大，代际观念更迭愈加频繁，很多人如今感觉到"五年"甚至"四年"就是一代，而这个时间间隔刚好与接受高等教育的阶段相吻合。

——青年较长时间处在利于发展个人主义精神而非集体主义精神的状态之中，我国长期实行计划生育政策，青年在家庭生活中没有兄弟姐妹，他们陷入独立成长的个体化进程之中。大学扩招使得青年步入社会的时点进一步延后，因为学习主要是个人行为。青年的社会化所包含的形成个人认同性的因素越来越多，而形成集体认同性的因素越来越少。工作使人们不得不相互建立关系，正是这种关系使异化了的青年得以超越自身，最终面对社会。但是，现在青年期更多的时间是在学校和家庭度过的。因此，如何弥补社会化过程中集体认同的日益缺失，是未来青年工作要面对的挑战。

当代青年的上述变化是一种从生产型社会化向教育型社会化的转变，教育型社会化主要指接受性的和反射性的行为，尤其是在校学习阶段。反之，生产型社会化是指以外向行为为主的经历，它表现为摸得着看得见的结果，其成败不仅与自身，而且与他人有关。生产型社会化是在科层组织实现的，而教育型社会化是在学校或其他培训机构实现的。这两种社会化除了实现地点不同之外，还有实际经历的不同，而且与社会的关系以及与未来的关系也不同。就生产型社会化来讲，只要是参加工作，即便是最微不足道的工作，也是与他人，以及与社会的发展产生具体的关系；而在教育型社会化中，与社会和他人的关系是抽象的，也是想象的，对社会的理解"应然"成分大于"实然"成分，有更多回旋余地和更少限制，但同时个人的社会整合能力遭到削弱。因此，刘易斯拐点导致的教育型社会化不仅使工作经历在青年社会化中所起的作用日益缩小，而且会使社会制度与个人成长之间愈加脱节。可以预见，未来将会有越来越多受过高等教育的青年面临更为残酷的社会化转型。

二　老龄化拐点——由前喻型文化向后喻型文化转变

当前，我国人口的年龄结构发生了巨大变化，年轻人口在总人口中的比例下降。如果保持现有生育水平，我国老年人口比重将不断上升，劳动年龄人口的老化问题将越来越突出。2013年，我国老年人口数量突破2亿大关，老龄化水平将达到14.8%。此后，我国人口老龄化进程还将加快，21世纪中叶将达到老龄化的峰值期，60岁及以上老年人口将超过4亿，占总人口数的30%以上。

随着科技革新速度的加快和知识经济的兴起，整个社会结构也随之发生改变。从就业的角度来讲，知识经济的兴起对老年人的就业与再就业都会造成很大的影响。知识经济对劳动者素质提出很高的要求，知识更迭速度的加快，必然要求劳动者也能及时跟上这样的步伐，而大多数老年人显然不具备这样的能力，这会使老年人在劳动力市场上处于劣势，那些技术含量高、收入丰厚、社会地位高的工作主要被年轻人占据了，老年人很少能在知识更新快的领域占一席之地，比如在信息产业和金融产业中，这种趋势就表现得十分明显。

老年人被排除在新兴产业之外会带来一系列后果。首先是老年人的相对收入下降了，从新兴的 IT 业和资本金融业与传统行业的收入差距来看，如果这种趋势持续更长时间，那么未来这种两极化现象将越来越严重，并且主要表现为老年人与青年人收入之间的差距。老年人收入的相对下降使老年人的自我养老能力也会下降。其次是老年人的社会地位进一步下降，老年人被排除在主流产业之外，也就意味着被排除在主流社会之外。在社会上，他们无法对社会事务产生较大的影响。在家庭中，他们对子女的控制力也慢慢减弱了。

老龄化拐点的到来，把青年推向时代舞台的中央，让青年成为社会发展的中坚力量。西方学者曾将社会分为"前喻文化""并喻文化"和"后喻文化"三个阶段。在"前喻文化"中，晚辈主要向长辈学习；"并喻文化"中晚辈和长辈的学习都发生在同辈人之间。而知识经济的蓬勃发展使整个社会发生了巨大的变革，社会由此进入了长辈反过来向晚辈学习的"后喻文化"时期。"如果说过去存在若干长者，凭着在特定的文化系统中日积月累的经验而比青年们知道得多些，那今天却不再如此"①。因此，"后喻文化"时代的来临提醒我们，青年在未来将发出更大的声音，我们必须重视青年的作用，尤其是其价值观念和政治态度。

而互联网的兴起，则赋予了青年挑战旧有社会权力格局的武器。去中心化的互联网，颠覆了现实社会中的阶层和秩序，形成新的扁平互动联结，这使得青年有了通过虚拟互动直达现实社会金字塔尖的可能。尽管互联网已经进入中国大众生活十余年，并在 20 世纪末便初现其价值塑造能力，但是，其对普罗大众的价值塑造，却是在近年来才出现。在互联网诞生之初，现实场域与虚拟场域相比，是更为强势的一方。虚拟场域是作为现实场域的补充，或是现实场域中小众价值的栖息地而存在。但在今天，社交媒体、移动互联网的发展把人们的日常生活全面移植到虚拟场域，虚

---

① 玛格丽特·米德：《文化与承诺——一项有关代沟问题的研究》，周晓虹、周怡译，河北人民出版社，1987。

拟世界与现实世界的本末正在倒置。十年前，现实世界之于虚拟世界的价值互动体现为顺差，而今天，"出超"逆转为"入超"，现实之于虚拟已经出现价值逆差。这种变化对于青年的改变无疑更大。青年是个人价值观形成的关键时期，相比来说，"90后"青年虽然很早就开始接触互联网，但是当时的网络先锋是哺育互联网的一代，而今天的"00后"，则是互联网哺育的一代，已经实现价值"出超"的互联网，其主流价值将由这些青年人统领。

纵观中国数千年历史，从来没有哪一代人像当代中国青年一样，成长在如此复杂多样的社会思潮之中。相比人类历史上的历次重大思想革命，中国的改革开放过程无疑卷入人口最多，影响最为广泛，传播速度最为迅速。而随着人类社会靠代际经验传承汲取智慧、塑造价值的模式发生深刻改变，观念的代际更迭将加速，文化的更新速度将前所未有地提升。同辈的影响将取代前辈，异域的影响将超越同域。在人类历史上，个人的成长期初次由跨时间跨空间跨代际的价值源塑造，这将塑造出全新的文化和全新的青年，他们既非先辈的继承，也非先辈的反叛，而是纯粹的另起炉灶。

三 城镇化拐点——由固态中国向流动中国转变

2011年末，我国城镇化率达到51.3%。这意味着中国城镇人口首次超过农村人口，伴随着世界上最为迅速的人口城镇化进程，我国正在经历着人类历史上最大规模的人口流动。而这种流动从空间上看，是人口不断向大城市集聚的过程。通过对世界人口城镇化一般规律的分析，我们可以发现，城镇化是一个长期、不可逆的发展过程，中国城镇化具有典型性，即表现为农村人口向城市集中、城市人口向大城市集中的过程。近三十年来，我国出现的流动人口现象，正是这一客观规律的具体体现，并且我国还将进入人口流动快速发展的阶段。在未来的一段时间内，中国流动人口的分布将逐步形成以东部沿海连绵城市带为重心，以内陆城市群为中轴，以西部中心城市为集聚点的流动人口分布格局。

城镇化拐点的到来对当代青年将产生重大影响。在传统社会，信任总是与亲缘关系或作为地点的地域化社区相联系，但是在现代性条件下，这一切都变得不那么重要了。在高度社会化的城市社会中，人与人之间通过分工和市场交换而发生着越来越广阔和丰富的社会关系，亲缘纽带根本不足以成为这种广阔的社会关系的载体；而传统社会中"地缘"的首要意义也被现代社会中的"脱域"机制给消解掉了，地缘性已无可避免地与全球性关联起来。这种从亲缘和地缘向脱域的变迁，深深地影响着青年社会化。在狭小的亲缘和地缘所构成的地域性关系中，人们低头不见抬头见，相互信任，形成了吉登斯所谓的"本体性安全感"，其中发生的简单的社会关系也使得他们以道德的方式调节彼此的关系就足够了。但是，进入城市社会后，青年从这种地域性的社会关系中"脱域"了，卷入了一个复杂的陌生人的社会中，人们彼此之间发生着远比地域性社会复杂得多的社会关系。于是，在城市社会中，前现代情景中地域化的本体性安全实际上已经被消解掉了，取而代之的是由所谓"抽象体系"所构建出来的"信任关系"，这种"抽象体系"包括了"象征政治合法性的符号"，亦即现代法律制度。法律制度成为调节人们行为的主要方式，"法治"也因此成为现代社会的治理理念。在这种日益功利的社会环境中，青年人变得"疏近亲远"——忽略身边的同事、朋友和亲人，倾向于结识让心理产生某种虚幻感的陌生人。

流动是一所"大学"，使人们获得了新的生活理念、法律知识、维权艺术和组织实践，并由此锻造了一代新的青年——城市新移民。他们前赴后继进入城市，带着农业文明与城市文明进行碰撞。他们感受城市的跳跃节奏、学习城市的行为习惯、接受城市的秩序规则，不断调适和改变自己。他们是一个有更强接受和学习能力、有着青年人特有的挑战与冒险特质的年轻群体；他们的思维和价值取向更加多元化，对现代文明和城市文化有更多向往和期待；他们处在改革开放的新时代、社会转型的新阶段，发展性需求提高，公民意识初步觉醒，更有能力维护自己的权利。他们既是社会变革的推动者，也是社会变革的承担者。他们既有青年的特点，也具移民的特质，是中国工业化、现代化进程的一个缩影。

流动应被看作一种新的范式。中国正在由一个固态的社会变成一个流动的社会，由一个静态的空间变成一个流动的空间。在这个过程中，城市新移民通过各种管道流向城市，他们裹挟着原有乡村和小城镇的信息，就像水流一样，穿透各种"藩篱"进入城市的物理环境，并对其周围产生不可预见的影响。城市新移民的流动在多重的社会关系中被捕获、被移动、被再现、被市场化以及被推广，并常常对非常遥远的地方和人群产生影响。城市新移民在乡—城之间往来穿梭，由此形成各种各样的、不稳定的、不可预见的、非线性的"波"。这些"波"本身并没有清楚地向我们表明怎样才能制止他们的流动、他们以何种速度流动以及在流动过程中变化的状况，因而也没有人能够知道他们最终的状态会是什么样子，也猜不出他们要流去何方。这也就意味着，随着时间的推移，城市新移民宁愿为自己创造出他们自身的生存环境，而不愿让自己为环境所左右，城市新移民能够在某种程度上自我组织、自我创生并自行维持边界，而这种自为的过程，必将深刻改变中国的城市生态和社会结构。

人们心目中的"一代"，不仅有生理年龄的含义，而且还有着历史世代的含义。一代青年作为一个整体，是和一定历史事件、历史时期相联系的。今天，在改革开放大潮中成长起来的"80后""90后"，赶上了一个拐点的时代，他们称得上绝无仅有的"拐点一代"。他们是幸运的。观念的碰撞、思想的互渗、价值的并行，构成了前所未有的多元文化景观，给这代青年创造了无数选择的机会和张扬个性的空间。但，这注定也是艰难的一代。一个人成长的孤独和抑郁，"四二一"家庭①生存的重负，竞争的激烈残酷，前途的叵测茫远……他们具有以往任何一代中国青年不曾有

---

① 四二一家庭，指由祖父、祖母、外祖父、外祖母四人，父亲、母亲二人和一个独生子女所构成的金字塔形的家庭。之前中国普遍提倡一对夫妇只生一个孩子，根据这一生育政策，从家庭的角度推算出所谓四二一家庭结构。

过的成长经历；他们也已分化出不同的亚群体："蚁族"、"白领"、贫二代、新生代农民工、海归、富二代……

青年是创史活动中最重要的一支主体力量，一个时代，其青年的生存现状，是衡量该时代是否具有创史活力的基本尺度之一。转型期的中国，需要一代青年既能仰望星空，又能脚踏大地。而青年之困厄，就是国之困厄；青年之振作，就是国之振作；青年之希望，就是国之希望；青年之未来，就是国之未来。时代的火炬已悄无声息地传递到"拐点一代"手中，这是他们必须承担的历史使命，对未来的他们，我们拭目以待。

（本文原载于《中国青年发展报告 NO.1——城市新移民的崛起》序言，2013 年 6 月出版，此次刊发略作修改）

"蚁族"消费水平的影响因素研究
——"蚁族"概念提出 10 周年的思考

以往中国城市社会空间（尤其是城市贫困空间）的相关研究，主要聚焦在下岗职工和进城农民工这两个弱势群体，而低收入大学生作为中国城市新弱势群体，于 2009 年因廉思《蚁族》一书而进入公众视野。"蚁族"指的是接受过大专以上教育，但收入较低，且处于聚居状态的青年流动人口[1]。该群体是我国城市化、工业化过程中，由于人口跨区域流动、社会结构变动、劳动力市场转型以及高等教育体制改革等一系列因素综合作用下出现的一个历史性、典型性群体。"蚁族"概念提出十年来，该群体在聚居形态、居留模式以及自我定位等方面都发生了很大变化，但是对其消费行为一直未曾有深入研究。

"蚁族"概念提出后的十年，也是我国消费模式发生重大变化的十年。自 2009 年以来，我国居民消费率持续下降，居民消费不足构成制约经济发展的重要因素。因此，如何刺激消费，扩大内需，促进经济增长，是具有重要现实意义的理论问题。由于低收入者平均消费倾向和边际消费倾向都更高，扩大内需必须以提高低收入群体消费水平为重点[2]。

与其他低收入群体不同，"蚁族"具有较高学历和专业技能，而不是简单地依靠体力在大城市谋生。一方面，作为低收入青年群体，"蚁族"

---

① 廉思：《蚁族——大学毕业生聚居村实录》，广西师范大学出版社，2009。
② 方福前：《中国居民消费需求不足原因研究——基于中国城乡分省数据》，《中国社会科学》2009 年第 2 期。

有较大的消费潜力，分析"蚁族"群体的消费现状和消费特征，不仅可以填补十年来"蚁族"研究成果中消费领域的空白，而且对于认知高学历流动青年群体的消费模式有探索性意义。另一方面，在西方消费主义文化的影响下，越来越多青年的消费观念发生转变，消费行为有朝着非理性发展的倾向，这不仅不利于释放青年群体的消费活力，而且会对其未来人生历程和价值观念产生重大影响。因此，研究分析"蚁族"群体的消费影响因素，对倡导青年树立健康理性的消费观念会起到积极的推动作用。

一　文献综述

国内目前对流动人口的消费行为研究较少，更鲜有针对"蚁族"群体消费行为的专门研究。在已有的研究成果中，许多学者将重点放在了影响流动人口群体消费水平的因素上，目的是提高流动人口消费水平，进而提高居民总体消费水平。陈斌开等人考虑到户籍制度所导致的消费异质性，分析了城镇移民和城镇居民在消费行为上的差异，认为放松户籍限制可以提高移民的人均消费[①]。廖直东等人利用"2009 年乡城移民追踪调查数据"考察收入不确定性是否以及如何影响乡城移民的消费行为，认为收入不确定性对乡城移民的消费行为有显著的抑制作用[②]。李国正、艾小青等把目光放在流动人口留居意愿与消费水平的关系上，通过工具变量回归得出流动人口留居意愿对家庭消费水平有显著影响的结论：相比其他群体，打算在本地长期居住（5 年以上）的流动人口家庭消费水平要高出70% ~ 80%。因此，改善城镇公共服务质量有助于提高流动人口定居意愿，进而拉动消费、促进经济增长[③]。上述研究成果丰富了流动人口消费

---

① 陈斌开、陆铭等：《户籍制约下的居民消费》，《经济研究》2010 年第 1 期。

② 廖直东、宗振利：《收入不确定性、乡城移民消费行为与城镇化消费效应——基于微观数据的审视》，《现代财经》2014 年第 4 期。

③ 李国正、艾小青等：《新常态下中国流动人口的居留意愿与家庭消费水平研究》，《管理世界》2017 年第 12 期。

行为的研究，但关于"蚁族"群体消费行为的研究目前仍有待挖掘。

因此，本文运用 2016 年廉思课题组对北京"蚁族"发展状况的调查数据，针对"蚁族"群体消费行为进行研究分析，进一步探讨影响"蚁族"群体消费水平的因素。

二 数据描述与概念界定

1. 数据描述

本文的数据来自 2500 份调查问卷，取出其中人口统计变量、消费结构等部分的数据作为研究数据，得到有效数据 2419 条，采用 SPSS22.0 计量软件进行数据处理及参数估计。

调查对象中，男性 1289 名，占 53.3%；女性 1130 人，占 46.7%，男女比例较为平均。受访者平均年龄 27 岁，呈现年轻化特点。同时"蚁族"群体的学历水平整体较高，受访者中有 1124 人拥有大学学历，占46.5%；本科、硕士、博士学历的分别为 1042 人、139 人、11 人。未婚个体所占比例较大，占 58.2%，且大多数 25 岁以下的受访者处于未婚状态，表明晚婚在"蚁族"中很常见。从收入状况来看，受访者平均月收入 6118 元。其中，月收入在 3001 元至 6000 元之间的占 47.1%，不同行业不同岗位的工资相差很大，传统行业的收入处于平均水平，互联网行业的收入普遍较高。2116 名受访者户口在家乡所在地，占 87.5%，只有 91人（3.8%）在北京有户口。在访谈中，外地户口的受访者均表示以后大概也没有机会在北京落户。

2. 概念界定

（1）消费水平。

消费水平指某一消费者某一时期消费的数量或质量。本文研究的"蚁族"群体消费水平，指的就是"蚁族"群体为满足基本生活需要，在各类物质产品和劳务产品方面进行的消费支出，以及总体的支出情况。

（2）消费水平衡量指标。

衡量居民消费水平的主要指标有：①实物消费数量。主要是对实物消费的衡量，比如主要消费品的人均消费数量、人均用水量、人均用电量等等。②一些有代表性物品或设施的普及度。比如平均每百户家庭拥有私家车的数量、电话普及率等。③反映消费水平的消费结构指标。主要有居民生活消费支出中各类消费支出的比例，比如食品、住房等支出比例，以及对不同层次的消费品的消费比例，奢侈品的消费比例等。④消费量对应的价值。将各类消费量转换成对应的货币价值，主要包括人均消费金额，人均各项消费支出等。计算公式为：

$$居民消费水平 = \frac{报告期内居民消费总额}{报告期年平均人口}$$

本文选取了消费结构和人均月支出两种指标来描述"蚁族"群体的消费水平。根据受访对象每月在衣食住行等不同方面的支出金额，以及各类支出所占的比例分析其消费结构。用月支出总额与人数的比值表示人均月消费支出，这里的人数和支出数额都是基于有效数据统计得出。

三　理论基础与假设提出

1. 绝对收入假说

绝对收入假说阐述了消费与收入之间的函数关系，即 $C = \alpha + \beta Y$，其中 C 为当期总消费，α 为生存必需消费，这是即使当收入为 0 时也存在的消费，β 为边际消费倾向，Y 为当期收入，βY 表示由收入带来的消费值。这一公式的含义是：现期消费是生存基础消费和收入带来的消费之和。从公式中可以发现，消费水平主要与收入相关。根据该假说的结论，消费与收入具有稳定的相关性，消费会随着收入的增减而增减，但同时满足边际消费倾向递减规律，即当收入持续增长时，增长值用于消费的比例越来越小，而储蓄的比例逐渐增加。凯恩斯认为，影响人们消费行为的因素有主观和客观两个方面。在研究收入和消费时，这些主观因素可以当作已知且固定的。而客观因素则虽然有着各种可能性和不确定性，但在短期看来变化不大，比如利率、通货膨胀率等，这样看只有收入才是影响消费的主要因素，因而可以说消费和收入之间是线性关系。基于这一理论，本文假设"蚁族"群体的消费水平与其收入有关。

2. 生命周期假说

生命周期假说是由莫迪里安尼等人提出的，消费者的整个生命周期都应当被充分衡量，并且收入对消费的影响作用贯彻消费者的整个生命周期，这是与绝对收入理论最大的差异。消费者通过预测自己整个生命周期内的全部收入，来安排自己的消费以及储蓄，做出合理的消费决策。根据该理论，一个消费者一生中的三个不同消费时期应该是青年、中年和老年。消费规律是工作时期注重储蓄，为老年时期的消费做准备，而退休后则进入负储蓄的阶段。因此从长期来看，经济人一生中的平均消费倾向呈比较平稳的状态。可以看出，经济人要想做出理性的消费决策，首先要对未来有一个准确预期，这会影响到他们的消费决策。但现实中种种问题的阻碍，比如市场信用不透明、意外事件、经济形势不稳定、个人储蓄意识不足等，都不利于人们对未来有一个正确的预期，这对个人的理性和自控力有很高的要求。本文假设"蚁族"群体的消费水平与未来收入预期存在相关性也正是基于这一理论。

3. 模型建构

从理论来看，凯恩斯的绝对收入假说认为消费与收入具有稳定的相关性，消费会随着收入的增减而增减，但同时满足边际消费倾向递减规律①。从消费心理来看，收入越高意味着人们拥有更多的能力满足自己的需求，相应的结果就是花费得更多。特别是以青年为主的"蚁族"群体，对于消费的欲望更强烈，不会过多考虑储蓄问题，当收入较高时，会更多地用于消费行为。本文认为月收入会影响"蚁族"群体消费水平，并提

---

① Keynes J. M., The General Theory of Employment Interest and Money. London: Macmillan and Co. Limited, 1936: pp. 1 – 50.

出第一个假设。

假设 1：收入情况是影响"蚁族"群体消费水平的主要因素。其中，月收入对月消费产生正向影响，受访者的月消费会随着收入的增加而增加。

金融的意义本来就是资源的跨期配置，现在的消费和未来是不等价的，的确可能通过预支未来的收入，来获得总体幸福的提高。现在越来越多的年轻人选择超前消费，与此同时，企业也在鼓励年轻人超前消费。在访谈中，我们发现很多受访者都在使用"花呗""白条"等。通过这些金融工具，受访者可以很方便地获得借款来进行消费。由此看来，拥有超前消费观念会增加支出，提高个人消费水平。据此提出第二个假设。

假设 2："蚁族"群体的消费水平会因消费观念的不同而不同，没有超前消费现象的受访者的消费水平明显低于有超前消费习惯的受访者。

此外，还应考虑婚姻状况对消费决策的影响。在常规消费方面，已婚的"蚁族"面对抚养儿女和老人的费用，日常开支项目可能会比未婚"蚁族"更多。其次，在消费心理方面，已婚者做出决策时会考虑更多，会对家庭消费有更多的规划，会着重于消费的必要性而不仅仅是顺着自己的意愿。尤其是在实际消费中，往往会考虑未来的消费支出，进而影响当前的消费决策。相对于已婚者而言，单身人群的消费没有太多约束，完全由自己的想法决定。

但是从另一个角度来看，两个人共同生活，生活成本会低于各自单独生活的时候，这是规模经济的表现。比如过去租房每人单租每月支付3000 元，二人总共需要 6000 元，但婚后合租则只需要 3000 元，这就会使得消费支出减少。同时，已婚人群需要承担买房压力，这会限制他们的日常开销，在做出消费决定之前，会更加谨慎地考虑或者和伴侣商量，消费会变得更理性。同时，已婚人群需要以家庭为单位规划未来，要预备好照顾老人和抚养孩子的积蓄，这样就会减少一部分消费，将收入用作储蓄。这样看来，婚姻状况对"蚁族"消费行为一定是有影响的。据此提出第三个假设。

假设 3：婚姻状况会影响"蚁族"群体的消费水平，已婚个体的消费水平一定程度上会低于未婚个体。

根据生命周期假说，理性的消费者在安排自己的消费和储蓄时，不是根据现期收入而是会根据其在生命周期内所预期的全部收入决策[1]。理论上来说，如果对未来收入持积极的预期，会偏向于增加当前的消费。

不过从实际情况来看，个人很难对自己未来收入有一个准确的预期。一是职业变动频繁。对多数人，尤其是在一线城市打工的"蚁族"而言，跳槽是家常便饭。跳槽和职业变动带来了收入的不确定性，这是很难对未来收入做出准确预期的主要原因；二是始终存在的通货膨胀因素[2]；第三是社会保障体系不完善。目前多数中国城市的社会保障体系都存在亏空的现状，在现行社保体系下，并不能保证退休后还能维持现有的生活水准[3]。关于收入预期和消费水平的关系，提出第四个假设。

假设 4：预期收入会影响"蚁族"群体的消费水平。当个体预期未来会有更高的收入时，则现期消费也越高。

在变量的选择上，本文以"蚁族"的消费水平为研究对象，选取月度消费金额这个具有客观性并且易观察的指标作为因变量。基于对"蚁族"消费水平影响机制的分析，选取收入情况、消费观念、婚姻状况、未来预期状况四个自变量，观察其与消费水平之间的相关关系。同时为了可以更显著地体现"蚁族"群体的特征差异，在控制变量的选择中应取性别、户籍所在地、留京意愿等能较好显现差异的变量。

---

[1] Modigliani F., Brumberg R., Utility Analysis and Consumption Function: an Interpretation of Cross-section Data. //Kuri–Hara K. K. *Post-Keynesian Economics*. New Brunswick: Rutgers University Press. 1954: pp. 388–436.

[2] 张东辉、孙华臣：《中国物价波动与经济增长关系研究——基于城乡居民消费差距角度的分析》，《经济评论》2010年第2期。

[3] 李永友、钟晓敏：《财政政策与城乡居民边际消费倾向》，《中国社会科学》2012年第12期。

表 1　变量定义与描述性统计

变量	变量定义		均值	标准差
因变量	月消费	元	4324.07	4037.29
自变量				
收入情况	月收入	元	6118.34	3069.31
消费观念	是否超前消费	1 = 是,0 = 否	0.076	0.264
婚姻状况	是否未婚	1 = 是,0 = 否	0.58	0.49
未来预期	经济地位预期	1 = 下降,2 = 不变,3 = 提升	2.625	0.65
控制变量	性别	1 = 男,0 = 女	0.53	0.50
	户籍所在地	1 = 北京,0 = 北京外	0.037	0.18
	未来是否离开北京	1 = 是,0 = 否	0.505	0.50

作为一个连续变量,变量月消费的特性决定了自变量中的月收入也是一个连续变量。从绝对收入假说中,凯恩斯表明消费与收入水平之间有着正相关的函数关系。本文所讨论的"蚁族"消费行为,受包括收入在内的众多因素影响。所以,本文构建待估计的多元线性回归模型,其表达式为:

$$y = \beta_0 + \beta_1 x_1 + \beta_2 x_2 + \beta_3 x_3 + \beta_4 x_4 + \beta_5 x_5 + \beta_6 x_6 + \beta_7 x_7 + \beta_8 x_8 + \mu$$

在公式中,y 为"蚁族"的月消费;β_0 为常数项,β_j（j = 1, 2, ...8）为变量系数;x_1、x_2 表示被访者的月收入和消费观念,x_3、x_4 表示婚姻状况及未来预期,x_5、x_6、x_7 表示被访者性别、户籍所在地及留京意愿,μ 为随机误差项。

四　数据分析

1.消费结构

调查数据显示,受访"蚁族"月平均消费为 3862 元。我们首先分析"蚁族"消费结构中各个部分所占的比重,总结其消费特点和反映的消费问题。

（1）食品消费。在食品消费方面，受访者月平均消费1059元，约四分之一的受访者每月在食品上的花费不足500元。部分受访者之所以在饮食支出方面花费较少，是因为所在公司提供了三餐。他们表示对饮食方面没有很高的要求，满足基本需要即可，这方面的支出基本维持在一个稳定的水平。

（2）服饰消费。调查显示，受访者平均每月在服装上的花费为135.85元，其中10%的人每月有固定的服装消费。这其中31.5%的人每月花在衣服上的钱超过月收入的一半。总的来说，"蚁族"在服装消费上是理性的。在访谈中，受访者对于服饰消费的态度都是本着需要才买的原则，而不会为了好看、享受去购买服装，服装消费只要满足最基本的需求就可以。

（3）住房消费。"蚁族"在住房消费上存在较大差异，月平均住房支出在1539元。其中有些雇主提供住宿或补贴，因此有152名受访者每月的住房支出不足300元。54.3%的受访者每月在住房上的花费不超过1000元，不到1%的受访者购买了自己的房屋，居住面积从15平方米到60平方米不等。一般来说，大部分受访者会选择租金较低的住房来减少这部分支出，在访谈中发现，租金较低的住房大多存在位置偏远、环境较差、安全隐患较多等问题。

（4）通信消费。在通信消费方面，受访者平均每月消费181元，其中49.3%的受访者在通信上的花费不超过150元。这样看来，多数人只需要少量的通信支出就可以满足日常的联系和上网需要。一方面，因为"蚁族"工作和生活的环境大多有无线覆盖，这减少了在上网方面的额外支出；另一方面，也与通信业务运营商降低通信的相关费用有关。

（5）交通消费。在交通消费方面，受访者每月花费在0至5000元之间，约有24.8%的人每月花在交通上的钱超过300元，月平均交通支出273元。这与"蚁族"大部分使用公共交通工具作为通勤工具的实际情况基本符合。

（6）培训支出。调查显示，少量的受访者每月会有固定的个人培训消费，包括个人的兴趣、爱好、职业技能等内容，整体来看这部分的月平均消费只有 11 元。而一些注意能力培训的调查对象，每月在个人培训方面最高支出达到 3000 元。更多的受访者对培训和自我提升不够重视。超过 90% 的受访者没有个人培训的消费，大部分人表示没有时间和精力进行工作以外的学习和锻炼，这反映出受访者对终身学习观念不同的态度。

（7）娱乐消费。娱乐消费是指参加一些工作以外的休闲活动带来的支出。调查发现，只有 164 名受访者（6.8%）表示他们没有在娱乐上花钱。整体娱乐消费的月平均支出为 664 元，约 57.8% 的受访者每月在娱乐上的支出超过 500 元，其中最高的达到 5000 元。这与一个事实有关，即"蚁族"总体上更年轻，对娱乐消费的接受度更高。

根据描述性统计结果及访谈得到的信息，我们发现"蚁族"的消费结构具有以下特征：

首先，"蚁族"的消费类型多样化，消费结构相对完整。"蚁族"的消费涵盖了衣食住行等方面，其中食品消费和住房消费是其主要支出。其次，消费更注重实用性，炫耀性消费和攀比消费行为很少，月平均支出小于收入，每月平均盈余 2256 元。可见"蚁族"的消费行为比较理性。

2. 实证分析

本文采用 SPSS22.0 分析软件对构建的线性回归模型进行估计。为了使估计结果更加直观，逐步在回归过程中加入各种变量。经检验，各变量与控制变量的最大 VIF（方差膨胀因子）为 1.0，均值为 1.0，说明模型中不存在多重共线性问题。最终分析结果如表 2 所示。

表 2 "蚁族"群体消费水平影响因素回归模型

变量	模型 1	模型 2	模型 3	模型 4
月收入	0.483 ***	0.473 ***	0.463 ***	0.463 ***
超前消费	6078.117 ***	5970.827 ***	5936.974 ***	5942.780 ***

续表

变量	模型 1	模型 2	模型 3	模型 4
婚姻状况		− 428.073 ***	− 421.489 ***	− 442.999 ***
未来预期			242.097 **	244.468 **
性别				0.010
户籍所在地				0.003
留京意愿				212.477 *
常数项	623.563 ***	944.999 ***	365.993	265.417
调整后 R^2	0.317	0.320	0.322	0.322
F 值	492.465 ***	333.461 ***	252.113 ***	202.431 ***

注：* 、** 、*** 分别代表10% 、5% 、1% 的显著性水平，下同。

（1）收入情况对消费水平的影响。

回归结果表明，收入对"蚁族"的消费行为有显著影响：月收入越高，其当月的消费就越高，月收入与其消费行为呈正相关。假设1得到验证。从分析结果可以看出，受访者的收入每增加1元，其中就有0.208元用于消费，然而收入的增长大于消费的增长。这一结论恰好与凯恩斯的绝对收入假说相一致。对于"蚁族"群体而言，在基本的消费需求得到满足后，增加的收入并不会导致消费水平的显著提高，而是会作为储蓄成为个人财富的一部分。

（2）消费观念对消费水平的影响。

从表中可以看出，消费观念对"蚁族"的消费水平有显著影响。与没有提前消费行为的"蚁族"相比，有提前消费行为的受访者的消费水平较高，假设2得到验证。不难想象，提前消费可以改善消费者的消费体验，使人们能够用未来的收入来满足当下的消费需求。此外，随着我国互联网金融的迅猛发展，各类"本月先享受，次月再买单"的互联网金融产品融入居民的生活中，在线消费方式极大地激发了人们内心中潜在的购买欲。于是，倾向于提前消费的群体其消费水平会超过那些消费行为受到理性约束的群体。

（3）婚姻状况对消费水平的影响。

模型估计结果表明，消费水平与婚姻状况之间存在一定的关系。未婚群体的消费水平高于已婚群体。对这种现象的合理解释是，已婚者在做出消费决策时会考虑更多，追求实用性和耐用性，会对家庭消费行为有更多的规划，尤其是在实际消费中，往往会考虑未来的消费支出，从而影响当前的消费决策。和已婚者相比，单身者的消费行为受到的约束较少，只需对自己负责而无家庭负担，消费决策只受自己意愿的影响。另外已婚者婚后和伴侣共同生活，生活成本会有所降低，所以出现未婚群体消费水平高于已婚群体的现象。

（4）未来预期对消费水平的影响。

结果显示，受访者对未来 5~10 年经济社会地位的预期也会影响他们目前的消费水平。那些认为自己的经济和社会地位将在 5~10 年内得到改善的人，消费水平也相对较高。如果消费者未来收入比较确定，并且预期较高，就会增加当前的消费支出，也就是说，对未来的预期会影响消费者现期的消费决策。访谈中也发现，大多数"蚁族"的公司为其缴纳的"五险一金"都是按照最低标准缴纳的，这样，在遇到特殊情况需要保障时往往是杯水车薪，大多数受访者对"五险一金"的态度都是认为可有可无，没有起到多大的作用。"五险一金"作用得不到发挥，会降低"蚁族"群体未来风险的承受力，不利于形成乐观的未来预期。

（5）控制变量的影响。

从回归模型中还可看出，留下来的意愿是影响其消费水平的因素之一，未来打算离开北京的"蚁族"的消费水平会更高。此外，受访者的性别和居住地并不是影响消费水平的主要因素。

3. 影响因素的差异分解

为了更加直观地展现"蚁族"群体在消费行为影响因素上的差别，本文选取了性别、户籍所在地、留京意愿及年龄作为变量，得到"蚁族"群体是否会在不同变量分组之下产生消费水平上的差异这个问题的结论，并分析若确实出现差异时，导致这个差异产生的根本原因。

（1）性别的差异分解。

如表 3 所示，"蚁族"群体中男性和女性的消费行为的影响因素模型分别对应模型 5 和模型 6。通过分析可以得到结论，对女性消费行为有显著影响的仍然是收入，男性受访者收入的增加对于消费的促进作用反而小于女性受访者。关于消费观念这一方面，两种模型中是否存在提前消费行为都通过了显著性检验。婚姻状况也通过了两种模型的显著性检验；然而，对未来经济状况的预期仅通过模型 5 的显著性检验，表明男性受访者更关心未来经济状况从而影响其消费，而女性则不那么容易受到这种影响。除上述变量外，两种模型中户籍所在地和留在北京的意愿均未通过显著性检验。由此可见，无论是男性还是女性的消费行为都不会受到户籍所在地或者留京意愿的影响。

表 3　性别分组下"蚁族"群体消费行为的影响因素模型

变量	模型 5	模型 6
	性别 = 男	性别 = 女
月收入	0.421 ***	0.525 ***
超前消费	7733.745 ***	5117.125 ***
婚姻状况	− 570.785 ***	− 408.602 ***
未来预期	383.517 ***	0.025
户籍所在地	0	− 0.002
留京意愿	0.030	0.022
常数项	317.707 ***	698.571 ***
调整后 R^2	0.415	0.262
F 值	199.344 ***	118.937 ***

（2）户籍所在地的差异分解。

从表 4 中可以看到，月收入在模型 7 和模型 8 中对消费水平的影响程度大致相同，而对于户籍所在地不同的"蚁族"群体来说，他们的消费行为受到其余变量的影响不尽相同。超前观念对外地户籍者消费水平的影响大于北京户籍者。北京户籍者的婚姻状况以及未来经济水平预期对消费水平影响并不明显，但对非京籍者影响明显。可见，拥有北京户籍受访者的生活更稳定，各种保障福利也都更加完善，因此日常消费时对未来收入的考虑没有外地户籍的受访者那么重视。

表4 户籍所在地分组下"蚁族"群体消费行为的影响因素模型

变量	模型7	模型8
	户籍所在地 = 北京	户籍所在地 = 京外
月收入	0.475 ***	0.463 ***
超前消费	3640.936 ***	5998.044 ***
婚姻状况	− 0.043	− 429.790 ***
未来预期	0.007	255.880 **
性别	− 0.017	0.013
留京意愿	0.043	0.030
常数项	809.535 **	331.039
调整后 R^2	0.555	0.319
F 值	49.692 ***	240.200 ***

（3）留京意愿的差异分解。

从表5中可看到，月收入在模型9和模型10中都依然是影响消费水平的因素之一。在消费观念方面，有留居北京意愿的人，其消费水平变化受到超前消费的影响比没有留居意愿的人小。此外，对打算离开北京者而言，未来经济水平预期对其消费水平都没有显著影响，而对有意向定居北京者来说，他们的消费行为受到婚姻状况和未来预期的影响显著。对此较合理的解释是，打算留居北京的受访者安家在北京，需要对未来有较长远的规划以获得安全稳定的生活，因此他们的消费行为受到未来预期和婚姻状况的影响较大。

表5 留京意愿分组下"蚁族"群体消费行为的影响因素模型

变量	模型9	模型10
	未来是否离开北京 = 是	未来是否离开北京 = 否
月收入	0.474 ***	0.449 ***
超前消费	7842.307 ***	4255.640 ***
婚姻状况	− 388.833 *	− 459.866 ***
未来预期	0.040	275.593 **
性别	0.017	0.013
户籍所在地	0.006	0.030
常数项	889.231 **	417.241
调整后 R^2	0.316	0.393
F 值	168.458 ***	167.636 ***

（4）年龄的差异分解。

表6　年龄分组下"蚁族"群体消费行为的影响因素模型

变量	模型11	模型12
	年龄 = 17 ~ 27 岁	年龄 = 28 ~ 36 岁
月收入	0.472 ***	0.454 ***
超前消费	5277.138 ***	6466.53 ***
婚姻状况	- 0.014	- 587.005 **
未来预期	218.261 *	307.340 *
性别	0.022	0.008
户籍所在地	0.008	- 0.005
留京意愿	0.037	0.026
常数项	35.650	295.964
调整后 R^2	0.330	0.301
F 值	195.039 ***	100.835 ***

从表6可以看出，"80后"和"90后""蚁族"之间最大的差别是婚姻状况对消费水平的影响程度。"80后""蚁族"群体的消费水平受到婚姻状况的显著影响，而这一因素在"90后"的消费行为中的影响并不显著。这与"80后"大部分已婚，"90后"已婚人数还不多有关，婚姻状况并不是影响"90后"消费水平的重要因素，而在月收入上，"90后"的消费水平受到月收入影响的程度大于"80后"，可以看出在财富支配上，"80后"相对比较成熟，可能会将增加的收入部分用在储蓄或投资上。

五　结论与建议

综上所述，本文经过研究可得出以下结论。

首先，"蚁族"群体的消费行为比较保守。他们更注重产品的性价比，知道如何调节非必需品的消费，但是他们的消费行为仍然表现出他们的个性。然而消费活力得不到释放，同时忽视能力培养在个人发展和职业生涯中的重要作用是"蚁族"消费行为中存在的问题。

其次，从整体来看，收入情况、消费观念和未来预期都是影响"蚁族"消费水平的因素，但不同变量的影响是不同的。

最后，不同性别、不同户籍所在地、留京意愿、不同年代出生的"蚁族"在消费行为上存在差异。除了收入状况是每个群体消费行为的影响因素外，对未来经济状况的预期只对男性受访者和非京籍的受访者有显著影响，非京籍和"80后"的受访者消费行为受婚姻状况的影响较大。

基于上述结论，可以得到以下启示。首先，"蚁族"群体收入的增加能直接提高其消费水平。因此，为激发消费活力应着重提高"蚁族"群体的收入。政府应提供更多的帮助和服务，保护"蚁族"群体的劳动权益，确保他们的收入稳定。其次，"蚁族"群体消费潜力较大，特别是在网络消费越来越便利的情况下，"蚁族"群体的消费需求日益旺盛，政府需要发挥好市场监管的作用，在线上线下都创造一个良好的消费环境，努力实现基本公共服务均等化，以减少"蚁族"群体受到由户籍制度带来的政策差异等的影响。

建立和完善教育、就业、婚姻、住房、医疗等方面的社会福利保障体系。从最低工资水平、医保体制、新劳动法、城市廉租房制度、房屋租赁规范等具体的法律或制度入手，给"蚁族"建立一个相对公平并且可以保障他们的基本生活的社会环境，最终实现扩大内需、刺激消费、促进经济增长。

（本文原载于《中国青年社会科学》2019年第6期）

基于理性选择理论的"蚁族"居留意愿研究
——来自北京市的实证调查

一 问题的提出

北京作为我国的首都,以其独特的优势吸引着大量优秀人才流入,但也带来了人口膨胀、交通拥挤、环境恶化、资源短缺等一系列城市问题。人口疏解作为非首都功能疏解的重要目标,必然涉及如何对在京流动人口进行有效调控和引导。北京"蚁族"(简称京蚁)是北京流动人口的重要组成部分,充分了解其居留意愿及其影响因素,对于有效安置这一群体具有重要参考价值。

"蚁族"概念自 2009 年提出以来,就引起社会各界的广泛关注。然而,"蚁族"作为一个有着更高文化层次的群体,无论是与农民工还是与涵盖更广的流动人口相比,其在社会经济特征和定居意愿等方面都存在着较大差异,因此有必要单独对"蚁族"群体的居留意愿进行深入研究。本文基于理性选择理论,对"蚁族"群体居留意愿进行研究,从生存理性、经济理性和社会理性三个维度考察"蚁族"居留意愿及其影响因素,从而为相关政策的制定提供实证参考。

二 理论基础与研究假说

(一)理论基础

理性选择理论是社会学运用经济学的方法研究社会问题的最重要的理

论之一，它试图解释更广泛的社会行为，通过对微观层面上个人行为的研究，归纳出宏观层面的社会系统行为，并对社会行动予以合理性的解释[1]。以科尔曼理性选择理论为代表，其关注重点是行动者，认为个人行动都是具有目的或意图的，也是有价值偏好和功利性的。社会行动者的行动目的是追求对自己的效用最大化，而这个目的在不同的层次有不同的理性行动。根据由低到高追求层次的不同，理性行动可以分为生存理性、经济理性和社会理性。生存理性是基于自身以及身边行动者的生存状况的考虑而采取的理性行动，经济理性是以追求经济利益最大化为目的的理性行动，而社会理性是在追求生存理性和经济理性基础上的更高层次的理性行动，是追求效益最大化的过程中寻求一个令人满意的或足够好的行动[2]。"蚁族"是否定居北京虽然是个人行为，却反映出宏观层面的社会流动。因此，从"蚁族"个体的微观视角出发，进一步对"蚁族"定居地选择做出分析，有利于深化我们对这一问题的认识，而理性选择理论在这一方面表现出较强的应用性。

（二）研究假说

根据理性选择理论的基本框架，假定"蚁族"群体为"理性经济人"，在居留地选择时追求个人效用的最大化，在此前提下，本文提出以下几方面假设。

假设1：社会理性是影响京蚁群体居留意愿的最主要因素。假定所在单位性质为党政机关或国有企事业单位、参加群团组织活动频次高、社会保障健全、日工作时长较短的京蚁更倾向于留在北京。

假设2：经济理性和生存理性是京蚁群体定居地选择的重要影响因素。从经济理性来看，假定收入水平相对较高、支出合理（相较于收入

---

① 文军：《从生存理性到社会理性选择：当代中国农民外出就业动因的社会学分析》，《社会学研究》2001年第6期。
② 丁波、王蓉：《新型城镇化背景下农民工定居地选择意愿的研究——基于科尔曼理性选择理论视角》，《西北人口》2015年第36期。

水平）、未来经济预期乐观以及家庭所在地为城市的"蚁族"更倾向于留在北京。从生存理性来看，假定目前工作状况稳定、家庭人口数较少、家庭总收入较高以及居住条件较好的"蚁族"更倾向于留在北京。

三 数据、变量与方法

（一）数据

1. 数据基本特征

本文数据来源于课题组 2016 年 12 月对北京市"蚁族"群体的问卷调查。课题组采取了驻点研究法和观察研究法，提升调查取样的随机性和全面性。本次调研在十八里店、兰各庄等 7 个典型区域共发放问卷 2500份，回收有效问卷 2407 份，回收率 96.28%。从性别来看，男性占53.3%，女性占 46.7%。从年龄结构上看，年龄最小的为 19 岁，最大为35 岁，平均年龄 27.7 岁。从婚姻状况来看，未婚比例最高，占 58.2%；其次为已婚"蚁族"，占比 41.0%；丧偶或离婚者分别占调研人数的 0.2%和 0.6%。从受教育程度来看，大专占比最高，为 45.4%；其次为本科毕业，占比 42.1%；专升本的比例为 6.4%；研究生学历占比最少，为 6.0%。

2. 京蚁空间分布特征

2016 年京蚁人口数及分布情况统计显示，北京市"蚁族"总人数达26 万人，分布在北京市 11 个区县，53 个街道及乡镇，130 个社区村，呈现空间集聚、持续增长等特点。

（1）空间集聚特征。

2016 年京蚁呈现西北部最高、东南部次之的地带性分布规律，北京市中部、东北部和西南部为"蚁族"人口数量的"低谷"，绝大多数"蚁族"居住地位于北京五环外的郊区。"蚁族"的这种地带性分布规律，与北京市房价有关，因为五环外地区的租房成本相对较低，从而形成"蚁族"的大规模集聚。

从地区分布来看，京蚁人口分布重心位于昌平区（见图1），总人数达13万余人，占北京市"蚁族"人数的一半以上，人口密度为103人/km²，其中仅回龙观地区的人口数就高达6万余人，人口密度为1772人/km²，可以说回龙观已经成为京蚁主要聚居区之一。其次为海淀区和朝阳区，"蚁族"人数分别为4.4万和4.0万人，而在东城区和西城区"蚁族"人口仅为1000人左右，分布极少，可见"蚁族"各个区域人口分布数量表现出明显差异，集聚特征明显。

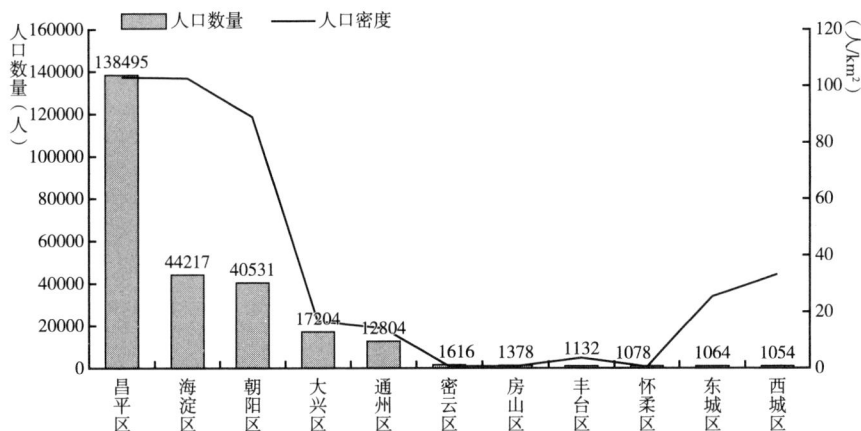

图1　2016年北京市各区县"蚁族"人口数量及密度统计

（2）增长变化格局。

对2014～2018年京蚁人口数量进行统计，从图2可以看出，2014年到2016年京蚁人数保持在一个较为稳定的水平，从2016年起，京蚁人数不断增加，2017年达到46万人的规模，2018年继续保持增长态势，截至2018年10月31日，京蚁人数已超过52万人，人口规模不容小觑。

京蚁人口数在各个区县基本呈现增长的态势，尤其是在昌平区，"蚁族"人口规模始终保持较为迅速的增长，而朝阳区、海淀区和通州区在2016年"蚁族"人数均出现略微下降，2017年起开始反弹并迅速增长（见图3）。

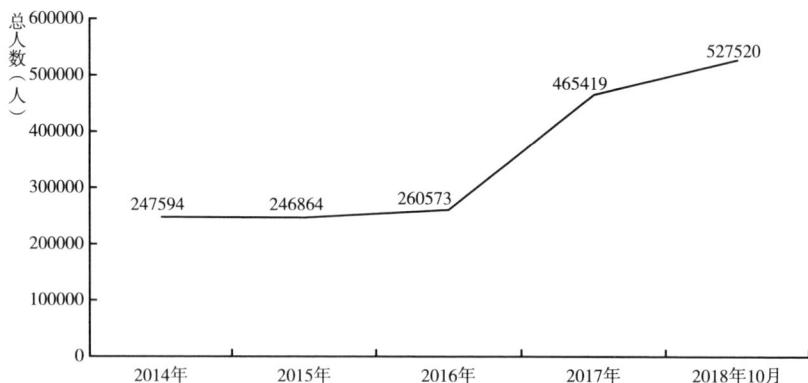

图2　2014～2018年"蚁族"在京人数统计

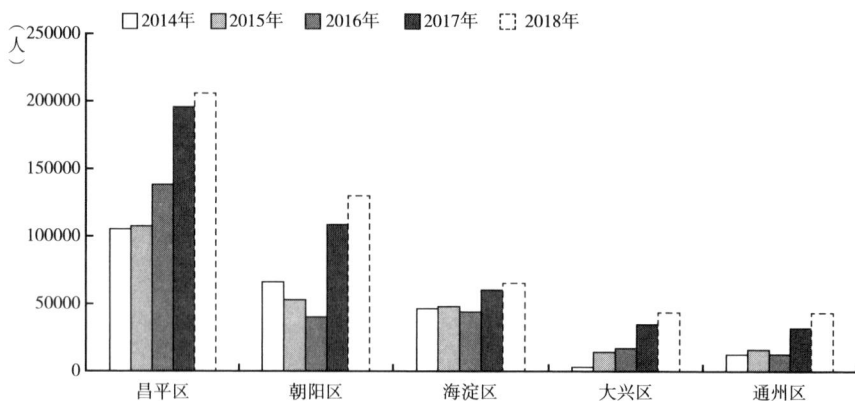

图3　北京"蚁族"2014～2018年主要区县人数统计

（二）基本变量

本文主要是对京蚁居留意愿进行考量，因此选取"您未来是否会离开北京？"（是＝0，否＝1）作为研究的因变量。自变量涵盖影响京蚁居留意愿的各种因素，包括人口特征、生存理性、经济理性以及社会理性四个层面。

人口特征包括性别、年龄、婚姻状况、受教育程度等。生存理性包括就业状态、在京同吃同住的家庭成员人口数、家庭全年总收入以及居住状况等。经济理性主要包括个人当前收入、支出情况、月收入结余、未来社会经济预期、家乡所在地等。社会理性包括所在单位性质、工作时长、所在单位保险缴纳情况以及社会交往状况，其中，社会交往状况通过参加组织或群体的频次指标来衡量。

（三）分析方法

本文首先采用单因素分析方法，将自变量与因变量进行交叉，并运用卡方检验对留京意愿影响因素的显著性进行检验，筛选出通过 10% 显著性水平检验的变量。但由于单因素分析在研究各个变量对"蚁族"定居意愿影响时，并未控制其他重要变量对因变量的影响，其结果准确性可能会受到影响，为此，本文采用多元回归模型中的 logistic 回归模型，对通过单因素检验的变量进行回归分析，从而判断各因素影响力大小。

四 统计结果与分析

（一）京蚁群体定居意愿的总体状况

问卷中"您未来是否会离开北京"一题统计显示，49.48% 的"蚁族"选择留在北京，选择离开北京的占 50.52%。选择离京的"蚁族"群体，有 62.1% 的"蚁族"表示会定居二三线城市，19.6% 的受访者选择去其他大城市发展，仅有 2.7% 的"蚁族"会回农村定居，还有 2.4% 的受访者表示会去国外发展。可见，当前京蚁群体的离京与留京意愿的比例相当。

（二）京蚁留京意愿影响因素的单因素检验

本文将假设中影响京蚁留京因素与其留京意愿进行交互分析（如表1所示），结果显示：①在人口因素中，性别、年龄、婚姻状况和教育程度四个因素的卡方检验结果的概率值均小于 0.1，说明这些因素在 $P < 0.1$ 的水平上具有显著的相关性。②从生存理性来看，家庭全年总收入没有通

过显著性检验，因此对北京"蚁族"留京意愿的影响较弱，而家庭规模、就业状态及居住情况对北京"蚁族"居留意愿具有较为显著的影响。③从经济理性来看，个人收入、月支出和月盈余的显著性水平均大于0.1，没有通过显著性检验，而"蚁族"对于未来社会经济地位的预期以及家乡所在地对其定居北京具有显著性影响。④从社会理性来看，"蚁族"所在单位性质、工作时长、参加组织或群体的频次以及保险缴纳情况与其定居意愿关系的卡方检验概率值均小于0.1，说明以上变量与"蚁族"居留意愿在P＜0.1的水平上具有显著相关性。

表1 北京"蚁族"居留意愿影响因素的交互分类 （n=2407）

分类	自变量		未来是否会离开北京(%)		卡方检验	sig 值
			是(0)	否(1)		
人口因素	性别	男性	54.2	45.8	16.353	0.000
		女性	45.9	54.1		
	年龄	20岁以下(含20岁)	53.0	47.0	47.958	0.000
		21岁~25岁	60.7	39.3		
		26岁~30岁	47.5	52.5		
		31岁以上(含31岁)	42.5	57.5		
	婚姻状况	未婚,有男女朋友	51.8	48.2	30.001	0.000
		未婚,无男女朋友	58.8	41.2		
		已婚	44.7	55.3		
		丧偶	40.0	60.0		
		离婚	46.2	53.8		
	教育程度	大专	55.6	44.4	32.759	0.000
		专升本	40.8	59.2		
		本科	48.9	51.1		
		研究生	34.7	65.3		
生存理性	就业状态	未签署劳动合同	59.5	40.5	6.436	0.011
		签署劳动合同	50.4	49.6		
	家庭规模	0	58.3	41.7	49.187	0.000
		1	56.8	43.2		
		2~3	42.0	58.0		
		4人及以上	42.2	57.8		

分类	自变量		未来是否会离开北京（%）		卡方检验	sig 值
			是（0）	否（1）		
生存理性	家庭全年总收入	2 万元以下（不含 2 万）	58.7	41.3	22.153	0.114
		2 万~5 万元（不含 5 万）	55.4	44.6		
		5 万~10 万（不含 10 万）	48.4	51.6		
		10 万~20 万元（不含 20 万）	50.2	49.5		
		20 万~50 万元（不含 50 万）	44.0	56.0		
		50 万以上	36.7	63.3		
	居住情况	租住地下室	56.3	43.7	79.727	0.0000
		集体宿舍	59.6	40.4		
		合租	55.5	44.5		
		独租	50.7	49.3		
		借住	39.4	60.6		
		自购房	24.6	75.4		
经济理性	月收入	2500 元以下	51.8	48.2	1.268	0.867
		2501~5000 元	51.4	48.6		
		5001~7500 元	53.0	47.0		
		7501~10000 元	49.6	50.4		
		10001 元以上	53.3	46.7		
	月支出	2500 元以下	54.4	45.6	10.873	0.540
		2501~5000 元	50.4	49.5		
		5001~7500 元	42.9	57.1		
		7501~10000 元	46.8	53.2		
		10001 元以上	50.0	50.0		
	月盈余	2500 元以下	48.6	51.4	2.054	0.726
		2501~5000 元	49.3	50.7		
		5001~7500 元	46.6	53.4		
		7501~10000 元	40.6	59.4		
		10001 元以上	44.4	55.6		
	未来经济预期	提升	52.1	47.9	17.210	0.002
		不变	39.2	60.8		
		下降	61.4	38.6		
		不清楚	48.9	51.4		

续表

分类	自变量		未来是否会离开北京（%）		卡方检验	sig 值
			是(0)	否(1)		
经济理性	家乡所在地	农村	55.1	44.8	35.629	0.002
		乡镇	46.8	53.2		
		县级市区	45.1	54.6		
		地级市区	47.2	52.8		
		省会城市	34.3	65.7		
		直辖市区	50	50		
社会理性	所在单位性质	党政机关	40.0	60.0	35.207	0.009
		国有企事业	45.1	54.7		
		集体企事业	47.7	51.5		
		个体经营	53.6	46.4		
		私/民营企事业	53.6	46.4		
		三资企业	54.8	45.2		
	工作时长	8 小时以下（含 8 小时）	49.9	50.1	6.238	0.044
		9 小时~10 小时	52.0	48.0		
		11 小时以上	58.8	41.2		
	参加组织或群体频次	从不参加	58.9	41.1	9.700	0.021
		偶尔参加	56.2	43.6		
		每月一次	47.0	53.0		
		每月 2 次及以上	48.0	52.0		
	保险缴纳情况	未缴纳保险	62.2	37.8	27.657	0.000
		缴纳部分保险	50.6	49.4		
		缴纳了五险	46.5	53.5		

（三）"蚁族"定居地选择原因的 Logistic 回归分析

从单因素分析的结果可以看出，性别、年龄、婚姻状况、教育程度、就业状态、家庭规模、居住情况、未来经济预期、家乡所在地、所在单位性质、工作时长、参加组织或群体频次以及保险缴纳情况等变量通过了相关性检验。本文将这些变量纳入 logistic 回归中，由于纳入变量过多，变量的整体显著性相对较弱，为了验证原假设即社会理性、经济理性和生存理性的重要程度，本文通过逐步向前回归的方法剔除部分显著性相对较弱的变量。经检验，性别、教育程度、居住情况、保险缴纳情况以及参加组织或群体活动频次通过显著性检验，回归结果如表 2 所示。

表 2　影响 "蚁族" 定居地选择的 Logistic 回归分析

	自变量	回归系数	标准误	显著性	发生比
性别	男				
	女	0.362	0.125	0.004	1.436
教育程度	大专			0.000	
	专升本	0.621	0.271	0.022	1.862
	本科	0.428	0.131	0.001	1.535
	研究生	0.944	0.276	0.001	2.571
居住状况	租住地下室			0.000	
	集体宿舍	0.257	0.732	0.726	1.293
	合租	0.347	0.717	0.628	1.415
	独租	0.578	0.714	0.418	1.782
	自购房	1.795	0.741	0.015	6.017
	借住	0.870	0.862	0.313	2.386
保险缴纳	未缴纳保险			0.001	
	缴纳部分保险	0.485	0.197	0.014	1.625
	缴纳了五险	0.635	0.175	0.000	1.888
参加组织或群体活动频次	从不参加			0.028	
	偶尔参加	0.301	0.170	0.077	1.351
	每月一次	0.666	0.230	0.004	1.947
	每月 2 次及以上	0.472	0.249	0.058	1.603

从性别来看，在其他条件不变的情况下，女性更倾向于定居北京，其定居意愿是男性的 1.44 倍。从教育程度来看，随着学历水平的提高，京蚁的留京意愿整体呈现升高态势，研究生定居北京的意愿显著高于其他学历，是大专学历的 2.6 倍，专升本学历是大专的 1.86 倍，本科学历是大专的 1.54 倍。从居住状况来看，随着住房条件的改善，"蚁族" 定居北京的意愿逐渐上升。其中，拥有自购房的 "蚁族" 定居意愿显著高于其他群体，是租住地下室的 "蚁族" 的 6.02 倍，其次为借住在亲戚家和独

租的"蚁族",分别是租住地下室的2.39倍和1.78倍,合租及住在集体宿舍的定居意愿相对较低,但仍高于租住地下室的"蚁族"。从保险缴纳情况来看,社会保障程度越高,"蚁族"定居意愿越强。缴纳了五险以及缴纳了部分保险的"蚁族"相较于未缴纳保险的群体留京意愿更为强烈,分别是未缴纳者的1.89倍和1.63倍。从参加组织或群体活动的频次来看,社会交往程度越频繁,定居北京的意愿越强。每月参加一次或两次及以上群体活动的"蚁族"定居意愿分别是从不参加群体活动的1.95倍和1.60倍。

综合上述分析可以看出,京蚁居留意愿的影响因素中,社会理性通过显著性检验的变量最多,其各因素的回归系数之和为0.489,而经济理性与生存理性的因素的回归系数之和仅为0.059,由此可以验证原假设,即社会理性是影响京蚁居留意愿的最主要因素,经济理性和生存理性对"蚁族"定居影响相对较弱。

(四)原因分析

研究结果表明,"蚁族"的性别、教育程度、居住状况、保险缴纳以及参加组织或群体活动频次对其定居地选择的影响显著,社会理性相较于经济理性、生存理性而言表现出更强的显著性。社会空间理论对这一结果具有较好的解释力。所谓社会空间,是以物质空间、地理空间为载体,承载着各种社会关系、社会要素的复合体。从居住空间来看,绝大部分"蚁族"往往聚居在城市边缘的城中村或者廉租房中,这种身份同质与地缘集聚造成的社会标签和地缘文化给低收入群体带来了地域歧视[①],从而构成了"蚁族"离京的推力。从社会空间来看,社会理性与社会空间内涵具有重叠性和一致性。数据分析结果表明,社会理性对"蚁族"定居意愿的选择影响显著,其背后反映出"蚁族"的资源获取能力、社会交往状况以及风险抵抗能力的差异,这些社会空间维度对于"蚁族"居留

---

① 刘玉亭、邱君丽:《企业主义视角下大城市保障房建设的策略选择及其社会空间后果》,《人文地理》2018年第33期。

意愿具有重要影响，具体表现在以下三个方面。

1. 个人资源的获取能力为"蚁族"在京生存发展提供支撑

景天魁认为，社会空间代表距离、资源、领域的大小多少，也是人们自由行动的领域，群体发展的空间或范围，如社会活动的规模、社会事件发生的范围、社会影响的广度和深度等[1]，而教育程度及组织活动参加频次则是其知识资源和社会关系的重要表现形式。回归结果显示，教育程度越高，"蚁族"定居意愿越强。这是因为学历水平的差异会影响其所掌握的人力资本和社会资源的多寡，受教育程度高的人更容易获得本地户口并与本地人建立社会关系，自然城市适应能力会更强。此外，当代青年在择偶过程中更为强调价值观的一致性，学历水平高的婚姻结合必然带来资源的共享与合并，从而为其定居北京奠定更高的经济基础和社会基础。组织或群体活动参与频次与定居意愿呈现较强的相关性，这是因为社会资本的形成仰赖于人与人之间的关系按照有利于行动的方式而改变[2]，参与组织群体活动越多，越有利于结成人际关系网络，从而影响其社会资本的获取能力。这种社会资源的获得会在很大程度上反映出所在城市对于"蚁族"的接纳程度，从而影响其融入城市这一目标达成的可能性。因此，由教育水平和社会交往状况所带来的资源和人际关系的构建在一定程度上拉近了"蚁族"与城市居民之间的无形社会距离，避免了社会层面的隔离，同时，资源的增加也为"蚁族"与当地居民交往提供"在场"的可能性，使其有条件与当地市民居住在同一屋檐下，这为其与当地居民的社会交往清除了空间障碍。

2. 能否在京组建家庭影响"蚁族"在京生活的稳定性

列斐弗尔认为，空间不仅是地理学意义上的自然空间，社会空间更是承载了各种社会关系，是各种社会关系的体现[3]，婚姻则是诸多社会关系

---

① 景天魁：《时间与社会理论》，北京师范大学出版社，2009。

② 张京祥、胡毅、孙东琪：《空间生产视角下的城中村物质空间与社会变迁——南京市江东村的实证研究》，《人文地理》2014 年第 29 期。

③ 詹姆斯 . S. 科尔曼：《社会理论的基础》，社会科学文献出版社，2008。

中极为重要的形式。原国家人口计生委流动人口监测数据显示，在流入地有多个家庭成员共同生活的流动家庭的比重达到 70% 以上[1]，并且婚姻状况和留京意愿的交互分析表明，已婚（包括丧偶和离婚）"蚁族"相较于未婚"蚁族"定居意愿高出 10 个百分点。因此，能否在京组建家庭对于"蚁族"是否选择在京定居具有重要的影响，而性别及居住状况在很大程度上影响其能否在京组建家庭。回归结果显示，女性定居意愿是男性的1.436 倍，这是因为女性相较于男性更容易通过在京组建家庭实现社会型流动，这种婚姻的同化使得其在生活方式、意识形态、主观感受和社会认同等方面逐渐缩小与当地居民的差异。而在中国，男性往往在抚养家庭、购置房产等方面承担更多的责任，但北京高昂的房价令诸多男性"蚁族"望而却步，所以他们往往在积累一定工作经验和社会资本后选择定居其他城市，因此女性"蚁族"的留京意愿更为强烈。此外，居住状况表现出了较高的显著性，尤其是拥有自购房的"蚁族"的定居意愿远远高于其他群体，一方面是因为房产已成为择偶的重要标准，拥有房产的人在择偶这场"博弈"中具有明显的优势。在北京等一线城市，工资的涨幅与房价涨幅之间的差距日益增大，很多工薪阶层即使在京工作几十年也难以承担起北京高昂的房价，这也是经济理性没有通过显著性检验的重要原因。当期的收入和支出在青年人的择偶中式微，而是否拥有房产已经成为衡量对方经济条件的重要维度，在 2016 年课题组北京青年婚恋调研中发现，双方的房产拥有情况会影响两人的结婚打算[2]。因此，拥有房产的"蚁族"相对而言拥有更多的机会寻找合适的伴侣并定居北京。另一方面，拥有房产也意味着其自身所拥有资源较多，在拉近与当地居民空间距离的同时，也减弱了与当地居民的"社群区隔"。

3. 风险抵抗能力为"蚁族"定居北京提供保障

公民的空间权益获得深刻影响其城市适应和融入。社会保障作为重要

---

① 盛亦男：《中国的家庭化迁居模式》，《人口研究》2014 年第 38 期。

② 廉思等：《中国青年发展报告（NO.3）》，社会科学文献出版社，2017。

的空间资源，往往成为"蚁族"面临的生存和发展的空间区隔。"蚁族"作为城市中的弱势群体，由于社会排斥性制度的安排，相较于本地人承担着更多的压力，在定居地选择过程中，对未来可能面临的风险以及应对能力必然有所考量，因此风险抵抗能力的评估成为"蚁族"定居北京的重要影响因素。社会保险作为社会保障的重要组成部分，在回归分析中表现出了较强的显著性，这是因为社会保险作为规避风险的有效形式，通过经济资源转移的方式为"蚁族"在京定居生活中可能遭遇的风险提供了安全保护，尤其是对于在京结婚成家的"蚁族"来说，风险的防护必不可少。因为结婚不仅仅是个人摆脱单身生活，更意味着因家庭组建带来的孩子教育、家庭抚养等责任重担，这种重担要求最大限度地降低失业、养老、疾病、住房等方面的风险，而社会保障成为"蚁族"抵御社会风险的重要机制，从而一定程度上保障了其在京生活的稳定性。此外，社会权利的剥夺，尤其是基本社会保障权利的剥夺已成为"内在市民化"滞后于"外在市民化"的根本原因[1]，保险缴纳情况作为空间正义的重要实现形式，一定程度上代表"蚁族"自我"市民"角色的认同和转化，影响着其对所在城市的融入程度。

五　结论

"蚁族"是否定居一线城市是理性选择的结果，其居留意愿会受到生存理性、经济理性、社会理性以及个体因素等多方面的影响，本文利用单因素检验和 logistic 回归，对相关因素进行实证检验，得到以下结论：①社会理性是"蚁族"定居地选择的最重要影响因素。社会理性中社会保障状况及社会交往情况表现出较强的显著性。社会保障程度越高，社会交往越密切，"蚁族"定居意愿越强。②经济理性和生存理性对于"蚁族"

---

① 邓大松、胡宏伟：《流动、剥夺、排斥与融合：社会融合与保障权获得》，《中国人口科学》2007 年第 6 期。

居留意愿的影响相较于社会理性而言较弱。在经济理性和生存理性的影响因素中，只有居住状况通过了显著性检验，随着居住状况的改善，"蚁族"的居留意愿增强。③社会空间理论对实证结果具有较好的解释力。性别、受教育程度、居住情况、社会保障程度以及社会交往状况通过作用于其个人资源获取能力、家庭组建可能性以及风险抵抗能力，进而影响"蚁族"留京意愿。

需要说明的是，本文是基于理性选择理论对影响北京"蚁族"留京意愿的因素进行分析，但在现实生活中，并非所有"蚁族"都会出于理性角度考量定居地选择的成本和收益，可能存在部分"蚁族"基于感性视角。这些问题都有待在以后的研究中进行深入探讨。

（本文原载于《人文地理》2019 年第 1 期）

从"蚁族"现象看高等教育公平

2003 年初,首批扩招大学生进入社会,与下岗再就业职工和民工潮汇聚成为就业洪峰,就业压力空前增大。2014 年,教育部公告显示,全国普通高校毕业生规模达到 727 万人。与此同时,中国社会正经历城市化、人口结构转变、劳动力市场转型、高等教育体制改革等一系列结构性因素的变化。在这些因素的综合作用下,近年来,中国城市特别是大城市,逐渐出现了一个以毕业大学生为主体的新群体——"高校毕业生低收入聚居群体"(别称"蚁族")。

一般来说,"蚁族"具有三个典型特征:一是大学毕业,年龄主要在 22～30 岁,以毕业 5 年内的大学生为主;二是收入较低,多数从事简单的技术类和服务类工作,以保险推销、电子器材销售、广告营销、餐饮服务、教育培训等行业为主;三是呈现聚居的生活状态,该群体主要聚居于人均月租金 400 元左右,人均居住面积不足 10 平方米的城乡结合部或城中村。近年来,随着城市化进程的快速推进,"蚁族"在现实空间中居住趋于分散,在虚拟空间中呈现集聚的态势。

"蚁族"的出现,与高等教育制度紧密相连。在中国传统社会,科举制是国家遴选人才和社会治理的有效途径。1949 年新中国成立后,底层青年通过接受高等教育改变自己的命运,实现地位的提高和身份的改变。1999 年,高教理念从精英教育向大众化教育转变,开始实行扩招政策,高等教育规模逐年扩大。连续十余年的扩招,造成了十分复杂的后果。这种复杂性并不只体现在数量上,更是从质上改变了高等教育的结构和特点，"蚁族"正是伴随着高等教育上述变化出现的。

布尔迪厄认为，教育系统应被视为权力的生成机制加以考察，高等教育作为精英生成的权力场域得以暴露。不同的资本，尤其是经济资本与文化资本之间在此进行隐秘且繁复的转换。[①] 在一个家庭所有的资源中，经济资源是首要的。家庭经济条件好，其子女就有机会接受更好的教育，上好的大学的机会就比较多。2013 年，我们课题组对北京市"蚁族"进行的调查证实了这一点。

表 1　个人受教育程度与家庭全年总收入的交叉分析

单位：元，%

个人受教育程度 ＼ 家庭全年总收入	1 万以下	1 万 ~ 2 万	2 万 ~ 5 万	5 万 ~ 10 万	10 万 ~ 20 万	20 万及以上
大专	51.9	52.6	49.2	41.2	33	14.8
专升本	3.9	8.6	3.6	6.2	2.4	5.6
本科	36.5	37.1	44.0	43.9	53.9	53.7
研究生及以上	7.7	1.7	3.2	8.7	10.7	25.9
合计	100	100	100	100	100	100

Pearson chi2（15）＝73.5862　Pr＝0.000。

表 2　个人毕业院校类型与家庭全年总收入的交叉分析

单位：元，%

个人毕业院校类型 ＼ 家庭全年总收入	1 万以下	1 万 ~ 2 万	2 万 ~ 5 万	5 万 ~ 10 万	10 万 ~ 20 万	20 万及以上
民办高校	17.0	19.2	12.6	17.7	13.3	22.6
普通高校	69.8	69.2	73.2	65.2	58.8	41.5
"211"院校	9.4	11.6	12.3	11.7	19.9	20.8
"985"院校	3.8	0.0	1.9	5.4	8.0	15.1
合计	100	100	100	100	100	100

Pearson chi2（15）＝51.3797　Pr＝0.000。

---

① 〔法〕布尔迪厄：《国家精英：名牌大学与群体精神》，杨亚平译，商务印书馆，2004。

由表 1、表 2 可见，对"蚁族"群体而言，受教育程度和受教育质量与家庭经济地位密切相关。看似分数面前人人平等的高考制度筛选出来的学子，仍然难以褪去家庭经济地位的潜在影响，家庭的经济资本悄无声息地通过高等教育进行着代际传递。

改革开放以来，中国的经济发生剧变，阶层分化越来越明显，在这种情形下，高等教育成为弱势群体向上流动的重要渠道，在一定程度上维系着社会公平。然而，在"蚁族"身上，高等教育的上述功能并未发挥相应作用：在"蚁族"群体内部，存在着家庭经济地位越高，教育层次越高和学校类型越好的趋势。"蚁族"的出现及其背后反映出的社会流动固化，其实是高等教育十年来改革效果的重要检验。如今的"高等教育"已不再是底层青年改变命运的通道，而更像是一个加剧社会阶层分化的助推器。下面我们就从高等教育入口和出口两个方面进行更深入的分析。

一　高等教育入口：顺从和复制不公

1999 年以来，大学扩招，数百万原本没有机会上大学的学生有了接受高等教育的机会。从绝对数量上讲，扩招使得更大规模的工农子弟得以接受高等教育，这当然是有利于社会公平的。但量变必然引起质变，扩招使得中国高等教育制度发生了根本性变化：过去只要能考上大学（包括大专，甚至中专）即取得了"吃国家粮"的资格，而扩招之后，接受专科层次的高等教育基本上失去了"向上提升"的机会，普通大学的毕业生也普遍遭遇"就业难"，找到一份工作已经很不容易，遑论跻身体制内成为精英。这可从"蚁族"群体学历层次的不断升高得到验证——2009年的调查显示，该群体中拥有本科学位的占 31.9%，研究生及以上学位的占 1.6%；2013 年调查发现，该群体中拥有本科学历的占 43.9%，研究生学历比例有所提高，达到 7.4%。同时，各种资源向重点大学集中，更加剧了这一趋势。

扩招的同时，政府也不再支付高等教育的全部成本，而主要由大学生及其家庭承担，大学学费因此变得高昂。从 20 世纪 90 年代前期的完全免费，到此后几十元一年的象征性收费，再到扩招之后逐渐攀升到如今高于 5000 元/学年的学杂费（不含住宿费），短短十几年间几乎上涨了近 100 倍。1990 年，大学学费占农村人均纯收入和城镇人均收入的比例分别是 28% 和 12.62%，到 1999 年这两个数字分别变成 160% 和 61%[①]。根据国际通行的标准，学费水平若超出百姓年生活支出的 20%，即超越了"警戒线"，而目前我国城镇居民家庭学费负担率是美国的 2.3 倍、日本的 1.5 倍；农村家庭学费负担率是美国的 4.9 倍、日本的 3.3 倍[②]。自恢复高考以来，"知识改变命运"一直是广大学子尤其是贫困学子信奉的人生理念，但扩招之后，在一些偏远的农村中学，放弃高考的学生数量逐年呈上升趋势，高考不能实现向上流动，而且代价高昂，那么"弃考"当然是理性的选择。而不少中低收入家庭的子女即便缴得起学费跨入大学校门，也不得不在沉重的心理压力下完成学业，毕业之后即面临就业难问题。

历史上，西方国家的高等教育制度在促进社会流动方面也曾表现不佳，但许多西方国家早已意识到问题的严重性，并采取了一系列救济政策，试图对弱势阶层有所补偿。例如美国设置了许多偏向黑人、少数民族、移民群体的招生政策，其中最著名的是 1965 年约翰逊总统签署实行的"肯定性行动计划"，规定对少数民族和妇女在入学方面给予优先权利，并通过联邦拨款实施计划。

中国历史上对科举——高考制的公平性形成了强大的信仰，这根植于深厚的历史传统之中，也与当前我们社会主义的价值取向密切相关。高等教育是一种资源分配制度，任何不公平事件的出现，都会给民众带来强烈的被剥夺感。我们一方面应确认中国高等教育制度的特点及其对中国政治与社会的重要意义，同时也要提出，高等教育制度应该对不公平的政治经

---

① 丁小浩：《规模扩大与高等教育入学机会均等化》，《北京大学教育评论》2006 年第 2 期。

② 李从松：《大学收费政策变迁的制度博弈》，《教育与经济》2002 年第 8 期。

济社会格局进行制衡和纠正，而不是顺从和复制；重点大学应该保守社会的德性，反制权力与资本的渗透，公平地从社会各个阶层中选拔培养新的精英，而不能成为掠夺性再分配的工具。

二 高等教育出口：青年知识阶层发生分化

高等教育的扩招，也使得以大学毕业生为代表的青年知识阶层发生了很大分化：一少部分被利益结构化，成为占社会主导地位的精英。这部分人大多毕业于名牌高校，或者家庭掌握着丰富的社会资源，他们进入国家机关或国有大中型企事业单位工作，仍然直接或间接参与国家事务的管理；而绝大部分知识青年被去利益结构化，沦为底层知识群体，成为"蚁族"。这部分人大多来自农村和县级市，家庭经济、社会地位较低，很难获得更多的经济资助和社会资源。2013 年我们的调查显示，从家庭所在地看，"蚁族"来自农村的最多，占总体的 55.0%，其次是县城和乡镇，分别为 14.9% 和 13.6%。从家庭年收入看，2 万 ~5 万元最多，比例为 36.4%；其次是 5 万 ~10 万元，占 20.1%；家庭年收入在 1 万元以下和 20 万元以上的均不超过 6%。绝大部分受访者父母的学历较低。

十年间，大学生就业由不是问题变成了很是问题。政府的发展战略，遂从"GDP 优先"转为"就业优先"。有关部门号召大学生：一不要高薪，二要多考虑基层，三要自主创业。从"天之骄子"到"蚁族"，中国的高等教育机制负责筛选社会精英的作用已然消失。而"蚁族"现象的出现，则提出了一个严肃的问题：高等教育培养出来的知识青年到社会上应当如何定位自身？大学毕业生在社会起跑线上应当树立一个什么样的目标？这是目前仍令许多青年困惑的问题。

随着时代的发展和社会分工的细化，让所有大学毕业生都参与到国家事务的管理中来已然不现实，但大量没有"背景"的大学毕业生从事低端或纯体力劳动，又不符合人才培养的目标，国家对高学历人才的需求还没有奢侈到让大量大学生都从事低技术水平劳动的地步。而同时，大学毕业生不能融入主流社会，进而被逐步边缘化所引发的危险，已初露端倪。一方面，在城市中所受的高等教育令他们产生了高期望值；而另一方面，他们只获得了微薄的报酬，这种强烈的反差既发生在经济领域，也发生在政治领域，政治与经济双重向上流动性的降低都促使他们感到个人没有出路、未来没有希望。这种状况所预示的"潜在危机"，不仅使社会不稳定因素增多，还使整个社会面临缺乏中流砥柱的危险：如果寒窗苦读20年，却不能为社会做出应有的贡献，不能实现人生理想，不能获得优裕的生活，这对后继者会是怎样不安的暗示？如果大学毕业生不得不为了利益而剑走偏锋，甚至出卖良心，那该是怎样一种信用的丧失？如果知识青年的过激行为致使社会陷入动荡，那又会是多么可怕的情形呢？

更重要的是，一个人在年轻时的经历会影响今后一生的心态和价值观。试想，一个人在年轻时由于自己的身份地位被社会冷落乃至鄙视，那么当他成功后，他会怎样看待这个社会，会如何回报这个社会？他又会如何来教育自己的下一代？如果我们的社会一方面没有给青年以公平机会，另一方面青年自己仅仅把奋斗目标寄托于名利，那么，当最终的结果呈现为个别人获得成功，而大多数人依然平凡的时候，我们又该用什么来保证这两个阶层能够和睦相处？

必须承认，任何社会都是"有阶"的社会，总有一些人会处于社会"相对"的底层。说"相对"，是因为在好的社会，相对的底层并不一定意味着能力不强。完全消除"底层"是不可能的，可也没有谁生下来就注定要用一生去承受这种生存方式，最重要的是给每个人改变自身境遇的机会。因此，拥有一个看得见的未来，是青年人精神世界最为重要的根基，也是国家发展的动力源泉。在这一点上，个人的未来和国家的未来、个人的梦想和国家的梦想是高度结合在一起的。国家的梦，由普通公民的一个个梦汇聚而成。只有在个体梦丰富并有机会实现的国度，国家梦才有可能实现。因此，国家应从制度和法律上保障青年机会公平，保障资源合理分配，保障人格人权平等，为所有人构建良好的成长环境和良性的社会流动机制，使"富二代"不会因其富庶而承受不该承受的来自"原罪"

的道德压力，"贫二代"不会因其贫穷而承受不该承受的来自物质的压力，使每个青年都能公平地分享与其奋斗打拼相对应的发展际遇和改革成果。国家有愿景，社会有共识，个人有希望，只有这样的国家，才是既有个人梦想和目标，又有共同信仰和普遍追求的伟大国度。

（本文原载于《同舟共进》2014 年第 2 期）

带着思想飞行的"工蜂"*

——高校青年教师思想状况调查

近年来，我国高等院校青年教师数量和比例不断增加。据教育部统计数据显示，截至 2010 年底，我国高校 40 岁以下青年教师人数已超过 86 万，占全国高校专任教师总数的 63.3%。作为教育者的重要组成部分——高校青年教师群体的政治素养、理论水平和师德情操对我国教育事业的健康发展和学生的成长成才意义重大。并且，高校青年教师是青年中知识层次最高的群体之一，具有较高的科学文化水平，他们眼界开阔，思想活跃，勇于探索，其中一些人近年来已陆续走上领导岗位，逐渐成为学校教学科研和行政管理队伍的主体。他们的思想状况如何，值得关注。

一 高校青年教师思想状况出现的新特点

今年 1~8 月，我带领课题组开展了全国 40 岁以下（1971 年以后出生）高校青年教师生存状态和思想动态调查，对北京、上海、广州、武汉、西安五个城市的 135 所高校发放问卷 5400 份，回收有效问卷 5138 份，回收率 95.1%。此外，课题组还采取个别访谈、集体座谈和研讨交流等社会群体研究方法，组织青年教师座谈会 60 余场，学生座谈会 30 余场，深度访谈 500 多人，最终形成了《中国高校青年教师调查报告》。

---

* 此次刊发对题目进行了修改。

从调研反映的情况看，高校青年教师思想状况总体是好的，但受现实环境和自身因素的影响，也存在一些值得关注的问题，主要有以下几点。

1. 代际特征明显

当前高校青年教师大多出生于 20 世纪 70 年代，有少部分出生于 20 世纪 80 年代前期，在高校中形成了"70 后""80 后"老师教"90 后"学生的独特格局。一方面，高校青年教师比老一辈学者具有更好的成长环境和全面系统的学术训练，不少人已开始在相关领域崭露头角；另一方面，他们又具有鲜明的时代特点。他们世界观形成的年代，听到的大多是"文革"时期的冤假错案，阅读的是"伤痕文学"，在成长过程中，又面临升学、就业的激烈市场竞争和生存压力，很多青年学者还有较长时间的海外学习和工作经历，对国内外物质生活水平的差距和西方价值观有比较深刻的体认。在这些因素的综合作用下，他们的道德观念和行为准则与老一辈学者有很大不同：一方面他们追求更为实用的知识技能（如拥有多类资格能力证书），敢于展现自我，渴望自我价值实现，希望尽快得到社会的认可、尊重、理解和信任；另一方面他们又过度关注自我，一切努力都围绕着是否有利于个人职称晋升和职务升迁，谋求"工具合理性"。他们不是老一辈那种理想的、奉献型的群体本位主义者，而是倾向于务实的、功利性的个体理性主义者。

2. 对国家发展道路存在一定疑惑

在被问及"是否存在中国模式"时，仅有 12.7% 的受访者选择"存在中国模式，这一模式虽不成熟，但一些基本要素已经具备"这一选项，而 69.3% 的受访者认为"当前不存在一个具有借鉴和推广意义的中国模式"，另有 18% 的则认为"问题太复杂，不好说"。结合深访发现，高校青年教师一方面认可国家发展取得的巨大成就，但在一定程度上也认为这种发展方式存在很多问题，缺乏可推广的价值。作为一个后发展国家，中国将会在很短的时间内集中爆发西方现代化过程中次第展开的社会矛盾和冲突，这使得中国在发展过程中出现了一些社会问题。而很多高校青年教师并没有形成关于中国国情全面、客观、理性的认识，没有认识到经济增长可以实现跨越但社会问题很难跨越这一时代背景，没有站在历史的角度、用历史的逻辑和历史的思维方式分析这些问题产生的深刻原因，而是片面地运用西方的某些学术观点和后现代理论加以简单论断，因而不能得出有关国家发展道路的正确认知。

3. 青年教师的价值观输出方式

高校青年教师是知识分子群体与青年群体的交叉集合体，一方面，他们思想敏锐，对社会思潮尤其是青年学生的价值取向具有很强的引领作用。另一方面，他们内心十分重视自我尊严与价值的实现，重视自我权利的维护。当自身的利益受到损害而得不到伸张时，他们不会像社会弱势群体那样去选择沉默，也不会采取激烈的行为表达，而是往往采用迂回的、以退为进的方式，把各种不满通过自我暴露、自我鸣冤的方式表达出来。一些青年教师将课堂或讲座变成自我价值宣言的场所，将自己的不满在课堂上自觉不自觉地流露出来，或牢骚满腹、或慷慨激昂地表达自己的价值主张。调查发现，超过60%的受访者会在课堂上讲述"自己的生活经历"，超过40%的受访者会"告诉学生社会的阴暗面"。消极的认知态度结合独特的价值观输出方式，虽然对青年教师自身利益实现作用不大，但势必对学生价值观的塑造产生很大影响。

4. 政治参与意愿与渠道相背离

高校青年教师注重参加民主生活实践并重视自身的民主权利，对现实生活中的民主管理、民主选举、自我教育、自我管理抱有浓厚兴趣，对政治活动参与意识十分强烈。调查显示，有75.5%的受访者希望尽可能多地参政议政，仅有10.8%的受访者没有参政议政的意愿。同时调查高校青年教师对参政议政渠道的认识可以发现，认为参政议政渠道相对畅通的比例仅为15.8%，而认为不够畅通或者完全不畅通的比例则高达84.2%。通过对比两组数据可以发现，存在着意愿与渠道相背离的情况。较高的政治参与热情与较少的政治参与渠道，导致了该群体不得不通过网络等公共平台表达对政治问题的认识。

5. 对生活质量抱怨较多

在受访青年教师中，年工资收入 3 万~6 万元占八成，31.1% 的受访者每月有结余，而 68.9% 处于收支平衡或"赤字"状态。青年教师刚入职不久，工资和职称相对较低，申请课题经费难度较大，同时结婚、买房、买车、子女升学、赡养老人等现实问题又需要很大开销，收入和支出两方面的挤压作用迫使很多教师在工作之余不得不从事各种兼职活动，这些兼职活动有的已经影响到高校青年教师的正常教学科研工作。同时，高校青年教师普遍存在住房困难，对住房政策不满意，在 5 分的工作满意度评价中，"与住房相关的补贴政策"仅得到 1.7 分的评价，排名倒数第一。看似福利待遇不错的高校教职，仍有许多服务保障工作不完善，这在一定程度上影响了高校青年教师的工作积极性和对社会的认知。

二 探索青年教师思想政治工作新机制

我们要深入研究问题产生的深层次原因，探索既符合国家发展需要，又遵循青年成长规律的高校青年教师思想政治工作新机制。

1. 注重思想政治教育与业务水平提高相结合，坚持党对青年教师的思想引领

高校要把青年教师的业务提高与政治培养统一起来，在业务培养中加强政治培养。改变党组织和党员考核工作中存在的考核硬指标少、具体内容少、考核效果少等状况，研究探索考核指标的定性分析和量化问题，细化党组织和党员的考核标准。

2. 合理设置基层党组织，建设高素质的党务工作队伍

适应学科特点和教学科研需要，坚持党建工作重心前移和重心下放的原则，探索灵活多样的党组织设置模式，根据学校教学科研活动的新情况，不断创新党组织设置方式。党务工作干部要经常深入青年教师中去，了解青年教师群体的工作情况和思想实际。

3. 深化高校管理体制改革，创造青年教师发挥才干的制度环境

青年教师思想上的不稳定与职称、住房、收入等问题有很大关系，如果单靠思想政治工作而忽视实际问题的解决，必然降低思想政治工作的效果。建立以学术评价体系为准绳、公平竞争为导向的职称评聘机制和收入分配机制，真正做到职称和工资体现业绩与能力；对岗位进行分类管理和分级考核，推行岗位竞争、岗位轮换等措施，建立能进能出、能上能下、能高能低的激励竞争机制；认真解决高校青年教师在福利待遇和生活工作中的实际困难，在住房、医疗、子女升学等方面关心照顾，对于经济确有困难的青年教师，加大社会优抚力度，提高其生活质量。

4. 拓宽制度化表达渠道，建立畅通高效的沟通机制

通过座谈会、问卷调查、信息公开栏等多种形式，定期了解青年教师意见、建议和要求，并将处理意见及时反馈；充分发挥工会和教代会在青年教师利益表达中的作用，在制度设计中为青年教师留有一定席位，明确规定青年教师所占代表的比例；对于涉及青年教师切身利益的重大决策，应设立听证制度，广泛听取青年教师意见，使学校的各项决策和各项制度建立在对青年教师意见充分了解的基础上，实现决策与制度对青年教师合理利益诉求的尊重与保护。

（本文原载于《学习时报》2011 年 10 月 24 日 5 版）

"洄游"：阶层流动的另一种可能[*]

阶层固化，向上流动的管道缺乏，导致社会活力下降，这是中国一个沉重的话题。

还有阶层流动的可能吗？或者说，还有另外一种可能性吗？

一 "洄游"青年们来了

镜头回放一下：

2014 年春节的一个网帖引发了无数青年的关注和讨论。这个网帖来自著名网络论坛"知乎"上用户"王远成"的一篇文章——《背井离乡，为何仍要打拼北上广》。

"王远成"曾是"沪漂"，在上海的一家网络公司做产品经理。他的家乡是"一座三线城市"，其个人注册资料显示为乌鲁木齐。2008 年，王远成"从西安一所民办大专毕业，揣着 2000 块钱来到上海"，进入一家互联网公司工作了 5 年。因母亲患病返回家乡，在家人的关系帮助下来到机关工作，即将得到事业编制。

不过王远成始终念念不忘上海。他把在上海的经历看作一生中最重要的经历，发誓一定会重返上海。王远成的回答引发了大量"点赞"，也引来了微博和各大新闻网站的转发转载。大多数知乎用户称赞他的态度，这

　＊　此次刊发对题目进行了修改。

家面对受过高等教育青年的知识性问答网站的用户，大多在北上广等一线城市工作。

王远成的经历也是千百万当代返乡青年的经历。随着中国城镇化进程的快速推进，中国二、三线城市获得了较快发展，招商引才的政策越来越有吸引力；与此同时，一线城市房价的一再飙升彻底浇灭了外来青年定居的梦想，相比几年前很多"蚁族"仍然幻想有朝一日能融入北上广，现在的他们显然更加理性务实。在二、三线城市的"牵引"和一线城市的"挤出"这两方面的综合作用下，部分青年开始选择回流返乡。

我们把这样的返乡青年称为"洄游"青年。之所以这样定义，是因为他们像洄游鱼群一样，在另外一个环境中经历成长的特定阶段后，选择"洄游"到家乡或二、三线城市继续生活工作。我们借用生物学上的"洄游"现象来描述城镇化背景下中小城镇返乡青年的迁移性成长经历。

他们与城市新移民、海归群体等类似，都具有流动性的特点，与中国城镇化进程密不可分；但同时，他们自身又表现出许多独特之处，这也恰恰折射了城镇化进程对于特定类别青年人的差异化影响。

二 他们的空间

从我们调研的情况来看，青年返乡特别是带着技能知识和理论知识的青年返乡，给当地发展注入了新的活力。他们是本地人，从外面回到这个熟人社会，便于也易于融入家乡和运用家乡资源，这使得他们对家乡的经济发展、社会结构、文化习俗和城镇化建设产生了诸多深远影响。

毕业于北京某211高校戏剧戏曲文学专业的耿小珂是个不折不扣的文艺女青年。当年高分考进北京。她写过剧本，写过广告文案，做过总裁秘书，也做过策展人，走遍北京、杭州、深圳……沉浮四五年之后，2012年她重新回到家乡长春。

"我的动机很简单，就是不想再租房了。"她曾为了有个安稳的落脚地，给二房东一口气交了一年的房租。不多久却被房东找上门来，说二房东很长时间没露面没交房租，她也必须搬出去。她一个人大晚上拉着行李箱走在北京的街上，哭了一路。

耿小珂回到家乡之后，做了时尚杂志编辑。"我在北京没有机会。我曾经向两家杂志社投过简历。我把简历送到杂志社前台的时候，他们在用鼻孔看你。但是在家乡我就有机会。这种自我实现感，北京给不了我"。

孙酿也是文艺青年，他在上海大学读社会学专业时，却想考北大中文系的研究生。第一次跨考失败之后他来到了北京，在北大西门和 3 个同学合租在一起。但是第二次考研失败之后，他决定回老家宁波。"人生还有其他太多太多的东西要承担。"回家后，他以笔试第一名的成绩考上当地某国企公开招聘的一个文职岗位，实现了自己的"20 分钟就能上班"的梦想。

同样的故事在我们的调查中频频出现。在我们调研的"瑷珲—腾冲线"的 22 个县、几百份问卷、上千个样本中，我们发现，数据显示虽然22 个县市经济水平不同，人均收入不同，但这些从外面回到家乡的青年的平均收入都高于当地人均水平。

当全国中小城市青年的月平均收入在 3000 元左右时，清河县"洄游"青年开创的品牌羊绒企业的人均月工资达到了 4500 元以上。羊绒产业还带动了当地的物流业和服务包装等产业，这些产业作为羊绒产业的附属产业，对于促进当地青年工资的增长也起到了相当的作用。

在外发展的经历拓宽了"洄游"青年们的眼界。他们不管是进入政府、企事业单位还是自己创业，"试错"的成本都更小，更容易获得成功和满足。生活成本较低，收入较高，是"洄游"青年们的幸福感普遍比同龄人更高、政治倾向更为温和的重要原因。

更为重要的是，"洄游"青年通过改变职业和居住环境，推动着就地城镇化的步伐。在这个返乡城镇化的过程中，他们促进了城乡文化交流与融合，将前沿的知识、技能与思想观念带回家乡。

小肖是河北省张北县人，2010 年毕业之际参加了公务员和事业单位考试，未果后去北京求职，工作两年半，在亚马逊工作。2013 年，他回到张北县，现就职于某事业单位办公室，负责宣传工作。

在北京亚马逊时，小肖每天要处理几万文字，这样的工作强度让他练就了一手漂亮的打字技能。而新闻剪辑、整理归类的工作，也为小肖现在所做的宣传工作积累了素材和经验。

虽然离开了京城，但北京在小肖身上留下的印记至今依然存在。

小肖说："每个人都不一样，工作是一方面，但是工作是用来养家糊口的，一个人有没有成就还是得看这个人业余时间在干什么。"

田旺福是湖南怀化人，2010 年从北京林业大学环境艺术设计专业本科毕业后，在北京国贸附近的一家设计公司工作了两年半。"一个礼拜只休息一天，每天从早上 9 点忙到晚上 11 点，也就中午休息一个小时。"田旺福说。没日没夜地干了两年，他的工资从最初的 2500 元涨到了税后8000 元。

为了上班方便，最初他租住在大望路附近，每天花半个小时骑自行车往返。为了省钱，他们 7 个人合租挤在一套三居室里，客厅、厨房、卫生间都被分成隔断。他住的是厨房，月租 950 元。厨房没法上锁，没有自己的空间，但考虑到自己的收入，他只能忍了。

不久，他的女朋友从湖南来到北京与他一同打拼，他也开始考虑成家的事情。但北京居高不下的房价令他望而却步："北京的房子，我们想都不敢想啊！"他说，"北京已经留不下了。"

2013 年 7 月，他决定回家。"在北京的经历肯定不是弯路，人脉、见识、思路都丰富了很多。"他说，"有些设计如果不是在北京见过，可能一辈子也想不到吧。"

从北京回来后，田旺福先在怀化当地的一家设计公司工作了半年，深入了解了家乡的市场需求。今年 6 月，他自己的设计工作室正式开张了。

如今，他的工作室每月平均营业额超过 50 万元，他希望把事业做大以后，能把几个还在外地的朋友拉回来一起干："家乡现在还是比较落后，设计上不是很有品位，很多客户只肯花材料钱，根本没有为设计付费的观念；很多我需要的材料买不到，想实现的设计效果也达不到。"

"但是有差距就有发展的空间，小地方的市场正在慢慢成长，这里机会很大。"他这样说。

三　地理的横向流动，阶层的纵向流动

"洄游"青年的返乡，也让我们对整个中国社会流动这一重大问题的理解更加深入了。

近年来社会普遍认为"知识乏力"、社会的纵向流动变慢甚至出现停滞与断裂。但在"洄游"青年身上我们却发现"知识改变命运"的规律仍有较为明显的表现，"知识"与"流动"的结合依然较为密切，以学历为代表的文化资本在青年的阶层晋升过程中还在发挥作用。

青年外出求学打工，提升了自身的知识水平，较高的教育资本和外出打工经历使他们可以获得更多向上流动的机会，并达到自身价值和社会价值的双重实现。调查发现，"洄游"青年父母主要从事农业生产，而他们自身中的绝大部分返乡后成了专业技术人员、企事业单位管理者、国家党政机关管理者、办事人员等，明显提升了家庭职业阶层。

从"蚁族"群体研究开始，知识是否贬值这个问题一直困扰着我们，在大城市中，接受过高等教育的"蚁族"青年并没有获得社会地位的提升和经济收入的增加，多数"蚁族"并没有享受所在大城市发展的成果。而在以"瑷珲—腾冲线"为代表的中间地带二三线城市调研后我们发现，知识的价值不仅仅受知识储备量、储备方向的影响，也受到空间地理位置的影响，知识的价值和力量更体现在知识的使用价值上，知识的价值大小要看匹配度，知识存量和增量是否适应了当地当时的实际需要，在适应地区知识就是力量，在不适应或者不匹配地区知识出现了贬值。

近年来，世界范围内发生的一系列社会运动，如阿拉伯国家骚乱、英国骚乱和美国"占领华尔街"运动等中，知识青年群体均构成了运动的先锋和主力，他们围绕着"体面工作、尊严生活"，跨越国界、跨越地域、跨越阶级、跨越信仰，利用新媒体，互相沟通消息，宣泄价值主张。

由知识青年引发的社会矛盾和社会反抗，给每个国家的社会稳定都带来了巨大挑战。

但我们发现，中国的社会现状虽同发生社会动荡的中东乃至欧美一些国家极为相似，但整体上仍保持了相对稳定的政治局面。为什么会出现这样的差异？我们的研究表明，这种情况的出现，除了与政治体制和文化背景的差异相关外，还与中国巨大的地理规模及频繁的人口流动有着极为密切的联系。从某种程度上看，正是中国相对畅通的"横向"人口流动，缓解了日趋固化的"纵向"阶层流动所带来的社会风险，有效减缓了纵向流动变慢对社会结构和政治稳定的冲击。"蚁族"等大城市中的知识青年群体在"北、上、广"阶层跃升受阻后，可以横向流动到二、三线城市继续开展二次奋斗的尝试，而中小城市作为知识的相对"洼地"，为青年提供了向上流动的空间和希望，避免了"相对剥夺感"的累积，消解了部分反社会情绪的极化。

大城市像一个巨大的抽水机，不仅将二、三线城市和乡村的劳动力"吸"到大城市，也把关系到基层未来的年青一代精英们"抽"到了大城市。但是，随着一批知识青年的"倒流"，中国乡村和二、三线城市的未来有了更多的可能。2013年以后，中国经济增长存在下行压力。二、三线城市将是中国经济改革向纵深发展的新突破口，会带动中国经济重心下移，使中国广大基层地区进入高速发展快车道。二、三线城市的这批"洄游"知识青年正是国家经济改革向纵深发展的重要人力资源支撑力量，他们能在更大的空间范围内促进生产要素自由流动和优化配置，助推二、三线城市地区成为中国经济新的增长极。对未来的他们，我们怀有更大的期待。

（本文原载于《南风窗》2014第24期）

服务业新生代农民工社会融入障碍在哪

2012 年下半年，受北京团市委委托，北京新生代农民工社会融入调查课题组开展了北京新生代农民工社会融入状况调查。在北京 16 个区县、5 大重点行业（批发零售业、住宿餐饮业、商务服务及居民生活服务业、制造业、建筑业）、306 个街道乡镇或区域、1761 家基层单位进行随机抽样，发放调查问卷 10000 份，深度访谈 100 人。

北京新生代农民工主要分布在服务行业，基本符合北京社会服务业占GDP 七成多的现状，这是与长三角、珠三角等地区新生代农民工生存方式的显著差异。由于服务业农民工工作和居住分布在城市各个角落，并不是以产业工人的方式集中劳动和居住，因而管理和服务的难度也更大。可以预见，随着产业结构的调整升级以及现代服务业在大城市的蓬勃发展，以服务业为主的新生代农民工社会融入问题将成为我国在未来一个时期面临的重大挑战。结合此次调查，课题组发现服务业新生代农民工的社会融入存在一些障碍与阻力，主要体现在以下几个方面。

一 城乡二元结构是环境因素

出于历史原因，我国存在的以户籍制度为基础的"城乡二元结构"，导致城乡居民存在两种不同的社会身份。改革开放以来，尽管国家对人口流动的限制不断地放宽，但对身份管理并没有改变。由于户籍制度的屏蔽作用，进城的新生代农民工依然是"农民""外地人""体制外的人"，他们在就业、教育、住房、社会保障等方面面临着一系列困难。调查显示，在就业方面，目前该群体尚缺乏一个连贯的职业生涯规划，职业流动性比较大，有73.3%的被访者曾经换过工作，其中换过1～2次的最多，整体呈现"水平多、垂直少"的特点。从社会保障来看，没有缴纳社会保险的比例为21.5%，其中医疗保险的缴纳率最高，为57.7%，其次是工伤保险和养老保险，比例分别为52.1%和50.4%，而失业保险缴纳率仅为35.9%，生育保险缴纳率则更低，为26.3%。

二 模糊的自我认知

调查显示，仅有7.5%的被访者认为自己是北京人，92.5%的被访者不认为自己是北京人。影响身份认同的最主要因素是"户口"，比例为59.1%。在对自己身份的称呼上，有39.1%的被访者说不清楚，占比最高，有11.4%的希望被称为"流动青年"，有5.5%的希望被称为"北京人"，而仅有2.8%的希望被称为"农民工"。可见，多数新生代农民工既不认为自己是"北京人"，也不认可自己原有的"农民"身份，更不愿意被称为农民工和外来工，在身份认同上游离于"北京人""农民""市民"以及"打工者"等多种身份之间，对大多数新生代农民工而言，他们虽然在整体上接纳了城市文化，但在身份认同上存在困境。

三 生活方式和价值观念的双重冲突

调查显示，过半的北京新生代农民工还是生活在同质性较强的人群所组成的社区之中，完全生活在北京人构成的社区中的新生代农民工相对较少，日常交往模式呈现"业缘为主，亲缘、地缘为辅，友缘、趣缘次之"的特点。这表明，新生代农民工是生活在熟人社会之中的，他们越是远离乡土、远离家庭，越是依赖于这种熟人社会。他们工作生活在熟人社会的同时，也与城市人愈加疏离。调查显示，虽然73.6%的被访者拥有北京朋友，但数量平均为 2.32 人，相对较少，虽然九成多被访者认为北京人态度很好，但新生代农民工与北京本地人的交往程度很低，其中"思想观念不同"是造成交往困难的第一要素，占 31.4%；此外，"缺少交流机会""生活习惯不同""地位差异大"等也是造成交往困难的原因。

四　单调的业余生活和较少的社会参与

调查显示，北京新生代农民工一周平均工作天数为 5.86 天，即每周有 1 天休息时间。每天工作时间 8~9 小时之间的最多，占到 50.8%，每天工作时间在 10~11 小时的占 20.5%，工作 12 小时以上的也占 6.9%。工作时间相对较长，导致业余时间较少，因此他们往往倾向于从事个体性的活动，譬如睡觉、上网、听音乐、看电视等，而很少与外界进行面对面的交流，缺乏情感沟通，生活压力难以释放。对社区举办的各种活动"不知情"（34.1%）和"从不参加社区活动"（24.1%）的被访者占 58.2%，表示"总是参加"活动的被访者仅占 2.5%。与老一代农民工相比，新生代农民工的现实联系相对松散，却没有其他替代性的社会关系网络来填补这一空间，这使得他们在城市缺乏社会关系网，情感上更加脆弱。

课题组认为，实现新生代农民工的社会融入必须坚持政府主导社会参与、权责清晰责任到位、保障基本尊重特性、整合资源共建共享的工作原则，必须按照体现公益性、基本型、均等性、便利性的要求，以保障生产方式融入为出发点，以促进生活方式融入为支撑点，以实现精神文化融入为目标点，以城市社区、用工企业为基础，以社会力量为补充，不断加大对新生代农民工的工作力度，努力形成少部分新生代农民工成为城市新市民"融入有机会"，大部分新生代农民工提高技能本领"发展有希望"，所有新生代农民工在生存保障、精神文化方面"生活有尊严"的有序融入格局。

（本文原载于《光明日报》2013 年 2 月 21 日 14 版）

城市新移民群体的主要
利益诉求与社会融入

对于特大型城市而言，它的城镇化进程内生了一个数量庞大的新兴群体——城市新移民。该群体是指年满 16 周岁且 1980 年以后出生，在城市工作、生活而没有取得该城市户籍的中国大陆地区居民。"城市新移民"中的"城市"界定了这个社会群体生活工作的空间位置，包含两个对应关系，一是"乡—城"关系，即该群体中一部分是从乡村来到城市；另一个是"大—小"关系，即该群体中一部分是从小城镇来到大城市。"新"是指"新生代"，即 1980 年以后出生的人。"移"是社会群体变动的状态与结果，对应着"户籍"这一制度概念，个体以取得当地户口为标志，从一个外来人变为"市民"。"民"是从法律角度和发展角度来考量，有"公民权利"的内涵，即个体需具备完全行为能力，年满 16 周岁，可以享受城市的基本公共服务和社会保障等。城市新移民包含的三个典型群体是：新生代农民工、"蚁族"（青年流动大学毕业生聚居群体）和城市"白领"。

一 城市新移民的主要利益诉求

1. 新生代农民工以经济收入诉求为主，呈现保障生计的特点

以北京市为例，数据显示，2010 年，北京市 1980 年以后出生的流动

* 本文系教育部新世纪人才支持计划（NCET－13－0727）的阶段性成果。

人口占全部流动人口的50.2%，预计到2015年，这一比例将上升到60%以上。据统计，北京市目前16～33岁的新生代农民工为210多万人，且呈逐年上升趋势。由此可见，青年流动人口特别是新生代农民工群体已成为北京市流动人口的主体，是助推北京城镇化进程的重要力量。我们2012年的调查显示，北京市"新生代农民工"的生存状态不容乐观，其经济收入和社会保障仍处于相对较低水平。从经济收入上看，该群体月均收入为2558元，远低于北京市2011年职工月均工资4672元。从社会保障水平上看，该群体与用人单位签订3年以上合同的仅占9.3%；医疗保险的缴纳率为57.7%；工伤保险和养老保险缴纳率分别为52.1%和50.4%；失业保险缴纳率仅为35.9%；生育保险缴纳率则更低，为26.3%。基于此种情况，新生代农民工的诉求多集中在经济利益上，希望提升收入水平，加大社会保障力度。尤其同老一代农民工相比，新生代农民工文化程度相对较高，见识较多，维权意识也比较强烈。如果在劳动待遇等方面采取"同工不同酬、同工不同时、同工不同权"等歧视性、不公正的做法，会引起新生代农民工的不满，并使之丧失社会归属感。而且新生代农民工对于生活满意程度的参照，主要是迁入地居民的生活水平，如果经济诉求长期得不到回应，极易产生对抗行为，引发治安事件。

2. "蚁族"以留京居住诉求为主，呈现在职贫困的特性

我们的调查显示，2013年北京"蚁族"群体规模达16万余人，平均年龄为25.9岁，其中拥有本科学历的占43.9%，拥有研究生学历的达7.4%，并呈现"在职贫困"的特性。虽然该群体中多数人具有工作岗位，且平均月收入高于绝对贫困水平（月均收入4133元），但其生活质量较低，主要选择居住在房租便宜的城乡结合部和社区地下室中，平均居住面积为6.4平方米，人均居住面积"10平方米及以下"的占到67.8%，41.3%的人与他人合租，基本生活支出月均1530元。大多数"蚁族"有着较强的留京意愿，希望能够通过自身努力，拿到北京户口，购置北京房产。但是他们的家庭经济地位相对较低，包括父母在内的家庭年收入10万元以下的占到94.7%，且多来自农村（55.0%）、县城（14.9%）和乡

镇（13.6%），难以对其未来发展提供更多的经济资源和社会支持。在住房政策方面，有接近六成（58.7%）希望政府能够为他们提供廉租房居住。希望政府能够调控房价、为他们提供经济适用房和规范房租租赁市场成为紧随其后的需求。调查同时表明，在社会不公平感方面，有43.5%的"蚁族"认为"因权力导致了不公平"，有22.8%的认为"因阶级阶层导致了不公平"。通过几年的纵向研究发现，当出现国家利益受损、社会不公平现象严重、群体尊严受到打击、发展上升通道阻滞等特定情况时，在特定情境下，该群体大规模的集体行动就可能会发生。而聚集的居住状态，也使他们相对集中、容易组织。因此，社会管理应长期关注该群体的生存状况和思想动态，避免影响和谐稳定的因素出现。

3. 城市"白领"以同城待遇诉求为主，呈现社会参与的特征

城市"白领"作为社会经济地位占优势的新兴群体，其受教育水平较高，工作收入较高，诉求更多地集中于同城待遇方面，比如子女上学、异地高考等问题。我们2012年调查发现，有71.9%的"白领"表示愿意参加志愿活动，有50.1%表示愿意参与到社会管理工作之中，而当"对自己身边的事务有不满意的地方"时更有超过半数（50.3%）的"白领"表示自己会"站出来，向有关部门反映"。此外，该群体中社交网站的使用率为81.9%，微博的使用率为87.0%，有26.3%表示自己大多数时间使用智能手机上网。这些即时通信工具的频繁使用，使得该群体的意见表达方式具有"跨地域性"和"共时性"的特点。系统深度的表达方式加上熟练的互联网使用技能，导致该群体的言论会引发社会各界的高度关注。

二　城市新移民对中国城市化进程的重要意义

城市新移民群体是在我国城市化进程加速的条件下产生的典型阶段性青年群体。他们是未来中国城市化的重要力量，是人口城市化的主要推动力。从我们的研究来看，"蚁族"、"白领"、新生代农民工的未来发展方向只能是融入城市，实现从"移民"到"市民"的转变，这是社会发展

的大趋势。需要明确的是他们是分层次融入的，城市对他们的接纳是一个逐步、分批的过程。

1. 人口城市化的排头兵、先遣队、主力军

"白领"在整个新移民群体中，拥有最高学历、最高收入、最深卷入度，具有更多向上流动的机会，是最具有潜力、能够融入城市、实现由"移民"向"市民"转变的青年群体，是人口城市化的排头兵，是城市新移民中转变为市民的第一梯队群体。"蚁族"与新生代农民工相比，接受过高等教育，对城市文明有着较高的认同感，已将城市生活内化于心，具有较高的人力资本水平，知识储备丰富，他们与体力劳动者相比是中国城市化进程的先行军，是城市新移民中转变为市民的第二梯队群体。新生代农民工是城市新移民的主体，他们以体力劳动为主，他们的职业状况和经济收入处于相对弱势地位，但他们庞大的数量决定了他们会成为城市化的主力军，他们是中国城市建设的决定性力量，他们融入城市、变成市民具有历史性意义。

2. 维持经济增长、激发经济活力的主要载体

由于城市特别是大中型城市长期保持低生育率，城市户籍劳动人口将在未来进入减少期，长期以来支持城市经济发展的"人口红利"正在逐步减少。在此过程中，外来劳动力扮演的角色将愈发重要。具有活力的"新移民"群体将在一定程度上填补城市的人力资本不足，成为劳动力市场的重要供给者。这一方面是因为新移民多是低龄劳动力人口，有较长的潜在就业年限；另一方面在于新移民内部类型丰富，有受过高等教育的"白领"和"蚁族"，有受过专业技能训练的新生代农民工，他们能够通过市场机制来满足劳动力市场的需求，进而推动经济发展。同时，新移民作为青年群体，最具有创造力与活力，将为经济发展创造一些新路径和新方式。

3. 改变社会结构的重要力量

城市新移民是中国经济社会发展的重要力量和希望，而原有以户籍为基础的公共服务体系不能覆盖到他们，以户籍为依托的社会保障、住房保障体系也将其置于城市的边缘，今后一段时间，城市公共服务将实现从

"户籍人口"到"实有人口"的转变。应引导、鼓励该群体有序融入城市，共享发展成果。作为双重边缘人的城市新移民，他们在城市的权益得不到维护，经济状况也处于社会平均水平之下，但他们认同了城市文明，具有乡缘、业缘、学缘和趣缘，与农民有着血肉联系，又是市民的工友，具有广泛的社会网络，相对剥夺感强烈，是最有意愿改变社会结构而实现阶层跃升的青年群体。

三　实现城市新移民的有序社会融入

实现城市新移民的社会融入必须坚持政府主导社会参与、权责清晰责任到位、保障基本尊重特性、整合资源共建共享的工作原则，必须按照体现公益性、基本性、均等性、便利性的要求，以保障生产方式融入为出发点，以促进生活方式融入为支撑点，以实现精神文化融入为目标点，以城市社区、用工企业为基础，以社会力量为补充，不断加大对城市新移民的工作力度。

1. 制定有针对性的公共服务政策，形成适度普惠的社会福利体系

考虑到不同社会群体在诉求方面的差异以及各自所拥有的经济文化资源，在推动基本公共服务均等化战略过程中，应该坚持高端有市场、低端有保障的原则，鼓励市场为社会高端群体提供个性化的服务。政府应当特别关注和维护弱势群体的利益诉求，特别是要消除新生代农民工、"白领"和"蚁族"等流动人口群体所面临的社会排斥，实现机会平等和公平参与。具体而言，在教育方面，以软件建设为重点，进一步优化配置教育资源，加强优质教育资源对外来流动人口的可及性，保障教育公平，全面提高实有人口的受教育水平。在住房方面，加强对房地产市场的宏观调控和保障房建设力度，并进一步规范房屋租赁市场，加大廉租房和公租房供给力度。在社会救助方面，要完善社会救助动态调整机制，减少物价上涨对城市新移民中低收入群体基本生活的影响。总的来说，要发展出一条适度普惠型福利体系，在保障市场活力、发挥社会效率的基础上让全体社

会成员都得以分享改革发展的成果。

2.积极推动收入分配制度改革，建立科学的收入分配体系

城市化进程的快速推进，容易造成不同群体间收入差距的扩大，这为城市经济的可持续发展与社会的和谐稳定埋下了隐患。加快推进收入分配制度改革，不仅是转变经济发展方式的重要内容之一，也是扩大内需，特别是扩大居民消费需求，防止经济增长乏力的需要。在经济快速增长的同时，社会必须公平合理地分享经济增长成果，其核心要义是积极推进收入分配制度改革，应进一步增加城乡居民特别是中低收入者的收入，扩大中等收入，调节过高收入。一是提高劳动工资的比重，健全工资增长机制，并对新生代农民工等低收入群体予以适当的政策倾斜。二是推行垄断性行业改革，建立起不同所有制企业间的公平竞争机制，为吸纳流动人口就业的中小企业创造发展机会。三是提高劳动者素质，提升城市新移民群体的职业专业化程度，并进一步促进劳资关系的和谐。四是完善税收制度和征缴体系，增加对高收入群体的征税，适当减少对"蚁族"等中低收入群体的税收。

3.疏通和完善社会各群体的利益表达机制，统筹协调社会矛盾和利益诉求

研究表明，由于社会资源占有上的差异，经济社会地位较低的群体已经对部分地位相对较高群体产生了不满情绪。如果任其发展很可能演变成群体甚至阶层之间的对立和冲突，影响社会的和谐稳定。为此，建议政府一是要完善各类群体和阶层的利益表达机制，及时了解其利益诉求，维护他们各自的合法权益。二是要进一步完善以基层矛盾调解为主的矛盾调处机制，及时防范和化解社会矛盾，努力维护社会稳定。三是加强信息公开和公信力建设。政府要在第一时间积极主动地公开信息，保证公民的知情权，做到公开透明，树立公正为民的良好形象。四是政府应该积极培育社会组织，发挥社会组织在利益代表和利益协调中的枢纽作用，以社会组织为渠道，促进政策有效实施与舆情顺畅上达。

（本文原载于《探索与争鸣》2014年第1期）

北京青年婚恋观变化

为全面且深入地了解北京青年的婚恋状况，2016 年 3 月至 10 月，受北京团市委委托，我们采用焦点小组法、问卷调查法、深入访谈法等多种研究方法对在京居住半年以上、20～36 周岁、大专以上学历的青年人口展开调查，共回收有效问卷 5965 份。同时，在抽样调查样本中选取了部分具有典型性的青年进行深入访谈。调查覆盖了婚恋生活有关的十个问题，反映了当代城市青年婚恋观的变化。

1. 什么是门当户对？

调查数据显示，72.25% 的青年仍认同"门当户对"，但当代青年对于"门当户对"的理解更倾向于是双方人生观、价值观的匹配，而非家庭社会经济地位的相似，且年龄越小、父母的受教育程度越高的青年越倾向于认同这一观点。这种人生观价值观的匹配是受教育程度作用的结果，也是家庭社会经济地位作用的结果。虽然青年在婚恋过程中十分强调价值观念的相似性，但价值观念是以家庭条件、教育背景等为基础的，总之家庭社会经济地位仍在间接作用于青年婚姻匹配这一问题。

2. 爱钱还是爱人？

调查显示，在择偶过程中最为看重的是配偶的性格人品；对方的外貌和学历是排在第二的因素；家庭情况、身体状况、年龄是排在第三位的因素。以上情况反映了当代北京青年较为理性和现代的择偶观。相对于传统社会的唯出身论等单一的择偶标准，当代青年的择偶标准更为多元，且更注重配偶的性格人品等内涵性的标准，也注重对方学历、身体状况、年龄等问题；但同时家庭情况这一较为传统的择偶标准仍然是人们较为看重的一个标准，且"外貌协会""爱美"等非理性的标准也仍存在。可见在社会文化多元化、生活较为自由的现代社会中，北京青年的择偶标准也较为多元，注重内在的匹配，但同时传统的思想仍起作用，是传统与现代并存的一个阶段。

3. 愿意生几个孩子？

2016年我国全面二孩政策开始实施，从调查结果看，北京青年的平均理想孩子数为1.91个，在性别组合上偏向于男女双全，人们在生育意愿上对于政策的反响仍是比较大的，但反映到行为上则远低于人们的预期，这种意愿与行为的背离与孩子的生育成本不无关系。

4. 反转：女性更不愿"为孩子而坚持不离婚"？

在传统的婚姻中，有些夫妻虽然感情破裂，但为了孩子的成长会凑合过下去。在此次调查中，有53.29%的青年认为如果感情破裂的话，不会为了孩子而坚持不离婚，46.71%的人表示会为了孩子而坚持不离婚，这体现的是一种现代型的婚姻观，表明当代青年对于婚姻的看法更理性化。59.09%的男性表示如果夫妻感情破裂，会为了孩子而坚持不离婚，但女性同意这一观点的比例只有36.68%，显著低于男性的水平，这和我们通常的认识有所差异。传统上在一段婚姻中，女性更可能为了孩子而忍受伴侣的不忠或者感情的破裂而不离婚，而调查中得到相反的结论，说明现代教育对于女性的地位提高有所作用。

5. 更愿意与同类人结婚？

北京青年认可人生观、价值观上的门当户对，这意味着他们更可能倾向于选择与自己具有某一共同特征的人结婚。调查数据显示，无论在户籍、受教育程度还是工作性质，抑或家庭经济实力上，青年更倾向于选择这几个方面的同质婚姻。这些属于社会阶层划分标志的特征相似性可能会使得婚姻成为一种阶层固化的方式，来自不同社会阶层的青年也和具有相似背景的人婚配，整个社会陷入同质阶层相互结合的循环，即所谓的"阶层内婚"现象。

6. 交通距离打败爱情？

急速的城市扩张和人口激增都给中国城市上班族带来了巨大的通勤压力。调查中有51.84%的北京青年的居住地在五环以外，所有青年居住地点和上班地点的单程交通时间平均为50分钟左右，这意味着北京青年平均每天要在通勤上花费两个小时左右，并且58.26%的青年表示上下班的主要交通工具是公共交通（如地铁、公交车等）。不断上涨的交通时间成本和资金成本不仅会降低上班族们的生活幸福指数，无形之中也增加了上班族的生活工作压力，同时也让青年们更不愿意花时间与异性见面，有45.31%的单身青年表示除了工作外，其他时间基本在家"宅"着。

7. 户口和房产是结婚标配？

户口和房产在北京这种大城市中重要性凸显，有房有户口也能成为青年婚恋的物质资本。82.05%的青年认为自己如果拥有房产，会更容易找到对象；有68.48%的青年表示如果自己有北京户口就更容易找到对象；35.66%的单身青年认为自己的理想配偶一定要具有房产，有32.66%的单身青年表示自己的理想配偶一定要有北京户口。从这些结果可见，青年认可了房产和户口在婚配过程中的重要性，且房子的重要性要大于户口，房子对于男性的重要性要大于女性。但同时北京房产和北京户口并非一个特别容易得到的物质基础，没有房产和户口的青年更易遭受婚姻市场的挤压。在房价水涨船高和北京户口指标紧缩的背景下，住房和户口势必会对青年婚恋造成更大的压力。

8. 假离婚与住房有关系吗？

政策对于人们婚恋的影响主要体现在住房政策方面。近些年来出现了很多因为买房而假离婚的现象，为买房假离婚的原因主要是为降低二套房的首付比例和打破限购两套房的限制。调查中有18.89%的青年表示身边有很多因为买房而假离婚的现象，有37.49%的青年表示有但是比较少见，43.62%的青年表示没有见过，可见买房假离婚这类现象是客观存在的，且存在的比例并不低。"假离婚"可规避一些房产限购限贷方面的政策，有可能降低贷款利率、购房税费等，但风险性也同时存在，近些年因为假离婚最后无法复婚的案例并不少见。

9. 单身压力源自哪里?

单身人群结婚压力普遍偏大,调查中的单身青年共有 2026 人,其中约 57.95% 的青年感受到了结婚压力。感受到压力的青年对目前自身感受到的结婚压力进行打分,打分范围为 1 到 10,压力越大分值越高,结果显示:北京青年平均结婚压力值为 6.5 分,在感受到结婚压力的 1174 人中 81.52% 的青年结婚压力超过了 5 分,压力值偏大。且这些青年表示压力主要来自父母。

为了缓解这些压力,青年会参与一些交友活动,他们最喜欢的是熟人圈组织的相亲活动和以单身人士为主的兴趣爱好活动(如桌游、乐跑等),对婚恋机构组织的相亲活动并未抱有强烈的兴趣。

10. 选爸妈的儿媳妇 / 女婿还是选自己的媳妇 / 丈夫?

虽然现代社会中青年的婚恋过程更自由了,也不用再遵循旧社会中"父母之命,媒妁之言"的婚配传统,但父母对于子女的婚姻仍有一定的影响。调查中有 29.42% 的青年表示他们曾有过因某一方父母反对和干涉而失败的感情经历,男性有这一经历的比例要显著高于女性;在有恋爱对象的青年中,11.15% 的青年表示父母对自己找的男(女)朋友并不满意,且不满意的原因主要是对方的家庭情况(27.72%)。

(本文原载于《中国社会科学报》2017 年 5 月 10 日 6 版)

结婚是否一定要买房？

——青年住房对婚姻的影响研究

结婚成家是青年社会化道路上最为重大的任务之一，也是青年从原生家庭走向新的家庭的分水岭①。改革开放以来，随着中国社会结构的转型和经济社会的发展，中国社会价值观念和家庭观念不断变化，中国青年的择偶标准、择偶方式、婚姻观念和婚姻状况等也在不断发生变化。全国妇联中国婚姻家庭研究会与百合网联合进行的"2010年全国婚恋调查"结果显示，中国约有1.8亿适龄青年在为择偶忙碌，交友难、婚恋难已成为社会关注的热点问题②。

与此同时，中国一线城市的房价自21世纪初开始迅速上涨，至今居高不下。在"北上广深"等特大城市尤为明显，住房的变化对处于生命历程中不同时段的群体都产生了影响，尤其是对正处在上升期的青年。而在现代化进程下，当代青年的家庭结构也面临着转型，家庭规模小型化、家庭关系以亲子关系为轴心转向以夫妻关系为轴心等等。青年的婚恋观念、婚恋行为与其父辈相比，具有差异鲜明的时代特征。已有研究表明，社会经济地位在青年的婚姻决策中扮演重要角色。男性的经济状况好坏时常是女性择偶时非常看重的③。因此，作为社会经济地位中起决定性作用

---

① 风笑天：《城市在职青年的婚姻期望与婚姻实践》，《青年研究》2006年第2期。

② 沈涛、李先勇、袁方城：《武汉青年婚恋交友状况调查报告》，《中国青年研究》2012年第3期。

③ 陈晨：《当代青年恋爱与婚姻状况分析》，《中国青年研究》2007年第7期。

的住房，对于青年在婚姻市场的观念和行为也有重要影响。

对于北京这样的特大城市而言，人口规模大、迁移流动现象频繁，人口结构复杂，与其他中小城市相比，青年的住房问题和婚姻问题更具有典型性。网络调查显示，北京是全国十大单身聚集地之一。青年的婚恋状况不仅会影响个体的生活质量，也会在很大程度上影响他们所在城市的社会和谐与可持续发展。

在前期调研中我们发现，在北京青年总体中，接受过高等教育的城市青年的住房问题和婚恋问题更值得关注。这主要基于三点考虑：一是，接受过高等教育的城市青年，对生活水平的要求和生活质量改善的心理预期比较高，在住房和婚恋问题上的相对剥夺感、心理落差与不满意度也相应较高。且由于这一群体的发声能力比较强，这两个问题如若解决不好，往往会成为网络负能量的重要来源。

二是，住房现有政策对这一群体的覆盖相对较少，他们收入往往超过了保障性住房的要求，但工作单位又很少可以提供住房，收入大多被用于住房消费，属于"刚需夹心层"，政策改善空间较大；而该群体平时工作压力大，业余时间少，交友难、婚恋难，从"个人困扰"逐渐演变成广受关注的社会问题。若受到这一困扰的个体不断增多，形成一定规模，带来的后果和影响就会超过"个人困扰"的范畴，演变成影响人口安全的"公共问题"①。

三是，该类群体的人力资本基础较好，知识结构与技能水平与北京等特大城市定位、产业规划及人口调控规划更加契合，更有可能在特大城市长期居留，成为建设的主力，因此其住房问题和婚恋问题只能在当地解决。

为全面且深入地了解北京高等教育青年群体的婚恋和住房状况，2016年3～10月，我们采用焦点小组法、问卷调查法、深入访谈法等多种研究方法展开调研。问卷维度划分与问题设计均扎根于文献研究、小组座谈的相关材料，通过北京团市委及北京青年联合会的组织渠道，依据科学抽样的

---

① 杨筠、傅耀华：《我国婚姻挤压与人口安全问题研究：视角与范式》，《天府新论》2015年第1期。

原则，在不同区域、不同界别的青年中发放问卷。调查对象为在北京居住半年以上，20～36周岁、大专以上学历的青年人口，调查内容主要包括人口信息、家庭信息、婚恋观念、住房状况等。将调查人群分为未婚无恋爱对象、未婚有恋爱对象、已婚、离婚尚未再婚四类，共回收有效问卷5965份。同时，在抽样调查样本中选取了部分具有典型性的青年进行深入访谈。

一 基本情况

调研结果显示，从目前所处的婚恋状况看，已婚青年2161人，占比36.23%；未婚无恋爱对象的青年2026人，占比33.96%；未婚有恋爱对象的青年1650人，占比27.66%；离婚尚未再婚的青年128人，占比2.15%。

从在北京拥有的房产情况看，只有31.55%的青年在北京拥有房产。在拥有房产的青年中，有23.54%的房子为父母全额购置，42.99%为父母支持下的贷款购房，全凭自己力量购买（自己全额购置或无父母支持的贷款买房）的比例只占24.02%。可见北京房产仅凭青年自己的力量较难获得，家庭资源的支持在青年购置房产中发挥了重要作用。

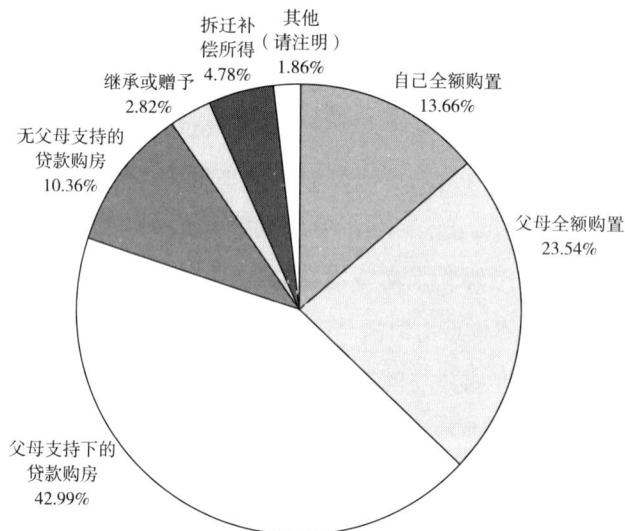

拆迁补偿所得 4.78%
其他（请注明）1.86%
继承或赠予 2.82%
自己全额购置 13.66%
无父母支持的贷款购房 10.36%
父母全额购置 23.54%
父母支持下的贷款购房 42.99%

图1 调研群体拥有住房的具体情况

从居住位置看，有51.84%的受访者的居住地在北京五环以外，其次是居住在四环到五环之间（19.78%），再次是三环到四环（13.85%）和二环到三环（9.05%）之间，居住在二环以里的青年比例最低，为5.48%。可见青年居住地点离市中心越近，比例越低，这和房屋租金、房屋价格呈反比。

二　特征分析

此次调研发现，处于不同婚恋状态的青年，在住房和婚姻的关系上，具有不同的特征。

1. 未婚无恋爱对象：男性结婚压力来自经济因素，女性压力来自年龄

本次调查中，未婚无恋爱对象的青年中约57.95%感受到了结婚压力。感受到压力的青年对目前自身感受到的结婚压力进行了打分，分值范围从1到10，分值越高压力越大。结果显示：平均结婚压力值为6.5分，1174人中81.52%的青年的结婚压力超过了5分，压力值偏大。

进一步根据样本结婚压力分值，课题组将感受到结婚压力的青年分为两类：8分及以上为"高结婚压力青年"，8分以下为"低结婚压力青年"，分别占所有受压人群的比例为34.33%和65.67%。可以发现，约1/3北京青年的结婚压力值偏高，压力较大。

在性别上，结婚压力男女比例相差不大。未婚无恋爱对象的人群中，35.34%的男青年属于"高结婚压力青年"，32.76%的女青年属于"高结婚压力青年"，结婚压力均较高。相较而言，男性的结婚压力比女性高了2.58个百分点，差距不明显，而且结婚压力青年和性别关联度的卡方检验统计性并不显著（p = 0.353）。可见，男性和女性感受到高结婚压力的可能性是一样的。

但进一步分析发现，男女结婚压力的来源是不一样的。在涉及结婚时，社会对男性的物质条件要求会更高，结婚费用多为男性承担，"有房产"近年来被视为男性结婚的标配。调查中，36.41%的无房男性属

于高结婚压力群体，比有房的高了 3.93 个百分点。一位访谈对象提到，他曾经有一个非常恩爱的女朋友，但是自己经济条件不够，在女方父母阻挠下结束了恋爱："她家里要求我必须有房，我也无能为力。在我们还保持着恋爱关系时，她家就给女儿介绍起了新男友。一开始给她介绍，她不同意。后来她家里边老说这个事，她就有些动摇了，最后我们就分开了。"（YTG）① 即使是本地青年，如与父母居住在一起，也存在着住房与婚姻的困扰。从社会学意义上看，与父母长期共同居住不利于青年获得独立生活的经验，从而在一定程度上推迟其社会化进程的演进，同时也可能会带来婚姻延迟等一系列问题。在访谈中，有位青年就表示："我现在同父母住在一起，没有单独的住房，女孩子知道我这种条件，都不愿意和我交往。"（QLA）②

在理想配偶的户口、房产、入学资源方面，有 32.66% 的单身青年表示自己的理想配偶一定要有北京户口；有 35.66% 的青年表示自己的理想配偶一定要有北京房产；31.30% 的单身青年表示理想的配偶一定要有优质的入学资源。可见在该群体中，对于未来配偶硬性条件的期待中，房产是大于北京户口，北京户口是大于入学资源的。

与男性结婚的压力源不同，女性结婚的压力源主要是年龄。此次调查显示，30 岁及以上的女性中有 42.62% 的结婚压力值超过了 8 分，比 "25 ~ 29 岁" 和 "25 岁以下" 的分别高出 7.81 和 20.4 个百分点。可以发现，女性在 25 岁以后，结婚压力值大幅增加。访谈中有一位女性反问访谈者："你今年 26 岁？那也不小了。我今年 28 岁，挺着急结婚的。"（BED）③还有一位 31 岁的女性表示年龄增长限制了她找对象，现在年纪不小了，就不像年轻一些的女性还可以挑选适合的男性。也有访谈者把自己的结婚年龄设限为 30 岁，认为在 30 岁之前就该结婚了。

---

① 该表述来自课题组在调研中获得的访谈资料，访谈编码：YTG。
② 该表述来自课题组在调研中获得的访谈资料，访谈编码：QLA。
③ 该表述来自课题组在调研中获得的访谈资料，访谈编码：BED。

2. 未婚有恋爱对象：没有房产的情侣更有可能推迟结婚

中国人一向追求"安居乐业"，安家才能立命，住房是个体生存和发展的基础。青年在脱离父母、参加工作后会步入"离家单独居住，结婚组建家庭"的生命阶段，他们需要一个稳定的、负担得起的、长期的家，对住房有着较为刚性的需求，住房是中国人在结婚中必不可少的物质条件。在未婚有恋爱对象的青年中，22.12%的在北京拥有房产，23.27%的恋爱对象在北京拥有房产。

进一步匹配青年与其现任男/女朋友的房产情况，发现双方均无房产的占比最多，约为64.62%；"男方有房、女方无房"的占比15.83%；双方均有房产的占比12.03%；"男方无房、女方有房"的比例最少，仅为7.52%。可以发现，与女性相比，男性更有可能拥有房产，也从侧面反映出男性承担了更多的买房责任。

双方的房产拥有情况会影响两人的结婚打算。双方均有房产的情侣中88.04%有结婚打算，"男方有房、女方无房"的情侣中77.69%有结婚打算；"女方有房、男方无房"的情侣中有近72.17%打算结婚；68.12%的"双方均无房产"情侣打算结婚，所占比例最低，比双方均有房产的情侣低了19.92个百分点。双方都没有房产的时候，结婚的可能性最低，没有房产的情侣更有可能推迟结婚。近年来，北京的房价迅猛增长，已经超出了大多数青年的可承受范围。但是没有房子，就无法落户，在婚后孩子的就学问题上会存在很多问题。此外，没有房子就像没有根，始终无法安身立命，心理不稳定的状态下要做出结婚的决定往往比较困难。在访谈中，有位青年就表示"房子就是锚，房子买在哪里，自己这艘船就停靠在哪个港湾"。(PLM)[①]

此外，男性在没有房子的情况下更不可能有结婚打算。我国的传统是婚后从夫居模式，而且婚姻的物质承担者多为男方，买房的压力很大一部分都堆积在了男性身上，对于男性青年来说，买房压力更大。一位男青年

[①] 该表述来自课题组在调研中获得的访谈资料，访谈编码：PLM。

就说："在北京，男人只有两个阶级，有房的阶级和无房的阶级，无房的男人无权拥有美好的爱情。"（UKN）①

3. 已婚：户籍同类婚多，在婚前拥有住房的配偶更容易结婚

在这部分青年中，有98.1%的青年属于初婚，1.9%的青年属于再婚。从年龄分布来看，该群体的配偶年龄主要分布在25～34岁，其中25～29岁年龄段占比为32.30%，30～34岁年龄段占比为44.47%，35岁及以上的比例则为17.17%。24岁及以下占6.01%。夫妻户籍同类婚共有1648对，占全部有效样本的83.11%，82.48%的北京户口男性与83.60%的北京户口女性均选择有北京户口的青年结婚，与外地户籍通婚的较少。青年在选择自己配偶的时候，越来越在与自己类似的人群中选择。

在已婚青年中，考察配偶婚前的房产、车辆、入学资源情况，有22.86%的青年表示自己的配偶在婚前有北京房产；有21.80%的青年表示婚前配偶在北京拥有车辆，14.67%的青年表示自己配偶在婚前具有优质的入学资源。可见，在婚前拥有住房的配偶比拥有车和入学资源的比例更高，也更容易结婚。这从侧面也验证了房产的重要性大于其他资源。

4. 离婚尚未再婚：离婚规模不断扩大，与住房政策有关

北京市离婚人口规模在近些年来呈逐年递增态势，2011年为6.6万人，到2015年增长至14.6万人，其中2012年至2013年增长了42.60%，是2011～2015年中增长最快的一个阶段，2014～2015年也增长了29.93%。离婚率从2011年的0.52%增长至2015年的1.08%，即平均每100个北京户籍人口中，大约有1个人在2015年办理了离婚手续。

在理想配偶的房产、户口、入学资源方面，有50.65%的离婚青年表示自己的理想配偶一定要具有北京房产，38.96%的离婚青年表示自己的理想配偶一定要具有北京户口，24.68%的离婚青年表示自己的理想配偶

---

① 该表述来自课题组在调研中获得的访谈资料，访谈编码：UKN。

一定要具有优质入学资源。可见在离婚青年心中，对于未来配偶理想条件的期待，房产是大于北京户口，北京户口是大于入学资源的。

此外，离婚又复婚的规模近些年也呈扩大趋势，特别是 2013 年的复婚对数异军突起，达到 11250 万对，在 2014 年出现小幅回落，2015 年又大幅上涨至 13454 对。离婚规模逐年上升，且上升速度加快，离婚人口年龄结构发生变化，复婚人数上升是否与近些年为了买房而假离婚的现象相关？根据以上数据我们无法给出确切答案。但 2013 年恰逢国务院新"国五条"① 政策出台，而这年的离婚人数和复婚人数也出现了较大规模上升。2015 年北京市房价大幅度上涨，这一年的离婚和复婚人数相对上一年也出现了较大涨幅，这些现象的同时出现，让我们不得不将两者联系起来。

表 1　2011～2015 年北京市离婚规模和复婚规模

年份	离婚总数（人）	复婚总数（对）
2011	66058	2005
2012	76486	5937
2013	109070	11250
2014	112382	9767
2015	146018	13454

数据来源：北京市民政局。

---

① 国五条，是指 2013 年国务院常务会议确定的五项加强房地产市场调控的政策措施。国务院办公厅于 2013 年 2 月 26 日发布《国务院办公厅关于继续做好房地产市场调控工作的通知》（国办发〔2013〕17 号），要求各直辖市、计划单列市和除拉萨外的省会城市按照保持房价基本稳定的原则，制定并公布年度新建商品住房价格控制目标，建立健全稳定房价工作的考核问责制度。严格执行商品住房限购措施，已实施限购措施的直辖市、计划单列市和省会城市要在限购区域、限购住房类型、购房资格审查等方面，按统一要求完善限购措施。在国务院出台"国五条"政策后，北京实施细则于 2013 年 3 月 30 日下午发布。规定自 2013 年 3 月 31 日起禁止京籍单身人士购买二套房，严格按个人转让住房所得的 20% 征收个人所得税，进一步提高二套房贷首付款比例等。

政策对于人们婚恋的影响主要体现在住房政策方面，近些年来出现了很多因为买房而假离婚的现象，为买房假离婚的原因主要是为降低二套房的首付比例和打破北京一户限购两套房的限制。调查中有 18.89% 的青年表示身边有很多因为买房而假离婚的现象，有 37.49% 的青年表示有这种现象，但是比较少见，43.62% 的青年表示没有见过，可见买房假离婚这类现象是客观存在的，且存在的比例并不低。

"假离婚"可规避一些房产限购限贷方面的政策，有可能降低贷款利率、购房税费等，这种假离婚虽是从降低家庭支出的角度出发，但风险性也同时存在。近些年假离婚最后变成真离婚的案例并不少见。我们也在问卷中考察了青年对于这一问题的看法，从他们的回答上看，有 46.76% 的青年表示理解，但自己不会这么做；其次是 25.82% 的青年表示既不理解这种行为，自己也不会这么做；表示不理解但会这么做和理解并会这么做的青年有 27.43%，可见大多数青年对这种行为并不认可。有青年就在访谈中坚定地表示："在我看来离婚就是离婚，没有假离婚之说，这对婚姻来说是个瑕疵，贪欲欲望是无止境的，人都是有底线的，我不会超过这底线。"（WLG）[1] 另外一位青年也说："遇到这种问题，我肯定不会同意离婚。婚姻是很神圣的事情，为什么要因为这个而离婚呢？我宁可不买二套房，也不要离婚。而且离婚是有风险的，要是离了结不回来了怎么办？"（IOL）[2]

三　讨论思考

由于中国缺少房产税、遗产税等针对不动产的税种，政府无法通过税收对社会财富进行再分配。不动产升值就成为社会财富再分配最主要的渠道[3]。住房价格的不断上涨在青年中也形成了两种完全不同的财富分配效

---

① 该表述来自课题组在调研中获得的访谈资料，访谈编码：WLG。
② 该表述来自课题组在调研中获得的访谈资料，访谈编码：IOL。
③ 赵燕菁：《中国城市化过程中的阶级分析》，《北京规划建设》2013 年第 11 期。

果——"有产"的青年，即使不努力不奋斗，财富也会自动增加；"无产"的青年，即使再优秀再努力，工资的涨幅和房价的涨幅之间的差距会越拉越大，拥有房产的机会越来越小。因此，如果没有家庭资源的支持，在北上广深等一线城市越来越难获得一套房产。此次调查显示，在已拥有住房的青年中，父母资助的比例占到了66.53%，父母的经济支持对于青年获得房产起到了很大的作用，也将映射到其婚恋关系上来。家庭资源导致的住房获得使得代际分化现象不断累积，阻碍了底层青年通过自身努力获得更高社会经济地位的机会，也导致了青年婚姻决策的一系列后果。

1. 买房结婚

无论是计划经济还是市场经济下，住房都是中国社会分层的重要指标之一。住房与不同群体所处的社会阶层有非常密切的联系，作为一种身份的"镜像"和"映射"，透过住房，我们大致可以判断一个群体或者某个人处于何种阶层之中，以及该阶层的生活方式。住房因此也成为反映不同社会阶层的外部符号象征，在这种观念的影响下，中国的年轻一代也正在通过对住房的拥有形塑他们不同的阶级边界，家庭条件优越的青年得以通过住房，在很年轻的时候就与其他阶层青年区隔开来。

住房有无影响了青年的经济社会地位，进而影响了其婚姻决策。从上文的数据分析可以看出，无论哪个群体，拥有房产都会在婚姻市场中占据更加有利的位置。住房的重要性在不同婚恋阶段的青年主观认知中存在着共识，绝大部分青年都认为拥有一套自己的住房和婚姻幸福与否密切相关。此次调查发现，82.05%的青年认为自己如果拥有房产会更容易找到配偶，而表示不太同意和很不同意的青年比例只有13.98%和3.97%，要远远低于表示同意这一观点的青年，可见青年本身也非常认可房产在婚配中的重要角色。但同时北京房产并非一个容易拥有的物质条件，对于25～36岁的青年群体而言，没有房产青年的单身比例要显著高于有房产青年的单身比例。在房价不断攀升的背景下，住房势必对青年婚恋造成更大的压力，并推迟青年的婚育年龄。

145

由于住房形成巨大压力，租房自然就成了解决住房问题的可能途径。然而，租房只被青年视为暂时的无奈选择，并未被视为组成家庭的最终解决方案。在课题组之前的住房调查中，85%的青年群体不能接受"永不买房，租房居住到老"的形式。因为在特大城市，租住房屋并无法获得户口、子女入学资格等这些要素，而这些要素在未来人生中是迟早要面对的重大问题。因此，通过租房来解决青年住房问题，短时可能有效，长期是不现实的。随着婚恋模式的变更（"无对象—有对象—结婚—生子"），能够接受"永不买房"的比例越来越低。随着双方感情加深，家庭组合的变化，青年对于住房的渴望程度逐渐加深①。

更进一步分析发现，住房对男女青年的影响是不同的。社会对于将要进入婚姻的青年是有所期待的，且对于不同性别有不同的期待，住房资源使得男女双方在客观上处于不同的位置。此次调研显示，在男性结婚需要具备的物质条件方面，有36.03%的青年把房产排在了第一位；其次是稳定的收入，比例为33.26%；再次是一定的积蓄，比例为11.55%。而在女性结婚需要具备的物质条件方面，有51.82%的青年把稳定收入排在了第一位；其次是有一定的积蓄，比例为14.62%；房产则是占比第三高的因素，占11.58%。可见，房产对于男性的重要性要远远大于女性。

因此，住房在影响个人经济社会地位的同时，客观上决定了青年在婚姻市场中所处的位置，影响了青年的婚姻决策。青年对于住房的高期待会反映在他们的婚姻决策之中，没有房产的青年更易遭受婚姻市场的挤压，尤其是男性青年。而婚姻是人类最基本的家庭组合形式，婚姻的不幸会导致人生目标的迷失，进而可能造成更大的社会隐患和人生悲剧。从这个角度来看，城市化的目的不只是经济指标和高楼大厦，这些应是结果而非目标。城市化的核心目标，应是让城市的创造者和劳动者——青年拥有有尊严的生活和看得见的未来，且怀揣持续奋斗的动力。但大城市房价的不断

---

① 廉思等：《中国青年发展报告（2014）NO.2—流动时代下的安居》，社会科学文献出版社，2014。

飙升，让很多出身底层的优秀青年不得不调整自己的婚恋决策，甚至放弃自己的心爱之人。当他们发现，无论自己如何努力，最终却因为没有住房而无法和自己的心爱之人结合，那么他们继续奋斗的动力又何在呢？

2. 门当户对

"门当户对"是我国传统社会择偶的主要标准，所谓的门当户对在封建社会主要是指同一阶层内部的通婚。改革开放后这种同一阶层内部的通婚被打破，人们的择偶空间更自由更多样化，但也仍有学者指出"门当户对"虽然不再盛行，但社会上仍有部分人把配偶的家庭背景作为唯一的考量标准①。随着中国现代化进程的加速，"门当户对"的观念是否仍然存在？这一观念的内涵发生了哪些变化？青年是否重视"门当户对"？

此次调查显示，从对"门当户对"这一问题的重视程度来看，有72.25%的青年认为择偶过程中需要"门当户对"，27.75%的青年认为不需要"门当户对"。大多数青年仍是认同"门当户对"的。那么，青年认同的"门当户对"是什么？我们把"门当户对"划分为双方家庭社会地位相似、双方价值观和人生观契合、双方教育背景相似、双方收入水平相当等几个方面。调查显示，青年认为"门当户对"最重要的是双方价值观和人生观契合的占比最高，占总体的73.91%，远远高于其他几个方面；其次是双方家庭社会地位相似，占比14.92%；双方教育背景相似、双方收入水平相当这两个方面占比较少，分别占6.59%和4.38%。

可见，当代青年对于"门当户对"的理解更倾向于双方人生观、价值观的匹配，而非家庭社会经济地位的相似。在观念上，青年更看重非物质因素，对家庭经济地位等物质因素反而不看重。这种情况与现实中青年的婚恋行为之间有较大出入。从上文的数据分析可知，无论是婚前还是婚后，青年在实际婚姻行为上，都十分看重房产在婚姻中的重要作用，而房产是衡量家庭经济地位的重要指标。我们在婚恋观念上看到青年强调价值观念的一致性，在婚恋行为上却看到青年追求家庭经济条件的匹配性。

---

① 秦海霞：《婚姻与纵向社会流动——上海市民的婚姻观念》，《社会》2003年第10期。

如何来解释这种看似矛盾的现象？人的价值观形成是教育的结果，也是家庭社会经济地位作用的结果。虽然青年在婚恋过程中十分强调价值观念的相似性，但价值观念是以家庭条件、教育背景等为基础的。在较高社会经济地位家庭中成长起来的青年更可能接受好的教育，具有更好的性格品行和生活习惯，因此导致的结果可能是来自较高社会阶层的青年和具有相似经济条件的人结合，来自较低社会阶层的青年也和具有相似背景的人婚配，整个社会陷入同质阶层相互结合的循环，即所谓的"阶层内婚"现象。追求非物质匹配的婚恋观念和看似追求物质匹配的婚恋行为并不矛盾，而是阶层分化的自然结果。

在这种阶层分化的循环过程中，住房成为中国阶级身份构建以及符号区隔的综合反映，住房有无已经成为中国阶层内聚和排斥的主要形式。在北京目前高房价的前提下，"什么样的房子住什么样的人"已经演变为"找什么样的房子就是找什么样的人结婚以及选择过什么样的生活"。因此，作为婚姻关系的基础，住房成为衡量对方经济条件和家庭状况的重要指标，进而成为双方价值观匹配的基础。青年正在依据住房条件如价格、户型、面积以及子女教育资源等因素来建构婚姻上的"区隔性"，并以这种"区隔性"来进一步确认自己的身份。

不同阶层的群体越来越多地通过以"住房"为标志的"门当户对"的婚姻来增强其阶层的内聚性和身份排斥性。这不是个人或群体有意而为之的结果，而是自然选择的结果。自己筛选的"结婚候选人"，都是在同一社会阶层、相似经济水平的、与自己有相近的人生观和价值观，进而形成了同一社会阶层、经济阶层的"通婚圈"。以阶层内婚为目标的择偶标准，表明整个社会结构的开放性进一步降低，阶层壁垒正在强化。

综上所述，从青年住房和婚姻的视角进行分析，我们可以得到启示，思考住房问题，不能仅仅站在城市化的角度上算经济账，更要站在婚姻幸福、社会流动，乃至国家长治久安的层面上来规划。新加坡内阁资政李光耀曾在回忆建设公共组屋的初衷时说："我早就在想，如何建立每个公民跟国家以及国家前途之间的利害关系。"建设组屋的目的，就是要"让那些儿子必须履行国民服役义务的父母觉得新加坡有他们的份，值得他们的孩子去捍卫"①。试想，如果国民服役人员没有自己住房的话，那么，他们迟早会得出结论：自己所捍卫的是有钱人的财产。如果国民服役人员因为没有住房而不能和心爱之人生活在一起的话，那他们用自己生命所捍卫的，又是谁的制度呢？

（本文原载于《中国青年研究》2017 年第 7 期）

---

① 〔新〕李光耀：《经济腾飞路：李光耀回忆录》，外文出版社，2001。

"95后"大学生入党状况的新特征

——基于全国157所高校的实证分析

当前，"95后"大学生已成为我国大学生的主体。习近平总书记对"95后"大学生寄予厚望："他们朝气蓬勃、好学上进、视野宽广、开放自信，是可爱、可信、可为的一代。"① 当前，"95后"逐渐成为大学生党员发展工作的主要对象，各高校将此作为一项重要任务和战略工程来抓，取得了突出成效。但同时，部分"95后"大学生也出现了入党动力不足、入党动机功利化等现象。2017年1月至6月，受共青团中央委托，笔者带领研究团队，采取通过高校共青团组织体系以及定向推送电子问卷相结合的方式，在北京、天津、上海、浙江、广东等32个省（自治区、直辖市）的157所高校进行抽样调查，共发放问卷10193份。此外，课题组还采取深度访谈（以下简称"深访"）、焦点组座谈等社会学研究方法，深度访谈123人，召开座谈会44场，对"95后"大学生的入党状况形成了如下一些认识和判断。

一 "95后"大学生入党状况的新特征

"95后"大学生表现出与"80后""90后"不同的思维模式和性格特点：他们拥有更为强烈的自我意识，在价值观层面的个体意识和个人利

---

① 习近平：《在全国高校思想政治工作会议上的讲话》，《人民日报》2016年12月9日。

益主张逐渐凸显，这深刻形塑了"95后"的组织观念和人生追求，导致其入党状况呈现新的变化，主要体现在以下几个方面。

（一）入党竞争加剧与入党动力降低"矛盾式共现"

《中国共产党发展党员工作细则》（以下简称《细则》）提出"控制总量、优化结构、提高质量、发挥作用"的16字方针，控制总量是重点，优化结构是关键，提高质量是核心，发挥作用是目的。在全面从严治党的形势下，注重质量在一定程度上加剧了入党竞争。此次调查显示，在受访的"95后"大学生中，仅有5.0%为中共党员及中共预备党员，而入党积极分子占比也仅为15.1%，绝大部分（72.6%）的政治身份为共青团员。可见，在全面从严治党的要求下，高校入党学生数量受到严格控制。与此同时，"95后"大学生的入党动力也显现出一些变化。此次调查显示，在大一年级的学生中，有58.2%提交过入党申请书，41.8%没有提交入党申请书。在没有提交入党申请书的调研对象中，有意愿将来提交入党申请书的占44%，比例没有过半。比对调研高校往届学生入党的人数和比例可以发现，"95后"大学生入党的积极性有所下降。在"不入党原因"中①，入党程序烦琐为首要原因（0.7），入党竞争激烈为次要原因（0.6），还有认为基层党组织活动过多，需要有效投入太多精力（0.4）等。可见，激烈的名额竞争在提升党员质量的同时，也对大学生入党动力形成了一定程度的逆向斥力。随着我国经济社会的迅速发展，大学生追求自我实现的途径增多，逆向斥力可能使"95后"大学生寻求替代性自我实现途径的趋向增加，从而导致在提升党员质量与增强吸引力两者之间产生对冲，如何保证在提升党员质量的同时增强对"95后"的吸引力，是未来必须面对的重要课题。

---

① 按排序选择三个要素，分别赋权重1.0、0.5和0.1进行加权平均。越接近1.0表示作为第一选择的比重越大，越接近0.5表示作为第二选择的比重越大，越接近0.1表示作为第三选择的比重越大。

（二）入党门槛提升与党员光环消散"共生性并发"

此次调查显示，83.2%的受访者认为"近两年学校的入党程序比以前更复杂、要求更严格了"。与此同时，由趣缘、学缘等圈层上的相似性所引发的共鸣和形成的"新身份认同"，能够让个体获得传统身份无法获得的"舒适感"和"从容感"，因此得到了更多"95后"大学生的青睐，党员的身份不再是区别彼此的核心标准。此次调查显示，当问及作为群体中唯一不是党员的个体和其他党员同学相处时是否会感到有所差异时，45.6%的受访者认为"没有想过这个问题，因为党员不是区分人与人的标准"，占比最高。同时，对于"党员身份荣誉感降低，只是众多身份中的一种"的观点，56.1%的受访者表示认同。可以看出，党员不是"95后"大学生区隔身份的主要标识。由此可以看出，随着入党门槛的提升，青年大学生中党员数量降低，与此同时对于党员身份的认知也逐渐平淡。青年大学生是党组织最需要的人才，而大学生对入党的积极性的降低，直接影响了对大学生入党动机的培养。

（三）高中宣导缺失与大学党团工作"断崖式割裂"

当前高中阶段的学生需要面对繁重的课业压力和高考竞争，加之《细则》出台后，很多高中从"严把入党质量关"的角度，不允许学生提前入党，导致高中阶段忽略了对中学生的入党教育。此次调查显示，在对党的性质和宗旨的了解程度上，大一学生中仅有8.8%非常了解，24.9%比较了解，27.3%一般了解，34.2%了解一点，4.8%完全不了解。在对党的执政的关注度上，大一学生中仅有6.1%非常关注，28.1%比较关注，42.0%一般关注，21.0%不太关注，2.8%完全不关注。可见高中阶段对于党的理念与政策的教育存在缺失、不到位的问题。此外，在对党的政策了解途径上，只有19.6%的受访者是通过党团组织了解到的，通过课堂了解到的仅占16.3%，而排名前3位的途径分别是电视（59.0%）、网络（58.2%）和手机（41.1%）。传统的学习方式已不能适应移动互联网时代和"95后"大学生的现实需求和生活特征,现有教育体制中高中生群体缺少对党组织架构、运行方式、宗旨性质等方面的有效认知与现实体验。进入大学后,一旦面对党团组织的各类活动,明显的信息不对称容易造成不了解、不关心、不积极的"三不"状态。可见,在高中与大学中间存在着一条明显的"认知鸿沟",高中宣导缺失与大学党团工作之间的真空在一定程度上导致了"95后"大学生对党的认知存在盲区。

(四)思想政治教育固化与价值追求分化"内生性冲突"

近年来,中央不断加强思想政治理论课建设,教学满意度明显提高。此次调查显示,有13.9%的受访者认为非常满意,37.8%认为比较满意,41.9%认为一般,不满意和非常不满意合计占6.5%。虽然受访者对于思想政治理论课的整体满意度较高,但仍有一些问题需要引起重视。在被问及"当前思想政治理论课存在的主要问题"时,排名前3位的选项分别是:灌输型教学模式严重,学生参与度低(51.5%);教师照本宣科,难以激发学生兴趣(37.3%);教师理论联系实际不够,缺乏对现实问题的分析和引导(32.4%)。在被问及"当前思想政治理论课最应加强的方面"时,排名前3位的选项分别是:加入关于当今世界新发展、新变化的内容(57.6%);针对国内外社会热点进行回应(48.9%);打破教材章节,讲授联系实际的专题(47.6%)。可见,思想政治理论课应更加注重参与感、互动感,结合当代重大现实问题进行理论阐述。同时,个体意识的崛起导致价值观的多元化,相较于"高大上"的思想政治教育话语体系,"95后"大学生更推崇"小而美"的生活方式和心理状态。此次调查显示,74.8%的受访者认同"小而美",52.3%的受访者认为"小而美"应归属于价值观念。恰恰是对"大"与"强"的切割与隔离,唯其"小",才能成就其"美"。在这种价值观多元分化的大背景下,传统价值观中有高度共识的一些概念正在被重新定义,什么是英雄?什么是崇高?什么是伟大?什么是理想?类似问题在"95后"中都有不同于传统的认知。而这些最基本的概念,恰恰是价值观顶端意识形态的根基,对这些基本概念的解构和建构，势必会对意识形态的塑造源产生重大影响。个体价值观的"分"与肩负意识形态输出功能、要求"统"的思想政治教育产生了冲突与碰撞。如何凝聚"95后"的社会共识，找寻青年价值观的最大公约数，真正做到思想上入党，形势极为严峻。

（五）就业渠道多元与功利主义抬头"融合式发酵"

此次调查发现，在毕业择业的方向上[①]，保研或考研是"95后"大学生的第一选择（0.8），出国留学（0.6）、考公务员和进入国有企事业单位（0.5）等选择比重也较大。总体来看，本科毕业后继续深造依然是主流，同时就业方向也呈现日益多元化的分布特点。在深访中了解到，用人单位经常将"党员身份"作为评价毕业生是否优秀的重要标准，甚至一些世界500强企业在招聘中，也将"党员身份"作为筛选人才的条件，这势必形成学生想方设法在毕业前拿到"党员资格"的心理驱动，也使得"党员身份"成为增强自身就业能力的实用工具。此次调查显示，在被问及"周围同学选择入党的原因"时[②]，受访者将有利于个人发展作为第一选项（0.7），将有利于未来就业作为第二选项（0.6）。可见，大多数受访者认为周围同学入党的原因是个人发展和未来就业，而非发自内心认同党的理念。就业压力的增大孕育了"95后"大学生的实用主义倾向，出现了一些以功利性标尺衡量行为成本和收益的做法。此次调查显示，58.7%的受访者认同"社会竞争激烈，年轻人每一步路都要做出迅速见效、收益较高的选择"的观点。多元化的就业渠道在提供更多选择的同时，也使党员身份无形中成为就业市场的重要砝码，入党与否已经成为反映学生综合素质的直观指标。而用人单位对党员身份的重视，在一定程度

---

① 按排序选择三个要素，分别赋权重1.0、0.5和0.1进行加权平均。越接近于1.0表示作为第一选择的比重越大，越接近0.5表示作为第二选择的比重越大，越接近0.1表示作为第三选择的比重越大。

② 按排序选择三个要素，分别赋权重1.0、0.5和0.1进行加权平均。越接近于1.0表示作为第一选择的比重越大，越接近0.5表示作为第二选择的比重越大，越接近0.1表示作为第三选择的比重越大。

上也加剧了学生入党动机的功利化趋势。现实困境往往是激发思想和情绪波动的导火索，随着就业压力的逐渐增大，"95后"大学生入党的功利化动机值得引起重视。

（六）形象认同深化与现实表现弱化"张力性演进"

此次调查显示，关于优秀党员应具备的特点，62.1%的受访者认为应该是全心全意为人民服务，59.9%认为应该具有高尚的情操，57.7%认为应该是保持艰苦奋斗的生活作风，仅有28.3%的认为是学习成绩优秀。这说明"95后"大学生对于共产党员"应然"形象的预设是基于道德标准的，是具有崇高理想和伟大情操的杰出人物。但对于身边已经入党同学的看法，50.8%的受访者认为能力突出，28.9%认为比较现实与功利，33.3%不了解，仅有30.3%认为具有高尚品格。可见，"95后"大学生对于共产党员"实然"感知的体验是基于能力标准的，认为他们是能力突出且现实功利的群体。深访中还了解到，有些学生党员存在人前人后不一、内心外表不一、言论行为不一等"分裂"现象，这也加大了"95后"大学生心目中党员的光辉形象与现实中基层党员实际状况的落差。总的来看，我们党宣扬的价值理念具有很强的先导性和引领性，树立的党员光辉形象必然带来"95后"大学生对党员行为的很高期待。但是基层党员的现实行为与"95后"大学生依照价值判断所预想的形象存在一定反差，价值观念高点与实际行为低点之间的差距可能会造成"95后"大学生对党员品德素养的困惑迷茫。长此以往，"95后"会对党的性质宗旨、纪律作风本身的真实性也心存怀疑，有些大学生甚至开始质疑党性修养本身就是虚假的，对这种非正向情绪需要进行有效疏导，否则会导致"95后"大学生对党组织的负向感知增加，削弱其入党动力。

二　加强"95后"大学生入党教育的新思考

加强"95后"大学生入党教育，各高校各部门都要因事而化、因时而进、因势而新，从入党动力源头入手，从制度构建、渠道优化和培本浚源3个方面开展工作，真正做到让党员发挥作用。

（一）制度构建：注重科学评价，坚持"能中选好"，不断完善大学生入党教育的培养体系

为了将真正认同党的理念的学生吸收入党，高校党建工作应深入学生中去，从多方面综合考察发展对象。学生党员不是单纯成绩好或者能力强，而应当是一面旗帜。因此，在发展学生党员时不仅应考察其学习成绩和活动表现，更应看重其道德品质、党性修养和政治意识，以及对普通同学的影响带动能力。也就是说，在大学生这个青年精英群体中选拔党员，不仅是"能中选能"，更应是"能中选好"，要"品学兼优，以品为先"。

大学生入党教育的培养体系应该伴随大学生成长成才的全过程。各级主管部门或学校应该建立大学生入党教育的档案信息库，特别是"青马工程""大骨班""选苗育苗"这样的重点培养工程，把培养锻炼情况和工作实绩随时整理入档，并根据大学生情况的变化不断更新和完善，实现动态化管理，做到底数清、情况明，这有利于根据大学生所处的不同阶段、不同特征来调整入党教育的重点内容和方式方法。

（二）渠道优化：用好课堂教学主渠道，利用"第二课堂成绩单"，不断创新入党教育的形式

入党教育要用好"第一课堂教学"这个主渠道，强化理论教育功能，凸显入党教育根本。课堂教学应该坚持理论联系实际，紧密围绕党和国家事业发展的新形势、新动态，立足"95后"大学生的实际需求、偏好特点，将入党教育与回答现实热点问题、回应"95后"大学生内在需求相结合，增强思想政治理论课教学的亲和力与感染力、针对性与实效性，增强入党教育的实际效果。同时，入党教育要利用好"第二课堂成绩单"，实现第一课堂与第二课堂协同育人。将第一课堂学到的理论和专业知识运用到第二课堂的创新和实践活动中，将第二课堂的人才培养实践纳入第一

课堂的学分制中，引导学生将理论知识内化为自身价值观念，外化为自身实际行动。

（三）培本浚源：注重高中阶段的党团政治意识扣合，建立健全学段间的入党教育衔接机制

2014 年 6 月颁布的《中国共产党发展党员工作细则》中，对入党年龄有着明确要求，必须年满 18 周岁才可以向党组织正式递交入党申请书。这个举措杜绝了以往在高中发展党员时经常出现的关系户和人情户，有利于提升党组织的先进性和纯洁性。但在调研中我们也发现，一些高中党组织因而放松了对 18 岁以前学生的入党教育，有些人甚至狭隘地认为，18 岁以前就不需要做党员发展工作了，也就不需要开展入党教育了。

对此，必须明确应当把入党教育看成一个完整的系统，而不是各个阶段的简单相加，更不能人为地割裂各个阶段的联系。对于一心向我党靠拢，但由于年龄限制而未能入党的学生，党团组织要与之加强沟通交流，向他们解释原因、坚定其信心。对于没有申请入党的学生，党团组织不能因为他们暂时没有申请入党就不对其进行教育。此外，可以考虑在未来修订《中国共产党发展党员工作细则》时，适当放宽对未满 18 岁青年提交入党申请书的限制。对未满 18 岁提出入党申请的，党组织应肯定其入党要求，鼓励他们追求政治上的进步，根据其个人表现允许其提交入党申请书，等到年满 18 周岁后，在充分了解申请人的政治觉悟、道德品质、现实表现和家庭情况后，条件成熟时再予以发展入党。

（本文原载于《思想教育研究》2017 年第 9 期）

呵护青年创新创业发展动力

　　2010 年以来，我国经济和人口双双进入"新常态"。这两个"新常态"将对我国经济社会发展产生深远影响，同时也决定了我国经济发展的道路、模式和步伐。

　　经济新常态，简而言之，就是速度变化、结构优化和动力转化。在经济进入新常态的同时，我国人口也进入了一个与以往不同的发展形态。人口新常态的特征主要体现在五个方面：一是人口增长率处于 5% 左右的低水平，并有可能在 21 世纪 30 年代末转为负增长；二是劳动年龄人口减少，抚养比开始提高；三是人口老龄化加速，平均预期寿命显著延长；四是人口素质显著提高，人力资本存量大幅度增长；五是人口城乡分布格局改变，人口城镇化快速发展。我国的经济和人口几乎同步进入新常态并非偶然，因为生育率、死亡率、增长率、年龄结构、人口素质和人口分布变化等人口诸要素都是影响经济发展的内生性因素。

　　人口新常态会影响未来我国经济发展的很多方面。从历史看，每当一个国家或地区的人口动态发生转折性或结构性变化时，都会给经济带来重要影响。例如：20 世纪 20 年代西方国家人口增长趋缓使其经济增长失去了一个重要动力来源；第二次世界大战以后东亚各经济体先后取得的经济"奇迹"则得益于人口快速转变带来的人口红利；长期陷于低生育率陷阱和高度老龄化是导致"欧债危机"的重要原因。

一　青年是创新创业的主力军

如果我们将美国和日本进行对比，更可以感受到年龄和经济的密切关系。日本 1951 年的中位年龄为 22 岁，而美国这一年的中位年龄为 30 岁。日本的中位年龄在 1967 年开始超过美国，1992 年达到 38.5 岁，而美国 1992 年仅 33.4 岁；2014 年日本 46.4 岁，美国 37.6 岁，当时日本的中位年龄比美国整整大了 8.8 岁。

从 1992 年开始，日本经济增速低于美国，2014 年人均收入降到美国的 71%。1951～2014 年，随着日本与美国的中位年龄差从比美国小 8 岁到比美国大 8.8 岁，日本与美国的人均收入增速差也由 1951～1966 年的年均 5.63% 下降到 1971～1990 年的年均 1.15%、1995～2014 年的年均负 0.65%。纵然这与当时日美两国的经济政策和汇率浮动有着密切的联系，但我们也能够明显地看到中位年龄差和人均收入增速差之间的强相关性。

返观我国，1979 年，中国中位年龄只有 22 岁，而美国那时是 30 岁。2008 年，中国中位年龄只比美国年轻 2.2 岁。中国的中位年龄在 2014 年开始超过美国，在 2030 年、2050 年将达到 45 岁、55 岁。中国的人口老了，对照日本与美国的情况，我们对中国经济的前景有了更多的担忧。在这个意义上，我们重新审视当代青年对于中国经济新常态和创新创业的作用，会有更多的启示。

经济新常态决定了青年必然是创新创业的主力军。经济新常态是产业结构优化期，很多人认为，中国人口红利消失后，可以通过产业升级，用"中国创造"护驾"中国制造"。其实"制造"和"创造"都有赖于年轻人的体力和智力。年轻人是非常优质的低龄劳动人口，有很长的潜在就业年限。中国很多地方进行产业转型升级，但是没有转过来，反而率先出现经济衰退，就是因为老龄化程度深。对于大多数老年人来说，他们更关注的是养老保险、安度晚年，而当代中国的年轻人，我们

159

从这几年做研究过程中深刻感受到，他们都有着强烈的向上流动的渴望，他们希望通过自己的努力，过上比现在更好的生活。在他们眼中，梦想就是自我驱动的良药，而创新创业给了他们实现自己人生价值最便捷的途径。

相比传统社会以经验主导生产，现代社会将知识创造独立于生产过程，并以高度密集的试错实验在短期内提升人类对客观世界的认知。因此，青年得以通过教育，跨过漫长低效的经验积累，代之以理论知识的高效学习，实现对年长者的"弯道超车"。在极短的时间内，我国从农业文明进入工业文明，然后又迅速进入信息时代。这一过程中，技术成为最大的变量。而在理解、接受和掌握新技术方面，年长者的经验不可避免地逐渐丧失了传喻的价值。可以说，青年对以新技术为主的创新创业有着天然的亲近感和较高契合度。

经济新常态使得创新创业大多只能由青年来担当。经济新常态是技术快速变革期，年长的劳动者一般难以适应这种变化。知识经济对劳动者的自身能力和知识更新速度提出了很高的要求，老年人的精力和体力很难适应这样的变化，这就导致在知识更新速度快的领域，老年人被迅速地淘汰了，最典型的两个行业是 IT 业和金融业（这也是创新创业最热门的领域）。同时，我国目前尚未建立一个完善的终身学习和培训制度，年长劳动者因人力资本投资机会缺乏和人力资本积累不足，而难以保持原有的劳动生产率水平。老年人和年轻人相比，精力和体力不足，难以通过不断学习来适应经济新常态的变化。老年人对创新创业的敏感性和适应性都不如年轻人，创新创业只能更多地由年轻人来担当。

布尔迪厄将资本分为经济资本、社会资本和文化资本。在知识经济时代，创新创业的青年无疑都是知识精英。创新创业青年通过知识积累取得雄厚的文化资本，进而获得经济资本与社会资本。集这三类资本于一身的青年必将在未来拥有更大的影响力，因而谋求自我利益表达将成为必然。体制外的出身决定了，这一群体为维护自身利益，将会要求体制放权让利，这使得他们将成为中国未来改革的新动力。

二　构建良好的青年创业生态系统

青年对创新创业的作用存在一定的窗口期。一般而言，劳动生产率的年龄分布大致是一种正态分布，劳动生产率最高的年龄段一般是 25 ~ 34 岁和 35 ~ 44 岁。这意味着，如果劳动力出现了老龄化，由于老年人的劳动生产率相对较低，那么他们有可能会拖累整个社会劳动生产率的提升。2015 年以后我国进入人口老龄化迅速发展时期。预测显示，2015 ~ 2035 年的 20 年时间里，中国老年人口比例将会增加一倍，达到 20%；根据经济合作与发展组织（OECD）的人口发展预测，到 2030 年，中国 65 岁以上人口占比将超过日本，成为全球人口老龄化程度最高的国家。可见，未来的 15 ~ 20 年，是我国劳动年龄人口比例保持较高水平的最后机会，随着青年人的不断减少，创新创业的动力也将日益降低。等到中国老龄化程度严重时，我们再想推动创新创业，最好的时期已然错过，创新创业所带动的经济社会转型必将面临更大的挑战。因此，我们一定要抓住最后的短暂窗口期，呵护青年发展，关注青年诉求，把他们的创造力和活力最大限度地激发出来，助推中国经济发展。

目前，我国的老年人和即将成为老年人的人口都是在 1960 年以前出生的，他们的工作生命周期是在我国低收入时期度过的，属于终生低收入群体。同时那时我国还没有建立起一个合理的社会保障制度，缺乏人口红利的制度"兜袋"。因此，他们在老年时期的经济实力不足，在很大程度上需要依赖子女的经济支持，因而也会降低青年的经济能力。再加上我国长期实行计划生育政策，很多家庭只有一个孩子，夫妻双方要供养四个老人以及一到两个孩子，年轻人的经济压力极大。这样的经济压力，使得青年在创新创业时面临更多的困难和阻力。可能有一些青年，他们有想法，有魄力，但是迫于家庭经济情况和生活压力，不得不选择放弃梦想。虽然目前政府出台了很多鼓励青年创新创业的政策，也一直致力于优化创新创业环境，但支持创新创业不仅是开业时的税收房租减免、工商注册优惠这么简单，更重要的是帮助青年人解决实际困难，从而推动其创业成功并持续发展。从我们目前的调研来看，当前青年人创新创业时比较多的问题集中在商业模式的指导、投资渠道的扩展、社会对失败的宽容等。因此对青年创业实质性的支持还要进一步加强，青年创业环境还需进一步优化。当然这也不能一蹴而就，需要从金融政策、项目支持、教育培训、研究开发、人事制度、社会文化等方面来逐步构建良好的创业生态系统。

人口新常态对经济的消极影响并非不能控制或避免，其积极的经济后果也并非完全可以自动实现，因为这在很大程度上取决于制度安排和政策的合理性。在20世纪70年代，我国面临着经济落后、资金短缺、人口增长压力沉重等众多严重的问题，但是改革开放政策给我国经济发展带来了一个繁荣时期，仅用了30多年时间就使我国从一个贫穷的国家发展成为世界第二大经济体。这充分证明了制度创新的关键作用。在人口和经济进入新常态的今天，我们更需要制度创新。这取决于我们产业结构的深度调整，取决于我们市场资源的合理配置，更取决于我们如何对待青年、激发青年的创造力和活力。如果说，过去30多年中国经济的飞速发展可以依赖人口红利、土地红利，甚至环境红利，那么经济新常态的内在要求，使得我们不能再依靠这些传统的资源优势，要想找到中国经济发展的新动力，必须营造大众创新、万众创业的氛围，必须理解青年、相信青年、依靠青年，必须尊重青年的主体地位，激发青年的创造热情。

纵观世界历史，在人类发展的重大节点上，青年都会发挥重要作用，推动世界重大技术发明和社会进步的创造绝大多数出自青年之手。如对20世纪诺贝尔获奖者的研究表明，获奖者创造高峰期大约在30～45岁之间。当前中国，实现"两个一百年"的奋斗目标和中华民族伟大复兴的中国梦，这一历史的接力棒已经交到当代青年手中。可以预见，中国未来各个地区对年轻人的争夺会越来越激烈，哪个城市未来能够留住青年人才，哪个城市就会有发展，反之必然衰落。青年必将在中国经济发展中发挥越来越大的作用。在经济新常态和人口新常态的双重背景下，我们必须重新认识青年工作对于转型中国的极端重要性！

（本文原载于《中国党政干部论坛》2016 年第 5 期）

世界范围内青年运动新趋势研究

——对"茉莉花革命"、英国青年骚乱、美国"占领运动"的分析*

　　青年一代容易接受社会上的新思想和新理念，对民主政治、人权自由及社会变革等问题抱有激进而富有理想主义色彩的认识，因而青年运动往往具有改革社会、批判现实的本质特性。尤其在社会矛盾激化和利益错综复杂的时代，青年容易将各种以推翻现存社会政治制度为目标的革命理论作为自己的行动纲领和思想依据。从近年来世界范围内发生的青年运动来看，它们之间特征相似且联系紧密，都在不同程度上引发了一定的政治动荡和社会骚乱。从某种意义上讲，这些运动甚至构成了世界范围内的新一轮社会抗议周期。在本文中，笔者尝试对"茉莉花革命"、英国青年骚乱、美国"占领运动"三个典型青年社会运动进行比较分析和归纳研究，总结出当前世界范围内青年运动的若干新趋势。

一　动员渠道从实体转向虚拟

　　在互联网技术及社交媒体普及之前，青年运动的动员渠道多依赖于广场演讲、口口相传、组织动员、游街煽动、海报传单等实体形式，爆发点

　　* 此文是共青团中央重点课题"世界范围内青年运动新趋势研究——对中国的启示及意义"（项目号：2013ZD017）的结项成果之一。

往往是大学校园等青年集中、宣传便利的地点。而网络技术的发展为青年参与社会运动提供了更为便利的物质技术条件。尤其是社交媒体能够凭借其信息传播的特性，克服地域和时空界限，打破和消除集体行动的阻碍，令群体对话与群体行动变得更加便利可行，并最终形成一个一体化的网络动员体系。

在"茉莉花革命"中，以 Facebook、Twitter 和 Youtube 为代表的新兴互联网社交媒体发挥了巨大作用。在运动发生前的数年间，大量有关突尼斯政府和总统家庭成员贪污腐败的消息已在 Facebook 上散播，这些消息对负面情绪的积累产生了直接的刺激作用。在示威抗议爆发之初，水果贩穆罕默德·布瓦吉吉自焚事件的影响力相对有限，仅在事件发生地西迪布吉德市有着较大的知名度。随着人们将其自焚情景以及当日抗议活动用手机拍摄下来发布到个人 Facebook 主页，该事件的影响力得以不断扩大，并逐渐成为手机视频的焦点。由于突尼斯政府实行严格的网络审查制度，突尼斯 Facebook 用户往往在访问和分享批评政府的内容方面小心翼翼。但是一小部分网络活动精英在国外运作①，协力在 Facebook 上搜索与抗议示威相关的内容，并将其翻译成不同语言，按时间顺序排列好，通过 Twitter 向半岛电视台等国际新闻媒体推送②。学者 Lotan、Graeff 等人③所做的一项关于 Twitter 信息流的研究表明，在"茉莉花革命"期间，由于各国记者普遍转发活动者们的 Twitter 内容，网络活动者已经成为为主流媒体提供信息的重要中转站。因此，青年自焚事件在突尼斯全境的广泛传播，得益于网络激进分子、精英抗议者和国际电视台基于互联网社交媒体

---

① Ethan Zuckermann：Ben Ali and Bart：Understanding Participatory Media and Protest. Video Talk Delivered at the International Online Conference "Facebook Revolutions? The Role of Social Media for Political Change in the Arab World"，Friedrich Naumann Foundation，September 2011. http：//www. youtube. com/watch？v＝Fzh1Trc－B70。

② 由于许多突尼斯用户用一种叫 Derya 的突尼斯方言发布消息，翻译十分重要。同时，与世界其他地区一样，突尼斯网络青年也发展出自己的网络语言与缩略语，其所用的语言对其他非突尼斯阿拉伯语使用者来说十分不易理解。

③ Lotan G.，Graeff E.，Ananny M.，et al. The Revolutions Were Tweeted：Information Flows During the 2011 Tunisian and Egyptian Revolutions. 2011.

的互动机制。

在英国青年骚乱中，警察射杀黑人青年后，社交网站立即出现了大量有关案情的讨论，其中许多或属于情绪上的宣泄，或属于纯粹的造谣，或属于煽动性言论，为日后的大规模骚乱提供了丰富的情绪积淀。在骚乱发生过程中，Twitter 和 Facebook 上铺天盖地贴满了有关骚乱事件的动态。运动参与者不仅将犯罪现场照片放在社交网络上炫耀，还通过黑莓手机相互联络告知潜在的洗劫地点。此外，黑莓手机提供的"黑莓信使"服务（BBM）可以免费为用户提供一对多的即时信息服务，并且其向用户发送的信息是保密的，可以在一定程度上绕开政府部门的监控，极大地方便了青年间秘密组织活动。利用这一服务，参与骚乱的青年互通声气，彼此呼应，巧妙躲避警方监控，商讨攻击目标和通报警方动向。网上组织动员力量，网下付诸行动，虚拟与现实相结合，使事态迅速发酵。为此，英国首相卡梅伦曾表示，英国政府要考虑在骚乱发生时关闭社交网站，并禁止发送手机短信，以阻止骚乱者利用这些现代通信工具进行串联①。

美国"占领运动"的发起、组织和信息发布也充分运用了互联网媒体。最初的发起倡议仅发布在网络电子杂志的平台上，随后通过互联网和现代移动通信技术的传播，获得了一定的响应；运动的最初照片和视频通过互联网传播，获得了更多的支持和参加者的进入；现场的示威者又通过互联网与移动通信与更多的网友进行直播式的互动交流。因此，移动互联网成为运动不可缺少的工具，移动互联网开放式交流的特征能够迅速和有效地聚集受众，并扩大影响。鉴于示威者经常被警方驱散，游行活动也时常遭受围堵，示威者利用了高科技手段来帮助组织游行活动，这些高科技手段包括通过网络地图追踪警方路障、可实况转播抗议活动的录像设备、不被警方监视的网络设施和捐款网站等②。

---

① 《英国政府考虑骚乱时关闭社交网站，并禁止发送手机短信》［EB/OL］，http：//news. xinhuanet. com/world/2011 - 08/12/c_ 121851630. htm，2011 - 08 - 12/2013 - 04 - 02。

② Internet World Stats，Africa；http：//www. internetworldstats. com/ africa. htm，2011.10/ 2013 - 04 - 05.

综合来看，互联网和社交媒体等现代通信技术在青年社会运动中发挥了催化剂的作用，作为信息的载体，加速了运动的组织与扩散过程，令其带有快速扩展性的特点——参加者数量迅速增长，展现了巨大的政治动员能力①。

这种动员能力主要源自三点，一是互联网技术依托手机等移动终端，具有高度的流动性，降低了民众宣泄情绪的成本，增强了民众对公共事务的参与和讨论，打破了政治权威对话语权的垄断；二是互联网技术为民众提供了一个交流互动的平台，将他们的私人生活和集体生活相互连接；三是无线通信技术形式多样，可以将信息通过文本、图片和声音等多种形式传播出去，扩大了信息的传播效力，增强了现场感。

这种巨大动员能力的作用机制是复杂多变的，它在运动的具体过程中，往往分阶段发挥着不同的作用。在运动的酝酿阶段，网络和社交媒体主要是为人们的不满情绪提供宣泄场所，令一些抱怨及消极观点通过交流沟通相互激发、影响与极化，为运动的爆发营造社会氛围；在运动的爆发阶段，网络和社交媒体主要为参与者提供了快速联系、躲避政府监控、迅速组织人群的便捷；在运动的扩展阶段，网络和社交媒体主要发挥其快速广泛传播信息的优势，通过消息公告和朋友转发等形式，将在一地发生的事件尽可能广泛地传播到多地，使运动尽可能在第一时间被报道，激发异地具有相同相似诉求的群体一同参与。经此三个阶段，网络和社交媒体可令社会运动在短时间内扩展到多个区域并团结到多个阶层，发挥巨大的影响力。

二 组织形态由垂直转向扁平

20世纪青年运动的组织形态往往是分层化和纵向化的，运动往往是

① Castells M., Mobile Communication and Society: A Global Perspective: A Project of the Annenberg Research Network on International Communication [M]. The MIT Press, 2007.

依靠学生组织或政党组织发起，运动参与者内部有着较为明显的层级差异，运动的决策主要由组织内的领导做出，领导对组织内部成员有着较大的控制力。此外，运动中往往会产生数个青年领袖，他们能够代表大多数运动参与者的诉求，对运动有着一定的掌控能力①。在示威游行的口号标语中也可发现，一些政治领袖如切·格瓦拉、毛泽东甚至马克思等都被频繁提及与推崇，运动围绕着数个中心议题有组织地开展和推进。例如，在60年代美国的青年运动中，各类政治性学生组织便发挥了极强的动员和领导作用。运动的重要组成部分"加州伯克利大学自由言论运动"的爆发，就是源自伯克利大学政治性学生组织领袖登到警车顶上进行演讲，发表政治观点②。在法国的"五月风暴"中，工会组织也发挥了较强的作用，许多罢工和抗议活动都是在其领导与策划下展开的③。这些组织对运动在何时、何地以及何种时机下爆发都有着较强的控制能力，他们能够根据自身所欲达到的政治目标，稳步安排筹划每一次抗议活动。

但是近期世界范围内发生的青年社会运动，却并非工会或学生团体组织策划的产物，而是一群人受到某种刺激后，自发起哄的结果。无论是"茉莉花革命"，还是英国青年骚乱和美国"占领运动"，其发展过程中既无严密组织，又无明确的领导人，起初也多无明确的政治诉求，无法预料其发展的趋势。其动员的领导核心往往是一个个小规模的朋友圈子和社会运动网络。在运动推进的各个节点，这些网络之间通过现代通信手段迅速联络，达成协调行动，共同推动了运动的产生与升级。由于这些事件具有突发性和发展的非线性，因此事态向哪个方向发展，发展到什么程度都存在着高度的不确定性，这也使得政府一再低估骚乱的影响力，错失制止骚乱的最佳时机，最终导致整个事态失控。

---

① 玛格丽特·M. 布朗加特、理查德·G. 布朗加特：《60年代政治代对前青年领袖的影响》，宋迎法译，《青年研究》1994年第9期。

② 玛格丽特·M. 布朗加特、理查德·G. 布朗加特：《60年代政治代对前青年领袖的影响》，宋迎法译，《青年研究》1994年第9期。

③ 金大陆：《20世纪60年代中外青年运动比较概览》，《史林》2012年第5期。

"茉莉花革命"的爆发具有很强的偶然性，运动的导火索是一起看似微小的社会治安突发事件——失业青年自焚，在通过互联网和媒体传播后，该事件引起了大多数国民的愤怒，他们通过走上街头抗议的形式最终推翻了国家政权。在运动的发展过程中，我们虽然能够看到西方势力对突尼斯政府的施压和干涉，但对于运动参与者而言，他们大多数是处于一种自发的和无组织的状态。整场运动并无明确的领导核心，也无系统化的宣传策略，运动的议程和发展走向实际是由每一个参与网上讨论的个体所决定的，运动的组织形态呈现一种扁平化的状态。

英国青年骚乱是一场典型的"四无"骚乱①。不仅参与者无统一的组织，无统一的行动，无统一的目的，甚至连统一的诉求也并不存在，呈现一种"无厘头"式的打砸抢烧。虽然事件诱因是一名黑人青年遭警方射杀，但参与骚乱的青年广泛分布于不同肤色、不同民族及不同阶层。此外，在事后警方对骚乱参与者的惩处过程中，也并未发现在骚乱青年中存在领袖式的领导核心，多数人都是通过社交媒体相互串联影响，进而走上街头的。从某种程度上看，在这场骚乱中，每个个体都是领导者，每个人都扮演了煽动他者上街制造骚乱的组织者角色。骚乱的组织方式已经呈现一种个体化、碎片化和扁平化的特征。

在美国"占领运动"中，组织的"扁平化"与"碎片化"体现得更为明显。整场运动虽有一个最初的发起组织——《广告克星》杂志，但其对整个运动的控制力极弱，仅扮演了召集人和号召者的角色。在运动发起之初，该组织便明确表示了自身并不愿意成为运动参与者的代表，认为"占领华尔街"运动应该是"一场没有领导者的抵抗运动，不分肤色、性别与政治信念"②。诚然，在实际运动中，一些草根政治组织和黑客团体

---

① 樊鹏：《英国骚乱与国家暴力：新自由主义的诅咒》，《开放时代》2011年第11期。
② NY Daily News, Occupy Wall Street Protests: Police Make Arrests, Use Pepper Spray as Some Activists Storm Barricade. [EB/OL], http://www.nydailynews.com/new - york/occupy - wall - street - protests - police - arrests - pepper - spray - activists - storm - barricade - article - 1.961645, 2011 - 10 - 20/2013 - 04 - 04.

也发挥了很大的作用，而且在纽约也出现了"纽约城大会"（NYC General Assembly）这一运动的协调机构，但值得注意的是，这些组织和机构并不直接发动抗议活动，他们更多地起到提供议事平台协助运动发展的作用，与参与者间并不构成领导与被领导关系①。这种形式的抗议运动，实则是对旧式政党政治的拒绝，是对激进多样性的拥抱，以及对自下而上民主新形式的坚持。参与者更多的是为了"占领"而"占领"，为了"抗议"而"抗议"，最终目的只有一个——引起社会的关注和对现行制度的反思。

综合来看，当前青年运动的扁平化和碎片化趋势将对社会运动的预防和治理产生深刻影响。在它的作用下，社会运动不会因为达成了某个特定的运动目标而轻易消退，更不会因运动领导者被收买和关押而发生变化。政府也会因运动的无组织化，而难以研判其政治走向；会因运动的无纲领化，而难以满足其多样化的利益诉求；会因无领袖化，而无法寻求与示威人群代表的直接对话，进而在预防和化解社会运动方面承担更大的压力。也正因为上述特征，这些社会运动一旦爆发便极难收场，往往都会与流血冲突和巨大经济损失相伴。

三　运动诉求由先赋转向后致

回顾 20 世纪的青年运动我们可以发现，这些运动在形成初期都有着相对明确的诉求纲领及理论指导。在法国的"五月风暴"中，青年人受新马克思主义法兰克福学派理论的深刻影响，对资本主义主流文化和制度有着深刻的反思，他们在抗议之初便明确打出了自己所信奉的新马克思主义理论旗帜，表达了对当时制度的不满与批判。在 20 世纪 60 年代美国反文化运动中，嬉皮士运动、青年学生运动以及反战运动也在一开始便有着相对明确的目标和诉求。这些诉求虽然多元甚至相互冲突，但是在运动之

---

① 参见"占领华尔街"运动网站：http://occupywallst.org.scnu.vpn358.com/about/。

初就明确提出，并基本围绕着"爱、正义、和平与自由"等带有鲜明后物质主义色彩的价值观展开，对当时的美国主流文化进行了深刻的批判[①]。自 20 世纪 80 年代兴起的西欧新社会运动潮流更是如此，它们多关注环保、反战、同性恋等议题，且以小型运动为主，每次运动和抗议活动都有着明确的主题，抗议诉求往往在一开始便已确定[②]。

然而，这样一种趋势却并未在近年来发生的青年运动中得以延续。观察"茉莉花革命"、英国青年骚乱和美国"占领运动"，这些青年社会运动在一开始都没有明确的运动目标，更无鲜明的理论指导，而是随着事态的恶化、运动的发展以及参与人群的扩大渐渐展现出一些多元诉求。

在"茉莉花革命"中，作为运动主要参与者的阿拉伯青年，在抗议之初也多是为了宣泄自身对于当下失业、社会保障缺失、收入状况恶化等问题的不满，并无明确的政治诉求。随着运动发展以及国外势力的干涉，他们在宣泄对民生问题不满的同时，进一步提出了"反对独裁""反对腐败""要求民主自由"等偏向后物质主义化的政治诉求。在执政当局对运动采取强硬镇压后，运动进一步升级，演变为反政府的骚乱和"革命行动"，明确将运动矛头指向现有政权。特别是在突尼斯、埃及和也门等国，其抗议活动到后期，已将自身的诉求从抗议社会不公、青年失业，转向了明确要求总统下台、政府改组。而这一颠覆政权性的诉求在运动发起之初并不明显，是运动扩大后的参与者、西方的干涉势力以及新媒体对观点的极化作用所共同设定和共同赋予的，是一种"后致"而非"先赋"的诉求。

在英国青年骚乱中，一些针对示威和骚乱参与者的媒体采访表明，这场骚乱根本不是一场"有组织、有预谋"的"犯罪"或什么"起义"。他们认为，示威和骚乱参与者事先既没有精心组织策划犯罪行为，更没有提出任何政治主张；他们攻击的目标既没有经济上的象征意义，也没有政

[①] 许平：《"60 年代"解读——60 年代西方学生运动的历史定位》，《历史教学》2003 年第 3 期。

[②] 郇庆治：《80 年代中期以来的西欧新社会运动》，《欧洲》2001 年第 6 期。

治上的象征意义①。事实上，示威和骚乱是对社会现象不满而引发的综合性"泄愤"行为，其诉求不仅没有在开始时设定，更未能在发展中产生。

在美国"占领运动"中，诉求的后致性特点也得到了一定程度的彰显。整场运动最初由杂志《广告克星》号召发起，但该杂志并未在最初号召中明确提出自己的诉求。他们曾在接受采访时直接表示"在运动成气候之前，提出具体目标是没有意义的。所以，开始的目标就是占领本身——占领意味着直接民主，而直接民主有可能产生特定目标，也可能不"②。也就是说，参与抗议的青年们意欲透过"占领"本身形成一场对体制反思的运动，并且在占领过程中，以直接民主的方式去讨论问题、目标与策略。这也就解释了在运动初期，主流媒体一直在质问运动的目标何在，运动的发起者却迟迟不予回应的原因。随着运动的扩展与工会等社会团体的加入，运动的诉求也渐渐浮现。总体来看，大致是指向美国现行不合理的就业、金融以及高等教育制度及政策，但参与者并未给出统一的确定性要求，仅仅是一种抱怨和反思。诉求的指向并不统一和集中，不同的参与者有着不同的诉求，呈现一种开放性特征，例如失业者更多地抱怨政府在就业政策上的消极，高校毕业生更多地抱怨教育贷款负担过重，而反战者则更多地抗议政府海外用武过度。总之，这些多元的诉求植根于美国当时的社会背景，多是在运动产生影响后，被激发和讨论出来的。

这种诉求后致性的特点将会对社会运动的处理和应对带来较为复杂的影响。回应运动诉求往往是应对社会运动、缓和抗议者情绪的有力抓手。当运动诉求模糊甚至虚无时，便难以对运动的走向和规模进行把控，也就更难实现同抗议者的对话。另外，诉求的后致性也容易造成运动的开放性与易感性，令其不仅能够最大限度地挖掘出社会背景中潜藏的各种社会矛盾，也变得容易受到诸多不可控因素的干扰，如敌对势力的利用及国外政

---

① BBC News, England Riots: Maps and Timeline. [EB/OL] http://www.bbc.co.uk/news/uk
－10321233, 2011－08－11/2013－03－29.

② BBC News (BBC), Hundreds Freed after New York Wall Street Protest. [EB/OL], http://
www.bbc.co.uk/news/world－us－canada－15143509, 2011－10－02/2013－04－02.

府的干涉等等。这对政府的执政艺术提出了极大挑战，要求执政者步步为营，审慎行事，任何一个节点的处理失当，都有可能让运动的矛头集中指向政府，造成不可调和的矛盾。

四　运动先锋由高校学生转向失业青年

20 世纪的青年社会运动往往是由在校大学生发起的，他们在其中扮演了先锋队的重要作用①。其抗议活动根源于当时的后物质主义以及反正统文化思潮，起因往往是一些文化和政治因素，而非经济因素。参与者不乏生活条件比较优越、处于社会中上层家庭的在校大学生。这一特点在美国 60 年代的学生反抗运动、嬉皮士运动以及法国的"五月风暴"中体现得最为明显，学生参与游行并非为生活所迫，而是为了捍卫或宣扬他们自身所信奉的价值观。这与近年发生的青年社会运动形成了鲜明的对比。分析"茉莉花革命"、英国青年骚乱以及美国"占领运动"可以发现，这些抗议、示威乃至骚乱活动的发起者多数是社会中的失业青年，而并非在校大学生。在校大学生虽也有所参与，但已然不再扮演运动的先锋队和发起者的角色。

在"茉莉花革命"前，中东地区青年失业率平均维持在 20% ~ 25%。在突尼斯，每年有 8 万名大学生毕业，却只有 2 万人能找到工作，年轻人的失业率高达 52%；在埃及，2011 年大约有 65% 的人口为 30 岁以下的年轻人，其中 18 ~ 29 岁的失业率为 25% ②。许多研究都表明，正是这些失业青年构成了以"茉莉花革命"为代表的"阿拉伯之春"运动的先锋，这不仅体现在运动的导火索是一位大学毕业后失业的水果摊贩青年自焚，

---

① 孙益：《校园反叛——美国 20 世纪 60 年代的学生运动与高等教育》，《清华大学教育研究》2006 年第 4 期。

② Campante F. R., Chor D., Why was the Arab World Poised for Revolution? Schooling, Economic Opportunities, and the Arab Spring [J]. *The Journal of Economic Perspectives*, 2012, 26 (2): 167 – 187.

更体现在最初走上街头的示威者就是失业青年群体。

英国青年骚乱的参与者也主要由失业青年群体所构成。在英国警方逮捕的 4000 余人中，年龄大多数在 20 岁左右，而且多数没有工作[①]。这一现象植根于英国近年来较为严重的青年失业问题，在骚乱发生前，英国 16～24 岁的青年大约有百万人处于"正式失业"，占该年龄段人口的 20% 以上，创 20 世纪 80 年代中期经济严重衰退以来之最[②]。这些失业后的青少年，自感前途无望，反政府情绪高涨，仇富心理积聚。也正是在这一背景下，英警方射杀黑人青年事件才能够成为他们宣泄怨气的导火索。而随着骚乱升级，这种由"伸张正义""劫富济贫"心理所引发的宣泄活动逐步蜕变成赤裸裸的暴力抢夺和"趁火打劫"。

美国"占领运动"的先锋队同样也是社会中的失业青年。最先响应并参与到运动中去的是一些毕业不久后失业的青年，他们深受金融危机的影响，很多人的工作都是因金融危机导致企业裁员才失去的。这些人对现行体制和政府的救市政策有着强烈的不满情绪，加之受过高等教育，对自身社会地位和阶层跃升有着较高的期待，他们很难接受社会阶层固化、贫富差距拉大等现象。在运动的发起和扩展过程中，这些失业青年也起到了极为关键的作用，他们不仅积极发动并参与了这场运动，更通过自身失业大学生及失业白领的标签博得了社会的同情与共鸣，从而吸引并团结了更多有着相似背景的群体与阶层的加入，最终收获巨大的社会影响力。

可见，这些青年社会运动均与失业青年群体有着极为密切的关联，运动的酝酿和爆发也处于经济不景气、青年失业问题突出的社会大背景之中。而在失业青年中最为敏感和蕴含运动能量最大的便是失业大学毕业生群体。受国际金融危机影响，各国普遍存在较高的大学毕业生失业率。作

---

① The Telegraph, London Riots: the Underclass Lashes Out. London. [EB/OL]. http://www.telegraph.co.uk/news/uknews/law-and-order/8630533/Riots-the-underclass-lashes-out.html, 2011-08-09/2013-04-01.

② The Guardian. UK Riots: Political Classes See what They Want to See, [EB/OL], http://www.guardian.co.uk/uk/2011/aug/10/uk-riots-political-classes. 2011-08-10/2013-03-29.

为纵向流动的一个重要渠道，高等教育贬值在很大程度上会导致社会阶层的板结化，进而出现美国政治学家亨廷顿所言"权力与知识背离"现象。它往往会导致底层知识青年群体对现行体制进行强烈的反思与极度的批判，并有可能在一定因素的刺激下最终演变为社会运动，影响到整个政治系统的稳定。

对于当前中国社会而言，由于处于复杂多变的全球环境之中，我们几乎难以避免地会受到来自世界各国青年社会运动抗议浪潮的影响，社会运动不稳定的因素不仅内生于我国当前复杂转型的社会背景，更源自全球化浪潮所带来的冲击，呈现一种大量涌现的状态。

就目前情况看，生活困难的流动青年极有可能是中国青年人中具有最大参与社会运动可能性的群体，这不仅是因为当前世界范围内的青年运动多数都由其引发，也不仅是因为生活的窘迫使得他们对政府和社会有更多的怨恨情绪，更是因为在我国目前的制度设计中，工会、共青团以及妇联等群团组织很难将其纳入现行体制中去，系统开展帮扶教育工作，导致他们多处于政策关怀的边缘。其中，失业或收入较低的大学毕业生群体即"蚁族"是重中之重，他们接受过高等教育，对自身的阶层跃升有着较高预期，对民主权利有着更多诉求，当出现国家利益受损、社会不公平现象严重、群体尊严受到打击、发展上升通道阻滞等特定情况时，在特定情境下，大规模的集体行动就可能会发生。

在动员模式方面，中国的青年社会运动极有可能与当前世界青年运动一样，呈现以虚拟动员为主的特征。从中国近期发生的数起青年群体性事件来看，无论是 2005 年的"反对日本入常（联合国安理会常任理事国）游行"、2008 年的"抵制家乐福事件"，还是 2011 年的"茉莉花集会"和 2012 年的"反日保钓游行"，它们的动员方式都严重依赖于互联网技术，并有日趋转向移动互联网和社交媒体的趋势。这些新兴网络技术，不仅在运动的组织发动中发挥了重要作用，更在运动前培育和酝酿社会负面情绪的环节中，扮演了传递不在场经验、加剧社会舆论极化的关键角色。

在运动爆发的燃点方面，应当重点关注一些具有特殊意义的日期、能引发社会愤怒情绪的公共事件以及有可能激化社会矛盾的公共政策。从上述世界青年运动可以发现，虽然这些运动在整体上的爆发具有偶然性，但其爆发的时间节点和引燃事件却存在着一定的规律，"茉莉花革命"是一起极端的失业青年上访自焚事件，英国青年骚乱是一起警察枪杀黑人青年的种族事件，美国"占领运动"是一起发生在宪法日的特殊抗议活动。这些事件与时间节点都对社会大众有着特殊意义，往往能够最大限度地博取社会的关注与共鸣。因此，对于中国而言，应吸取这些运动的经验教训，积极关注那些具有特殊意义的重大事件和节日。

综合来看，当前世界青年运动深刻彰显了全球化浪潮下，由互联网技术所构建起的流动空间的巨大力量，它让发生在一地的突发事件和抗议活动，能够通过时空分延机制，脱离其原有的社会情境，传递到另一地的易感人群之中。这启示我们应树立复杂性的思维方式，面对青年潜在的社会运动风险，从不稳定因素的防治出发，审慎制定相关政策。

（本文原载于《中国青年研究》2013 年第 12 期）

中日青年的差异，没有想象中那么大

"蚁族"已经成为一个引起社会广泛关注的群体，它非中国独有，在国外也一样存在。自 2007 年以来，我带领课题组进行当代中国青年问题研究，出版了《蚁族》一书，在国外也引发了关注，其中，日本就是引进《蚁族》一书版权最早的国家。

《蚁族》一书于 2010 年 9 月由日本勉诚出版社出版，译者是日本著名中国问题学者关根谦教授，他 1951 年出生于日本福岛县，现为日本庆应大学文学部部长。此书还由中国问题专家、东京大学社会学部加美光行教授亲自撰写全书导读。该书之所以得到日本读者的喜爱，除了要感谢关根谦等长期关注中国的日本学者之外，我想可能还有更深层次的原因。

来自英国《每日邮报》的报道说，日本一男子在东京租了一间不足 5 平方米的小屋，月租金却高达 145 英镑。该男子蜗居在各种杂物之中，成了名副其实的 "蚁族"。有分析说，仅东京就至少有 1 万名无家可归者。这 1 万人中还不包括类似胶囊旅社租户这样的隐性无家可归者。此外，还有很多人因为囊中羞涩而不得不在 24 小时网吧或桑拿房中过夜。

事实上，近年来，日本社会也有 "高学历低收入者"，中国的 "蚁族" 现象在日本似曾相识，"高学历低收入者" 这个群体在中日两个社会里是一种共同的社会现象。而如果往更深层看，会看到在 "蚁族" 背后，两国共同面临的一些时代性和结构性问题。

日本的老龄社会使得日本青年背上了沉重的负担，对于自己未来的生活，现在日本青年非常担忧。中国尽管老龄化不如日本那么严重，但是，中国未富先老的忧虑已经成为舆论热议的话题。2013 年，中国老年人口数量突破 2 亿大关，老龄化水平达到 14.8%。此后，中国人口老龄化进程还将加快，21 世纪中叶将达到老龄化的峰值期，60 岁及以上老年人口将超过 4 亿，占总人口数的 30% 以上。中国的青年一代，也面临着极为沉重的压力。在这些问题面前，中国青年和日本青年有着很多相似性。

从"蚁族"生发出的这些中日青年共同面临的社会问题，给了我们怎样的启示？作为一个年轻人，一个同样见证了全球化和网络化大潮兴起并席卷各个国家的年轻人，时代的共性问题正在不同的国家和地区之间同步浮现。这提醒我们，观察两国关系，不仅仅要用国家和民族的眼光，时代的眼光也同样重要。改革开放 30 余年的巨变，使得我们的青年具有以往任何一代中国青年不曾有过的成长经历，我们的青年由此在时间纵轴上迥异于之前的青年，但同时，全球化和网络化又使不同国家的青年具有了横向空间上的普遍联系。

如今的中日青年，都是更为关注个体发展的一代，并面临着诸多相似的问题，这对于两国青年的交往，显然存在着强大的"共情"基础。今天，强大的互联网和全球化浪潮，正将流行文化打造成全世界青年的共同喜好。日本的动漫、中国的微信，已经跨越国家的边界，成为两国青年共同的成长背景。尽管中日文化交流源远流长，但这些因素是过去任何时代从未有过的。

当前，中日青年对彼此缺乏开阔的视野和必要的认知，对双方历史的了解程度也存在明显差异。但若暂时超越国家和历史的因素，而以时代的眼光来看，两国青年之间的差异，似乎并没有想象中的那么大。因此，在中日青年交往方面，我们不妨可以尝试用"时代"的眼光，来打造中日关系未来发展的"共情"基础。可以预见，在这个"流动时代"，双方所拥有的"共情"能力，在应对青年国际交往乃至不同阶层青年之间达成共识的过程中，必将发挥重要作用。

历史和事实已经昭示我们：中日两国青年承担着各自国家的前途和命

运，若不能把控民族情绪，而长期对立，必然两败俱伤。因此，中日两国民众，尤其是青年应对两国未来充满信心，加强交流意愿，增强"共情能力"，将中日关系引向未来。

（本文原载于《中国青年报》2014 年 8 月 27 日 2 版）

彰显"一带一路"的青年力量

　　2017 年 5 月 14 日，首届"一带一路"国际合作高峰论坛在北京开幕，国家主席习近平出席开幕式并发表题为《携手推进"一带一路"建设》的主旨演讲。经共青团中央国际联络部推荐，我有幸作为大会特邀嘉宾，参加了高级别会议和"民心相通"平行主题会议，同与会的各国青年朋友们进行了广泛的交流，共建共享了"一带一路"的发展成果。

　　"一带一路"承载了中华民族致力于合作共赢、兼容并蓄、共同发展的历史使命感和责任感，它既植根于中华民族的悠久历史和传统文化，又融合当代文明社会可共享的价值和共同理想，是中国国家软实力的核心体现。将"一带一路"更多地融入青年元素，实质就是在发掘与传播中华文明与世界文明中存在共性的、面向未来的价值观，并通过青年之间的各种交流活动，使各国青年朋友们能够相逢相知，互信互敬，接纳认可，实现民心相通。

　　必须承认，"一带一路"沿线国家在文化传统和历史发展上存在着较大差异，有些国家出于种种原因，还曾发生过战争和冲突。青年是时代最灵敏的晴雨表，也是人口结构中最活跃的群体，这些不利因素给开展青年交流工作提出了严峻的挑战。可见，"一带一路"中的青年交流是一项长期的、艰苦的、琐碎的工作，需要有耐心、有决心、有智慧。但同时它又具有基础性、长期性和稳定性的特点，一旦做好则收益巨大，影响深远。因此，我们要充分认识到"一带一路"建设中青年交流的重要作用，认真研究提炼"一带一路"沿线国家青年价值观念的最大公约数，紧紧抓住"一带一路"沿线国家广大青年的兴奋点和关注点，努力形成一批富含中国精神、符合当代青年特点的主打活动和重要项目，通过不同形式的青年交流活动和青年创新创业项目，逐步消除不同国家青年在文化观念、价值取向、意识形态等方面的冲突和对撞，促进国家间经济、政治、社会、文化的交流与合作，为"一带一路"倡议的实施奠定广泛的青年基础。

纵观人类几千年的历史长河，青年作为创史活动的重要力量，始终推动着人类社会的革新和进步。当今时代，是经济全球化和世界多极化的时代，也是青年大展宏图的时代。"一带一路"沿线国家，均具有较大的人口规模，其中青年人口也占不小的比例。青年一代之间的交流有利于增进中国与"一带一路"沿线各国人民的友谊。因此，除了建立政府层面的交流机制外，还应充分发挥青年群体内生的各种社会力量，开拓更多的渠道，利用更新的传播媒介，努力推动中国青年与"一带一路"沿线各国青年进行各层次多领域的交流，最终体现"中国梦"和"世界梦"的圆融互通。

一时之强弱在力，千古之胜负在理。普适的价值观是不存在的，但这并不意味着一些价值准则不能成为人类的共识。必须承认，不同民族和国家的价值观具有不同的历史发展背景和制度变迁历程，进而显现出结构和内容迥异的时代特点，但一些共同的价值认知仍是存在的，否则不同国家制度、不同阶级属性、不同宗教信仰、不同生活方式的人们就不可能进行沟通，共处于地球这个"同一世界"和"共同家园"。这些共同的价值应当包括：人类社会文明进步的共同成果（如公平、正义、法治等）；人类社会面临的共同问题（如可持续发展、贫富不均、生态环境恶化等），人类社会普遍抵制的杀戮行为（如恐怖主义、极端宗教势力等）。习近平总书记在许多讲话中都曾指出，中国梦与世界各国人民的美好梦是相通的。中国在世界上既坚持走"中国道路"，又推动形成广泛的"世界共识"。青年一代最少保守思想，最少精神桎梏，要以人类共通的价值准则为基础，积极搭建不同文明沟通的桥梁，为不同制度之间增进共识提供更多交流和对话的可能。

　　两千多年来，中国与"一带一路"各国之间的民间友好交往从未停止过，我们有理由相信，现在的青年一代，将继承和发扬这一光荣传统，并通过更深入更广泛的交往，来巩固和发展各国人民之间的深厚友谊，并将它世代相传！

（本文根据首届"一带一路"国际合作高峰论坛采访发言整理）

第二篇

新的社会阶层

当前我国新社会阶层的特征分析、杠杆作用以及工作思考[*]

——关于新社会阶层的调研报告

改革开放以来，不断推进的产业升级和城镇化进程使我国的经济转型和社会转型呈现"交织＋互动＋同步"的特征。在这一时代背景下，我国社会阶层出现新老演化，工人阶级和农民阶级等传统阶级出现了一些新的变化，产生了"蚁族"（未稳定就业大学毕业生）、"工蜂"（高校青年教师）、"洄游"（返乡青年）、新生代农民工、城市新移民等诸多新兴群体，新的社会阶层应运而生，其规模不断扩大，影响不断扩大，力量不断增强。正确处理同新的社会阶层的关系，引导他们做合格的中国特色社会主义事业建设者，成为我们党可靠的阶级基础和群众基础，是新时期党在推进中国特色社会主义事业进程中必须解决的重大课题。党中央对此问题高度重视，强调要把新的社会阶层人士作为新形势下统战工作新的着力点。习近平总书记在《在中央党的群团工作会议上的讲话》指出：要巩固已有的组织基础，加快新领域新阶层组织建设，形成完善的组织体系，实现有效覆盖。2016 年 7 月，中央统战部正式组建专门面向新的社会阶层人士的工作部门，为加强政治引导和阵地统战迈出了坚实的一步。

据不完全统计，新的社会阶层人士有 7000 余万人，主要包括四类，

---

　　* 本文是国家高层次人才特殊支持计划（青年拔尖人才）的阶段性成果。

思行者

即私营企业和外资企业管理技术人员[1]、中介组织和社会组织从业人员[2]、新媒体从业人员[3]和自由职业人员[4]。他们思想活跃，流动性大，分散性强，与各社会阶层互动频繁，其中每个群体都有各自特点，利益诉求差异较大，且一直处于快速变化之中。2014年8月~2016年6月，课题组先后对北京、上海、广东、浙江、辽宁、湖北等省份的新的社会阶层人士进行了走访和调研，针对其中的不同群体共发放问卷6541份，访谈座谈近300人，并深入其工作生活的重点场景进行长期参与观察，形成了关于新的社会阶层的一些认识与研判。

一　当前新的社会阶层正呈现十大特征

新的社会阶层是从工人阶级演化而来的一个具有特殊性质的阶层，具有独特的心理特征、思维模式和行为方式，需要予以特别重视。综合调研结果，课题组认为：随着经济社会的进一步发展，新的社会阶层自我进化的繁殖扩张能力不断加快，线上线下的跨群体触发能力不断加强，引导社会舆论走向的意识形态能力不断加强，且因其出身"体制外"，对执政党在感情上天然较为疏离，因此很可能成为影响我国社会稳定的潜在杠杆和

---

[1] 私营企业和外资企业管理技术人员，是指受聘于私营企业和外资企业，掌握企业核心技术和经营管理专门知识的人员。参见《再解"新的社会阶层人士"》，中央统战部"统战新语"微信公众号，2015年10月9日。

[2] 中介组织和社会组织从业人员，包括律师、会计师、评估师、税务师、专利代理人等提供知识性产品服务的专业机构从业人员，以及社会团体、基金会、民办非企业单位从业人员。参见《再解"新的社会阶层人士"》，中央统战部"统战新语"微信公众号，2015年10月9日。

[3] 新媒体从业人员，是指以新媒体为平台或对象，从事或代表特定机构从事投融资、技术研发、内容生产发布以及经营管理活动的人员，包括新媒体企业出资人、经营管理人员、采编人员和技术人员等。参见《再解"新的社会阶层人士"》，中央统战部"统战新语"微信公众号，2015年10月9日。

[4] 自由职业人员，是指不供职于任何经济组织、事业单位或政府部门，在国家法律、法规、政策允许的范围内，凭借自己的知识、技能与专长，为社会提供某种服务并获取报酬的人员。参见《再解"新的社会阶层人士"》，中央统战部"统战新语"微信公众号，2015年10月9日。

影响我党执政根基的关键少数。具体而言，新的社会阶层具有以下十个特征。

1. 人口构成上以"新生代"为主体，年龄越大，人数越少

新的社会阶层在年龄结构上以"70后"、"80后"和"90后"为主，整体呈现"年龄越大，人数越少"的特点。课题组基于第六次人口普查数据以及课题组调查数据综合分析表明，在新的社会阶层中，1980年以后出生的人数占到新社会阶层总人数的70%左右，全国范围内约有5000万"新生代"新社会阶层。

2. 经济地位上属于中等收入阶层，但收入分化比较明显

课题组调查显示，新的社会阶层中，家庭年收入30万元以上者占比为37.6%，年收入50万元以上的占比达到10.7%，除货币存款外，还拥有一定数量的其他财产，如自有住房和家庭汽车等。与此同时，该阶层内部成员之间的收入差距较大，有41.3%的受访者年收入在10万元以下，收入两极分化比较明显。

3. 空间分布上呈现以大城市为中心的辐射状态

课题组调查显示，新的社会阶层主要分布在一线城市，北、上、广、深、津、渝大约集中了该阶层全部人数的70%，在京津冀、长三角、珠三角等城市群的主要城市也比较集中，如杭州、苏州、南京、大连等地。这样的空间分布特点主要与城市经济社会发展水平和该阶层的职业选择有关。值得注意的是，该阶层虽然以大城市为核心，但其活动范围呈辐射状态，如许多新社会阶层人士十分关心农村问题，经常到农村开展慈善、扶贫、支农等各类活动，有的甚至直接在农村设立分支机构。

4. 职业分布上知识型、技能型特征明显，岗位变动频繁

从职业分布来看，新的社会阶层一般从事脑力劳动，或者选择以脑力劳动为主、兼具体力劳动的职业，一般以较高知识素质和劳动技能为前提。新的社会阶层打破了传统计划经济条件下社会职业的稳定性结构，岗位流动性强，经常在不同所有制、不同行业、不同地域之间频繁流动，但基本遵循由经济落后地区向沿海经济发达地区流动、由小城市向大城市流

动的规律，这种流动性与我国工业化和城镇化进程紧密相伴。

5. 业态上以服务业为主体进行梯度布局，并呈现"体制外"生存特点

新的社会阶层主要分布在"两新"组织（新经济组织和新社会组织）中，从一二三产业布局来看，多数在第三产业中的服务业工作。虽然每个群体差异较大，但整体上看，该阶层在生产性服务业和生活性服务业中的分布大致呈4∶6的比例。值得注意的是，新的社会阶层呈现"体制外"生存的特点，其职业发展、收入来源、社会关系均与"体制内"群体呈现泾渭分明的差异。

6. 群体类型上分化组合形态多样，群体自我扩张、进化能力明显

新的社会阶层内部的分化组合形态多样，其中每一个群体又可分为多个次生群体，如自由职业者包括个体约车司机、自由导游、家庭医务人员、自由文艺工作者等。而上述次生群体可再细分，如自由文艺工作者又包括音乐制作人、美术创作者、自由撰稿人、平面设计师、独立演员歌手等。各职业间不断分化与重组后可细分出更多的职业群体。他们的就业方式和生活方式具有多样性，更适应市场经济和社会需求的瞬息变化。这样的新社会阶层具有强大的"进化"能力，能够不断生发繁殖出新的群体类型，规模也不断扩张[1]。

7. 社会交往上"线下线上"交错，关系网络复杂，跨群体触发能力强

新的社会阶层在社会交往上以专业性较强的"内循环"为主，群体内形成了一个个认同度较高的小圈子。除了职业圈外，各种基于学缘、趣缘的圈子也比较活跃。在圈子内部，以线下交往为主，经常以沙龙、茶叙、座谈、乐跑、穿越等形式聚会，抱团取暖，组团取乐，对正规群团组织的活动参与不多。实际上，新社会阶层的"圈层化"不仅仅依托于表面的家族和地缘等关系，更是内化于这一阶层的价值观和生活方式，因此具有强大的自我驱动力和自觉行动力。另外，新的社会阶层善于运用网络

---

① 山磊：《海派文化与社会主义市场经济的有机结合——上海新的社会阶层人士的成长特点初探》，《科学·经济·社会》2015年第3期。

平台扩大社会影响力，对圈子以外的群体主要依靠网上动员，"跨界"社交成为常态。他们常常通过互联网以相对专业的知识进行发声，在一些公共事件中有些号召力较强的人物成为意见领袖。"线上线下"社交网络相互叠加，更易触发不同人群的"共振"效应。

8. 利益诉求上因来源不同而各异其趣

新的社会阶层人士的构成主要有三种来源：一是知识分子从党政机关、国有企事业等"体制内"单位"下海"；二是自主择业直接进入非公有制领域的人员；三是海外归国人员。由于个体学习和工作经历的差异，这三类人的利益诉求具有各自特点：从体制内流出的新社会阶层人士对政策法规比较熟悉，具有一定的资源优势和人脉关系；自主择业人员担心向上流动渠道不畅，最希望拓展个人发展空间；海外归国人员由于在国外学习和生活，受西方政治文化潜移默化影响，对中国的政治体制有着独立的价值判断[①]。具体而言，私营企业和外资企业管理技术人员关注经济政策的走向；中介组织和社会组织从业人员有着强烈的社会建设愿望和要求；新媒体从业人员关心社会民生，多富有理想情怀；自由职业人员注重个人价值的实现，追求有创意的工作和生活。

9. 政治立场上支持深化改革开放，但对社会有一定批判性

在政治立场上，新的社会阶层不是社会改革的激进派，却是影响执政根基的关键少数。一方面，他们是改革开放的受益者，并因此积累了一定的财富，他们支持深化改革开放，继续维护使自己受益的制度。另一方面，他们对手中的财富有较强的不安全感。由于不具有"体制内"的身份，他们担心政府的某一个决策会压缩自己的生存空间，威胁自己的既得利益，因此他们对社会现状带有一定批判性，尤其是对与自己密切相关的制度设计极为关注，如司法制度、劳动保障制度、社团注册制度以及新闻制度等，并需要更健全的法制来保障自己的权益。他们欢迎渐进式的改革，期待公

---

① 任世红、张卫：《自由择业知识分子成长轨迹及政治心态分析》，《江海学刊》2013 年第 6 期。

平公正的发展环境，希望中国的发展始终在良性的轨道上稳健运行。

10. 价值观念上相信知识改变命运，但具有较强的危机意识

"知识就是力量，奋斗成就梦想"是新的社会阶层普遍认可的价值准则。他们笃信知识的价值，他们在成长经历中，大多是通过高考进入高等学府，运用知识获得向上流动的机会，并且大多通过专业知识在所处的领域得到自我实现和社会尊重。但同时，技术更新迭代的速度不断加快，既有知识和技能迅速贬值，导致新社会阶层的竞争压力和生活压力增大。由于缺少单位和组织的保障，他们普遍具有较强的危机意识，对自己的前途有一定程度的担忧。

新的社会阶层这十大特征是认识和分析这个新兴阶层的基础性判断。当然，从发展的角度来看，新的社会阶层既是一个开放的、有活力的阶层，也是一个动态的、成长的阶层，仍然处于不断发展变化之中，其内部成员及与其他社会阶层的相互流动、渗透影响仍在进行①。因此，对新社会阶层特点的分析，要根据时代的发展变化不断加深认识。

二 新的社会阶层的四个"杠杆作用"

新社会阶层的出现，使中国社会出现了一种体制外的社会力量，有利于形成"中间大，两头小"的橄榄形社会结构，有利于社会的和谐稳定和长治久安。作为过去三十多年改革开放的受益者，他们并不谋求从根本上变革现行体制，而是希望通过深化改革开放，更好地维护自身利益，并获取更多的"话语权"。这就决定了他们的诉求与现行体制不仅没有根本的冲突，而且是对现行体制的一种健全与完善。或者说，保障和扩大新的社会阶层的利益，本身就是现行体制自我完善的重要内容②。

---

① 李亚绒：《对新的社会阶层统战工作的思考》，《陕西社会主义学院学报》2013年第4期。

② 黄天柱：《新的社会阶层的政治参与：价值、特点及引导》，《上海市社会主义学院学报》2014年第1期。

另一方面，体制外的力量历来是社会变革的潜在动力。可以预想，如果这样一个规模庞大、实力雄厚、知识水平较高、参与愿望强烈的群体得不到关注，他们的利益诉求得不到表达、维护和保障，他们的职业发展和上升通道得不到有效解决，必然会带来许多不确定因素。相比其他社会阶层，新的社会阶层本身的特质又使其具有一些超出其他阶层的资源能量和动员能力（比如具有一定的社会感召力、善于引导社会情绪等）。因此，当一些敏感事件发生时，他们可能扮演"杠杆"或"助推"角色，成为社会不稳定因素的放大器和催化剂。

1. 行动者：私营企业和外资企业管理技术人员存在自我"组织化"的可能

2014 年至今，我国罢工、停工性质的活动数量持续增长，在私营企业和外资企业相对集中的珠三角和长三角地区更为频繁。在这些罢工事件中，具有一定知识水平的管理技术人员充当了运动的主体和先锋，这对我国劳资关系的转型提出了新命题。

课题组调研发现，与普通的产业工人不同，管理技术人员由于具有一定的知识和技能，在企业中一般担任组长、线长、班长等中层管理职务，他们的诉求正在从底线型向增长型转变，他们不仅要求提高收入，还要求"共建共享"，平等分享企业的发展成果。当企业所有者还在以最低工资指导线作为工资制定标准时，管理技术人员已经将工资增长的坐标设定为企业发展水平。在罢工中，部分管理技术人员甚至提出要成立"自己工会"的设想，希望依托"自己工会"与企业平等地协商工资，一批具有较高知识水平的管理技术人员已经意识到，需要用政治权利保障自己长远的经济利益。

经过三十多年市场经济的洗礼，一方面，管理技术人员的权利意识逐渐成熟，从表达权利诉求、维护既定权益到积极争取提高劳动权益的渐变中，他们对自身权利的认识愈来愈清晰。相比以前年长的管理技术人员，这些成长于社会主义市场经济环境下的年轻人，长期接受市场意识和法治意识的熏陶，更倡导"权益先行""保障休息""劳资平等"。这意味着，在对现代观念的接受上，管理技术人员走在了企业所有者的前面，劳资双方的观念差距正在显现。另一方面，互联网特别是移动互联网的迅速发展，不仅极大扭转了一直以来员工信息不对称的劣势，还为员工的组织化提供了可能，这对党的统战工作和群团工作提出了新挑战。

私营企业和外资企业管理技术人员是新社会阶层中行动能力最强的群体，可以称之为"行动者"。出于职业原因，一般很少能看到这个群体在网上或在媒体上公开表达自己的诉求，但从这几年频发的各种罢工事件中，能够感受到这些管理技术人员对不公平现象更加敏感且更具组织性。他们绝大多数是二三十岁的"新生代"，同父辈相比，更难容忍不公平现象的发生且有更强烈的改善愿望。尽管该群体的工资收入已经高于社会平均收入水平，但他们不接受企业所有者和自己之间收入差距越来越大的发展趋势。他们受过相对系统的教育，毕业于大学或者技校，很多管理技术人员在学校时就是同学，这意味着他们之间有更多的互动联系和关系网络，也使得他们动员彼此来参与罢工变得更加便捷。

2. 发声者：新媒体从业人员存在片面追求"绝对新闻自由"的倾向

职业特点使新媒体从业人员具有高于常人的思考能力，在结合专业知识的基础上，该群体发表的言论多具有剖析性、预测性的特点，往往会引发社会各界的高度关注。部分新媒体从业人员片面追求所谓"绝对新闻自由"，对国家发展过程中出现的问题存在模糊认识和错误看法。课题组调研显示，在如何看待政府利用媒体引导舆论导向问题上，认为"适当的引导对社会稳定是有好处的"仅占31.7%，有高达61%的受访者认为"新闻报道要保持中立或者应按照新闻原则"。

在价值准则方面，在如何看待"大局"与"事实"两者的关系上，有30.6%的受访者认为"大局意识与传播事实同等重要，在具体工作中要同等考虑"，所占比例最高。认为"传播事实更重要"占28.5%，排名第二。认为"大局意识更重要"占20.8%，排名第三。第二比第三高出7.7个百分点。以上结果反映出，新媒体从业人员对"媒体是党的喉舌"功能以及"新闻报道应考虑大局"等观点存在不同认识，不少受访者认为我国媒体"只有宣传、没有新闻"。值得注意的是，一些新媒体从业人员还以所谓"客观"为名，热衷于"揭露""爆冷"，追逐负面新闻，将对现实生活的不满通过媒体放大为社会的不满。

新媒体从业人员是新社会阶层中发声能力最强、思想观念最为活跃且掌握一定话语权的群体，可以称之为"发声者"。作为多元信息的第一时间接触者，新媒体从业人员对重大事件的发声有知悉判断作用，对关键信息有解读阐释作用，对网络意见领袖的话语权有推动或制约作用，新社会阶层中的其他群体的思想价值观念或受其影响，或与其形成共振。因此，做好这个群体的意识形态工作，有利于其他群体思想工作的顺利开展，事半功倍地凝聚社会共识。

3. 动员者：中介组织和社会组织从业者存在对身份"独立性"的向往

当前，政府部门面临着工作力量和公共资源很难满足群众多样化需求的挑战，而不少中介组织和社会组织直接面向群众，将工作触角延伸到了学校、企业、社区等基层，受到广大群众的欢迎。一定程度上可以说，如今谁能影响中介组织和社会组织，谁就能影响群众。因此，这些年各级统战部门和群团组织都在下大力气推动各类社会组织的培育和发展。

从工作实践来看，中介组织和社会组织从业人员在满足群众兴趣、维护群众权益、推动群众参与等方面发挥了重要的作用。但是也要看到，这几年中介组织和社会组织在快速发展中也呈现一些无序化的趋势。当前，由于国家对社会组织实行"双重管理"体制，社会组织注册的"门槛"较高，许多社会组织因此没有注册，成为草根组织，处于"隐身"状态。根据课题组调查的几个省市的测算来看，未注册的社会组织约为已注册组织的十倍以上。同时，出于对"自由空间"的执着，许多中介组织和社会组织不愿意注册。它们重视成员集体意愿，惯于自我管理，少数组织成员对于是否一定要获取合法的身份心存疑虑，担心一旦被政府"收编"后，主管部门会过多地干涉组织的活动，或是被强行摊派任务，从而失去了独立性，使组织的发展偏离初衷。同时，由于社会组织的成立方式和组成目的复杂多样，治理结构和运营模式简单粗放，成员来源纷繁庞杂，相互之间并不熟悉，许多社会组织设立分支机构，跨省、跨地区的活动愈加频繁。还有些社会组织政治敏锐性差，接受国外的资金资助，等等。如果统战部门和群团组织不迅速建立整合机制并发挥引领作用，这一空白将很快被其他力量所填补和影响。

中介组织和社会组织从业人员是新社会阶层中动员能力最强的群体，可以称之为"动员者"。他们在广大群众中拥有广泛的号召力和引领力，很多社会弱势群体往往把他们看作其合法权益的代言人，许多社会组织还形成了逐级放大的动员机制，这一放大机制通常通过三种渠道发挥作用：一是网络放大，通过网络吸引和影响更多群体和个体；二是加盟组织的放大，有的社会组织吸引了一定的加盟组织，形成了"主体组织＋加盟组织"的结构；三是借助政府力量放大，通过与政府合作，借助于政府的力量和资源放大组织的影响力。

4. 集散者：自由职业人员存在"负能量扩散器"的隐忧

自由职业人员重视个人的自由与个性，追求工作的创造性和成就感，该群体缺乏共同的群体利益、普遍认同的群体文化、比较完善的群体组织（如工会、协会）和群体代言人。与上述三个新社会阶层群体相比，自由职业人员是一个同质性较弱、异质性较强的社会群体，是一个尚不成熟、正处于"成长期"的社会群体，呈现有知识、有专业、无单位、无组织的特点。

受中国传统观念的影响，主流社会成员往往对自由职业人员从事的工作戴着"有色眼镜"，认为这个群体"不务正业"，有时还认为其"游手好闲"。正是在这种传统价值判断的压力下，自由职业人员普遍感觉压力较大，社会心态具有一定的复杂性。不少自由职业人员处于社会的边缘，希望得到更多的社会认可和政策倾斜。同时，不稳定的生活和收入让自由职业人员存在不安全感。课题组调查显示，当被问及"自由职业最让您担心的问题"时，约有54.3%的受访者选择"收入不固定"，另有25.7%的受访者选择"职业前途渺茫"。随着移动互联网的发展和创新创业环境的不断优化，越来越多的年轻人借助O2O平台出售自己的技能和服务，自由职业者的人数在未来将有较大幅度增长。自由职业人员的出现，具有结构分化和价值选择的合理性，它以弹性的方式及时地弥补了现代职业结构中的空缺，为社会主义市场经济提供了新的就业形式和职业形态。

自由职业人员虽然希望政策倾斜，但并非所有的自由职业人员都希望被关注，因为自由工作本身的特点，他们具有较高的自由度和独立性，尤其在思想上不愿受约束。自由职业人员中的签约作家、自由撰稿人、独立演员歌手、流浪艺人、自由书画工作者、独立制片人、自由摄影师等群体具有知识生产和文化传播的属性，是思想文化信息的集散地和社会意识心态的晴雨表，可以称之为"集散者"。在现实生活中，有些自由职业者缺少大局意识，奉献意识淡薄，过分强调实现自我价值，功利化倾向十分明显；有些自由职业者受到过一些不公平待遇，进而对政府不满，通过非正常渠道向政府表达诉求。虽然自由职业人员目前尚未造成较大的社会问题，但现实困境往往是激发思想和情绪波动的导火索，从国外的经验教训来看，很多工作必须未雨绸缪，事先谋划。

三 开展新的社会阶层工作需要认真处理的三大关系

通过创新的模式以组织为载体对新社会阶层人士进行有效引导和管理服务是统战工作和群团工作的重要部分。从课题组调研的情况来看，各地的统战部门和群团组织已经结合地方实际在与新社会阶层的接触、引导和管理方面进行了不同的尝试，甚至有些已经开始着力调整自身的组织形态和工作方式。许多地方的创新性探索已初步形成了整体性推进的要素和条件。课题组认为，在实现对新社会阶层的有效引导与管理服务中需要认真处理好三大关系。

1. 强弱群体和强弱个体的关系

新的社会阶层人士主要集中在党外、体制外，共同的组织难题是人难找、人难统、人难聚。开展他们的工作，传统联系动员渠道作用有限。从我国的现状来看，新社会阶层的四个群体各有特点，在实际工作中我们还是联系强的多，服务弱的少。原因在于强人士或强组织与我们的关系好，联系强者，效果比较显现。但是，强人士或强组织由于与我们走得过近，自主性相对较差，在新社会阶层中的号召力相对较弱。当然，这几年在具体工作中，统战部门和群团组织也扶持过一些弱人士和弱组织，现在来看，其实不少弱组织并不弱，有可能是弱势群体的强组织或弱势个体的领头羊。因此，我们需要辩证分析新社会阶层中强弱力量的对比关系：究竟是服务强势群体的强人士或强组织，还是服务强势群体的弱人士或弱组织？是服务弱势群体的强人士或强组织，还是服务弱势群体的弱人士或弱组织？在资源有限的情况下，我们联系和服务的对象需要在这两个维度四个方面做出取舍。有些社会组织，例如一些官办协会和联谊会，虽然有政府支持，但其实是强势群体的弱组织。而一些关注留守儿童、单亲家庭的社会组织，反而是代表弱势群体的强组织。在新的社会阶层中，这四种情况或多或少都存在，从抓骨干的角度来说，和强的联系最有效，但容易造成一家独大的局面，不利于团结广大新的社会阶层人士；但和弱的联系，培育期比较长，影响因素也比较多，未来效果不好确定。

如何统筹好强弱群体和强弱个体关系，如果以传统工作模式去考虑问题，这四个方面当然是矛盾的，但是如果不从以支配性为诉求的、单维权力运行模式的、平面化的、同心圆型组织形态来思考问题，而是换一个角度，以引领性为诉求的、多维权力运行模式的、立体化的、枢纽型组织形态来开展工作，可能视野就会完全不同。构建枢纽型组织形态，意味着统战部门和群团组织不再仅仅是一个具有管理职能的机构，还是一个资源集散的平台，通过将存在于不同类型群体之中的资源盘活为互补性资源，在不同群体之间进行有效供给；意味着统战部门和群团组织与新社会阶层之间不再是领导与被领导关系，而是服务和被服务、引领与认同的关系；意味着统战部门和群团组织与新社会阶层之间在资源给予方面不再是直接支持，而是进行培育。

2. 责任追究和有限豁免的关系

在课题组调研中，我们发现个人政治风险以及党政相关部门的责任追究是统战部门和群团组织与新的社会阶层代表人士接触时的重要顾虑。许多统战干部或群团干部因为有承担责任的可能性而中止了与新的社会阶层代表人士的接触，甚至将已经建立起来的一些接触与合作机制撤销，使新的社会阶层的整合进程发生倒退。此外，很多统战部门和群团组织与新的社会阶层代表人士的合作都是建立在个人相互信任的基础上，如果相关部门对于统战干部或群团干部的要求过于苛求（比如要求提供代表人士联系的内部信息）会破坏掉这种信任，使好不容易建立起来的与新的社会阶层代表人士之间的合作难以维系，甚至使整体工作受到影响。新的社会阶层人士背景复杂，所涉及的人员范围极其广泛，统战部门和群团组织所掌握的资源有限，在与这些人士进行接触时很难完全避免其间可能出现的负面因素。不可否认，新的社会阶层中确实有一批有影响、有个性的人，他们对党和政府有一些自己的看法和意见，但是对这些人不能轻率定性，不能轻言放弃，更不能简单排斥，要最大限度地争取共识。绝大部分新的社会阶层代表人士出发点都是好的，能够为社会带来正能量，不能因为少量可能存在的风险而阻碍整个新社会阶层的整合进程。

课题组建议，对于密切联系群众的统战部门和群团组织，可考虑给予适度的豁免权以鼓励其大胆进行实践探索，而对于工作中可能存在的风险，则应当通过正面的方法（如由安全部门或公安部门提供信息支持）来降低危害发生的可能性。当然，这种豁免绝不是无限制的豁免，统战部门与群团组织在与新社会阶层代表人士的接触中也应当维持足够的审慎，使这种接触成为"大胆而有责任"的接触。这其中的"度"，可由党组织具体把握。

3. 重点培养和普遍撒网的关系

做好统战工作，一靠政策，二靠人物。有了好的统战政策，还要重视关键人物的作用。新的社会阶层广泛分布在非公有制经济的各个领域中，由于缺乏国有企事业单位所具有的组织渠道和工作渠道，以及一定的成长台阶和舞台，其代表人物主要是靠自己的实力自然形成，具有很强的自发性。从政治角度考虑，对这个社会联系广泛、思想文化影响力强的知识群体代表性人士的产生，不能袖手旁观、无所作为。为了增强党对新社会阶层的凝聚力，加强对他们的政治引导，有必要采取切实措施在新社会阶层中物色、培养和选拔高素质的代表人物，以强化这个阶层的自律功能。针对目前的实际情况，我们应主动深入他们中间建立联系、疏通渠道、了解情况，为推荐人才做好基础性工作。课题组调研显示，目前新的社会阶层对自己群体内"领袖人物"的要求是：一是，既有很强的专业能力，又有高尚的职业道德；二是，既有与政府对话的机会和渠道，又有代表本行业说话的勇气和能力；三是，既能对内凝聚人心，又能对外树立形象。他们希望"领袖人物"具有相当的权威性，不仅在业内，而且在社会上也能代表本行业受到各界的尊重。三点要求体现了一种阶层意识的萌生和发展。

在紧抓新社会阶层领袖人物培养和选拔的工作中，一方面，我们要前置工作重心，尽早掌握主动权。应该在新社会阶层人士的成长期而非成熟期提前介入，有效有序扶植，等到成熟期才开始联系并施加影响，难度就会增大许多。因此对于统战部门和群团组织而言，青年代表人物的物色、选拔应作为工作重点。新的社会阶层人士中最活跃的年龄段集中在 20 ~ 40 岁，这个阶段事业在成长期，价值观在形成期，这个时候介入往往会收到事半功倍的效果。另一方面，我们也要看到，代表人物的培养是长时间、有风险的，不能一蹴而就，不能以功利为导向，更不能简单地做投入－产出分析。对新社会阶层代表人物的培养也不应只关注个别重点人物，奢望短时间个个见效，只需提前介入，放长眼光，敞开胸怀，把代表人物紧紧团结在我们周围，让他们始终不远离我们的工作视线，让代表人物成为我们的朋友，进而联系和影响他所在的群体和组织。我们要学习党在革命时期做统战工作和群团工作的经验和做法，平时不动声色、战时建立奇功，确保新的社会阶层代表人士与统战部门和群团组织保持密切联系，建立稳定的沟通和信息渠道，关键时刻能够把他们拉到党委、政府的周围。

四 引导和整合新的社会阶层的三个路径

新的社会阶层人士的思想复杂性、结构不稳定性以及组织薄弱性为统战工作和群团工作带来一定挑战。从社会发展的趋势看，未来联系、吸引、引导和整合新社会阶层可考虑以下三个路径。

1. 基于共容利益的整合①

随着市场经济的发展，当前社会越来越呈现明显的利益导向，社会中个人或组织的行为从最根本上讲是由利益驱动的。因此，要整合新社会阶层人士，就必须在"体制内"的统战部门和群团组织与"体制外"的新社会阶层人士之间找到共容利益，在共容利益的基础上实现整合和共同发展。在当前改革开放的时代背景下，共容利益就是经济发展和社会服务。对于统战部门和群团组织来说，虽然不直接和经济工作打交道，但是最终目的都是服务经济社会发展，进而为中华民族伟大复兴的中国梦贡献力量。而新社会阶层人士均承担着一定的精神文化生产或参与社会建设的功能，内心推崇和具备"爱国主义"情愫。因此，统战部门和群团组织可以通过与新社会阶层在经济发展、文化建设和社会服务等方面的合作，实现对新的社会阶层的整合。

2. 基于优势资源的整合

作为政治体系中的组织，统战部门和群团组织拥有新的社会阶层所不具备的各类资源，而其中很多资源是新的社会阶层成长和发展过程中不可缺少或急需的。因此，通过资源吸引，统战部门和群团组织能够实现对新的社会阶层的整合。一是合法性资源。绝大部分新的社会阶层人士都希望得到官方的认可，特别是中介组织和社会组织从业人员以及自由职业人员，获得官方认可有利于其个人和组织的成长，也有利于进一步获得社会的认同。此外，还有相当一部分新社会阶层人士希望加强与统战部门和群团组织的接触，获得一定的政治身份。二是信息资源。统战部门和群团组

---

① 奥尔森在《权利与繁荣》一书中提出"共容利益"（Encompassing Interests）概念。在奥尔森看来，一个繁荣的国家需要协调好政府与个人的关系，这就需要首先界定政府和个人的权力边界，通过明晰的权责激发个人创造力，进而促进社会分工和既有广度又有深度的贸易。这样，每个人都能在社会经济活动中发挥作用，都能从"集体行动"中获得激励，社会成为一个大的"共容利益"体，整个社会也就越来越繁荣。详见奥尔森：《权利与繁荣》，上海人民出版社，2014。

织本身就是权威信息的发布渠道，同时还有能力通过各种渠道获得更为丰富的社会信息，从而为新社会阶层的职业发展提供帮助。三是平台性资源。新社会阶层在整合资源、服务社会方面虽存在种种困难，许多情况下统战部门和群团组织不直接掌握资源，但可以通过构建平台，如信息交流平台、组织合作平台或资源共享平台等，促进政府部门和新社会阶层之间、新社会阶层和其他阶层相互之间的资源互补和对接。

3. 基于价值认同的整合

统战部门和群团组织可以通过推动具有社会引领性的意识形态，与新社会阶层人士形成价值共识，从而奠定合作基础。现代社会中的意识形态分为三个层面：政党意识形态、国家意识形态和社会意识形态。统战部门和群团组织可以借助于政党意识形态和国家意识形态，构建具有引领性的社会意识形态，从而获得新阶层人士的认同并实现整合和引领的目的。在多元社会条件下，新社会阶层人士往往容易感受到认同的缺乏，也正是基于寻找文化认同而在其内部形成了许多细分群体，绝大部分新的社会阶层人士是希望在组织中找到一种认同感的，同时很多新的社会阶层人士也具有一定的社会责任感，因此统战部门和群团组织如果提出一些具有社会引领性的思想理念，是能够获得新社会阶层内心的认同和支持，构建一种基于共识的价值整合机制的①。

（本文原载于《中国青年研究》2016 年第 11 期）

---

① 新社会阶层江苏研究基地课题组：《新社会阶层的政治认同研究》，《江苏省社会主义学院学报》2014 年第 5 期。

文化新阶层的群体特征、
社会功能与发展趋势研究

——基于北京、上海、成都三地的实证调研

　　当前，文化领域新的社会阶层在全球信息化浪潮与国内的经济体制改革中分化出来，又反过来成为文化领域的变革者与推动者。同时，文化新阶层人士主要来自体制外中产阶层，他们的经济能力、社会资本和文化资源都具有较高水平。2001 年，"新的社会阶层"的基本概念首次提出："民营科技企业的创业和技术人员，外资企业的管理技术人员、个体户、私营企业主、中介组织的从业人员、自由职业人员"①。2016 年 7 月，中央统战部"八局"——新的社会阶层人士工作局正式成立。2017 年 9 月，习近平总书记在党的十九大报告中强调，"发挥新的社会阶层在中国特色社会主义事业中的重要作用"②。这表明，党与国家高度重视新的社会阶层及其作用的发挥。

一　研究设计与调研过程

　　受原文化部委托，笔者带领课题组于 2017 年 3 月启动对文化领域新

---

① 北京市邓小平理论研究中心：《新的社会阶层也是有中国特色社会主义事业的建设者》，《求是》2001 年第 19 期。

② 习近平：《决胜全面建成小康社会　夺取新时代中国特色社会主义伟大胜利——在中国共产党第十九次全国代表大会上的报告》，《中国经济周刊》2017 年第 42 期。

的社会阶层研究工作。根据学界的划分，课题组将文化领域新的社会阶层分为四个类型：（1）民办非营利机构管理人员（包括民办博物馆、图书馆等经营管理者）；（2）民营文化企业管理人员（含小剧场经营者、民营院团经营者、文化投资人等）；（3）网络文化从业人员（含网络主播表演、动漫游戏策划研发人员、电子竞技选手、相关公司或行业组织负责人等）；（4）文化领域自由职业人员（含策展人、独立音乐人、自由美术画家、音乐制作人等）。

研究方法上，采取了深度访谈、座谈和参与式观察三种方式来丰富一手资料的收集。其中，调研地点走访了文化产业较发达、新阶层人士偏好聚集的北京、上海、成都三地，与四类研究对象中具有代表性的人士进行了一对一的深度访谈，每次访谈时长为2~3小时，记录深度访谈报告40篇；与此同时，在北京、上海、成都三地与文化领域新的社会阶层人士进行了6场座谈会，座谈会交流人员共90余人。

二 文化新阶层的群体特征

随着我国文化事业的快速发展，在网络技术"平权"的过程中，传播门槛不断降低，文化领域新的社会阶层由于本身的知识优势、技术优势和文化优势，是与社会大众，尤其是青年人接触最为紧密的群体。但因其出身"体制外"，对执政党在感情上天然较为疏离，其在自己的创作领域又往往追求标新立异、独出心裁。因此很有可能成为影响大众价值观念的"路由器"和引领多元社会思潮的"扩音器"，是新时代我们做好意识形态工作和思想文化工作的关键节点。总结调研结果，文化新阶层呈现七个特征。

1. 人口结构上，人员年轻化，分布范围广，规模增长快

从年龄层次来说，文化新阶层以"70后""80后"和"90后"为主。通过分析人口普查数据（第6次）得知，我国文化产业从业人员年龄在24岁之下、25~34岁、35~44岁人员的比重累计达到78%（分析

方法：以职业为标准，划分出属于文化领域的十个产业从业者，剔除其中国有企业和事业单位人群，计算年龄分布）①。可见，新社会阶层是一个正处于"成长期"的社会阶层，其心理特征、思维模式和行为方式具有青年的鲜明特点。而其中不同年龄层次的人群又存在一定差异化特征：首先，"70后""80后"的文化新阶层人士在自己的专业领域内脚步更加坚定。他们多走上了民营文化组织的管理岗位，是历经市场经济优胜劣汰后仍继续坚持从事文化工作的一批人，对行业发展规律十分了解，对文化行业更需要何种政策有较为系统的见解，并开辟了许多新的领域，如儿童阅读推广、盲人电影院、音乐剧版权引进等，使传统的文化产业链进一步细分。与此同时，"90后"新的社会阶层人士在新时代下成为具有影响力并不断强大的新生力量，往往成为引领文化潮流的风向标。"95后""00后"等"网生代"（1994年4月20日，中国互联网正式接入国际互联网，这里用网生代来指代"95后"青年。）青年更偏好于进行自我宣传、自我营销，并催生了大量新的职业，如网络主播、全民制作人、电子竞技选手等一批与互联网共生的职业形态。

从分布范围上看，文化新阶层集中分布在文化中心城市，与经济中心有一定联系但略有不同。北、上、广、深、蓉、渝占该阶层的70%左右②，其中北京占据着民营文化机构人员的绝大多数；而网络文化从业人员、自由职业人员则更偏爱如成都、武汉、杭州、厦门等二线城市以及大理、丽江、凤凰等一些具有文化气息的古城。文化新阶层虽以大城市为核心，但其活动范围呈辐射状态，如一批独立音乐人每年到全国各地开展巡演，非遗传承人频繁进行文化交流活动。地域上的分布广泛性加大了管理服务的难度，对跨地区管理工作提出了挑战③。

---

① 国家统计局网：《文化事业建设不断加强、文化产业发展成绩显著》，http://www.stats.gov.cn/tjsj/pcsj/rkpc/6rp/indexch.htm，2018-02-20。
② 廉思、冯丹、芦垚：《当前我国新社会阶层的特征分析、杠杆作用以及工作思考——关于新社会阶层的调研报告》，《中国青年研究》2016第11期。
③ 黄天柱：《新的社会阶层的政治参与：价值、特点及引导》，《上海市社会主义学院学报》2014年第1期。

就人员规模而言，文化新阶层人士从事行业囊括了演艺业、娱乐业、动漫业、游戏业、创意设计业、网络文化业与文化会展业等多个产业，人员规模有扩大趋势。2015 年，数字文化企业增长 58.5%，高于平均注册数 27 个百分点。比如阅文集团自成立至今吸纳了 400 万名写稿人，电台直播平台喜马拉雅如今已汇集 10 万名网络主播[1]。网络文化产业创造了海量职业岗位，给一批新兴文化人才提供了施展一技之长的舞台。

2. 人员划分上，民营文化机构与自由创作个体"交叉共存"

文化领域新的社会阶层从组织资源的分层上大致分为两类：第一类是来自民营文化机构的管理人，包括民营文化企业管理人、民营文化非营利机构管理人。这类人多为所在机构的创始团队成员，属于公司的核心成员，已经从事文化领域较长时间，对行业了解的程度较深，不仅对公司内部至关重要，在行业内也能产生一定的影响力。（OLFWK："创始人在不在，还是不是待在这个公司，对于公司的影响都非常大。因为好多读者都是冲着创始人去的，像颜开老师、周洪滨老师。读者很多都是一直追着他们的漫画看了很多年。"）[2]

第二类是从事文化工作的独立个体，包括网络文化从业者、自由职业者。他们大多数掌握一定的专业技能，可以仅靠自身完成作品创作，并且其中的知名人士具有"明星效应"，其作品与个人自身都能产生较大的社会影响力，其公开言论受到较多关注。但个体之间的串联以"小圈子"为主，一旦其自身权益受到侵犯，就会出现力量薄弱、渠道闭塞、维权能力弱等阻碍。（PLFWD："我希望演出家协会或者政府能够建立一个独立音乐人艺人池，艺人可以分不同级别、不同类型，由此去宣传组织协调独立音乐人群体。政府或者体制内的组织应该与他们独立音乐人多沟通，多给他们一些发展建议和发展机会。"）

---

[1] 中国经济网：《中国数字文化产业未来发展面临三大趋势》，http：//www. ce. cn/culture/gd/201707/21/t20170721_ 24353644. shtml，2017 – 07 – 21。

[2] 本文引用内容均摘自课题组与研究对象的访谈记录，对访谈对象的真实姓名进行了隐藏，编码均采用质性研究的字母随机编码方式。

实际上，这两个人群之间并非以相互隔绝的真空状态存在，相反，在现实业务中需要频繁接触，交叉共存。当前，文化机构与创作个体的合作空间不断扩大。民营文化企业不断拓展多领域业务，与相关的多个企业跨领域合作不断加深。以"影游联动"的商业模式为例，影游联动的实质是在泛娱乐产业中，寻找电影和游戏双载体的合作空间，开辟互动娱乐生态，以期收入和口碑的双赢。因此，这就要涉及电影制作公司、影视演员、网络游戏公司、签约小说家与网络视听平台等多主体的跨领域合作。比如阅文集团旗下总计注册作者200万人①，说明除泛娱乐合作模式之外，各大网络平台成为自由创作个体的主阵地，吸收了大量的自由职业人员。

除此之外，机构与个体合作愈加呈现"双向选择"态势。一方面，民营文化机构与自由创作个体通过签约、版权购买等方式进行合作，比如电影、动漫公司购买一些网络作家、独立歌手、美术创作者的原创作品，获取其原生的用户流量，在人物原型或故事框架的基础上进行再创作，打造新的文化产品。另一方面，大多数自由创作个体也需要依托民营文化企业特别是网络平台公司扩大自身影响力。比如网络主播离不开网络直播平台的打赏与粉丝量，独立音乐人的音乐作品也需要借助音乐播放平台进行宣传来获取自身的流量。

3. 空间分布上，呈现"中心城市培育、全国范围流动"模式

由于文化的发展离不开经济环境的支持，民营文化机构的创业首选地大多需要具备两个要素，一是创业资金来源，二是持续造血能力。因此大多数民营文化机构都将创业基地选择在了北、上、广等中心城市。截至2016年末，158家中国上市游戏企业中，北上广三地就占到54.4%②。就创业资金来源来说，首先，中心城市的市场孵化能力更强，很多中小规模的民办文化企业创始人都是从国有的文化企业分离出来的，能够利用自由

---

① 中国产业信息网：《2015～2016中国泛娱乐产业大规模发展及重点发展方向分析》，http：//www.chyxx.com/industry/201608/437598.html，2016－08－12。
② 方亭：《从动漫流行语解读中国青年亚文化的心理症候——以"萝莉""伪娘""宅男/宅女"为例》，《中国青年研究》2011年第1期。

资金、风险投资等一系列资源进行项目启动。其次，大城市关于文化产业的扶持政策为其提供了便利。截至 2015 年年底，北京已形成的十个大型文化产业园，聚集了 117 万文化创意从业者①；上海在 2015、2016 年先后出台了两大资金申报政策。在持续造血能力方面，大城市的产业链相对完整，对文化领域新的社会阶层人士影响力的放大、运营的变现、发展有着优化升级的作用。虽然中心城市培育了数量众多的文化从业者，但文化消费者来自全国市场，2014 年网络直播市场规模达 54.3 亿元，用户 1.79 亿人，三线及以下城镇用户占比高达 66.0%，二线城市用户占比 25.5%，一线城市用户占比仅为 8.5%。（OMFLE："我们 2009 年在北京成立，通过开图书馆的方式让阅读到达更多的家庭，全国已经开了 700 多家图书馆，在 30 多个城市实现全覆盖，连西藏都有我们的图书馆。在每一个城市都是遇见一个愿意跟我们做一样事情的人，然后在他所在的城市去落地，然后按照我们一整套体系开展，到不同的城市去开更多的图书馆，让更多的孩子爱上阅读。"）为了推广自身品牌，文化领域新的社会阶层人士不断地游走于全国各地乃至国外宣传、演出、交流或设立分支机构从而扩大自身影响力，这无疑增加了政府部门的管理难度，但是提高他们对政府的认可度，能起到事半功倍的效果。

4. 影响范围上，向社会发声的"强"能量场与政治表达的"弱"话语权并存

21 世纪，文化产品逐渐成为一种"人人需要"的"生活必需品"，该属性特质决定了其市场消费的潜力，而互联网重塑了文化消费的方式。硬件条件使一种文化产品实现了"人人共享"，中国社会的文化消费观念已经形成，尤其是"90 后"与"00 后"在成长中接触到了大量国际上的"文化舶来品"，"优质"与"新鲜"的内容使他们身先士卒，成为亚文化传播的先行者。这些前沿文化产品打碎了原先的主流文化市场，让流行风向标不断向非主流市场倾斜，如二次元、民谣、短视频、手游、小剧场

---

① 山磊：《海派文化与社会主义市场经济的有机结合——上海新的社会阶层人士的成长特点初探》，《科学经济社会》2015 年第 3 期。

的消费族群的规模已然越来越大。以二次元为例，二次元受众更多分布于"90 后""00 后"的年轻族群，他们偏向消费"宅、腐、萌"作品，二次元人均月消费达 1700 元[①]。虽然属于亚文化现象，但在"90 后"与"00 后"年龄层的影响近年来呈现爆发式增长，目前中国的泛二次元群体超过 2 亿，向二次元市场的资本流动日益加速。

　　然而，相比其社会发声的"强"能量场，文化新阶层人士向政府表达的声音却如米粒之珠。一方面，长期以来文化新阶层人士大多被"隔离"在体制外，往往将自身定义为"非主流文化"，导致了之前较强的政治疏离感，渴望更健全的法制来保障自己的权益。另一方面，越来越多的文化新阶层人士对大环境保持乐观心态与理性思维，理解拥护政府的制度与政策，并且渴望向政府传递自己的声音。由于数字文化经济的快速发展，制度与规范的制定跟上新的现实问题存在一定难度，许多行业不公与乱象使新阶层人士成为利益受损者。（KFLWD："没有太多和政府部门接触的机会，一般都是音乐节主办方去接触，我们只能和主办方沟通，以及做好自己的表演。唯一存在的直接接触，大概就是发行唱片时要经过文化部门的审批，以此来取得正规版号。虽然自己的乐队作品几乎没有出现过'内容不过关'这种情况，但还是希望审批可以再放开一点。"）

　　5. 思想观念上，坚持"价值多元"与"文化多样"

　　文化领域新的社会阶层中绝大多数为非党员，在政治立场上持"价值多元"态度，在创作态度上坚持"文化多样"，认为中国的思想文化市场理应是百花齐放，兼容并蓄，而不应只被某一种或几种文化和价值观占据垄断地位。一方面，他们强调建立风格鲜明的符号系统，认为具有一定的先锋性、批判性的思想有益于社会健康发展。目前该群体的主导价值观分为两种导向，其一是个体导向，或从主观的感性世界出发去表明自我态度，或利用新的形式架构去传达思想。如独立制片人、独立音乐人、自由创作画家，非遗传承人

---

① 崔月琴、刘秀秀：《从"单位人"到"自由人"——我国自由职业者生存特征的社会学分析》，《福建论坛》（人文社会科学版）2008 年第 12 期。

等创作的作品主要面向小众市场，原创性较高，极具个性风格。例如现代剧从高行健、林兆华（《绝对信号》，1982）开始，经过熊源伟、张献、孟京辉（《等待戈多》，1991）等，直到沈林、黄纪苏、张广天（《切·格瓦拉》，2000）等人成为中国当代戏剧的"先锋"和"前卫"的代表，他们致力于对戏剧表达艺术上的创新，而非意识形态上的反叛；另一种为市场导向，他们善于抓住市场偏好，引导流行趋势，如网络游戏公司、网络视听平台与网络直播平台。另一方面，文化新阶层人士的政治敏感度较高，他们在从业过程中大多遇到过"内容监管"方面的问题，对于政治"红线"保持着较高的警惕。（LDPFW：在内容方面，政府也没有告诉我们什么内容可以做，什么不能做。结果我们好多事情都不敢做，因为我们不清楚政府的底线在哪里，不知道这个度怎么把握，这是我们很大的困惑。）大多数新的社会阶层人士还处在个人或机构发展的初创阶段，不愿更不敢站在体制的对立面，而更多地将体制内文化机构比作"主动脉"，把自己比喻为"毛细血管"，应成为主流文化的补充。（KFLWE："如果有机会，我也希望作为新一代文化人进行发声，表达行业同仁的意见。音乐有不同的风格，音乐人也个性迥异，我建议选取若干有代表性的代表来发声，尽量扩大类别，减少集中化，这样的方式可以获取到最全面同时也是最真实的声音。"）

6. 资源分配上，收入差距扩大，阶层内部"长尾"现象逐步显露

当前，文化领域新的社会阶层内部在资源占有上呈现"金字塔"形态，民营文化机构规模主要与其先天的资本存量挂钩，而自由创造个体则主要与"流量"（这里指该主体能够直接或间接影响的用户数量）挂钩，在其发展过程中，只有创造更多的"人气"才能增加文化产品的变现能力。音乐市场方面，68.8%的独立音乐人通过音乐本身获得的月收入低于1000元，其中50.3%来自较为不稳定的演出收入，而高人气演员、歌手单场演出费与其相差达到500倍左右[①]。虽然阶层内部差距较大，但是文

---

① 网易云音乐：《2016 中国独立音乐人现状报告》，http：//ent.163.com/16/1128/13/C6V9CSSV000380CJ.html，2017 - 8 - 1。

化领域的阶层流动性与开放性优势也十分明显，不乏"草根"转眼跃升为"网红"的现象。《董小姐》《成都》等歌曲从小众民谣到大江南北的广泛传唱，Papi酱的迅速蹿红等先例都鼓励了更多年轻人进入文化市场。因此，除了原先的头部市场外，80%的文化新阶层人士形成了"长尾"，不断细分如直播、音乐、小说、动漫等各板块的尾部市场，并生产了众多"小而精"的作品，通过培养自身的特定受众聚沙成塔，形成了小市场的规模效应。网络自媒体方面，当前粉丝群较广泛的如专为都市白领提供情感慰藉软文的"咪蒙"，借萌宠载体撰写吐槽段子手的"回忆专用小马甲"，还有受众群为女性、以教授恋爱方法为主的"ayawawa"等层出不穷；民营院团方面，全国民营院团总量从2010年的6800多家增长到目前的8000多家，增幅超过17%，绝大部分为家庭式、个体组合式的松散型、单一型、非职业化的民间演出队；民营剧场方面，民办团体的演出活动主要分布在小剧场、体育馆、酒吧、公园等非正式演出场所内。这种"长尾"趋势的逐渐显露并未改变弱肉强食的市场规律，而是富足经济下满足个性化需求的产物，也是对文化市场的一种补充与发展。正是由于文化领域新阶层"尾部"的人数多、范围广，就更需要制定新的市场规范来变其负外部性为正外部性。（LFPEC："写歌其实就是传达自己的一个内心，对生活、对爱情等等的态度……有的人喜欢我的音乐，他们因此获得心灵愉悦，有的甚至在里面找到他们自己的影子，也算是一种情感寄托吧……我们不需要去骂社会，因为时代已经变了；我们也不需要去迎合政府，因为我们也不是主流音乐人。"）

7. 发展模式上，与体制"权威"竞争形成该群体强烈的"鲶鱼"意识

数量众多的民营文化机构管理人与自由创作个体在发展中面临着与体制内"权威"竞争的阻力，他们深知在硬件方面的资源与体制内机构存在较大差距①，从而在创新性、高效性等软件方面力争上游，期望在产出

---

① 新社会阶层江苏研究基地课题组：《新社会阶层的政治认同研究》，《江苏省社会主义学院学报》2014年第5期。

端能有公平公正的竞争环境。（PFELW："最重要的一点就是我们遭歧视，遭白眼，这个形成的不是说主管部门，也不是说政府形成的，是老百姓形成的，因为人家要拿你的画去送礼，先问你这是谁的？这是中国美协主席的，那价格就高啊，大校画的和将军画的那价格就不一样。"）受访对象反映，成立初期常常受到工商注册、税收、土地租用三座大山的困扰，特别是民办非营利机构需要依托大面积用地，但是公益性又使其资金来源极为不足，很多企业因此夭折。正是因为文化新阶层人士在文化市场上与"权威"相比优势明显不足，他们从一开始就有着强烈的"鲶鱼"意识，即负激励让其产生的危机意识，倒逼其对自身的效率和能力要求严苛。（LMELC："当我们看到盲人图书馆享受着土地资源、财政支持和政府宣传，但都没有能将这些资源最大化地利用，我们却还要自筹资金自己去租赁场地，自己去购买专业设备，这种苦涩只有我们自己心里明白。"）他们必须更注重文化产品的品质与精雕细琢，做到内容监管上的自主审查、自我把关。在市场优胜劣汰中，许多优质机构、个体通过自身努力做到了逆流而上、脱颖而出，建议政府对这部分人士予以重点关注，可将其列为"工匠精神"具体化的案例，对鼓舞更多优秀人才、作品涌现有着积极作用。（BILED："虽然有些人会存在先天的阶层优势，但我们还是需要去相信未来的路会越来越好，这个社会还是有很多很多正能量的，我们也要以一个积极的心态去面对这样的问题。就像我们有时候坐在地上吃着盒饭，真的感觉自己赚的可能比农民工还少，但我们真的需要相信戏剧行业会越来越好，不然的话我们怎么能进行得下去现在的工作呢？"）

三 文化新阶层的社会功能

对于文化领域新的社会阶层，党和政府不能以"老眼光审视新事物"，要从社会经济发展的一般路径和文化事业繁荣的普遍规律来认识该阶层产生的社会基础和发挥的主要作用。课题组认为，文化新阶层的主要功能有如下几个方面。

1. 社会思潮的扩音器

文化领域新的社会阶层大多是具有一定特长的"小文青",特别是新媒体从业人员作为多元信息的第一时间接触者,向公众展示的重大事件、关键信息与观念价值极大程度上影响大多数人尤其是年轻人的判断,引导着社会舆论的风向。与此同时,越来越多的新的社会阶层人士媒体有意区别自身与传统文化领域人士媒体的态度,或是从"做更有态度的新闻"角度出发解读热点,或是为用户定制个性化的内容。反过来说,新媒体平台因其互动性特点鼓励每一个人成为新闻的生产者,因此他们实际上掌握着海量的社会思想动态,在话语权上有着后发优势①。

2. 培育观众的孵化器

文化新阶层中很多人士是在见证了许多发达国家文化产品的丰富、发现了我国文化产品的相对匮乏后,以"培养观众"为初心出现的。西方的实验文化作品是以反对传统、反对商业的姿态出现的,而我国的先锋文化肩负着留住审美嗅觉敏锐的观众、避免多元文化市场进一步萎缩的使命,表现了文化新阶层人士在危机中艰难探寻当代文化出路的意图,是文化从业者留住观众的一种真诚的努力,也是文化新阶层人士的群体自救。

3. 中国自造的发电机

互联网降低了文化创作的准入门槛,增加了创作人员的基数,让吸引观众的创意精品不断脱颖而出。2015 年,与数字文化产业领域大量交叉融合的文化、娱乐业新登记企业 10.4 万户,增长 58.5%,远高于 21.6% 的平均水平,形成孕育新型文化的土壤②。其中网络文化更是自由就业活跃的典型领域。在未来,为更多本土文化作品"百花齐放"创造空间,孵化更优秀的文化品牌"走出去",是提高"中国自造"水平的有效途径。

---

① 李春玲:《新社会阶层的规模和构成特征——基于体制内外新中产的比较》,《中央社会主义学院学报》2017 年第 4 期。

② 张海东、陈群民、李显波:《上海新社会阶层人士调查报告》,《科学发展》2017 年第 3 期。

4. 负面能量的报警器

在文化新阶层身上，体现了价值理念与利益获取的三大对冲点：即对艺术的高追求与对收入的高期待"共生性并强"；实现个人价值的内生力与满足观众需求的外驱力"双核型并重"；从业方式的灵活多样与职业发展的焦虑压力"矛盾式并现"。这三对关系使得该阶层一直处于理想和现实的巨大落差之中，进而导致了新的社会阶层在艺术形式的表达上容易产生负面情绪。在现实生活中，有些文化新阶层人士缺少大局意识，过分强调实现自我价值，功利化倾向十分明显；甚至有些人一旦遭遇社会不公，就会进行负面情绪转嫁，表达对政府的不满，通过非正常渠道向政府表达诉求[①]。

四 文化新阶层的发展趋势

一批体制外文化人士的社会影响力已经显著增强，对比体制内机构，他们创造与传播的文化产品对年轻一代发挥着巨大的引力作用。这意味着，在文化产品的供给上，体制内文化产品对社会的影响正在削弱，体制外文化产品通过各种载体和新兴平台，得以自我强化并将其影响力向全社会延伸。根据调研的情况，课题组认为，文化新阶层未来将呈现以下几个趋势。

1. 重塑"文化资本"内涵，无须赋权的权威初露端倪

在文化领域，伴随着传统职业、高学历等旧有阶层跃迁路径的逐渐弱化，以技能多元化、个人化、流动化为核心的"新专业主义"，和以个体跨界协作为主张的"新人脉主义"，正在重塑"文化资本"内涵，为未来的阶层划分提供崭新的思路和方向。对今后的文化从业者来说，将自己"卖身"给大型文化公司或文化机构、依靠组织资源勤恳攀升的从业者形象已经不具有吸引力，更加以个人能力为核心，自主、灵活、多元的文化

---

① 杨家宁：《新的社会阶层政治参与责任意识研究》，《当代青年研究》2012 年第 1 期。

职业规划将成为实现个体价值、提升阶层身份的新通道。

一般认为，传统意义上的文化工作者需要来自权威的赋权，如必须有组织依托，其晋升需要依托体制颁发的荣誉和认可作为背书等。而文化领域新的社会阶层的出现让我们认识到，他们在某一文化领域有了权威，但是背后却没有赋权，他们是自我赋权的阶级。以个体为核心进行的轻度、灵活的跨界协作正在成为文化领域新的生长机制。在这种新机制中，新的社会阶层突破了行业、职位、专业背景的藩篱，互相激发、协作、共创，大量以特定项目和产出为目标的文化产品研发出来，形成不断涌现的新型文创形式。

2. 线上文化传播打破地域限制，减小"涟漪效应"

互联网与文化融合程度的不断加深，减小了文化传播过去"涟漪效应"中的阻力，使得推广渠道呈现开放性、去中心化与低成本等特点，弱化了文化产品的受众限制。传统的文化产品会因地域的远近、传播成本的消耗而产生"涟漪效应"，大城市多年来都承担着文化产品集散地角色，其辐射能力随距离增加而递减。而随着互联网信息技术的更新迭代，媒介之间的渠道被打通，移动端逐渐成为文化集成者，只要在网络世界，每一个人都是文化的普及者。许多传统的文化企业也纷纷实现数字化，让公众难以接触到的"文物""古籍"都火了起来。在文化领域，互联网带来的远远不止传播的便利性，更重要的是它培养了"90后"与"00后"成为"网生代"的信息化环境。网络世界塑造了新的行为习惯和交流语境，激发了自我表达意识的觉醒，"网生代"更愿意成为这个时代的主角。

3. 文化新阶层注重互动仪式感，善于把握公众痒点

新的社会阶层人士作为文化生产者，在不断破除与消费者之间的无形壁垒，积极寻求反馈，甚至以观众的同理心来反思自身。以网络直播为例，在直播间中，一个小的物理空间可以成为维系网络主播粉丝社群的重要仪式，粉丝不仅可以表达自己对主播的喜爱，也可以看到主播的反应，当偶像（主播）注意到自己提出的问题并做出回应时，虚拟在场的兴奋

点就会产生，单向的个人崇拜会因受到关注转为情感互动。同样，"弹幕"文化也让观众参与并发挥功能，产生实时互动、知识补充、创造流行与情感反馈等多种"化学反应"。除此之外，民营小剧场、Livehouse、美术馆文化空间等都通过打造小型的空间，缩短与观众的距离感，使个人情感能量转化为群体的情感联结，抓住了"以我为主"的公众痒点。

4.兴趣圈层细分引发文化新阶层敏锐洞察，增强公众黏性

相比其他领域，文化领域新的社会阶层人士的从业出发点绝大多数源于兴趣，甚至很多人将兴趣作为一种"梦想"，这与当下个体意识的觉醒和萌发不谋而合，探索以兴趣为导向的精神世界也是新社会阶层自我实现的路径，他们认为休闲时间理应是从自己的兴趣中汲取养分，崇拜并且渴望成为某一兴趣领域的"大神"。当前，兴趣圈层已经高度细分，生活、音乐、游戏、动漫、时尚、舞蹈等仅能代表传统的大门类，现在的分类高度精准化和时尚化，如生活门类下的宅舞、美妆、萌宠等成为细分领域。文化新阶层人士善于洞察青年气息，构建"由兴趣聚合的文化社群"，培养一批"黏性高"的特定受众，反过来用自己的作品引领新的趋势，让每一部新作品出来都成为讨论热潮，建立兴趣圈层内的共同语言，营造强烈的圈子氛围。基于"格调"而聚拢的阶层和圈层逐渐成熟，而伴随着文娱产业爆发式发展，"品味"的内涵也在日渐多元。

5."流量"与"质量"之争成为文化竞争力的强烈冲突

虽然目前国内的文化从业者规模不断扩大，信息技术不断提高，但是文化产品的制作周期不断缩短，优质产品数量不多。这与文化产品的先天特质、市场规律与公民素质有较大联系。首先，文化产品本身的制作投入大，变现能力不强。一首歌、一本小说、一部电影乃至一个文化品牌，它们的前期制作成形与推广阶段几乎是纯投入，在有人愿意付费购买时才能实现其本身的价值。然而文化生产者在前期为了生存会压缩成本、缩短周期，因此文化产品的质量往往取决于从业者的个人情怀。其次，市场在文化领域就意味着人气，高知名度 IP 的"换汤不换药"可以依靠本身的"流量"，而精心制作一个全新的故事在推广上举步维艰，正因如此，"劣

币驱逐良币"成为一种较为普遍的隐性规则。最后，公众的文化素养是市场背后的逻辑。正因为低俗、恶趣味的内容在推广上常常能够取得数量优势，许多文化从业者会优先为了获取流量和资金支持而选择迎合受众，再逐渐提升层次，但是如果公众的品位和文化素养不往上提升，长此以往，"质量"则会被"流量"驱逐，成为牺牲品。

2015 年，中央印发了《关于加强和改进党的群团工作的意见》和《中国共产党统一战线工作条例（试行)》，这两份重要文件的出台，充分体现了以习近平同志为核心的党中央对新社会阶层工作的高度重视，是我国统战工作和群团工作的重要顶层设计。唯有进行正确的阶层分析，才能有精确的利益分配。寻找出自己新的群众基础并扩大这个基础，是共产党人在国家发展进程中的必修课。

（本文原载于《中国青年研究》2019 年第 1 期）

文化领域新社会阶层的利益表达：
困境与机制
——基于公共能量场理论的分析

新中国成立后，经济的巨大变革带来了社会阶层结构的阶段性转型。1949 年以后，中国将社会整体划分为"两个阶级一个阶层"——工人阶级、农民阶级和知识分子阶层。改革开放以来，中国开始从计划经济体制向多种所有制经济共同发展转型。同时，全球化不仅仅带来了国民职业形态丰富化、社会阶层多元化，也让既得利益者与新兴利益获得者在冲突与碰撞中寻求着平衡。原来较为僵化的阶层结构出现松动，区别于体制内知识分子的新社会阶层应运而生。2016 年 7 月，中央统战部"八局"——新的社会阶层人士工作局正式成立。2017 年 10 月，习近平总书记在党的十九大报告中强调"发挥新的社会阶层在中国特色社会主义事业中的重要作用"。这表明，党与国家高度重视新的社会阶层及其作用的发挥。

在新的社会阶层之中，文化领域的新阶层人士在社会治理中发挥着独特作用，其生活方式、价值取向和特性品质在各种新兴网络媒介的放大效应下（如网络直播和短视频平台等），被越来越多的新生代青年所认同和模仿。但同时，文化新阶层有意区别自身与传统文化领域人士的态度，他们掌握着海量的社会思想动态，在话语权上有着后发优势，却长期不被体制所关照和吸纳。因此，了解该群体的利益表达意愿、议题偏好与表达路径有助于我们认识新社会阶层的话语能力，构建从"体制外"话语到"体制内"话语的传输通道，更好地发挥社会主义协商民主的重要作用。

一 研究框架与方法

本文采用质性研究方法，运用福布斯和米勒的"公共能量场"理论，将相关的理论文献进行整理、提炼，并多次对比理论与观察、资料与情境。根据胡塞尔现象学的七步骤——发现特殊现象，研究本质，理解内在联系，解构现象中的意识，观察显性表现，暂时搁置意识，意义解释——对实证资料进行分析，从三方面着手对一手素材进行比较研究。首先，对利益主体与利益客体进行比较，探讨利益主体（即本文研究对象——文化领域新社会阶层）与利益客体（即公共部门、特定受众、社会公众）在角色定位与追求目标上的异同，探讨发生异同的原因，研究它们之间的相互作用与影响。其次，既定渠道与行动方式比较。在这个层面上主要对比体制内与体制外、惯例化与非惯例化的异同，研究差距及其产生的主客观原因。最后，基于公共能量场理论下的文化新阶层的表达阻力、机制与现状分析，发现契合其诉求的政策对话模式，并提出我们的思考（见图1）。

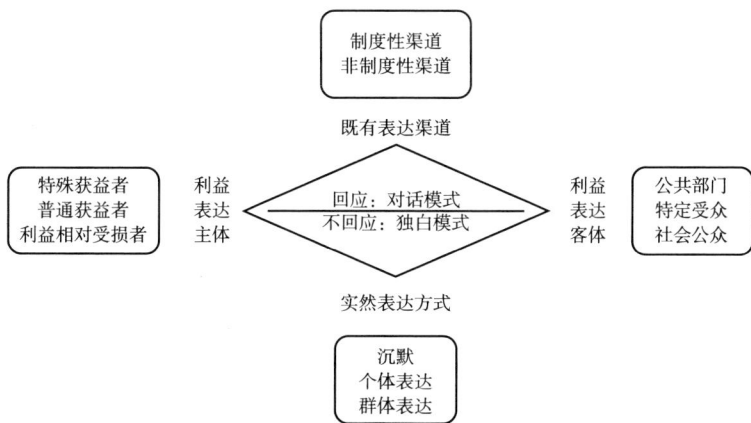

图1 研究框架结构

二 理论基础：公共能量场理论

福克斯和米勒将政策对话模式分为三种类型：一是少数人的对话——由权力精英控制政策讨论过程；二是多数人的对话——绝大多数人提出反对意见而很少有人给出解决方案；三是部分人的对话——一种真正有效的政策"对话"。他们以正当性话语标准为依据，对官僚独白模式、无政府的表现主义话语和真正民主的"对话"这三种形式进行比较分析，认为部分人的对话是民主、有效的政策对话①。

（一）公共能量场隐喻

福克斯和米勒从微观动力学中的电荷产生电磁场、电子与质子的相互转化受到启发，提出了"公共能量场"这个概念。它是指某一包含了多主体的情境中，不同主体在进入情境时就带入了意图、情感、目的和动机，这些因子构成的集合就是"能量场"。强调带入场的能量不仅仅是互动，而且是根本上的相互影响与共存。总结来说，福克斯和米勒将话语场所隐喻为一个能量场，入场的多元的话语形态在不停地聚集、导向或被削弱，从而发生着显性的现象。他们试图建构一种有效对话的新模式，给出了判断有效性的标准而非具体框架和建议。

在福克斯和米勒看来，能量场包含着情境、语境和历史性三个要素。其中，能量从物理学中隐喻了以潜能形式存在的一种内在作用力；"场"描述了主体意志下的历史积淀的意向和行为的集合。情境是一个时间截面，人们将当下的意图、情感和动机带入能量场时，他们共同面对的问题或事件即情境；语境指的是一个群体内部有一套话语体系，而外部的人难以得知或理解，将对话双方语境统一需要一个过程；历

---

① 查尔斯·福克斯、休·米勒：《后现代公共行政——话语指向》，楚艳红等译，中国人民大学出版社，2002。

史性是个人经历、社会潮流会传播并影响人们的意识，对他们的行为产生影响，使其意志与行为不断被修正，备受关注的信息在社会关系网络中流通。能量场不仅是行为者的交互活动，同时也包括他们带入能量场的动机及历史轨迹，可以说，解释问题就是能量场本身的一部分。

（二）政策话语的正当性依据

米勒和福克斯提出判断话语正当性需要四种依据：真诚；自主参与；切合情境的意向性；具有实质意义的贡献。首先，真实的话语需要对自己、他人真诚。他们把"不真诚"描述为官僚总是自负地将规则解释为利己主义的观点，并且剔除或忽略对话语认知上的不和谐部分。不真诚的诉求分成三种类型："不信任感；对不真诚诉求的辩护；工于心计的诉求"。其次，自主参与描述的是一种自愿争论、冒险甚至犯错误的状态——各参与者关注、倾听讨论进程和发表言说。自主参与的关键在于，是否具有持续参与的话语能力，参与者是否迫于外在压力而进入话语阶段。再次，切合情境的意向性意味着能量场中的言说者应从问题发生的情境出发，而不是从效用最大化的个人立场出发。在处理公共问题上，参与者应更关注集体逻辑，站在整体困境而非个人困境的立场上思考方案。最后，实质意义的贡献是指参与者能够推进对话的深入，聚焦解决方式、推进变革。

（三）利益表达的三种机制

以上述四种评判标准为参考依据，福克斯与米勒将公共能量场的对话模式分为三种：独白模式；多数人对话；部分人的对话[①]。其中，独白模式是一种极少数人的对话，类似于统治精英的操纵——政府机构或研究人

---

① 查尔斯·福克斯、休·米勒：《后现代公共行政——话语指向》，楚艳红等译，中国人民大学出版社，2002。

员，已经做好了问题设置并控制政策讨论过程，比如问卷调查、市民专门小组和政策分析等。而多数人的对话往往是彰显个性的盲目批判，如网络评论——无须负责的虚拟身份，没有达成共识的意识，以及不会集中探讨"下面如何行动"的问题。通过对以上两种对话模式的分析和批判，福克斯与米勒渴望建立"部分人的对话"——构建一个涵盖公共行政人员、智囊团、立法人员、利益集团与公民的政策网络机制，把拥有不同发言权的人包含在一个公共能量场内，使参与者的注意力集中在"下一步如何发展"的实质性问题上。见图2。

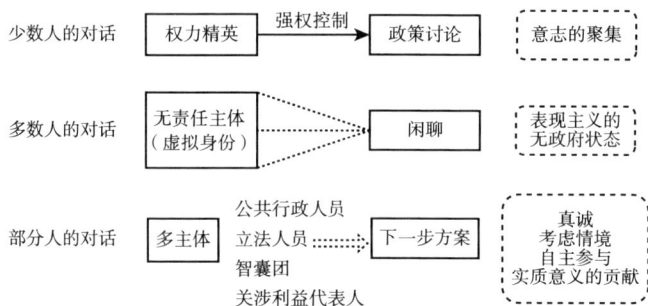

图2　公共能量场的三种对话机制

三　文化领域新社会阶层的利益表达困境

笔者在对"公共能量场"理论体系的梳理基础上，带领课题组赴北京、上海、成都三地10余处文化领域新的社会阶层人士工作及表演地点，选取了民营文化企业管理人、民营文化非营利机构管理人、网络文化从业人员、文化类自由职业人员四类人群中90余名具有代表性的人士，分别以"一对一"深访、座谈会、参与式观察三种形式进行调研。在形成40篇深访报告、6篇座谈记录后，聚焦文化新阶层的利益表达困境，对其特征做出研究分析。

（一）话语体系沟通不畅导致的"距离感"

文化新阶层中正在崛起一批"网生代"① 青年。网生代青年是以"互联网思维"来看待世界的一代青年，其核心是"边界被溶解""社群为核心"，该群体在数量上占据了文化领域新的社会阶层一半以上，他们自居为"边缘"青年，数量不多，却对全国范围内的青年价值取向产生影响，并形成独特的话语体系。然而，这也让公共部门在与该群体进行"对话"时会存在空间与心理上的距离感。在空间距离上，网生代青年数量众多且分散在全国各地。知名度较高的"红人"难以直接接触，往往有经纪人作为中间协调者，经纪人出于曝光率、名誉与商业价值的考量阻止"红人"和政府接触，成为联系的阻力；知名度相对较低的底层文化新阶层在线上使用虚拟身份，线下的职业流动性大，身份不断变化，因此形成"人难统、人难聚"现象。在心理距离上，与其沟通难以避免地出现三个问题：一是代际差异，网生代青年在同龄人的话语体系内表现异常活跃，一旦出了这个圈子则相对冷漠，小心翼翼。二是"边缘"焦虑，该群体宣扬的文化一般偏离主流甚至带有叛逆色彩，他们担心被主流文化打压和收编。三是自我意识，信仰缺失的网生代青年往往用批判的眼光看待事物，倾向于相信自己的独立思考与判断。这些问题都使得政府部门与其接触存在难度。

（二）利益表达平台的缺失成为倾听其声音的"盲点"

在与文化领域新的社会阶层的访谈中发现，他们渴望自己的声音能够被政府倾听，但在改革的转型过程中，原先的利益表达渠道有三个方面的缺失值得注意：一是既有表达渠道不受欢迎，文化领域新的社会阶层人士偏好在网络媒体上表达意见，而当前的信访制度、政治协商制度、听证制

---

① 网生代：1994 年 4 月 20 日，中国互联网正式接入国际互联网，这里用网生代来指代"95 后"青年。

度等一直未有效覆盖该群体，使得利益表达的既有制度与行动偏好存在较大偏差，导致参与意愿不高。二是专属平台的缺位，文化领域新的社会阶层人士是区别于体制内各种协会的一群人，一直以来缺乏一个专属平台打破其生活小圈子以形成大圈子，实现其常规、频繁地与政府建立联系，破除"体制"的壁垒。三是双向沟通不畅，目前为止，统战部门、文化部门和群团组织或多或少与新的社会阶层人士存在联系，但缺乏一个信息征集渠道对其意见与诉求进行收集整理，同样，许多新的社会阶层人士对政府的政策法规知识也缺乏了解，不利于其开展文化创作和市场推广活动。

（三）多维度主体共同推进有效政策对话存在"难点"

由于文化领域涵盖多行业、多环节，某一个政府部门在拟定新的发展规划时难免会涉及新的社会阶层人士最为关心的版权与监管问题，处理这些问题必然需要多维度主体的协同治理。一是横向维度，也就是横向职能部门的协调。文化部、国家新闻出版广电总局、国家网信办和国家版权局是文化领域最为关键的单位，如新媒体的注册须在网信办申请服务许可，内容审批由新闻出版广电总局把关，著作权登记、著作集体组织由国家版权局负责管理。一项政策规划是否有效可行，与各职能部门在同一问题上能否达成共识密切相关，许多法规细则的设立、实际困难的解决更涉及各个职能部门。此外，还存在文化部门和政府其他部门的协调问题。如某市创新文化领域自由职业人员的管理方法，对街头艺人规范管理，认证的几十名街头艺人要按照"持有证书、规定时间、指定区域"的要求开展表演活动。但是其他部门对此事的认知有不同看法，街头艺人原来没有纳入文化部门管理时，仅涉及城管部门一家单位。现在纳入文化部门管理后，税务部门要征收个人所得税，工商部门要检查营业执照，园林部门根据相关管理规定（不得在园林内进行封建迷信、赌博、乞讨、卖艺、卖淫嫖娼等活动），认为在园区内卖艺属于违法。可见，在文化领域新的社会阶层人士的管理上，还存在"九龙治水"的工作难点。二是纵向维度，即中央与地方部门的维度。政策落地需要执行层面积极主动，合理合法，

"十三五"规划出台以后，上海、深圳对文化领域的支持力度走在前列，不仅注重资金扶持，而且重视文化人才培养，而许多其他地方政府的思路还停留在修建场馆等硬件支持层面，服务新阶层人士仍然是"硬"的多于"软"的，在思想观念上没有跟上中央政策和理念。三是服务对象维度，文化领域新的社会阶层人士涉及多利益主体。从既得利益的强弱关系来看，市场规律划分出了有资本优势的特殊获益者、平稳发展中的普通获益者及受制度、市场双重制约的利益相对受损者，统筹协调多方利益主体的平衡可能会成为推进改革的潜在阻力。

（四）政策扶持的尺度拿捏不准易产生逆向"斥力"

文化领域新的社会阶层对既有管理服务工作造成的冲击是多方面、多维度的，不可能一蹴而就地解决所有问题。应在分析社会治理效果前提下，选取重点扶持项目，特别是分析该群体的心理需求特点，让扶持领域有重点，支持项目有成效，同时注意避免踩中"雷区"而带来的反向作用。第一，不同群体对资金帮助的心理获得感有较大差异。民营文化机构管理人认为资金扶持的作用不大但有象征意义，政府补贴占其总投入比例较低，接受补助会让其产生"话语平衡"被打破之感，他们更愿意将其看作一种荣誉与官方认可，视为提高社会认可度的象征；相反，资金支持对自由创作个体能够产生放大效应，特别是"尾部"群体的收入来源不稳定，创作成本也不高，一定的补贴能够产生极大的鼓舞作用。第二，扶持对象的选择可能成为引发争议的"燃点"。文化领域新的社会阶层人士在争取扶持或评选名额时认为自己先天优势不足，因此更渴望评选程序的公开公正，当"体制内"单位或主流文化作品占据大多数名额时，极易引发他们的"疏离"情绪。第三，价值引导的负效应大，规则建立的正效果强。多元价值观是该群体坚持与秉承的原则，加之其本身就从事思想文化工作，如果对其价值引导工作方法不得当，手段不高明，可能会适得其反，成为一种逆向斥力；而积极开展版权保护、打击侵权盗版等规范市场规则行为则赢得其广泛好评，成为一种正向拉力。

四　公共能量场下的利益表达机制分析

（一）分化：公共能量场的内部分化

1. 特殊获益者：资本导向的少数精英

这部分人主要是大型文化公司领导者与极具盛名的"人物"。与其他领域相似，纵向比较文化新阶层内部发现，占据资本的少数人对组织有决策能力，控制着较大文化市场的管理者有着绝对的市场引导力，同样，他们与政治决策者也有更多的接触机会，掌握着更大的政治话语权；但横向来看，与本身就出身于体制内文化组织的高层领导者相比，他们仅能影响政策而难以主导，可以迎合但不能否决。资本导向的少数精英在能量场中的市场获益要远远大于政治获益，正是由于本身的既得利益，他们的一举一动都受到广泛关注，因此不敢"越界"或"踩线"与政治力量发生冲突，反而会在迎合中保全自己。

2. 普通受益者：进取活跃的中产阶级

文化企业或非营利机构的管理人员、小有名气的"网红"与少部分独立能力较强的自由职业者成为公共能量场中的普通受益者。他们不仅在经济上较为富有，社会地位得到认可，而且也具备很强的公众发声能力。相比特殊获益者，这部分人是更加活跃的中产阶层，他们热衷于关心社会问题，影响公众舆论，参与热议事件，成为讨论焦点。这部分人主要是公共知识分子或拥有一技之长的文化从业者，他们对自我信息的收集能力、新知识的归纳传授能力、未来趋势的判断能力都充满自信，期望得到公众的支持，并积极参与各种名流论坛、行业协会，可以说是一批积极影响政治和社会的体制外中间阶层。

3. 利益相对受损者：底层发育的长尾"草根"

在公共能量场里，还有一批数量最多的群体，就是文化领域的"草根"阶层。5～10年前，在地铁、公园、街角、商业街卖艺的自由职业者就属于这个阶层，他们的经济能力、组织资源和社会地位在整体社会中并不占优势。而到了今天，文化"草根"阶层无论从规模还是职业形态上都发生了翻天覆地的变化。只要有一技之长，他们就可以通过直播、视频、漫画、网络小说，甚至一篇微博文章成为网络红人；音乐业余爱好者可以自己组建乐队，上传作品，开播电台。文化的底层孕育着大批的利益个体，但他们也是最不稳定、利益最容易受损的一个群体。由于长期缺乏资金的扶持，他们可能会在文化创作中因投入回报比极低而颗粒无收，且版权没有保障，因而逐渐退出创作领域。

（二）阻力：制度安排与行动偏好差距

1. 基层民主渠道：自媒体发声成为其便捷替代

文化领域新的社会阶层人士首先是公民，本应该通过基层的居民委员会、村委会、职工代表大会等进行利益表达；然而，在现实生活中，网络自媒体环境下成长起来的青年对平权主义的笃信根深蒂固，科层制的意义不断被削弱。进行一次选民投票，发表一篇对社会事件的看法，发泄对某一政府部门的不满……对于这些事件，普通公民已经不需要找到组织去表达自己的观点，自媒体结合移动设备的便捷为公众提供了表达的平台。进一步地，文化新阶层可能会将意见和态度融合到网络文化创作、直播、软文中寻求关注。如果关注度持续增长影响到了政府部门，就能达到一举两得的目的。

2. 参政议政渠道：体制与资本因素的双重挤占

在国家制度设计中，最为权威的利益表达渠道是人民代表大会制度与政治协商制度。在人大代表和政协委员的选举上，文化新阶层与体制内文化从业者有三个方面的区隔：首先，民营企业与体制存在一定距离。在文化行业中，能够代表一类职业并被选举成为人大代表的大多不会来自体制外机构，比如演员群体的人大代表均来自体制内组织并且是经过评级的国家演员，网络文化企业也鲜有被选为政协委员的渠道。其次，文化新阶层的分散性使其利益难以聚集。随着文化中小企业与自由独立个体的增多，新阶层的散落和流动特点导致并没有一个常规渠道去选出代表性的发声者，并收集、调研真实的诉求从而进入政治领域。最后，资本因素挤占了中小企业的话语能力。虽然自由职业者与斜杠①文化从业者越来越多，在公众视野中频繁出现，但依然要依附于文化机构提供的平台和资源。政治话语权向资本占有的流向在文化领域仍然突出，因此，当特殊获益者成为政协委员代表大资本市场发声时，政治能量场上小微企业和个体声音就被忽视了。

3. 群团渠道：社会组织赶超传统群团的引力作用

体制内群团组织——如工会、妇联、共青团等具有群体内部交流与意见输送的作用。其中，共青团与文化新阶层的联系相对较为紧密，尤其某些城市的共青团组织成立了社会联络部门，为新阶层利益诉求的输送搭建平台。与此同时，文化新阶层本身宣扬个性、表达活跃，他们基于兴趣或话题成立了许多具有强联系的自组织，在这种封闭性的小群体内部，没有政治领导的压力，他们才敢于表达真实的政治态度。并且，相比枯燥乏味的汇报座谈，社会组织设立议题与形式的创意对新阶层的引力作用更强，社团内部的话语体系使其交流无障碍，契合他们对新颖事物的追求。因此，即使群团组织在吸纳新阶层意见时发挥重要作用，也是一种弱联系，而社会组织则逐渐赶超体制内群团，吸引其主动加入。

4. 信访渠道：知识分子与弱势群体的偏向互异

信访制度是联系党和政府与群众利益的一个较为直接而又独特的桥梁。信访渠道由于历史延续性主要面向农民工、失地农民、下岗职工等缺乏发声能力、低学历群体，在本身就发声能力很强的文化领域新社会阶层中却不受欢迎。信访本质上是"民告官"的过程，是利益受损的弱势群体苦于表达无门的越级渠道。相比寻求法律、制度和社会帮助的能力较弱

---

① 斜杠来源于英文 Slash，出自《纽约时报》专栏作家麦瑞克·阿尔伯撰写的书籍《双重职业》，指的是一群不再满足"专一职业"的生活方式，而选择拥有多重职业和身份的多元生活的人群。这些人在自我介绍中会用斜杠来区分，例如，张三，记者/演员/摄影师，"斜杠"便成了他们的代名词。斜杠越来越流行，已成为年轻人热衷的生活方式。

的上访群众，文化新阶层以知识分子为主，拥有较为自信的知识归纳能力和社会交际能力，某些人自己就是专业细分领域的顾问式"大牛"。因此，他们偏向于利用网络舆论，有策略地吸引政治关注而非上访。

（三）痛点：文化新阶层渴望有效"对话"的四种契合

1. 真诚契合

在能量场理论中，真诚是有效对话的前提。与文化新阶层人士访谈过程中发现，他们对真诚对话有自己的理解——身份平等、话语真实性和信任感。首先，有效交流的基础是放下成见，互相尊重与保持倾听。当利益表达主客体就某一政策进行对话时，将政治地位的高低转向对议题的关注能使双方更畅所欲言。其次，话语真实性是对己方的真诚，"踢皮球"式的职责推诿和对不和谐话语的屏蔽、打压都是戒备心加重的催化剂，而文化新阶层隐藏某些真实动机而一味迎合，也必然导致疏离感的进一步加强。最后，信任感需要平等和真实话语的共同建构，只有理解对方的难点，正视双方的摩擦与矛盾，经常性地就问题与进展进行联系，对话的有效性才能实现。

2. 情境契合

能量场是一个意向性的集合，个体意向性来自其时代、阶级、性别和地位标识，进入"场"后各个体的动机、情感和目的，都进入了同一个情境，意图解决同一议题。而情境契合意味着各主体都从情境出发，而非不考虑他人的利己主义。在调研过程中，我们发现文化新阶层对以下几类问题最为关注：（1）资金问题。处于初创阶段的文化从业者面临两种困境，即融资难和机会少。原创产品多从感性出发，收益不可预测，难以吸引投资人的注意。而投资方往往追求高收益回报率，使得文化领域融资存在资金流向"成本回收快"的创业者的现象，创作的优质文化产品少，质量不佳，大量人员更多是以智力输出的形式赚取微薄劳务费。这样的情况形成了恶性循环，一些有理想的文化从业者创作的产品常常被"大IP"和有噱头的低质产品挤占，慢慢也对原创性和艺术性丧失了追求。（2）版权问题。中国的特殊国情决定了文化产业难以效仿国外的发展模式，其中的关键因素就是"版权"。正因中国观众适应了"免费使用"的习惯，线上产品"付费"的理念对大多数人来说难以接受，只有当观众愿意为"优质（精品）文化"买单，快餐与碎片式的文化产品才会被挤出，整体质量才能有所提高。（KVWQA："主要还是打击盗版，盗版对我们原创性的公司来说实在是扛不住！我们辛辛苦苦在这边画，转眼就盗过去免费给人看。"①）（3）人才问题。缺乏合适的人才是各文化行业的普遍问题，民营文化企业管理人员反映，学校教学的内容和方式与实际的艺术管理存在很大差距，走出高校后年轻人懂操作不懂创作的比比皆是，而创作型人才希望创作自己的产品，很难与市场渠道对接。同时，当前需要的跨领域跨行业的人才严重不足，某些艺术作品投入周期长，回报少，人才流失严重。民营非营利机构相对缺乏管理技术型人才，而且工资偏低难以吸引高水平的年轻人，文化精品的制作、宣传越来越需要技术能够跟得上运营，否则很容易就在市场竞争中消失。技术型人才追求高工资，更多地流入了互联网行业。（OKXLA："原来在文化企业里做一个制作人，大概一个月拿个五千块钱到八千块钱是比较正常的工资，但是现在越来越多人被挖到了互联网娱乐企业之后，薪资体系基本上就是在一万七这样的水平，甚至会更高，两三万月薪的大有人在，工资虚高会导致我们这些真正在做艺术管理的、落地服务的人招不上来人，非常难招人，而且人才流动性非常大，如果长期下去的话，其实是特别伤害整个文化艺术这个行业的。"）（4）政策落地问题。第一是缺乏表达渠道。对于文化政策的顶层设计，新阶层人士普遍表示理想很丰满，但是真正落到实处则存在各种各样的阻碍，未实现预期效果，而体制外人士也无渠道可说，反而导致了一种先天与后天共同造成的疏离感。（PLOVX："文化局下属的行业协会有一定的便利，但便利不是特别大。因为并没有一个完全便利的渠道，而且有很多东西做了以后可能

---

① 本文括号内引用内容均摘自课题组与研究对象的访谈记录，对访谈对象的真实姓名进行了隐藏，编码均采用质性研究的字母随机编码方式。

没有任何结果。"）第二是"该扶持谁"的问题。文化领域新的社会阶层人士十分重视政府部门或权威机构给予的精神奖励，如合作机会、证书认证、荣誉奖项等，若扶持机会过多地被体制内单位挤占则会造成其不公平感，一些传统文化、非主流文化、公益性质的优质文化产品也经常被忽视。第三是扶持的"形式"问题。资金对于很多文化企业或非营利机构可能并非最大帮助，他们认为反而不如在注册、土地产权、税收方面多一些优惠政策。（5）内容监管问题。文化领域新阶层人士近年来对政府监管的印象有所改观，对接触到的政府部门的工作方式和工作态度高度评价，他们认可政府监管，认为监管有效地规范了文化市场的"无下限"乱象，起到了正能量的引领作用。但他们也提出，政府部门的管理思路与群众日益提升的需求之间仍有一定差距。他们呼吁，能否在内容监管方面出台更加明确的要求和细则，便于他们生产文化产品时把握和研究。尤其是政治相关方面的内容，他们往往对政治尺度的把握和政治底线的判断"不托底"。他们强烈建议文化部门举办相关的培训和研讨班，帮助他们把握政策导向和政治倾向。同时，他们也提议，对小部分实验类、探索性的文化产品，能否适当放宽审查口径，在小范围内先行先试。（WLEKV：管理层是很坚定的，知道自己做的事情对不对，但是再往下一层，很年轻，对意识形态的东西就没有鉴别力，对政治方向的认知就没有敏感性。现实中监管部门又很多，文广是主管部门，网信、通管、网安、网警、扫黄打非办都对我们有监管，其实就是平时没人管，出了事一堆人罚你。）

3. 自主参与契合

自主参与要求更高层次的契合，即营造一个宽松而活跃的氛围，让利益表达主客体带着自主性而非强迫性地参与对话。这就在几个层面上都有一定要求：（1）宽容的对话环境。公共部门遵从一种政治话语体系，上传下达的正式和严谨是其日常形态，而文化新阶层人士普遍秉持多元价值观，对许多政治敏感语言与话题敢于提及，一紧一松的风格需要得到磨合。既然利益表达客体希望听到新阶层的真实表达，就应当给予其更为宽松的环境与表达空间。（2）符合利益主体诉求的对话议程。激发文化新阶层参与意识的活动必然要涉及其最关心的议题，深入调研文化新阶层的基本诉求，在针对该群体的政策调整中也可就其中某一问题加强对话。（3）对话进展的反馈机制。要让文化新阶层对政府部门保持认可度与信任感，就要让他们的意见真正得到采纳，而不是流于形式。建立对话进展的反馈机制，有助于持续联系并使更多文化新阶层人士有意愿自主参与利益表达。

4. 实质贡献契合

实质贡献指的是对话过程是否探讨了"下一步方案"的可行举措，并使公共部门真正对有意义的结果采取行动。从文化新阶层现有的诉求出发，要达到实质进展要求多个主体共同参与对话过程。以前文提及的音乐版权问题为例，不仅文化部门的政策法规司局有必要参加，国家版权局也应发声，只有音乐平台机构管理人、独立音乐人、版权发行机构管理人、智囊团等相关利益主体共同参与对同一问题的探讨，才能让每一个利益表达者对"下一步方案"做出实质性贡献，让对话的有效性达到最大化。相反地，如果表达者利益各不相关、自说自话，或者采取冷漠、沉默态度，那么部分人的对话就有可能是无效或失败的。

本文研究的初衷，是希望关注目前党和政府希望团结但缺乏联系渠道的新社会阶层，而文化领域新的社会阶层又是公众黏性较强的一批人。正是因为发现了他们与社会较近、与政治较远的特点，笔者才开始关注其中的桥梁问题。我们通过与 40 位文化新阶层人士的接触与访谈，对其反映的共性、突出问题做出总结。然而，在深访过程中，我们发现文化新阶层具有强烈的利益表达需要。因此本文通过梳理米勒与福克斯的公共能量场理论，归纳总结出文化新阶层的利益群体特点，尝试分析利益表达偏好，并解释其背后的逻辑。由此可见，在管理工作中应主动建立同文化新阶层的联系渠道，关注其利益诉求，激发其参与民主对话的热情，同时建立有政策对话意义的表达机制，充分吸收其批判性与建设性话语，发挥其构建晴朗网络的正能量，将其塑造成社会主义事业的建设者。

［本文原载于《首都师范大学学报》（社会科学版）2019 年第 1 期］

"90后"的集体记忆和时代标签[*]

——北京网络主播群体调查报告

　　网络直播作为新媒体技术革命浪潮的新发展，是网络、影视、演艺和主持等多媒介融合的新产物。近年来，随着移动互联网技术的逐步成熟、服务经济的兴起和产业资本的推动，网络直播从业规模迅速扩大，产值不断增加。截至2017年6月，网络直播用户共3.43亿，占网民总体的45.6%[①]。网络直播市场规模2014年为54.3亿元，2015年为77.7亿元，2016年为208.3亿元，2017年突破400亿元[②]。但同时，直播行业的快速发展也存在着一些负面信息，给青少年成长带来了一定影响。

　　为深入了解网络主播群体的从业情况、生活状况以及思想动态，有针对性地做好该群体的服务管理工作，受北京团市委委托，课题组开展了"北京网络主播群体调查"。此次调查采用资料分析法、问卷调查法、深度访谈法及焦点小组法，于2017年年初运用专业化信息平台，联合北京42家网络直播公司及平台来共同实施，向网络主播发放问卷1900份，回收1889份，向观众发放问卷1005份，回收987份。同时，依托一直播、小米直播、花椒直播等平台对网络主播进行深度访谈，共访谈主播57人，人均访谈时间约120分钟。

---

[*]　本文是国家高层次人才特殊支持计划（青年拔尖人才）的阶段性成果。

[①]　中国互联网络信息中心：《第40次（中国互联网络发展状况统计报告）发布》［EB/OL］，http://cnnic.cn/gywm/xwzw/rdxw/201708/t20170804_69449.htm，2017-08-04。

[②]　艾瑞咨询数据，2017年4月。艾瑞咨询成立于2002年，是国内最早涉及互联网研究的第三方机构。

一　网络主播群体概况

目前，北京地区网络直播平台超过 100 家，以映客、花椒、一直播、陌陌、六间房等为主要代表。直播行业催生了主播职业，综合数据分析机构和各直播平台统计，截至 2017 年 2 月，各大直播平台上有影响力的主播超过 40 万人①。根据北京市的统计数据和调查数据计算，北京地区的全职主播人数为 7.6 万人，其中 2014 年开始从业的人数占 7.9%、2015 年占 18.7%、2016 年占 62.1%，从业人数增速逐年呈快速增加趋势。北京地区聚集了全国 40% 左右的网络直播企业，有较大规模的网络主播群体。此次调查所称的网络主播是指：在北京地区依托互联网直播平台每月提供 4 次及以上有效直播（每次直播时间超过 5 分钟）的互联网直播发布者。

从人口学指标看，北京地区网络主播呈现"六多六少"的群像：性别上"女多（56.5%）、男少（43.5%）"，年龄上"90 后多（77.9%）、90 前少（22.1%）"，婚姻状况上"未婚多（85.3%）、已婚少（13.1%）"，政治面貌上"群众多（47.0%）、党员少（7.6%）"，受教育程度上"高等教育的多（66.6%）、高等以下的少（33.4%）"，户籍地上"农村地区多（24.5%）、省会城市少（14.2%）"。网络主播群体多为 90 后，观看直播的 80% 以上也是"90 后"，网络直播成为"90 后"的集体记忆和时代标签，是"90 后"之间沟通交流和学习成长的互动方式。

二　网络主播的群体特征

在"无视频不社交"观念的影响下，越来越多的青年人通过直播来

---

① 中国演出行业协会网络表演（直播）分会：《网络表演（直播）社会价值报告》发布 [EB/OL]，http://www.tisi.org/4897，2017 - 05 - 20。

记录事件、表达想法，直播已然成为青年最喜爱的社交方式之一。既然直播是一种传递信息的手段，那么我们从传播过程的五个基本要素——传播者（主播）、受众（观众）、讯息（内容）、媒介（平台）、反馈（交流）来考察网络主播群体的主要特征。

1. 传播者（主播）维度

网络直播是大众创业、万众创新在网络文化领域的鲜活体现，具有分享经济的普惠特点，是新兴青年群体实现创新、创业、就业的低门槛平台和强大赋能器。

（1）从专业角度看，网络主播群体以艺术类专业为主，是独立演员歌手、流浪艺人、自由美术工作者、自由摄影师等文化领域新兴青年群体展示才艺的舞台。调查显示，从具有专科及以上学历主播所学专业看，艺术学专业的最多，占比38.7%；其次为管理学、经济学专业，占比分别为12.2%、9.1%；文学、工学、教育学专业相对较少，占比分别为7.9%、7.1%和6.8%。艺术类专业居多符合主播的职业需求，侧面也反映了直播行业的供需关系。

（2）从家庭情况看，网络直播为不少因就业机会少而感到迷茫的底层青年提供了体现自身价值的机会，他们在沟通互动和才艺展示中感受到自己被需要、被认可，并在直播中不断完善自己。从本次调研主播群体家庭所在地的行政区划级别来看，来自省会城区和直辖市区的主播占比均为14.2%，地级市区占比17.4%，县城及县级市区占比16.7%，乡镇地区占比13.1%，农村地区占比24.5%，来自县、乡、村的合计占比54.3%。从这个维度看，网络直播在某种程度上起到了底层青年群体上升通道的作用，为出身底层的文化领域新兴青年群体提供了新的上升空间，给了他们实现自己梦想的机会。

（3）从就业渠道看，新兴青年群体重视个人的自由与个性，追求工作的创造性和成就感。受中国传统观念的影响，这个群体会被主流社会看作"不务正业"，有时还被认为"游手好闲"。正是在这种传统价值判断的压力下，他们普遍感觉压力较大，社会心态呈现一定的复杂性，不少人处于社会的边缘，希望得到更多的社会认可。从这个意义上讲，网络主播群体的出现，具有结构分化和价值选择的合理性，它以弹性的方式及时地弥补了现代职业结构中的空缺，为新兴青年群体提供了新的就业形式和职业形态，有力地拓展了就业渠道，扩大了就业市场，缓解了就业压力。

2. 受传者（观众）维度

网络直播的盛行，与观众心理的感知有着密切的关系，相较于其他互联网产品，其不同之处就在于同时满足了观众的审美需求、窥私心理和发展诉求。

（1）适应大多数观众的审美需求。调查显示，网络直播 63% 的观众为男性，73.9% 的观众为未婚，未婚观众中有 62.6% 没有男/女朋友，对颜值等有较强的需求。同时，从主播个人支出来看，支出中最多是护肤美容，占比 18.2%，其次是服饰，占比 15.5%，主播群体花费在个人形象上的费用远高于其他同龄群体，例如在流动大学生群体（"蚁族"）调查中，交通、三餐、通信、房租等生存型支出占据主要地位。

（2）满足部分观众的窥私心理。今天隐私可以像消费品一样进入大众文化的需求中，它不再具有过去的庄重和严肃，而成了消费者可以购买的产品。网络直播的非虚拟性以及对个人隐私的展现，给观众带来的刺激感满足了观众的"窥私"快感。某些主播甚至以牺牲主流价值的方式来获取流量以提升自己的关注度。直播过程中出现的"不该露的也露、不该脱的也脱、不该做的也做、不该说的也说"等不良现象就是这种情况的极端反映。

（3）对接观众消磨时间、缓解压力的生活诉求。调查显示，观看网络直播的诱因中，40.1% 的观众是"生活乏味、丰富业余时间"，39.6% 是"欣赏才艺"，36.6% 是"为了缓解压力"，18.6% 是"为了学习技能和知识"。51.5% 的主播认为"直播能够缓解粉丝们的压力"，33.9% 认为"直播能够消磨粉丝的无聊时间"，28.3% 认为"直播能够引导粉丝积极的生活心态"，25.8% 认为"直播能够填补粉丝的空虚寂寞感"。可见，网络直播对用户可以起到较强的缓解压力、宣泄自我、振奋精神、转换场景作用，起到社会解压阀的作用。

3. 讯息（内容）维度

从直播内容来看，网络直播可以分为两类：一类可称为"网络秀场类"，以主播为核心，或讲段子、表演才艺，或陪粉丝聊天，或展示其日常生活状态，以"人"（主播）为核心；另一类是"网络资讯类"，靠一些专业"拍客"在现场用手机镜头记录下某事件，并同步在直播平台上播出，以"事"（事件）为核心，功能定位则向媒体靠拢，通过直播报道某一事件或活动。但无论是人或是事，都是基于颜值的供给、才艺的供给和情绪的供给这三个方面。

（1）颜值的供给。供给"高颜值"是主播最便捷的实现自我价值的途径，这也使网络主播成为模特、歌手、演员等艺人在空档期获得收入的一种重要兼职。大部分的直播平台中，观众人数最多、推荐力度最大的多为美女秀场，利益的驱动促使主播消费女性文化，以获得更多的关注与打赏。深度访谈中某直播平台负责人谈到，女网红、三四线女演员、模特等颜值较高的女性，在主播群体中仅占 5% ~ 10%，却分走了 70% 左右的收入，剩下的才是在某领域拥有一技之长、具有个人特色的才艺主播及一些业余的"素人"主播们的收入。

（2）才艺的供给。颜值的供给会带来内容同质、质量较低、审美疲劳等问题。提供高质量的内容是留存用户的根本，也是网络直播健康发展的关键。调查显示，从直播内容来看，46.9% 的主播为娱乐性才艺展示，38.3% 为聊天陪伴，21.9% 为生活性才艺展示，直播内容趋向以娱乐、生活性才艺为主。从直播风格来看，占比最高的是搞笑吐槽风格，占比 54.6%，其次为清新温婉风格，占比 40.6%，而客观评论、尖锐犀利、认真严肃等直播风格的占比相对较低。总体来看，通过聊天、唱歌、跳舞等形式，伴以互动的才艺直播最多。

（3）情绪的供给。在直播观众单位性质统计中，43.0% 的观众在私营、民营企业工作，28.5% 的观众为个体经营者，他们生活压力大、焦虑感强，"自身生活略为平淡"占比 43%，"有点闭塞和压抑"占比 8%，这样的生活状态需要交流、交友和陪伴。有的网络主播的定位为服务于观众的压力排解以及积极生活心态引导等。深度访谈中不少主播认为自己的价值在与粉丝（观众）的情绪沟通中得到体现，其功能定位为社交型，通过引导观众情绪，结合现代化的技术手段，实现与观众的互动交往。

4.媒介（平台）维度

在直播过程中，网络主播群体不代表国家层面或者社会层面的群体观念和意志，仅对个人言行负责，其主要职责是展示自我、与观众沟通。通过对全职主播的分析发现，该群体与平台及经纪公司的关系松散，呈现一种个人自主性、准入门槛低、直播随意性的特点。

（1）个人自主性。56.9%的主播并没有与任何直播平台、公司或公会签约，42.6%没有签劳动合同，26.4%签订了无固定期限劳动合同；47.2%的签约机构没有为签约主播提供社会保险，鉴于这种弱性劳动关系，多数网络直播平台和经纪公司对网络主播的管理约束很小。同时，该群体更换平台比较随意，45.1%的主播更换过直播平台，这从侧面反映出主播可选择性多、自由度大。

（2）准入门槛低。只要愿意，所有人都可以通过网络直播发出自己的声音，表达自己的意见。只需在直播平台注册账号并进行实名认证，即可拥有自己的一个小空间，就可以开始直播。深度访谈中一位网络主播提出了"36°直播"的概念："直播想要获得青年认可，最终是要贴近生活的，提供有温度的产品。虽然直播的门槛不高，但是直播的内容始终是来源于生活，来源于青年的。在网络上真正能引起青年人情感共鸣的主播，无论是唱歌还是聊天，都是对青年趋势和青年文化有深入的浸染并有自己独到的见解。"

（3）直播随意性。传统主播是节目制作生产团队中的"演播者"，而网络主播是整个节目的策划者、编导者和与观众的沟通协调者，自己全权决定从选题到演播的整个流程，并且在具体演播过程中会根据观众的即时反馈和要求灵活机动地调整节目内容。调查数据显示，86.1%的主播自己决定直播场地，其中，自己经常变换场地的占比30.9%，由平台、经纪公司统一安排场地的比例分别为10.2%与2.9%，由此可以看出，绝大多数主播有决定自己直播场所的主动权。15.1%的主播会迎合观众需要来调整演播内容，这是出现违规违法、"擦边球"等行为的重要原因。

5. 反馈（交流）维度

网络直播具有多向互动性的特点，表现为收入"打赏性"、时间"持续性"和观众"交互性"。观众与观众、观众与主播可以实时交流互动，充分参与其中，尤其是弹幕文化的盛行，使观众在直播室里有了认同感和归属感。

（1）收入"打赏性"。该群体收入来源主要包括与平台的打赏分成收入、电商收入、广告收入和线下活动收入等，其中观众送虚拟礼物所形成的打赏收入为该群体最主要的经济来源。调查数据显示，该群体平均月收入为11622.9元，高于2016年北京市城镇职工平均月收入7806元，也高于北京青年流动大学毕业生（"蚁族"）平均月收入6110.7元。调查表明，仅有少数主播为高收入群体，大多数主播的收入一般，月收入最高的达到100万，而最低的仅为500元，高、低收入差距极大，总体呈现"中等收入多、高收入少、差距极大"的结构。

（2）时间"持续性"。不同于一次性消费，网络直播行为需要持续性地进行，类似于电视台每天播出电视剧。网络主播和粉丝之间的社会关系具有不同于强关系和弱关系的特点，具体表现为互动次数多、感情基础差、亲密程度低、互惠交换多，维持这种特殊关系的要义在于可持续性。主播每天尽量在固定的时间直播，粉丝也期待着在固定的时间等待主播出场，一旦连续几天未出现或直播无规律，粉丝流失的速度会十分惊人。调查显示，网络主播每天直播平均时长为3小时，其中每天直播2小时的主播最多，占比31.9%。深度访谈中发现大部分主播直播时间点是较为固定的，直播时段的高峰为20：00～23：00。

（3）观众"交互性"。调查数据显示，54.9%的观众观看直播的频率为"一天多次"，44%在直播时与主播互动，26%会加入微信群、QQ群等与主播线上互动，6%与主播已成为朋友，可以随时见面，2%会定期参与一些粉丝见面会进行线下互动。深度访谈中也发现，主播认为自己的价值在与粉丝（观众）的交流中得到体现，63.2%的主播表示完全不会在直播中加入经济因素，而更在意与观众的交流和互动。

综上所述，课题组认为，网络主播是具有一定特长的"小文青"，是满足观众需求的"调节器"，是提供颜、才、情的"传播者"，是看似自由自主的"宅忙族"，是脆弱社会关系网的"蜘蛛客"。网络生存的纷繁芜杂和现实生活的"宅"形成了巨大的落差感。网络直播的造富效应和现实世界的"屌丝"心态产生了一定的离心感，回不去的家乡和离不开的北京形成了强烈的漂浮感，网络主播成为现实社会中落差感、离心感和漂浮感交织的新兴青年群体。

三　青年个体意识的觉醒

4G 网络的快速发展，移动互联网的技术进步，智能手机的普及，高清摄像头的标配，使网络直播从技术上得以实现，如今只需一部手机一个账号，人人都可以成为"主播"。与此同时，随着中国社会现代化进程的加速，青年人在价值观层面的个体意识和个人利益主张越来越强，"坚持自己的选择""追求自己的幸福"成为很多年轻人的生活原则。20 世纪 90 年代，国家从教育、就业、医疗、住房等领域开始退出，"90 后"成为中国最先个体化的一代。如今，大部分"90 后"已经毕业走向社会，面对中国高速发展带来的成就和问题，他们开始崭露头角，并频繁发声，渴望被世界倾听。

硬件（技术）和软件（人）两个要素的同时具备，促成了网络直播行业的兴起与发展。而网络主播现象的出现，反映了当代青年人个人世界建立和自我意见表达的内在需求，标志着中国现代化进程中的个体意识觉醒已经到新的阶段。

可见，网络直播这种形式受到年轻人的追捧和喜爱，反映了当代青年个体意识觉醒的深刻变化。在直播场景中，青年自觉不自觉地将这种变化以自我投射的方式反映到互动空间中去，这种个体意识的觉醒可以从两个方面来加以分析。

一方面是"进取的自我"。进取的自我，是指当代中国青年积极地为自我发展和向上流动开辟道路。改革开放以来，中国社会正在进入一个更加个体化的社会，而"90后""00后"正是个体化最为彻底的一代。在个体化崛起的过程中，青年公共生活和社会交往的中心已经从体制内的大型公共空间（如广场、礼堂、青年宫）转移到围绕某一主题的小型私密空间，比如密室逃脱、三国杀、乐跑、穿越，以及想象的虚拟空间，如主播平台和直播间等细分场景。因此，主播现象的出现，实际上满足了新兴青年群体新型的社会交往需求，即公开展现个人欲望、生活抱负，在想象的情景中面对面地沟通。青年在网络上建立起这样新型的交往空间，成本更低、更加便捷，也更为直接。

另一方面是"互动的自我"。互动的自我，是指不同阶层中的不同青年被直播平台连接在一起，直播平台创造出了共同交往和深度参与的场景，青年人在其中形成了交往缘分感和价值认同感。网络直播的设置符合当代青年的场景设置与使用习惯，满足了青年被尊重、被认可与成名的想象，进而能够在短时间内聚集大量青年，掀起青年参与直播的集体狂欢。青年不仅可以通过点赞打赏、留言评论、弹幕等方式，还可以通过间接参与直播内容的创作来和其他青年交流互动。直播场景满足了不同阶层中青年的相互交往和互动性需求，使得不同背景的青年在互动中形成体验，促成认同，最终形成深度圈层。

因此，网络主播群体是伴随着中国个体化进程而产生的新兴青年群体。个体主义的价值观念唤醒了青年的个人意识，而移动互联网的出现，放大了这种个体化的影响。网络主播群体成为当代青年中个体化最为显著的一个群体，在这个群体身上，体现了价值理念与利益获取的三大对冲，即成名成星的高期待与实际收入的中等偏上，实现个人价值驱动与获取社会利益驱动，从业方式的貌似自由与职业发展的焦虑压力，这三对矛盾使得该群体一直处于理想和现实的巨大落差之中，进而导致了群体内部的无序发展和群体外部的负面效应。

伴随着直播行业的快速增长，网络主播的社会资本和经济资本也迅速累积起来。自互联网出现以来，普通青年群体（以前即便有也是极少数个体）第一次真正拥有了向全社会广播的能力。以前的互联网产品比如网络游戏等，终归是精英提供的内容，普通青年对互联网的产品供给极少。他们的闲暇时间，大多被网络论坛、网络文学、聊天室消磨，主要局限在自我圈层的影响。而现在，有了直播平台，他们便获得了全社会的影响力。直播平台完全颠覆了互联网精英内容的供给，一个普通青年无须大规模的团队和大成本的投入，就可以自己承担策划、编辑、录制、制作、观众互动等工作，条件不受限，从业门槛低，模式随机化，网络直播给予了普通青年人挑战精英的权力，只要你提供的产品或服务得到观众认可，就可以迅速致富，在顶端的网络主播获得了百万甚至千万元的年收入。例如1994年出生，被称为"YY快手第一红人"的MC天佑已经年收入破千万元，身价过亿元，积累了超过3500万粉丝。所以，网络主播的真正意义在于，一批具有文艺天赋的草根拥有了群体影响力，这意味着，上层对底层的影响在被削弱，底层在通过网络主播渠道得以自我强化。而在这一过程中，网络主播所代表的普通青年的社会资本得以不断增强。由于直播空间独特的收入获取机制（打赏），社会资本可以迅速变现为经济资本，从而极大地提高了普通青年向上流动的可能性。

四　服务引导网络主播群体的思考与建议

从调研情况来看，由于网络主播群体刚刚兴起，网络主播行业发展和从业者自身发展的一般路径和规律还在形成过程中。通过调查研究、平台合作和线上线下联系，要及时掌握这一群体的新动向、新发展，对出现的问题进行规范，对其所做的贡献加以肯定和支持，对可能存在的风险进行提示和预警。本研究结合前文分析、数据资料以及深度访谈，提出了服务引导该群体的几个建议。

1.建立多方联动监管机制

互联网的无界性给监管带来了共性挑战，这也是造成个别社会负面影响的主要原因，需建立多元立体监管机制，探索解决有限管辖权下的有效监管问题。

一是通过门槛管理提升网络主播自身素养。根据职业的特点，建立网络主播从业资格认证体系，明确从业要求，规范职业准则，从源头上确保从业青年的政治素养、品行修为、文化内涵和业务水准。

二是通过平台管理实现行为规范。坚守互联网"七条底线"准则，强化责任意识，通过平台来建立网络主播个人责任防范和惩戒管理制度，切实规范直播秩序。在直播行业建立统一的黑名单，对问题主播全行业禁止从业；督促各直播平台严格执行主播实名注册等规定，对落实不力的平台进行行政处罚、公开曝光。

三是通过部门法制条例实现全程监管。推动主管部门建立"播前控制防范、播中严密监控、播后审查备案"的全程监管机制，创新检测技术和手段，增强对违规内容和行为的及时发现、准确研判与快速处置能力。

四是建立严格奖惩机制。加强文化执法与公安机关的协作，对造成恶劣社会影响的问题主播落地查人，对违法违规经营的直播平台进行严厉打击。进一步加强政策协调，针对网络主播群体的特殊作用及特点出台专门的激励政策，或在已有政策中增加类别化的激励政策，通过与其切身利益相关的政策来引导该群体。

2.实现对该群体的精准服务

从以下几个方面发力，实现有效的青年服务供给。

一是通过大数据平台实现动态联系。该群体的大量涌现已经成为当前社会不容否认的事实，对待新兴行业和新兴事物，打通联系渠道至关重要。一方面，以调查研究为切入口，建立一套能够精准找到并动态联系的机制，联合直播平台和经纪公司，建设一套网络主播群体大数据平台，与直播平台的后台数据库动态互联，对主播身份信息、从业信息、从业轨迹等进行汇总,形成全口径信息化管理和大数据分析的能力。另一方面,依托大数据平台,加强与公安、流管等部门的联动,对网络主播群体的活动居住区域进行持续性的滚动摸底调查,为保证线下联系的较高效度积累数据基础。

二是通过党团工作实现有效组织。在建好用好大数据平台并实现动态联系的基础上,还要发挥组织优势,通过切实举措将这一群体组织起来。一方面推动平台建立党团组织,针对网络主播中有40%为团员的现状,加强团员的管理,要求条件成熟的直播平台、经纪公司建立党团组织,配备党团工作专职人员,开展组织生活,举办党团活动,暂不具备条件的要逐步培育。另一方面发展行业组织,依托有关部门的既有工作体系探索建立行业性组织,或在已有行业性组织下成立面向网络主播的分支组织,强化社会组织对该群体的组织力度,与其企业内的党团组织形成内外策应,形成合力。

三是针对切身需求实现融合服务。有效传递影响的基础是信任,信任的基础往往是获得。要根据该群体在社会保障、个人发展、职业规划、能力培训、心理咨询等方面的切身需求,提供量身定制的高质量服务,才能真正在该群体中形成号召力。例如,在社会保障方面,针对该群体"劳动合同签约率低、社会保障少、保障项目少"的现状,一方面推动建立与平台、经纪公司的协商机制,协调工会、工商、社保等职能部门,落实劳动签约和社会保障情况,如有可能就加大劳动执法力度。另一方面针对从业者中多数是自由职业者的状况,探索建立新型的社会保障机制,方便自由职业者缴纳保险金,从而降低远期政府兜底压力,同时,针对网络主播是不少从业者的第一份职业的现状,通过平台宣讲、专题培训等增强其参保意识,推动该群体应保尽保,增强其抗风险能力。

3.有效引领该群体服务大局

通过管控手段确保该群体不起负向作用是底线,而引领该群体以恰当方式服务大局、弘扬主流意识形态应是更高的追求。对网络直播这一新兴事物,应持有包容心态、开放心态和鼓励支持姿态,要重视该群体在意识形态中的重要影响和对主流社会价值观的扰动，重视发挥该群体因其媒体属性而具备的不可忽视的"杠杆作用"，从而使其具备服务大局的潜质和可能。

一是加大与直播平台的合作力度。一方面发挥网络直播的新媒体属性，推动党团的活动到直播平台进行宣传动员。另一方面要选树典型，鼓励和宣传符合社会主义核心价值观的直播行为，同时深入参与、组织和引导直播平台间的正能量社会活动和联系合作。

二是借力网络主播的宣传渠道。邀请网络主播对党团活动进行深度直播，对一些粉丝量较大、知名度较高、社会影响较大的主播，要主动上门服务，推动将社会主义核心价值观嵌套在节目中。

三是培养选拔网络主播领袖。物色、培养和选拔高素质的代表人物，前置工作重心，提前介入，尽早掌握培养和选拔代表人物的主动权，把主播领袖紧紧团结在党团周围，让他们始终不要远离工作视线，与他们成为朋友，进而推动形成正能量的社会影响。

（本文原载于《中国青年研究》2018 年第 4 期）

青年社会组织：汇聚时代青春力量

编者按：青年是标志时代的最灵敏的晴雨表，是国家的希望、民族的未来。随着社会治理现代化的深入推进，近年来由青年自发成立的社会组织不断涌现，并逐渐成为参与社会治理的重要力量。对外经济贸易大学教授廉思课题组历时 1 年，针对全国 32 个省份，采取问卷调查、实地走访、座谈访谈等方式，围绕青年社会组织的运营状况、管理架构、资金来源、社会影响，以及青年从业者的个人经历、工作状况、价值观念等情况开展了调研。其间，课题组共发放问卷 5000 份、回收有效问卷 4682 份，先后召开座谈会 26 场，深度访谈青年社会组织负责人 224 名。课题组通过调研，系统梳理青年社会组织的发展状况，全面了解青年群体的思想动态和主要诉求，并就规范青年社会组织发展进行了深入思考。

每逢周四，在北京的街道胡同里，总有一群年轻人骑车在红墙碧瓦间穿行，他们胸贴"铁刷在行动"徽标，车插绿色出行小旗，以实际行动倡导市民绿色出行。这是北京铁刷自行车俱乐部开展的"每周少开一天车"活动，迄今持续了十二年，已成为首都最著名的自行车骑行活动。作为自行车公益社团，该俱乐部是团市委认证的 12 家大型枢纽青年社会组织之一，其成员有 5000 余人，定期举行刷街骑行、慈善骑行、比赛骑行等活动，重在传播节能减排和时尚健康的生活理念。

共青团北京市委 2017 年统计数据显示，全市青年社会组织约 8500 多个，有上百万青少年参与其中。与此同时，还有大量青年热衷的跑团、驴群、贴吧、唱吧、微信群等具有组织特征的青年社群。而从全国范围看，青年社会组织更是数量庞大、难以统计。这些青年社会组织活跃于社会生活各个领域，以自发成立、自主发展、自行运作和自我治理为主要组织形态，其产生的社会影响力和开拓的社会公共空间引起广泛关注。

一 青年社会组织凸显新特征

课题组发现，青年社会组织在不断增多的同时，分化组合的速度也在加快，从横向上看不同领域社会组织合作增多，从纵向上看也形成了上下游的联动模式，构建了青年社会组织的"生态系统"。当前，青年社会组织主要有以下几个特点。

1. 自身组织化程度大幅度提升

调研发现，青年社会组织半数以上在民政部门注册，占比为59.0%，在工商部门注册的占6.5%，剩余34.5%的尚未注册。从规模看，大多数组织的人员数量在3人以下，且已形成比较稳定的组织机构和影响群体，如建立组织制度、创立章程及会员准入和退出机制。从类型看，公益服务组织最多，占比为69.8%，排在第二、三、四位的分别是兴趣类、职业类以及文化类，依次为11.8%、5.5%和4.0%。

2. 组织联合机制成规模出现

由于发展的多样性，多数青年社会组织在发展过程中形成了联合机制，各组织间主要体现为两种耦合：一种是工作性的合作，即在具体工作或项目上的合作；另一种是关系型的联合，即社会组织之间通过联合的方式增加联系，以便于开展活动和增强影响力，形成"主体组织＋加盟组织"的结构。许多社会组织还形成了逐级放大的动员机制，为青年参与社会建设提供了广泛的渠道。

3. 组织形态线上线下高频度转换

青年社会组织呈现无边界、随机性、可转移等特点，既跨越了线上线下的边界，也跨越了现实中的地理边界。比如，一些短视频平台的线上会员已经出现线下社团化现象，不仅同一区域的会员会主动进行线下聚会，贴有特殊车贴的陌生成员间还可通过汽车鸣笛声实时线下互动。目前，线上线下相结合成为常态，碎片时间的线上动员组织、固定时间的线下集中活动成为通用模式。

4. 新兴业态催生大量新型青年社群

以各种直播和 O2O 平台作为基点，一批明星艺人、网络主播、自由撰稿人、网络作家、游戏玩家拓展了自己的生存空间和影响力。同时，这些新兴业态也催生了大量新型青年社群，成为青年社会组织的新形态。如今聚集在网络空间的组织成员数以万计，他们的爱好和利益更为紧密，粉丝经济在网络背后推波助澜。偶像崇拜的心态让组织顶端的偶像和其运营团队对粉丝具有极强的号召能力。

二 组织从业者的价值导向

课题组认为，青年社会组织虽然在整体上还处于始发阶段，但从业者已经显现出区别于经济组织和政治组织的特征，他们以价值实现为追求，相对看轻经济收入，职业尊严虽未得到完全体现，也存在诸多发展困惑，但总体态度积极向上，对国家发展和美好生活充满向往。其价值导向主要体现为以下方面。

1. 以价值实现为主的从业动机

为实现自我价值而参与组织。随着经济的发展，如今青年就业的心态发生了变化，不再拘泥于传统业态，更在乎自我价值的实现，社会组织成为他们的重要选择之一。调查显示，在从业动机方面，为实现自身价值和个人兴趣爱好的青年，占比分别为 37.3%、30.1%；认为对自己未来职业发展有帮助的，占比 11.3%；为社会做贡献的，占比 10.2%。

组织负责人以实现社会价值为主要目的。调研发现，许多青年之所以创办社会组织，是因为之前有过在其他社会组织工作的经历，从而逐步由从业者向组织者转变。如某组织负责人，于 2006 年在北京从事社会组织工作，2012 年回到家乡，成立了残障人社会服务中心。调查发现，青年社会组织平均每次活动参与人数为 11~30 人，占比为 42.6%，也有少部分达到 100 人以上。而一个社会组织的核心骨干一般为 3 人左右，每个骨干大致可激发 10 名左右的活动参与者。

群体性经济收入相对偏低。以价值实现为取向的从业动机，使得该群体能够相对忽略其他方面诉求，承受因从业而带来的经济生活压力。调查显示，在最近一年工作收入方面，半数以上的从业者年收入在 5 万元以下，占比 59.4%；近三成从业者在 5 万至 10 万元之间，占比 29.7%；年收入 20 万元以上的占少数，占比 2.8%。在满意度调查中，由非常不满意到非常满意分为 5 档进行打分，1 为非常不满意，5 为非常满意。满意度最低的是经济收入和社会福利，分别得分 3.15 分和 3.30 分，但总体评价满意度为 3.64 分。可以看出，该群体虽然在收入评价上有所保留，但整体精神状态仍然积极向上。

2. 以兼职参与为主的从业选择

兼职人员多于专职人员。调查发现，青年社会组织中固定人员数最高的是 3 人以下，占 48.7%；其次为 4 至 6 人，占比 20.3%；10 人以上的，占比 17.1%。在兼职工作人员数中，占比最高的也是 3 人以下的组织，为 44.5%；4 至 6 人、7 至 10 人的，占比分别为 21.4%、13.5%。由此可见，大多青年社会组织固定人员较少，大规模的青年社会组织数量不多，兼职人员多于专职人员。

从业者所学专业相对集中。调查显示，青年社会组织从业者中，本科生（含双学位）人数最多，占比 57.7%；其次是专科（含高职）学历，占比 24.3%；再次是研究生以上学历和高中（含职高、中专、技校）学历，占比分别为 8.4%、7.4%。进一步分析发现，从业者中大学期间所学专业为社会工作、公共管理等较多。

以副业带动补给现业。目前社会组织发展面临诸多困难，如资金、资源、场地和落地政策以及社会保障等问题，这些现实困难使得不少从业者特别是骨干和负责人，以其他职业为获取生活保障的基本手段，通过营利性质的工作为社会组织和社会服务提供基本的物质条件，保障社会组织的可持续发展。就全球范围看，这是公益组织发展的普遍规律，当组织自我造血机能具备后"副业"就会消失。

3. 以隐形发展为主的从业形态

多数组织处于"隐身"状态。目前，国家对社会组织实行民政及相关业务部门"双重管理"，使得青年组织注册的"门槛"较高，许多组织因此没有注册，处于"隐身"状态。据各省份统计的数据看，未注册的青年社会组织大约为已注册组织的 10 倍，如上海已登记的青年社会组织约 5000 个，未注册的青年社会组织约 45000 个；山东已注册的青年社会组织 2600 多个，未注册的估算为 29000 多个。这意味着，青年社会组织中有相当一部分与党团组织和政府没有联系。因此，无法了解这些群体的基本动向，不能及时回应其基本诉求。

网络成为主要活动载体。调查发现，随着网络的普及，网络动员已成为青年社会组织动员的主要方式。网络提供了信息沟通、资源配置的便利途径，并且有效降低了活动成本，推动了组织发展。从业者中，活动动员方式占比最多的是微信，为 31.4%；其次是 QQ，为 21.5%；再次是电话，为 16.7%；短信等为 11.2%。总体来看，从业人员的加入、管理、退出到活动的策划、组织、信息发布、效果反馈等，都是通过网络方式进行，这给规范发展带来难题。

4. 以发展保障为主的从业诉求

"增加收入"诉求比较强烈。社会组织从业人员的社会保障与经济组织、政治组织相比还不够完善，普遍缺乏安全感，不少从业者在经济组织和政治组织中还保留着基本的"主业"，以期获得基本的社会保障，从而实现保障兜底和价值追求的有机结合。调查显示，在目前最渴望解决的事项中，"增加收入"排在首位。综合来看，该群体对于改变经济现状的诉求比较强烈。

渴望改善住房条件。住房问题也是该群体所面临的突出问题。调查中，很多青年社会组织从业者都认为自己在所在城市不可能拥有住房。不少受访者的房租或房贷支出成为日常开支中花费最大的项目，改善居住条件成为该群体仅次于提高收入的需求。

物质与安全保障亟待重视。调研中了解到，一些兼职从业者没有稳定的工作，在自身基本生活保障仍没有解决的情况下去帮助别人，效果不理想。同时，社会组织的很多服务都是无偿的，可能存在一些人身意外风险和不可控因素，但现实中很少有机构为从业者购买保险。

三　青年社会组织发展面临的困惑

当前，青年社会组织从业人员已成为不可忽视的社会力量。"富有时代气息""充满活力"是他们的标签，然而，"成长的烦恼"和"迫切的需求"时常给他们带来困扰。比如，有的从业者缺乏职业稳定感和社会归属感，有的缺乏表达利益诉求的制度化渠道，有的渴望通过回报社会打通上升通道。总的来看，解决该群体的实际困难，尤其是增进他们的社会参与和社会融入，是其表达自身利益的现实要求。

1. 从业群体的身份认同困惑

从调查数据来看，从业者组织工作时长占比最多的是 1 年及以下，为39.7%；其次是 2～3 年和 3～4 年，占比分别为 29.0%、12.8%；参加工作在 10 年及以上的从业者占比 5.8%。总体上，从业者呈现"短时为主，长期较少"的状态，反映了该群体稳定性较差。较快的人员流动使得从业者之间的交流沟通机会减少、共事途径减少。同时，由于缺乏群体身份的认同，从业者渴望组织关怀。调查显示，近七成（66.8%）的组织内部未成立党支部，也有超过半数（62.9%）的组织内部未成立团支部，该群体的客观"边缘性"现状，造成不少从业者对自己社会地位的不确定感。

2. 从业群体的持续发展困惑

目前，在青年社会组织面临的问题中，资金是制约组织发展的第一障碍（总分为 5 分，评分为 3.6 分），不少组织因为缺乏资金而陷入困境，并最终结束运行。资金困难使得组织从业者开展活动及工资保障都面临风险，让该群体产生了"我的成长要靠谁"等疑惑。不少从业者期望从企业获取相对稳定的捐助，但是无法开具捐赠发票，这让很多企业因担心捐赠资金无法落到实处而放弃捐款。同时，虽然政府鼓励社会组织发展，但现实中政府部门购买社会组织的服务仍然较少。此外，调查显示，不少从业者缺乏医疗保险、工伤保险等社会保障，组织因资金困难而造成工资拖欠问题，特别是青年社会组织 3 年左右的平均生命周期，使得从业者不知道如何进行职业规划。

3. 社会组织的有效管理困惑

调研中，青年社会组织普遍向课题组反映，迫切需要解决"归谁管"的问题。否则，就很难解决组织的持续性发展问题。当前，各地社会组织的管理政策尚不明朗，一些政府部门因有所顾虑，往往拒绝青年社会组织的挂靠，这使得一部分原本希望正规注册的组织不得不变成"无户口"的组织，这不仅不利于组织的正常发展，也造成从业者归属感的缺失。

4. 从业群体的尊严困惑

从业者作为社会活动的发起者、组织者和主要参与者，对社会活动的持续开展有很大的影响力。调查发现，当前社会对组织从业者存在诸多误解，有的观点认为从业者的所有服务都应该是无偿的，要求所有经费都必须运用于活动项目，不能花在运营和管理方面。这导致从业者出现"流汗又流泪"的情况，使得他们的尊严受到伤害。从服务的属性来看，社会服务是无偿的，但使用从业者是有成本的，从业者参与活动的餐费、保险费、交通费等，很多情况下都需要从业者自掏腰包。针对社会存在较大曲解（志愿服务不要成本等）的现状，该群体普遍希望从社会获得充分尊重，该群体希望获得较为体面的从业环境和从业待遇。

四　关于青年社会组织发展的思考

调研发现，不少青年社会组织尚属于发展初期，发展路线还在摸索，发展模式亟待创新，开展活动也缺乏专业性。调研中从业者普遍反映，他们迫切希望与民政、团委等"正规军"对接，希望能承接政府购买项目等，以此来锻炼服务能力、参与社会事务、提升发展信心。鉴于此，课题组认为，有关部门要顺应时代发展趋势，不断深化对青年社会组织发展规律的认识，主动介入、引导青年社会组织规范、有序发展。

1. 完善"对话协商"机制

建立各级人大代表、政协委员与青年社会组织骨干的经常性联系机制。在遴选人民陪审员、人民监督员时，增加青年社会组织骨干的比例；在党政机关民主决策过程中，加大公开性，建立青年社会组织意见征询机制；在研究、制定、修改涉及社会组织的有关政策、法规、文件时，落实座谈会、民主恳谈会、听证会、咨询会等科学决策制度，注重线上线下互动，使表达机制常态化。同时，要积极回应青年现实需求，以解决实际问题为导向，促进青年社会组织规范发展。比如，建立孵化基地，帮助其解决经费不足、办公场地缺乏和财务管理不善等问题，提高其项目的专业化和标准化水平；支持条件成熟的在民政部门完成登记注册，条件不成熟的到属地党团组织登记备案，不断促进青年社会组织的规范化、实体化发展。

2. 建立组织联盟发展平台

调研中，不少地区提出建立青年社会组织联盟，以解决政府与青年社会组织的联络问题，以社会组织或项目、重要议题为依托，最大限度地联系和吸纳同类青年社会组织加入联盟，并建立经常性联系制度。同时，相关部门负责平台的资质审查，通过构建职业型组织、地域型组织和交往型组织发展平台，以点带面，推动青年社会组织高质量发展。

3. 选拔有"组织能力"的负责人担任代表

青年社会组织从业者希望组织负责人具有相当的权威性，不仅在业内，而且在社会上能代表本领域受到各界的尊重。从业者逐渐认识到自己区别于其他群体的身份地位和职业特征，希望寻求到能够代表群体利益又具有政治话语权的人物替他们发声。鉴此，要有意识地发掘一批政治觉悟高、专业造诣深、群体代表性强、社会影响力大的青年社会组织人才。同时，为政治素质高、专业造诣深、社会影响好的青年社会组织代表人士参加各级人大、政协、科协、青联等创造机会，对确有专业才干而又符合任职条件的，选派到国有企事业单位挂职锻炼，加强他们对社会发展和现实问题的认知。

4. 配备有"专业能力"的干部引领社会组织健康发展

青年工作不同于一般的群众工作，具有强烈的组织性、政治性和专业性，需要的是宣传教育、组织动员、思想引导等综合能力。注重研究不同领域青年社会组织的特点，有针对性地配置重点领域的工作人才，做到"固基"和"稳尖"并重。普通青年的社会组织思想性弱、组织性强，因此，呈现组织为先、思想跟进的特点，应注重配置专业能力更强的干部人才。在团结凝聚青年社会组织的过程中，通过不回避、深层次、成系统的思想碰撞，以平等的姿态，实现深度交心、思想交融，由此实现主流意识形态的引导效果。

（本文原载于《光明日报》2018 年 11 月 16 日 7 版）

自由职业青年的生存现状、
群体特征及对策建议

  在新的社会阶层人士中有一个非常重要且少有研究的类别——自由职业者。所谓自由职业者是指那些不与用人单位建立正式劳动关系，又区别于个体、私营企业主，具有一定经济实力和专业知识技能并为社会提供合法的服务性劳动，从而获取劳动报酬的劳动者。主要包括自由书画工作者、签约作家、独立演员、自由摄影师、网约车车主、SOHO 一族、自由网页设计员等。该群体出现的时间虽然不长，但发展势头好，规模越来越大，其社会地位和作用正日益显现，而且这一群体中绝大部分是青年。正视这一群体的客观存在，研究其生存状况、行为特征和思想状况，提出创新性的工作思路，更加紧密地将该群体团结和凝聚在党的周围，是加强和改进党的统战工作和群团工作的题中应有之义。

  正是基于这一认识，在共青团中央的指导和支持下，我们自 2016 年 9 月启动了此次调研，调研历时近一年，选取东部发达地区以及中西部经济欠发达地区的部分自由职业青年为调研对象，不采用网络调查和电话调查，而是与自由职业青年面对面接触交流，保障了受访对象的同质性和调研质量的稳定性。同时通过走访多个省市的统战部门和群团部门，听取他们关于自由职业青年工作的经验介绍，力求掌握从自由职业青年到工作职能部门各个层面的第一手资料。具体而言，此次调研以北京、上海、天津、重庆、广东、江苏、浙江等 12 个省（直辖市）的自由职业青年为主，选取了不同性别、职业、年龄、学历、经济状况的人员为调查对象，并采用随机抽样方法在各职业类别中分别抽取一定数量的人员进行座谈和访谈。问卷分别从基本情况、经济状况、生活态度、职业倾向、价值取向、政治态度、社会参与等方面展开。本次调查共发放问卷1000份，收回976份，回收率97.6%。深度访谈147人，举行座谈会18场。

对调查所得的问卷，课题组成员经过仔细核对后，对数据资料进行编码和录入，并用SPSS统计软件进行分析。在回收的有效问卷中，男性占比为58.4%，女性占比41.6%，汉族占比94.3%。从年龄分布看，平均年龄28.7岁，呈现"两头小、中间大"的正态分布，其中，人数最为集中的是20~30岁的年龄段，占比64.2%。从职业分布看，此次调查占比最多的是自由书画工作者，为23.4%；其次是自由撰稿人，为14.1%；紧随其后的是自由摄影师，为10.7%；独立演员、签约作家和流浪艺人占比分别为9.5%、7.4%和5.5%；最后，还有2.9%的职业为独立制作人。而调查中占比为26.4%的其他职业类型中，较多的是按摩师、网约车车主、自由戏剧人、健身教练、自由音乐师等。

一　自由职业青年的四大生存现状

自由职业青年是指不供职于任何经济组织、事业单位或政府部门，在国家法律、法规、政策允许的范围内，凭借自己的知识、技能与专长，为社会提供某种服务并获取报酬的40岁以下的劳动者。从整体来看，自由职业青年是同质性较低、异质性较强的青年群体，是一个尚不成熟的、正处于"成长期"的青年群体，呈现有知识、有专业、无单位、无组织的生存现状。

（一）收入结构上，以中等收入和生计型支出为主

调查显示，该群体年均收入9.9万元。其中，年收入为5万~10万元的占比最多，为38.1%；其次，年收入在5万元以下和10万~15万元的，分别占28.9%和15.6%；再次是15万~20万元的，比例为7.5%；

年收入在 20 万 ~ 30 万元和 30 万元以上的较少，占比分别为 5.5% 和 4.4%。整体来看，该群体年收入在 5 万元以上的占 71.1%，2015 年全国城镇居民人均可支配收入为每年 3.9 万元，测定的中等收入群体为每年 6 万 ~ 12 万元，因此，该群体为中等收入群体，高收入者占二成左右。

从该群体的日常支出来看，房租或房贷占比最高，为 24.8%；餐饮占比第二，为 18.0%；再次为应酬和娱乐，占比 15.3%；然后为购置衣物和水电气及日常用品支出，占比分别为 8.0% 和 7.9%。可以看出，排在前五位的基本上属于吃穿住用行，该群体的日常支出以基本生活保障为主，而学习培训仅占 5.3%，整体呈现"以生计型支出为主，发展型支出较少"的特征。

（二）居住条件上，较同辈群体优越，符合职业特性

调查显示，该群体有 28.8% 的受访者自购楼房或单元房，18.5% 的独租楼房，17.4% 的和父母同住，15.6% 的与别人合租楼房，还有 6.4% 的为独租平房，其余选项比例均小于 5%。从整体来看，该群体自购房屋占到 28.8%，加上与父母同住的 17.4%，以及单独租房的 24.9%，根据课题组之前所做的有关青年住房问题的调查，该群体居住条件明显优于大城市同辈青年群体。整体上来看，该群体的居住条件在大城市青年中处于中等偏上位置。

自由职业青年通常无固定工作单位、无固定工作内容，根据自己的技能自主地寻找服务对象，并根据服务对象的要求自由安排工作时间和工作地，该群体拥有"工作时间自由支配""工作环境自由支配""工作内容自由支配"的特点。因此，其工作内容、工作时间和服务对象，也都因需而变，很多自由职业青年的住所即办公场所。因此，居住条件的相对优势，有利于自由职业工作的顺利开展。

（三）社会保障上，制度保障缺失，社会风险较高

当前我国制度性保障体系仍不完善，难以应对人口结构变化带来的挑

战，有效缓解区域失衡和城乡失衡问题仍需时日。这一现状使"体制外"自由职业青年的社会保障水平总体滞后于"体制内"。从自由职业青年的收入水平和生活水平来看，现存的几近温饱式的社会保障很难满足其实际需求，同时，社会保障的体制化、属地化、户籍化特点，又制造了许多天然瓶颈。在对生活满意度的测量中（满分5分，均值3分），该群体的经济收入和社会福利都低于一般水平，为2.91分和2.79分。在深访中，很多自由职业青年都表露出了对此问题的关心。现在有些地区和城市已经出台了自由职业者的医疗保险政策，自由职业青年可凭个人身份证和户口本到当地社会保险经办机构参加社会保险，以当地上年度社会平均工资作为缴费基数，养老保险按缴费基数的20%缴纳。然而自由职业青年社保意识淡薄，参保比例并不高，他们认为自己尚且年轻，不需要缴纳保险。同时，其对现行的社会保险政策不了解和保险费的较高标准，使他们很少选择主动参保。

（四）压力来源上，经济工作压力、预期发展压力、社会文化压力并存

调查显示，自由职业青年压力感知水平适中，41.7%认为压力一般，只有10.1%认为压力非常大，8.9%和7.4%的认为压力较小或没有压力。在对压力来源的进一步调查中，有39.7%的受访者表示压力来源主要是经济方面，另外还有30.2%的来自工作方面，其次是生活/保障方面，占比9.3%，其余方面占比均低于5%。可见，经济和工作是压力的最大来源，总占比达到近70%。另外，预期发展的压力也较大。调查显示，该群体面临的主要困难，有31.4%的受访者表示是发展提升方面。由于技术更新迭代的速度不断加快，既有知识和技能迅速贬值，导致竞争压力和生活压力增大。由于缺少单位和组织的保障，自由职业青年普遍具有较强的危机意识，对自己的前途有一定程度的担忧。最后，在深访中发现，该群体还面临社会文化认同的压力，受传统文化的影响，主流社会成员对他们从事的职业缺乏理解和宽容，甚至产生一种普遍的歧视，认为他们是一群"不务正业者"。

二 自由职业青年的"四化"群体特征

（一）社会参与上呈现"逆组织化"选择

自由职业青年脱离组织机制的束缚，运用自己的技能，而不是某种物资，来换取金钱，获得生存的自由。他们的"逆组织化"行为能够透视出现代组织形式的利弊，同时也昭示了现代组织发展的新特点与新趋向。

1. 组织参与程度低

该群体组织参与意识低，在政治组织、宗教组织、社会组织中的参与度都很低。在政治面貌中，占比最多的是群众，为41.7%；其次是共青团员，占比为31.8%；再次是共产党员，占比为19.5%；而无党派和民主党派人士的比例分别为5.4%和1.4%。在宗教信仰方面，无宗教信仰的占82.2%，除去本土佛教信仰较高（13.2%）外，其他的比例都很低，信仰基督教和道教的占比分别为2.2%和1.3%，信仰天主教和伊斯兰教的占比为0.3%和0.2%。在参加了相关组织或团体的受访者中，有近一半（46.1%）的受访者表示，只是偶尔参加组织或团体举办的活动，有1/4的受访者虽然加入了某个组织但从不参加活动；另外，有14%的受访者参加活动频次为每月1次，8.7%为每月2次，5.6%为每周1次，而参加活动较频繁、每周若干次的仅占3.5%。可以看出，该群体参加组织活动的频次不高，参与程度低。

2. 参与类型为"兴趣型、行业型、志愿型"

该群体中有约1/5（21%）参加了兴趣类的社会组织，比例最高；其次，有18.6%的受访者没有参加任何组织或群体；再次，有15.8%的受访者参加了行业组织，15.4%参加了公益志愿组织；另外，还有12.3%参加了同学组织，9.4%参加了网络组织；其余组织参加人数占比较小，均低于5%。由此可见，该群体参加组织较为分散，占比较多的组织类型为"兴趣型、行业型、志愿型"。在对参与组织的原因调查中，43.3%的受访者表示参与原因为丰富业余生活；另外，获得精神寄托和社会支持的分别占比 17.8% 和 17.0% 。

3. 现实空间游离，网络互动频繁

在政府公共事务参与方面，有 27.3% 的受访者通过行业协会参与政府公共事务管理，占比最高；其次，通过所在社区和依靠工会、共青团、妇联等社会组织参与的分别占比 18.1% 和 17.7% ，总体来看，公共事务方面参与不多，存在"体制外游离"状态。同时，该群体在网上看到群体性事件时，有 47.7% 的受访者表示会点击浏览此新闻，与身边人讨论新闻的占比 14.5% ，在线发帖或跟帖参与讨论的占比 4.9% ，提供与此新闻相关线索的占比 3.5% ，转帖并传播此新闻的占比 2.9% ，可见，该群体在面对网络群体性事件时，比现实空间中要活跃得多。在对网络相关经历的调查中发现，有 26.2% 的受访者有其他类型的社交经历，24.6% 的受访者在博客/论坛中所发文章或帖子曾被大量转载或回帖，18.6% 的受访者在微博中评论社会现象或社会事件，吸引了大量网友关注；另外，自己制作的视频被大量下载或浏览的占比 12.0% ，通过代理服务器浏览境外网站的占比 11.2% ，担任某知名论坛版主的占比 7.3% 。总体来看，该群体对于网络的运用非常娴熟，网络社交相关经历也比较丰富和多样化，在网络中发声较多。

（二）从业方式上呈现"专业化"生存

调查发现，该群体所从事的行业多数是服务业，在生产性服务业和生活性服务业中都有存在，如果按照受教育情况来分析，理工科及经济等专业的多从事生产性服务业，人文社科等多从事生活性服务业。他们以专业技能和专业特长为基础在市场经济中竞争发展。

1. 受教育程度普遍较高

调查显示，该群体中本科生人数最多，比例为 53.7% ；其次是大专学历，占比为 23.1% ；再次是研究生学历和高中学历，比例分别为 10.9% 、10.3% ；初中及以下学历占比较低，分别为 1.5% 、0.5% 。因此，该群体专科以上学历占比 87.7%，反映该群体受教育水平较高，呈现"受教育水平高，以本科为主"的状况。

2. 具有社会需要的技能

该群体的"自由"建立在专业特长的基础之上，具备了某种专业特长，无须与单位签订长期的契约关系，能在社会中不断发现新的工作机会、真正做到职业的自由。深访中发现，"知识就是力量，奋斗成就梦想"是自由职业青年普遍认可的价值准则。他们笃信知识的价值，他们在成长中，大多是通过考试进入高等学府、运用知识获得向上流动的机会，并且大多通过专业知识在所处的领域得到自我实现和社会尊重。这些专业特长既可以通过接受高等教育获得，如自由作家、自由撰稿人等，也可以通过某些专业技能培训获得，如健身教练、动漫创作人等等。

3. 以专业性劳动获取报酬

该群体提供的是具有一定知识含量、精神性、服务性的生产劳动，根据所需技能的不同获取相应报酬。由于依靠自己的知识和技术谋生，所以该群体对个体发展的诉求比较强烈。关于该群体期望得到的帮助类型，有超过 1/4 的受访者表示为期望提高收入；其次，有 18.0% 的人期望稳定的生活；另外，期望得到人脉资源、平等的发展机会、丰富的就业信息等的分别占比 6.6%、6.5% 和 5.6%。

（三）社会结构上呈现"边缘化"形态

自由职业青年重视个人的自由与个性，追求工作的创造性和成就感，工作具有较高的自主性与灵活性，但从整个社会来看，与其他青年群体相比，该群体尚未处于社会的中心，受社会关注度不高，主要集中在党外、体制外，共同的组织难题是人难找、人难统、人难聚。

1. 社会政策中的"盲点"

调查发现，很多城市的医疗制度、保障制度、住房制度和教育制度等，都把该群体排除在外，他们遇到困难时不知道向谁求助和如何求助。在自身权益受到侵害时，该群体中占比最高的维权途径是法院、检察院、公安等司法机构，为 39.9%；其次，是本地政府，占比 16.3%；通过工会、共青团、妇联等群众组织的占比较少，仅为 4.3%。总体来看，多数的维权是通过司法机构，虽然这是一种合法的维权渠道，但缺少弹性的沟通协商机制，采取这种终端维权手段，也显示了他们的无助和无奈。而新生代农民工则会把单位、老乡、家人等作为首要选择，通过社会力量来达成问题的解决，只把法律手段作为最后途径，以降低自身的维权成本。

2. 社会交往上的"内循环"交流

自由职业青年在社会交往上以专业性较强的"内循环"为主，群体内形成了一个个认同度较高的小圈子。除了职业圈外，各种基于学缘、趣缘的圈子也比较活跃。在圈子内部，以线下交往为主，经常以沙龙、茶叙、座谈、乐跑、穿越等形式聚会，抱团取暖，组团取乐，对团组织的活动参与不多。实际上，自由职业青年的"圈层化"不仅依托于表面的家族和地缘等关系，更是内化于这一阶层的价值观和生活方式，因此具有强大的自我驱动力和自觉行动力。

3. 群体认同中的"小众"群像

该群体的边缘性还体现在群体认同上。调查中很多人表示，自己所从事的职业不为社会大众所理解，访谈中很多自由舞蹈工作者提及了被社会歧视的问题。同时，由于社会分工的细化，该群体所从事的职业类型千差万别，造成了群体自身认同的缺乏，使得整个社会感受不到群体的力量和群体的存在。自由职业青年在自己的空间中生活、工作，单枪匹马地闯天下，表现出较弱的群体性。缺乏共同的群体利益、普遍认同的群体文化、共同的群体意识、比较完善的群体组织（工会、协会）和群体代言人。

（四）价值观念上呈现"中立化"摇摆

调查显示，自由职业青年对党和政府有信心，对主流意识形态较为认可，例如，对共产党一定能够带领中国走向强大的评分为 4.05 分（满分5 分），对中国改革开放的成就大于引发的问题评分为 3.89 分（满分 5分）。对于本届党和政府的最大特点的感受，有 32.6% 的受访者表示为更有力的反腐手段，认为有更强烈的改革意愿的占比 23.9%，认为有更亲民的执政姿态的占比 20.7%；另外，认为是更严格的依法治国、更强硬的外交话语的分别占比 9.0% 和 6.4%。但在深访中我们也发现，自由职业者对手中的财富有较强的不安全感。由于不具有"体制内"的身份，他们担心政府的某一个决策会压缩自己的生存空间、威胁自己的既得利益，因此他们对社会现状带有一定批判性，尤其是对与自己密切相关的制度设计极为关注，如司法制度、劳动保障制度、社团注册制度以及新闻制度等，并需要更健全的法治来保障自己的权益。他们欢迎渐进式的改革，期待公平公正的发展环境，希望中国的发展始终在良性的轨道上稳健运行。

1. 对党和国家发展充满信心

调查显示，在面对不同类型的信息时，该群体对于信息来源的信任度存在差异，但该群体最信任的信息来源均为政府信息源。对于我国实现小康社会与中华民族伟大复兴的"两个一百年"的战略目标，有近半数（49.3%）受访者比较有信心。在中西方治理体制的比较方面，占比46.2% 的受访者认为如果吸收西方体制的一些优点，中国的治理机制会更有前途，仅有 5.3% 的认为西方的自由民主是最好的治理机制。此外，对于 2013 年开展群众路线教育实践活动以来党的作风建设，有 34.9% 的受访者认为党和政府的作风有很大改善，相信以后会变得越来越好；29.7% 认为有很大改善，但长期效果还有待验证；另外，还有 20% 的认为有所改善，会变得更好；10.2% 的认为只是暂时有所改善，一段时间后可能会反弹；只有少数人认为没有改善或恶化。

2. 对社会发展过程中的不公平存在担忧

在对宪法的认识上，该群体中有 24.3% 的认为对人身自由不受侵犯、人格尊严不受侵犯、住宅不受侵犯的权利需要加强保障；23.1% 认为言论、出版、集会、结社、游行、示威的自由权利需要强化；此外，认为在年老、疾病或者丧失劳动能力情况下有从国家和社会获得物质帮助的权利需要强化的占 17.1%。此外，该群体中很多人认为在我国基层政府机构和政治运作中，超越规章制度的"潜规则"比较普遍（总分5分，评分3.53分）。在对不公平现象的看法上，有37.0%的受访者表示存在因权力导致的不公平，其次是有24.9%的受访者表示存在因职业导致的不公平现象，再次有15.8%的受访者表示存在因行业导致的不公平现象。权力、职业、行业的不公成为自由职业青年最关注的方面。

3. 对一些深层次问题存在错误理解

对于政党执政基础的认识方面，47.7%的受访者认为应建立在经济社会发展的治理绩效上，排名最高。深访中也发现，自由职业青年对于党的领导和社会主义道路的坚定性，趋向于用发展的阶段性成果来评价。对于社会主义与资本主义的本质区别理解不深，对于两者优劣的评价也主要是从当前的发展功效出发，更多地将我国现阶段的制度合理性及优越性归结为共产党现在"搞得还不错"，并没有真正从历史、现实、理论的角度充分认识坚持党的领导和社会主义道路的必然性和合理性，而建立在实用主义和功利主义基础上的判断往往具有不确定性和脆弱性。

三　开展自由职业青年工作的四条对策建议

（一）摸清合理诉求，为开展自由职业青年工作创造有序政治参与条件

一是多数自由职业青年希望建立能代表自身利益的行业协会。可以通过这种团体组织来加强与党和政府的联系，反映他们在政治方面的诉求。要积极引导、支持、鼓励自由职业青年群体建立一些能够真正代表自由职业青年群体的民间组织，如演艺人员协会、自由撰稿人沙龙等。二是在继续做好自由职业青年精英参政的同时，更加关注自由职业青年草根参政的需求。为那些政治素质高、专业造诣深、社会影响好的自由职业青年草根人士参加各级人大、政协、青联等创造机会，进行适当安排；对确有专业才干而又符合任职条件的，积极推荐他们到相关政府部门或群团组织任职

挂职兼职，充分发挥他们的聪明才智。三是推动政治资源由"增额供给"向"议事供给"转变。政治参与的有序性是在国家现有政治制度框架下，按照法律规定的方式实现的。在这一前提下，人大代表、政协委员、青联委员等名额相对有限，按照简单增加名额的配给方式赋权自由职业青年，已不能适应社会发展需求，可以尝试探索议事政治资源的供给模式，即以议题为核心的申请式政治参与，扩大自由职业青年的政治参与渠道，推动政治资源供给模式的转变。四是要保障自由职业青年表达合理诉求的权利和渠道。要不断丰富协商民主形式，畅通利益表达渠道，进一步加强和完善民意调查、信息公开、咨询听证、协商谈判、议事票决等制度，扩大有序政治参与的平台，为自由职业青年提供充分的表达利益诉求的制度性平台。

（二）完善政策机制，为开展自由职业青年工作提供制度保障

在开展自由职业青年工作中，一方面应完善补充法规政策的缺位，另一方面应加强政策的可操作性和政策之间的衔接配套。建议协调有关政府部门，制定并完善自由职业青年人才流动、职称、户籍、薪酬、保险、培养、激励等一系列政策，为自由职业青年成长提供制度保障，提高自由职业青年的职业归属感，增强自由职业青年在人力资源市场的竞争力。具体而言，在人才流动方面，要完善各类人才在不同所有制单位之间的流动机制，结合事业需要使自由职业青年有更多元化的流通渠道；在职称评定方面，将自由职业青年纳入当地专业技术职称经常化评审范围，对做出突出贡献的人员，可破格晋升专业技术职称；在户籍管理方面，打破身份、所有制限制，放宽户籍准入政策，推广以引进自由职业青年高级人才为主导的"工作居住证"制度；在社会保障方面，扩大保障覆盖面，提高保障水平，按国家有关规定和属地管理原则，将自由职业青年纳入"养老、失业、工伤、医疗、生育保险和住房公积金"保障体系，并研究制定富有特色和针对性的社会保障产品；在人才培养方面，将自由职业青年纳入人才培养的总体规划，依托各类党校、行政学院、社会主义学院、团校、高等院校等开展对自由职业青年的培训，组建"根基在我"的舆论场、

263

思行者

联谊群和朋友圈。同时，实现政府对自由职业青年培养的持续投入；在表彰奖励方面，探索建立专门针对自由职业青年的表彰奖励制度，将自由职业青年纳入政府奖励范围，在授予各种荣誉称号的时候，给予自由职业青年相应的名额和比例。

（三）积极改善环境，为开展自由职业青年工作营造良好氛围

切实落实中央群团工作会议和全国新的社会阶层人士统战工作会议精神，坚持充分尊重、广泛联系、加强团结、热情帮助、积极引导的方针，营造有利于支持自由职业青年成长成才和发挥作用的良好环境。一是营造平等的政策环境。在人才政策上统一安排，对于政府奖励、职称评定、工资福利、社会保障等要统筹合理安排；在公共资源运用上平等开放，面向社会的资助、基金、教育培训、人才信息库等要考虑自由职业青年各类人才；进一步加快职能转变，支持和鼓励自由职业青年参与项目申请、课题招标、成果申报，加大政府购买服务的力度，使自由职业青年有钱做事，以事兴业，以业育人。二是优化服务环境。建立完善的人才服务体系，培育若干专门的自由职业青年人才代理服务机构，提升其服务自由职业青年的能力和水平，坚持专业化、信息化和产业化的方向，从自由职业青年的需求出发，积极为其提供信息咨询、人事代理、人才招聘、智力合作、柔性流动等服务。三是营造宽松的政治环境。对自由职业青年中存在的思想认识分歧，既不能草木皆兵，也不能放任自流。对出于各种原因造成的非原则性问题，应给予宽容理解；对影响和谐稳定的因素，应及时化解。要充分认识到，自由职业青年工作既是政治性很强的工作，也是人情味很浓的工作，要采取循循善诱的方法，耐心细致、和风细雨、以理服人。当有些问题一时难以解决或出现思想反复时，不能急躁埋怨，不能急于定论，仍要满腔热情地做好教育引导。四是营造良好的舆论环境。充分发挥各类媒体的舆论导向作用，广泛宣传加强自由职业青年工作的重要意义和各地自由职业青年工作的先进经验，对自由职业青年的创新创业精神予以鼓励，对他们所做出的贡献充分肯定，对其中

优秀代表人士的先进事迹大力表彰，让全社会都能够关注自由职业青年的发展。

（四）坚持放管并重，加强自由职业青年的规范管理

处理好"放"和"管"的关系，既要简政放权，优化服务，积极培育扶持，又要加强事中事后监管，促进自由职业青年健康有序发展。尽管有相当部分自由职业青年具有流动性，但是他们在社区居住，与社区存在着密不可分的联系。所以社区里蕴涵了丰富的联络资源，要发挥社区在自由职业青年工作中的积极作用，推动建立多元主体参与的社区治理格局。要增强自由职业青年的社区认同感，使自由职业青年在社区得到组织的关怀和社会的理解，使其有家的归属感。应加强社区的信息化建设，建立沟通交流、生活服务等综合性信息平台，实现工作信息和居住地信息无缝衔接，打造"全面覆盖、动态跟踪、联通共享、功能齐全"的社会服务管理综合信息系统，提高自由职业青年管理服务工作的针对性和有效性。同时，探索自由职业青年有序参与社会公共事务的新机制，支持自由职业青年在服务经济发展、规范市场秩序、开展行业自律、制定团体标准、调解贸易纠纷等方面发挥作用，使之成为推动经济发展的重要力量。相关管理部门要将自由职业青年纳入各自管理范畴，加强业务指导和行业监管，配合协助登记管理机关做好对本领域自由职业青年的登记造册，实现底数清、情况明。同时，建立自由职业青年的"异常名录"和"不良行为记录档案"，对自由职业青年中的重点人员建立等级评分制度。民政、外交、公安、网信、文化、人力资源和社会保障等部门对自由职业青年涉及本领域的事项事务履行监管职责，依法查处违法违规行为并及时向相关部门通报。实行双重管理的业务主管单位，要对所主管自由职业青年的思想政治工作、党的建设、财务和人事管理、研讨活动、对外交往、接收境外捐赠资助、按章程开展活动等事项切实负起管理责任，每年组织专项监督抽查，协助有关部门查处自由职业青年中个人或组织的违法违规行为。推动自由职业青年建立诚信承诺制度，建立行业性诚信激励和惩戒机制。支

持自由职业青年建立社会责任标准体系，积极履行社会责任。引导自由职业青年建立活动影响评估机制，对可能引发社会风险的重要事项应事先向政府有关部门报告。探索建立自由职业青年各领域行业自律联盟，通过发布公益倡导、制定活动准则、实行声誉评价等形式，引领和规范自由职业青年的行为。

（本文原载于《江苏省社会主义学院学报》2018 年第 1 期）

把握新兴青年群体的脉搏

　　"五四"前夕，青年成为社会的热门话题。随着我国经济社会结构的深层次调整，青年群体日益复杂，新兴青年群体不断扩大。如何顺应时代变化、做好青年工作？"要深入研究当代青年成长的新特点和新规律，把准方向、摸准脉搏"，"团的工作要把握住广大青年的脉搏"。习近平总书记的话语，具有重要启示意义。

　　签约作家、网络意见领袖、独立演员歌手、网络主播……对青年来说，这是市场条件下自由选择的结果，其积极意义不言而喻。但对群团组织来说，游离于体制之外的"建制外青年"数量急剧增加，直接的影响是使得现行组织设置和工作覆盖不充分，群团组织对青年的带动作用不够，先进性体现不明显，吸引力凝聚力不强。

　　群团组织对青年的吸引力和凝聚力，取决于服务青年的思维和水平。随着社会个体化进程的加快，广大青年由于所处的社会阶层不同，产生的具体需求也千差万别。群团组织作为青年政策的主要供给者，面临着"传统工作渠道与个体不同需求如何有效对接"的重大挑战，传统服务的统一性与个体需求的差异化之间存在错位和缝隙。很多时候虽然群团组织的服务有效覆盖了个体，但是个体仍然对群团组织提供的普适化服务不是很满意。如何用相对模块化的服务满足个体千差万别的需求，是要认真思考的重大课题。

　　如果以传统思维模式去思考，两者当然是矛盾的，但是如果我们不追求以支配性为诉求的组织形态，而是换一个角度，转向以引领性为诉求的组织形态来开展工作，可能视野就会完全不同。传统模式下，青年工作在资源配置方面呈现明显的自上而下的"供销"方式。随着我国改革开放和简政放权的进一步深化，资源获取的渠道不再是单一的、垄断的，而是多元的、市场的。群团组织要改变直接支持的"供销"模式，形成以社会为舞台，以需求为导向，联合社会力量，有效利用党政资源、社会资源、组织内生资源的资源整合机制。

从这个意义上讲，群团组织不再仅仅是一个具有管理职能的机构，还是一个资源集散的平台，善于将存在于不同类型青年群体之中的资源盘活，在不同青年群体之间进行有效供给，真正实现服务青年的个性化和专业化。从服务对象的角度来看，青年从来都不是服务工作的被动接受者。因此，服务内容要尊重青年的选择，服务工作要强化青年的参与，服务过程要欢迎青年的监督，服务效果要注重青年的评价，以形成服务工作与服务对象之间的良性互动，才能真正做到"把准方向、摸准脉搏"。

当前，执政党依托的青年群众基础发生了很大的位移。2017年，中共中央、国务院印发了《中长期青年发展规划（2016－2025年）》，作为新中国历史上第一个青年发展规划，充分体现了以习近平同志为核心的党中央对青年一代的亲切关心、对青年工作的高度重视，是我国青年发展事业的重要顶层设计。群团组织应该以此为契机，适应青年群体的变化，让青年工作顺应时代趋势，继续巩固党的青年群众基础。

（本文原载于《人民日报》2017年5月3日5版）

"游隙群体"如何深度嵌入应急管理体系

——用好关键人群激发社会"免疫力"

突发公共卫生事件作为一种高度不确定性的风险事件，以突发性、多变性和瞬时性为显著特征，往往会对以确定性为基石的科层化治理体系带来极大挑战。当风险暴发，社会进入应急响应状态时，科层组织受限于规章制度的规范性要求，对危机出现的各种情况所采取的应对举措很难面面俱到，而能否从人民群众中迅速动员起一支应急支援力量作为有益补充，则显得尤为重要。

在新冠肺炎疫情防控中，有一些社会群体立足自身岗位、发挥职业优势，保障城市正常运转，对疫情期间社会局势的稳定起到了关键作用，他们事实上已经成为应对突发公共卫生事件中重要的应急支援力量。这些社会群体包括快递小哥、网约车司机、卡车司机、退役军人、社会组织从业者等，他们在此次疫情中的表现有其必然性，对于今后重大突发事件的应急管理建设具有一定的普适意义。因此，如何总结汲取经验，通过制度建设，将此次疫情中涌现出来的社会力量有序整合到国家治理体系中来，发挥他们在应急管理中的组织性和机动性，是一个重大且迫切的课题。

一 "支持性治疗"创新应急管理范式

公共危机事件发生后，一方面需要大量的人力资源参与实施救助并维持社会秩序，来弥补政府力量的不足；另一方面大量人力资源的情绪高涨并突然集聚，若管理不到位，又可能引发次生灾害。人们对公共危机中自愿参与治理过程的社会力量往往给予很高的道德评价，但是对其管理和规范却很少提出要求。由于制度尚不完善，一些社会力量的热心参与不仅给自身生命财产带来安全隐患，而且有时反而会加重或加速危机事件，甚至引发"二次危机"。因此，有必要对公共危机事件中各类社会群体的行为模式和思想动态作分类梳理，将其中的积极力量有序整合到国家应急管理体系中来。

第一，以社会群体为核心切入公共危机事件。公共卫生事件对社会治理的挑战，既来自疾病给人民群众生命健康带来的重大危害，也来自疾病对社会系统的巨大冲击所带来的复杂次生灾害，相比前者，后者甚至可能造成更大规模的社会骚乱乃至政治动荡。要应对这一挑战，必须高度重视具有人群聚集性特征的潜在风险。因此，对社会群体的风险防控和引导措施，是对危机治理有特殊意义的关键一环。在公共危机事件中，不仅需要考虑应急管理的一般性问题，更需要考虑特有的社会群体风险。

新冠肺炎疫情暴发后，我们可以看到，社会群体风险已深深嵌入政府的应对举措之中。作为中国重要的交通枢纽、物流中心和人才聚集地，武汉素有"九省通衢"之称，各类典型群体高度汇聚于此。其中：自我期待高、文化水平高的"高知"群体多，如国家部委所属众多科研机构以及80余所高校的教师和学生；发声欲望强、社会动员广的"新社会阶层"群体多，如新媒体从业者、社会组织从业者、自由职业者等；此外，还有大量以快递小哥、网约车司机为代表的服务业灵活就业者以及外籍来华留学和工作人员。上述群体混居共处，在此次疫情中共享着相似的情感体验与情绪共鸣。武汉的社会群体是几乎全国所有重要群体的压缩形态和复杂表征，不同群体间交融互动，在疫情中构成了命运共同体。不同社会群体在疫情期间的心理状态和舆情动向，关系到整个疫情防控工作的大局。

中外无数案例表明，公共危机事件的整体风险绝不是组成危机各环节风险的简单叠加和线性组合。当前危机治理的线上线下边界逐渐消失，各种场景交融混杂，高度多元和高度分化的群体需求，使得传统的条块分治和标准化的网格管理都难免有所疏漏，无法精准捕捉到不同群体的变化动态。因此，危机治理必须超越单纯事件治理的思路，回归到"人"这个核心上来。医疗水平和科技力量有助于降低公共卫生事件中的重症率和死亡率，切断病毒传播的通道，但疫情的好转并不必然导致社会风险的下降，甚至可能会出现疫情逐渐消退，但社会系统性风险反而升高的悖论。

当前不同群体在资源占有、舆论关注等方面并不均衡，尤其是在危机事件中，应急政策的出台已经不可能对所有社会群体都形成相同效应，政策效果将从危机前的"帕累托改进"突变至一方得利一方受损的动态博弈。如若此时，某个群体对应急政策产生较强的相对剥夺感或社会不公感，加之移动网络带来的动员便利性和指数级传播力，会极大增强社会中的怨气和戾气，以涌现性和非线性形成连锁反应。因此，在危机治理中，要更好地结合群体形态，研判各类群体的潜在风险，做好社会群体的风险评估与风险化解的预案，避免"蝴蝶效应"式的社会情绪失控。

第二，"支持性治疗"理念的提出。应急管理要紧紧围绕着"人"展开，其出发点必须是基于不同群体的特点，在治理中更好地结合群体形态，发动其中的积极力量，稳定其中的摇摆力量，化解其中的消极力量。只有满足差异化需求的危机治理，才能吸引更多的利益主体共同参与。在公共危机事件中，不同社会群体参与危机治理的积极性、发挥的作用以及参与的方式并不相同。从此次新冠肺炎疫情来看，有三个维度的群体分化较为重要：一是疫区人口和疫区外人口的分化；二是管理者和被管理者的分化；三是感染者和非感染者的分化。这三个维度的分化，现有的危机治理及政策设计都有所关注，但侧重点均是以"救治"为主线，组织力量被动"应战"。在这一思路下，社会肌体遭遇重大创伤，社会运转能力急剧下降，使得"应战"力量的支撑逐渐削弱。要破解这一问题，必须尽可能维持社会运转，恢复经济社会肌体运行，创造持续稳定的后方支撑，这就需要运用"支持性治疗"的思维方式。

支持性治疗（Supportive Treatment）是一个医学术语，它是指在没有特效药物的情况下，利用包括液体摄入、氧气吸入、降温处理、纠正电解质紊乱、维护心肝肾功能等医疗手段来增强患者自身免疫力，从而与病毒形成相互对抗的态势，最终战胜病毒的疗法。也就是说，虽然暂时没有办法从根本上消灭病毒感染，但可以通过"治标"来维持人体的生理机能正常运转，从而为免疫系统战胜病毒赢得宝贵时间。反之，如果没有特效药，再放弃支持性治疗，那么病毒损害的身体机能及其并发症，就可能让人体的免疫系统失去与病毒抗争的机会。当前，世界上许多没有特效药的急性病毒感染主要依靠支持性治疗。一个优秀的医疗体系，往往在于使用以支持性治疗为基础的临床方案控制并激发自身免疫系统对抗病毒感染。此次新冠肺炎疫情，因为没有特效抗病毒药物，且病毒引发患者自身疾病的症状较为复杂严重，使得支持性治疗方案更凸显其重要价值。

"支持性治疗"为突发公共卫生事件的危机治理提供了新的观察视角。危机事件发生后，除了紧急动员国家传统应急力量起来"应战"以外，还可组织一批可以积极"迎战"的社会有生力量，尤其是在危机治理中有可能发挥更大作用的一些关键人群，通过他们来激发社会自身"免疫力"。这些群体有别于军队、警察、基层干部、医护人员等国家常备应急力量，他们虽属"预备役"部队，但在各自领域十分活跃，具有较强的组织协同能力，又处于畅通经济社会"血脉"的"主干道"，且有较强的意愿参与危机救助。比如此次新冠肺炎疫情中发挥重要社会功能的快递小哥、网约车司机、卡车司机、退役军人等。这些社会群体在此次疫情中积极发挥自身联结广泛、专业性强、机动灵活的特点，深入社会各个层面，精准满足群众多样化和差异化的需求。在既有的政治安排中，这些群体大多属于体制外或已脱离体制，规范性弱、不确定性高，在很大程度上是管理服务的工作对象，他们与传统治理方式之间存在很强的不对称性，平常管控难度极大，强力的行政管理手段不仅难以介入，也不适合介入；但在应急状态下，可将工作对象转化为工作力量，秉承"平时可用、战时可控；反应灵敏、上下联动；立足应急、长期准备"的原则，将日常生产和应急处置有机结合起来，将这些建制外群体打造成为国家重要的战略应急支援力量。

为了实现这一目标，一方面，要建立与这些群体的经常性联系沟通机制，改变管理的碎片化及被动化，将其纳入日常管理和动员体系中来；另一方面，在应急状态下积极发挥这些群体在保障社会运转、维护社会稳定、实现社会救助等方面的作用，减少斥力，形成合力，稳住基本盘，形成对危机事件的抗衡态势，为最终取得胜利赢得时间。可见，以"支持性治疗"理念构筑国家应急支援力量，不仅可以节约危机治理成本，增强危机治理效能，而且有助于做好"节点性"和"枢纽型"社会群体的日常安全稳定工作，提升国家治理体系和治理能力的现代化水平。

二 应急支援力量典型群体分析——快递小哥

由于篇幅所限，本文不能一一详述在此次疫情中发挥作用的社会群体，仅以快递从业人员（简称"快递小哥"）为例，洞察应急支援力量在危机状态下的行为表现。此次疫情，快递小哥走街串巷、深入社区，以其快速便捷的服务深受欢迎，成为保障人民群众生活水平的重要力量。2018年以来，我课题组开展了《城市快递小哥群体调查》，对16~35周岁在北京市从事快件/外卖揽收、分拣、封发、转运、投送的青年快递/外卖服务人员进行了深度调查，获得了有关快递小哥工作生活的大量一手数据。新冠肺炎疫情暴发后，课题组又对部分参与调研的快递小哥进行了回访，通过电话、微信等形式对778名目前在京正在工作的快递小哥开展了结构性访谈，详细记录了问题反馈情况并进行统计分析。

第一，疫情期间快递小哥发挥的主要作用。在疫情期间，作为确保物资供应的"最后一公里"，快递小哥在维系城市正常运行、稳定社会群体心态、降低病毒传播风险等方面发挥着重要作用，为"隔离观察"和"守家防控"的群众提供了温馨的节日关怀和踏实的生活保障。

快递小哥是保障人民生活水平的末梢神经。2020年春节期间正值疫情防控吃紧，网上购物成为人们的重要选择。与平日运送五花八门的物品不同，疫情期间快递小哥运送投递的多以生活必需品为主，群众对快递服务的及时性准确性提出了很高的要求。可以说，快递小哥的工作质量直接决定了广大人民群众在疫情期间的获得感、幸福感和安全感。

快递小哥是缓解社会恐慌心态的强心针剂。穿梭在大街小巷的快递小哥不仅给人们送去了生活必需品，也给人们带去了安心、舒心和定心，影响着疫情防控期间群众的心态走向。此时快递小哥的存在，犹如在最贴近群众的地方构筑起一道坚固的防护带，既保证了物资的及时有效送达，又防止了公众恐慌可能导致的群体无意识行为。

快递小哥是切断病毒网状传播的关键节点。疫情防控期间，快递业的有效运行减少了人们外出频次广度，把不同人群在不同空间的网状交流转变为"网商—快递员—居民"的点状交流，有效减少了居民聚集导致感染病毒的风险。快递小哥使政府可以把疫情风险控制在单点上，有利于实现隔离管控和集中打赢疫情阻击战。

第二，疫情期间快递小哥面临的系统风险。快递小哥在疫情期间被称为"城市摆渡人"，其作用不容否认。但也要看到，快递小哥平时未接受系统的应急演练和培训学习，不具备一定的危机救助知识和应急处置意识，导致其在疫情期间的工作存在较高的系统风险和安全隐患，甚至可能会引发更为严重的病毒传染。

长时间高强度工作导致负面情绪增加。人的生理机能具有一定的节奏性，不可能 24 小时一直高效运转。调研显示，疫情前，快递小哥平均月收入 6000 元左右，每月工作 27 天，平均每天工作 11 个小时。疫情暴发后，快递小哥的工作量比疫情暴发前同比增长 50% 左右，等候客户时间比疫情暴发前同比增长 80% 左右。疫情期间快递工作量激增，工作强度加大，长时间高度紧张的状态易导致快递小哥的负面情绪升高。调研显示，快递小哥认为自己"很可能"和"有可能"被感染新冠肺炎的比例分别为 14.5% 和 38.3%，两者合计 52.8%。疫情期间，广大市民比平时更能理解快递小哥的辛苦和付出，快递小哥和城市居民的关系也达到了一个比较好的互动状态，但是如果这种状态在疫情结束后不能维持，则会形成较大的心理落差。而且，期望值越高的快递小哥心理落差会越大，一旦没有实现预期目标，甚至会产生逆反效应。

原子化流动性状态难以疏解心理压力。快递工作具有原子化流动性的特点，即以个体为单位独立完成任务，且大部分时间"在路上"，这种劳动的性质与车间工作集体化的劳动存在根本差异。由于工作单独分散，快递小哥无法与工友产生面对面、声对声的直接互动，快递小哥之间很难进行频繁、深入的社会交往。同时，由于快递小哥大多出生于乡镇地区，他们在城市的知心朋友不多，社会支持较少。疫情期间，快递小哥需要独自面对整个工作的大环境，常常处于孤立无援的境地。调研显示，疫情暴发后，78.3%的快递小哥表示工作压力大，比疫情发生前增加了32.2%。疫情期间封闭小区等管控措施的不断升级，很容易引发快递小哥的焦虑、恐慌和无助。若此时快递小哥出现心理危机，不仅会使受到疫情影响的群众生活出现困顿，而且会带动群众的心理状态发生失序，形成恐慌的恶性循环，进而影响整个社会安全稳定的大局。

应急意识不强、防疫物资准备不足。调研发现，互联网外卖平台和闪送等即时配送平台中大量兼职、分包、众包、非全日制用工的快递小哥的防疫措施亟待加强。由于这部分快递小哥和派送公司不是正式的劳动关系，所以公司对其防疫培训和有关部署无法实现全员覆盖，导致他们对一些基本的防疫知识不了解，缺乏安全意识和防护设备。调研显示，在2月中旬疫情暴发最严重时期，仍有32.3%的兼职小哥未经过任何防疫培训，33.5%的兼职小哥自己配备防护设备。此外，部分快递小哥对一些重点敏感区域如医院、确诊小区等不熟悉不掌握情况，在向这些区域配送货物时也未配备更高级别的防护措施。万一感染病毒，快递小哥将成为"移动的传染源"，后果不堪设想。

三 游隙群体及其社会功能

动员社会力量参与危机治理，在中国古代已有先例。在传统中国，军队是最重要的应急力量，农民是最重要的生产力量，为了解决国家危急时刻应急力量不足的问题，在中国历史上出现了"生产—应急"有机结合的制度——府兵制。府兵制由西魏权臣宇文泰创建，历北周、隋至唐初期而日趋完备，唐太宗时期达到鼎盛，历时约二百年。府兵是一支政治军事力量，也是一支特殊的应急支援力量。亦兵亦农的府兵身兼生产和应急两种功能，平时为耕种土地的农民，农隙训练，战时从军打仗，参战武器和马匹等自备，其制度设计对当前中国应急管理体系的建设有一定参考意义。

在此次新冠肺炎疫情中，很多社会群体都充当了"府兵"的角色，积极参与到疫情阻击战中来，参与危机管理的多元主体已经渐次涌现。他们有的具有独特的专业技术优势，有的具有资源平台优势，有的则在一定区域内建立了联系网络，他们中所蕴藏的丰富社会资源能够很好地弥补政府应急能力的不足。从某种意义上讲，他们是这场举国之战中数量最多，离我们最近，又最不容易被注意的"战士"。

综合评估新冠肺炎疫情中各社会群体的表现，某个社会群体若被纳入国家应急支援力量中来，成为"府兵"，应具备以下四个特点：一是深度嵌入性。对社会结构的嵌入性强、覆盖面广，多处于"结构洞"位置，能够联结多个阶层，并深入人民群众日常生活基本面，是身处突发公共卫生事件中不同社会群体共同频繁接触的"关键少数"，更是影响社会公众心态情绪的"催化剂"和"助推器"。二是技能优势性。具备一定的专业技能和业务经验，平时依靠劳动技能获得收入，危机发生时依靠劳动技能提供应急服务。比如快递小哥、网约车司机和卡车司机，得益于日常工作的训练，在物流高效分拣、物资急速调运等多个方面展现出较强的职业素养与效率效能。与"府兵"高度相似的是，快递小哥、网约车司机和卡车司机很多都是自行配置装备投入应急工作。三是高度机动性。重大突发事件暴发后，社会系统往往会进入停摆状态。一些群体身处流通"主干道"，具有基础性、保底性、稳定性作用，其能否发挥有效作用，直接影响经济社会运转的"血脉"是否畅通。四是组织协作性。在此次疫情中，一些社会群体相互协作，提效增能，应对危机，主动达成自组织化整合，并展现出较强的团结协作素养，为失序状态的社会提供秩序和效率的双重保障。

笔者将具备上述四个特征的社会群体命名为"游隙群体"（Windage Group）。机械轴承中存在"游隙"是为了保证系统灵活无阻滞运转，而社会中"游隙群体"的存在，则保证了秩序的平稳运行。他们在日常生活中就像"流体"一样，游走于群众生活之中，穿插进群众需求之间，一旦遇到危急时刻，受到巨大外力冲击，就能发挥关键作用，凸显其"过硬"的价值，好似物理学中的"非牛顿流体"。

历史经验告诉我们，府兵制要发挥作用，在日常状态下，应形成一套学习培训机制和实操演练机制；在应急状态下，应形成一套迅速动员机制和工作运行机制。而两种状态转换的核心，在于机制设计能否互为犄角、相辅相成、衔接顺畅。为保证"平战结合"的理念能够落地生根，取得实效，关键要妥善处理好以下四种关系，形成可持续发展的生态系统。

一是行政嵌入和经济嵌入的关系。应急支援力量应当做到对社会的深度嵌入，才能获得持久的生命力。所谓深度嵌入，是指既要嵌入行政网格，又要嵌入经济网格，真正符合游隙群体的"流体"特点。否则，应急支援力量将如无本之木、无源之水，缺乏深厚的社会根基。平时"深入"不进去，关键时刻也就"硬气"不起来。同时，对于这种社会嵌入，应当及时根据经济社会的发展做好动态调整。唐代府兵制的衰败，就和均田制瓦解后的社会嵌入失灵有关。

二是生产活动和应急训练的关系。应急支援力量能够持续运转的一个关键，在于根据生产周期，对生产活动和应急训练进行科学合理的安排，做到生产和应急兼顾。在农业社会，府兵训练要根据农闲农忙进行季节性调整。在现代社会，要对游隙群体涉及的生产行业做深入调研。比如快递业忙闲分布就具有一定的周期性，多以电商促销节点为忙碌峰值。因此，对其进行应急演练和学习培训也需考虑这一情况，错峰开展。

三是扁平组织和动员方式的关系。应急支援力量在架构上应当做到尽量扁平化，不能实行科层化管理。否则游隙群体不能做到灵活高效，群体成员也可能因为官僚化的管理而丧失活力。一般认为，影响个体行为的方法有强制、交换和说服三种，其基本逻辑是威逼、利诱和情感。应急支援力量毕竟不同于军队、警察等国家常备应急力量，用强制（威逼）的方法开展工作可能适得其反，而交换（利益）与说服（情感）的方法在灵活的扁平式、网络化的组织结构下更能发挥作用。

四是地位优待和身份认同的关系。对于应急支援力量，应当给予足够的政治和经济优待。要使他们政治上有荣誉感，经济上有获得感，在全社会形成对游隙群体的尊重和认可，同时提升这些群体对自身职业的自豪感和认同感。课题组发现，部分快递小哥对此次疫情结束后社会能否继续保持对自己的尊重认可有些许担忧，有的快递小哥说："现在群众需要我们，对我们好；等疫情过了，他们又回到以前，对我们不再尊重了。"因此，营造"今天怎样被感动，明天就怎样去尊重"的社会氛围，是应急支援力量得以长久存在的文化软环境。

四 以应急支援力量为抓手，提升国家治理体系和治理能力的现代化水平

建设应急支援力量的本质是一种社会动员，社会动员与一般的社会治理不同，动员手段的发挥无论对于发动者还是对于动员对象而言，都需要进行经常性演练，以达到相互之间的默契。这其中，动员的基础是制度，要通过一定的机制设计，将动员对象融入制度框架中来，并在日常管理中加强训练、培养感情、增进了解。此外，还要建立一支善于做组织动员工作的干部队伍。对此，我们党在前进摸索中早已形成了重要认识，即"一切为了群众、一切依靠群众，从群众中来、到群众中去"。这套工作方法反映到应急支援力量建设中，就是既要注重制度设计，把游隙群体参与国家应急支援力量的相关制度厘清做实；又要选拔培养一批善于做群众组织动员工作的治理人才。制度建设是应急支援力量的压舱石，干部队伍

是应急支援力量的领航员。

《国家突发事件应对法》确立了我国应急社会动员体制机制，使危机应对中社会参与整体上有法可依，但目前我国在社会动员方面还缺少细化的、具体的、可操作性强的法律法规，使得参与者的权责利不能更好地明确和保障。因此，建设国家应急支援力量，需要运用"支持性治疗"理念，从"局部层面"上升到"全局层面"，从"研究层面"上升到"制度层面"，从更高的维度、更广的视野和更新的基础思考现有的应急管理制度，使应急支援力量的作用发挥有章可循、有据可依、规范有序、健康发展。

建立应急支援力量游隙群体大数据库。当前社会群体话语体系的割裂度越来越大，价值观念场景化的区隔性越来越强。同样一个行为模式，在不同的社会群体中发生，可能背后的逻辑和动机完全不同，这些因素加大了危机治理的难度，必须有针对性地对游隙群体做深入研究，为构建国家应急支援力量奠定坚实的实证基础。要运用互联网大数据，分析新冠肺炎疫情期间游隙群体的动员程度、参与程度和实现程度。同时，要深入分析参与新冠肺炎疫情防控中游隙群体的职业行为、思想动态、风险位置、组织方式等，并与其日常状态的数据进行比对分析，梳理出应急支援力量游隙群体的组织动员模型。

形成应急支援力量可参照的制度方案。对现有突发公共卫生事件的应急机制进行系统化梳理，探索应急支援力量的动员体系，促进形成日常状态和应急状态支援力量的工作规程指引，创建应急支援力量的启动、组织、激励、保障和评价机制。同时，探索建立危机事件社会群体风险研判指标体系和预警机制，构建"党委政府组织、跨学科专家建言、群体代表人物参与、综合研判系统风险"的工作流程，做到对社会群体风险的早发现、早预警、早准备。此外，还可建立应急支援力量游隙群体分类分级动员响应机制以及分领域分类别动员响应标准，明确应急支援力量动员级别，并建立考核评估机制。

构建应急支援力量职业能力测评机制。要增强对特殊管理体制和市场运行机制的理解把握，加强对应急支援力量动员机理的认识，充分挖掘和运用应急支援力量中的积极因素，通过模拟演练、专业学习、相互交流等形式，提高应急支援力量的政治素质、职业技能和危机处置能力。同时，制定应急支援力量的培训课程和培训方案，加大对游隙群体的培训力度，有关部门可建立应急支援力量资格认证体系，为应急支援力量提供必要的物质保障和政策倾斜，充分发挥应急支援力量在激发经济社会活力、防控治理横纵到边、维护社会安定团结、应急支援有益补充等方面的重要作用。

毛泽东同志曾说："政治路线确定之后，干部就是决定的因素。"应急支援力量作用的发挥，固然要通过一定的制度设计，将游隙群体纳入危机治理体系中来；但同时，还要注重选拔和培养一批善于做组织动员工作的干部队伍和治理人才。只有掌握了群众语言和群众思维，和群众建立起深厚的情感，在危机事件发生后，才能产生强大的感召力，形成应急支援力量"天下云集响应"的场景。

具体到实际工作中，要发现并重用擅长群众规律的"政治型＋组织型＋思想型"人才，让善于走进群众、团结群众、引导群众的人才在动员应急支援力量中脱颖而出，形成危机治理的人才库。公共危机事件发生后，在工作力量的安排上，要有针对性地根据不同游隙群体的特点配置工作队伍，"固基"和"稳尖"并重。比如，快递小哥、网约车司机、大卡车司机、退役军人等游隙群体思想性弱、组织性强，针对这些群体的动员方式要呈现组织为先、思想跟进的特点，应注重配置组织能力更强的人才；而"新媒体从业者""社会组织从业者"等游隙群体思想性强、组织性弱，针对这些群体的动员方式要呈现思想为先、组织跟进的特点，即"做有思想人的思想工作"应更好地发挥思想型人才的价值。

中国共产党长期群众动员的实践表明，国家应急支援力量的建立，固然要向西方学习先进的治理方法和治理工具，但更重要的是取决于党组织（尤其是基层组织）在多大程度上能够重拾组织动员群众的本领，并找到"生产—应急"两种状态转换的普遍规律和背后机理。只有认真总结经验教训，立足于中国社会实践，才能走出一条真正区别于西方模式的，既具有中国特色又具有普适意义的国家治理体系和治理能力现代化道路。

（本文原载于《人民论坛》2020 年 4 月上）

第三篇

思想政治工作

"战疫一代"与中国未来

——"90后"的集体记忆与青春力量

1993年，一篇《夏令营中的较量》在社会上掀起轩然大波，中国"80后"从此背上了一个沉重的标签——"被溺爱的一代"。他们是实行计划生育后的第一代独生子女，赶上了改革开放带来的物质生活水平的提高，因此也被称为"垮掉的一代""自私的一代"。

直到15年后的2008年，他们才摘掉这个标签，让世界刮目相看。因为在这一年，"80后"自觉地担当起了时代赋予的重任，展现出这一代人的风采。社会开始重新审视这一代人的面貌，他们也拥有了新的称谓——"鸟巢一代""汶川一代"。

一代人社会化的过程总会被贴上许多标签，如今的"90后"也曾被广为诟病，被称为"非主流的一代""脑残的一代"。新冠疫情的暴发，给了"90后"一个机会，向世人展示他们的成长和光彩。他们的身影出现在疫区的各个角落：护理病人，搬运物资，维持秩序……他们的爱心播撒到人们心间：在社区中送货，摆渡城市，不顾安危；在勇敢中穿行，抢救病人，不知疲倦……

这一刻，我们才真正意识到：2003年春天的那场"非典"疫情中，大家都在奋力守护的"90后"，在17年后另一场疫情汹涌来袭时已经长大，他们卸下稚嫩与娇惯，换上勇敢和担当，他们挺身而出，逆行而上，成为抗疫一线的先锋队和主力军。如果说2008年是"80后"的元年，那么2020年则是"90后"的元年，一张张青春的面孔让中国为之骄傲，让世界为之震动——"战疫一代"正在崛起！

一 "90后"的集体记忆

尽管有人说苦难是人生的财富，逆境是成功的阶梯，但是没有人心甘情愿经历苦难和逆境。可一旦经历，也有其独特价值。历史无数次地证明，苦难是一个民族最持久的记忆，而对于一代人而言，眼泪亦是成长路上最丰厚的滋养。重大历史事件在造就一代青年的同时，也必然给这代青年烙上深深的印记，新冠疫情也将成为"90后"的集体记忆。

让我们把时光往前倒推100年。在1920年代，德国社会学家卡尔·曼海姆提出社会和政治事件通过对一代人性格形成时期的影响进而形塑世代，他的理论讨论了世代和社会记忆的关系。与此同时，法国社会学家莫里斯·哈布瓦赫也提出了集体记忆理论。集体记忆区别于个人记忆，是"一个特定社会群体之成员共享往事的过程和结果"，定格于过去，却由当下所限定，并规约未来。集体记忆理论充实了涂尔干关于"集体欢腾"的理论，正是集体记忆填充和维持着欢腾时期和日常时期之间的空白。

集体记忆直接的功能是群体经验和教训的累积。集体记忆为群体提供了相对平稳、可靠的生活策略、成功智慧和苦难借鉴。后世之所以能够站在先辈的肩膀上，一个重要的原因正是先辈把有关生之艰辛的记忆，当作思想遗产传承下去。所谓"多难兴邦"，对苦难体验的普遍共享，一直是人类社会反思自身行为、提升治理能力的潜在动力。以此设想，相信经过这次新冠肺炎疫情的洗礼，责任、担当、使命这些原本离"90后"有些遥远的概念也将日益深入其心，在他们的心底生根发芽，成为当代青年的精神内核和生活方式，激发起一代青年在未来人生道路上的爱国热情和奋斗精神。

当然，此次疫情带给"90后"的集体记忆远不只这些，新冠病毒肆虐时间之长，影响范围之广，世所罕见，定会在很多方面对价值观正在形成期的一代青年造成不可估量的深远影响。经此一疫，"90后"中的很多人开始重新思考个人和社会的关系以及个体与集体的责任，疫情本身就是人类相互依存的证明，它好似一面镜子，照出不同治理模式的优劣以及生活在其中的真实体验。英国社会学家齐格蒙特·鲍曼认为，共同体的核心价值在于为个体提供亲密关系、安全庇护、确定性秩序和信任资产，但同时也会限制个体自我建构以及自我决定的自由。传统共同体衰落的一个重要原因，在于个体过度依附共同体而丧失了自由。现代社会充满不确定性和不安全感，人们又泛起了重返共同体的乡愁。因此，重建共同体的最大困境就是如何平衡自由与安全的关系。"确定性总是要求牺牲自由，而自由又只有以确定性为代价才能扩大。"新冠疫情的发生，使得"90后"开始在全新的意义上重新审视既有的对国家共同体的认知，以及国家共同体对于个人的意义，而这些，都是其他体验无法带给他们的宝贵集体记忆。

从另一个角度看，集体记忆是建构的，是强有力的意义制造工具。集体记忆体现了群体深层的价值取向和情感归宿，对于群体的凝聚和遗产的延续具有重要作用。集体记忆是群体共享的符号体系，承载着群体成员认知倾向和价值框架，影响着群体及其成员对当下事物的态度取向，也是构建认同的核心代码。简而言之，被记住的即被认同的，记住过去意味着与那些有共同经历的人构成特定的社会关系。因此，虽然灾难的经历是痛苦且短暂的，但集体记忆将促使身处其中的人们形成弥足珍贵的共同体验，建立起身份认同，并不断强化其参与动机。

从这个意义上讲，参与本身是一种个体与社会互动的建构性行为，没有参与，就无法形成真正的集体记忆。"80后"被称为"鸟巢一代"，是因为奥运盛事他们切身参与其中，而不是仅仅在身边发生而已。既有研究表明，"鸟巢一代"的集体记忆唤醒了"80后"志愿身份认同，进而影响了那一代人的志愿承诺、志愿意愿、志愿服务行为和时长。同样的，对于国家的灾难性记忆，以前"90后"大多是从历史课本和影像资料中获知的，2003年"非典"疫情暴发的时候，他们还没有真正走到历史舞台的中央，他们并未真正参与其中。他们那时是"被保护的"，更多的角色是"旁观者"，那场灾难对于"90后"而言，只是发生过而已，并不能构成身份认同意义上的集体记忆。而在这场突如其来的新冠疫情大考中，

"90 后"经受了严格的思想淬炼、政治历练、实践锻炼，他们真正参与其中，他们身上的道义感、社会责任感和凝聚力被激发了出来，病毒肆虐的悲剧性力量使"90 后"在 2020 年完成了一次集体蜕变。这次疫情将深深地印在这一代人的脑海中，影响他们的价值观，进而改变他们对灾难和生死的看法，以及对生命的理解和认知。

集体记忆因建构而成，蛰伏于个人、群体和社会的持续互动之中。在历史的某些时刻，一代人一同经历了伟大与平庸、庄严与屈辱、辉煌与苦难，那里有刻骨的事件、平凡的英雄和不屈的力量。哪怕历史的原貌早已支离破碎，这些记忆却如荧荧之光，为后来者照亮前行的道路。随着复工复产复学的启动，"战疫一代"也会回归自己原来的学习和工作岗位，经历锤炼后愈发自信和成熟的他们即将步入人生的"而立之年"。我们大可不必担心他们会忘记苦难，更无须忧虑他们会回到那个"娇滴滴的状态"，因为他们参与过、经历过、感动过，艰辛与磨砺是最好的营养剂和催化剂，也是最好的磨刀石和试金石。我们相信，经历过此次疫情洗礼，集体记忆业已铭心，身份认同已然形成，"战疫一代"定会成为国家的中流砥柱，担当起实现中华民族伟大复兴的历史重任。正如习近平总书记在给北京大学援鄂医疗队全体"90 后"党员回信中所指出的："广大青年用行动证明，新时代的中国青年是好样的，是堪当大任的！"

二　新时代的青春力量

中国正处于百年未有之大变局的转型时期，世代划分不再以生命周期为标准，而代之以经济增长、社会发展以及技术迭代的节律。与以往一代代中国青年相比，今天的"90 后"有着鲜明的时代特征：他们没有经历过中国屈辱和战乱的过去，他们没有天生的自卑感或狭隘的报复心来面对世界，对于西方的发展状况和治理经验，他们既不陌生，也不盲信；他们比"80 后"更加国际化，从出生就赶上了科技迅猛发展、信息海量流通的移动网络时代，对于世界各国，特别是西方国家，不会有发自内心的封闭和抵制，更不会有盲目自大的傲慢与偏见。

一代人从精神世界中带来的东西，恰是理解他们身上所发生事情的钥匙，而当下一代从精神世界中拿出某种上一代在精神世界中尚未经历过的东西时，就形成了与上一代的"对抗"。代际虽有对抗，但更多的是联系，这种联系有时表现为下一代对上一代的传承，有时表现为下一代对上一代的创新。长久以来，人们一直依靠习俗、宗教和权威制定的道德秩序生活工作并理解世界。中国随着现代化进程的推进成为世界第二大经济体，"90后"不再像之前的中国青年一样，主要依赖传统的价值体系作出判断。在他们眼中，价值观和认同感比血统和出身重要得多，他们是"意缘联结"的一代新人。他们拥有一定的知识技能，但并不停滞满足；能让领导满意，也不循规蹈矩；向上层努力，却没有看不起底层；有一定社会地位，但不蔑视公平正义；拥有丰富多彩的生活方式，但又避免炫耀性消费。这些看似相悖、实则并存的价值认知表明：他们很多时候超越了既有价值体系的对立，他们不是妥协的中间派，他们没有把新潮和守旧的价值体系调和在一起，而是用一种全新的方式来看待并理解社会，就像在一页纸的两个点之间加上第三个维度，折叠这张纸就可以连接这两个点，而不是在纸面上画出直线。

在新冠疫情中，"90后"之所以能够在人民需要和祖国召唤的时候挺身而出，一个重要的原因在于他们内生的以人类命运共同体为导向的强烈的社会责任感和公共服务意识，这可以从以快递小哥为代表的新兴青年群体在疫情中的现实表现窥见一斑。2019年以来，我们的课题组开展了《城市快递小哥群体调查》，对这些"熟悉的陌生人"的工作生活和内心世界有了更多的认识和了解。我们把快递小哥称为城市的"蜂鸟"，他们"悬浮"在城市上空，穿着不同颜色式样的快递工作服，穿梭在小区楼宇和街头巷尾，用力拍打着自己的翅膀，努力向前飞奔、向上流动。疫情当前，他们仍不停歇，给封闭在社区居所的人们带去温暖和希望。今天，很多人感动于疫情期间快递小哥的辛勤工作，但其实对于他们而言，这就是日常工作的缩影。只是在突如其来的疫情这一特殊时期，按下了暂停键的社会有机会用放大镜看到并凸显了他们，把他们一以贯之却鲜受瞩目的敬业精神和拼搏精神集中展现了出来。快递小哥只是疫情中当代青年的一个代表，像快递小哥一样的"最美逆行者"，还有无数的青年志愿者、网约车司机、大卡车司机、退役军人、各种社会组织从业者等。新冠疫情为中国"90后"站立在世界中心提供了机会，当3月19日快递小哥登上美国《时代周刊》封面的那天，一位小哥平静地对我说："中国'90后'终于在世界舞台集体亮相了，我们等这一天很久了"。

新冠肺炎疫情发生后，我们课题组迅速通过网络等途径召集团队启动调研，运用已有调查平台和联系渠道，通过电话、微信等形式对778名在疫情期间仍在岗工作的快递小哥开展了调查，记录下他们疫情期间工作生活的点点滴滴。在调研中我们也拍下了许多快递小哥工作场景的照片，由于疫情，他们都戴着口罩，我们看不见他们的面容，但仍可以从每一张照片中感受到他们的阳光和温暖。快递小哥的薪酬方式大多属于计件制，计件制与计时制不同，必须完成一单，才有一单收入，对于他们而言，每月6000元左右的工资是每单5元、8元这样一点点积累而成的。但生活的艰辛并没有消磨他们的意志，反而激发了他们负重前行的坚定和向上流动的渴望。调研中一位快递小哥"刚子"的话一直让人记忆犹新："没有人生奇迹，只有努力轨迹。以后的人生道路中不管做什么工作，都要一步一个脚印，就像习总书记说的：幸福都是奋斗出来的!"从不期待有什么奇迹发生，而是依靠自己的双手创造未来，这正是一代代中国人愈挫愈勇的文化基因和中华民族千百年来屹立不倒的精神密码。

其实不只是快递小哥，在我们的课题组完成的其他30多个青年群体的调研中，都能感受到这种不向命运屈服，努力向上生长的精神状态。这种状态，可以从做公益的青年人阳光自信的表情中体会到，从新生代农民工质朴真诚的话语中感受到，从"蚁族"青年眺望未来的乐观中观察到，从快递小哥面对疫情的坚守中解读出。你不由得发自内心地羡慕并崇拜他们这种人生状态，只有奋斗中的人们才能享受到这种无与伦比的精神快感。它不是感官的刺激和物质的享受，而是一种超越了自我满足，将时代脚步与自己进步紧密相连所获得的一种精神愉悦感、灵魂净化感和价值实现感。

每个时代青年都有属于自己的独特的成长历程，却无一不映射着追寻符合时代法则的普遍原理。"战疫一代"的表现，虽与百年前"五四"运动的历史背景不同，但他们展现的爱国热情和集体力量，再一次证明了历史发展的客观规律不可抗拒：朝气蓬勃的青年，永远是社会发展进程中最具活力、最少保守、最勇于担当的群体。

马克思指出："一个时代的精神是青年代表的精神，一个时代的性格是青春代表的性格。"中国的复兴之路和发展模式，这个一个多世纪以来萦绕在几代中国青年心中的永恒主题，在 2020 年，似乎得到了某种仪式性和阶段性的注解。而承担这一注解重任的"90 后"，也有了一个具有鲜明时代特色的新称谓——"战疫一代"。

每个人都是既活在当下，又活在历史之中的，过去并不会因为我们对它失去记忆而不复存在。不管我们是否意识到，一段五千年的文明史涌动在一代代青年的血脉之中。今天，当我们回望过去，仍然可以感觉到在中国历史发展的一系列重大节点上，扑面而来的青春气息和一代代青年为民族存亡的呐喊以及行动。此时此刻，我们提出"战疫一代"的创新表述，是希望通过这个概念所代表和象征的一代人来展望未来之中国，并从一个侧面描绘出当今中国与世界关系的最新状态，勾勒出今日中国青年的时代底色与发展趋势。这个问题对于中华民族的伟大复兴意义重大，因为青年一代的思想状态，将决定我们这个古老国度如何重新焕发她的荣耀和光芒。

1946 年，冯友兰先生在为西南联大纪念碑所作的碑文中曾写下这样一段话："我国家以世界之古国，居东亚之天府，本应绍汉唐之遗烈，作并世之先进。将来建国完成，必于世界历史，居独特之地位。盖并世列强，虽新而不古；希腊、罗马，有古而无今，惟我国家，亘古亘今，亦新亦旧，斯所谓'周虽旧邦，其命维新'者也。"我想，恰是中国土地上孕育的一代代青年及其源源不竭的奋斗精神，构成了中华民族生生不息的力量源泉。

（本文原载于《中国青年报》2020 年 4 月 9 日 5 版）

战疫一代　青春不败

——新冠肺炎疫情对当代青年价值观影响调查

编者按：青春由磨砺而出彩，人生因奋斗而升华。在五四青年节到来之际，习近平总书记寄语新时代青年，称赞他们面对突如其来的新冠肺炎疫情，不畏艰险、冲锋在前、真情奉献，展现了当代中国青年的担当精神。正是基于当代青年面对新冠肺炎疫情的突出表现，对外经济贸易大学教授廉思于4月首次提出"战疫一代"的时代称谓，引起社会关注和热烈讨论。"战疫一代"的代际特征是什么？具有哪些鲜明的青春底色？为了深入解读它的时代内涵，课题组于2020年3～4月组织开展了"新冠肺炎疫情对当代青年价值观影响调查"，采用抽样的方法，以此次战疫中参与一线工作和当地防控任务的"90后""00后"为对象，在全国范围内发放电子问卷12433份，回收有效问卷11736份，调查梳理了疫情期间当代青年价值观演进变化，为研判中国未来10～30年主要劳动人口的精神状态和价值取向提供分析基础和政策参考。

突如其来的新冠肺炎疫情是新中国成立以来传播速度最快、感染范围最广、防控难度最大的重大突发公共卫生事件，这对于价值观正处于形成期的"90后""00后"而言，经历的不仅仅是一场前所未有的疫情大考，更是一段饱含人间大爱的集体记忆、一场升华家国情怀的互动仪式，这必将成为他们心理成长和思想成熟的人生标记。

　　此次调研覆盖在读大学生和多种职业类型，同时兼顾地域分布和参与战疫的方式，其中"90后"占80.4%，"00后"占19.6%；参与一线防控工作的占29.3%，未参与一线防控工作的占70.7%。在一线人员当中，社会运转保障力量（如快递小哥、卡车司机、保安、保洁等）占26.3%，社区（村）工作人员占18.4%，公安民警、基层干部等一线公职人员占15.6%，医护人员占14.1%，青年志愿者占9.7%，疫情相关重大工程项目建设者占7.4%，新闻媒体工作者占5.3%，其他占3.2%。非一线人员也通过其他方式参与到疫情防控中来，其中配合政府防疫工作（如：主动汇报健康状况，服从社区管理等）占98.4%，坚守岗位占68.3%，志愿服务占43.6%，捐款捐物占35.2%，宣传引导占25.5%，物资运输占21.4%，爱心助学占18.4%，物资生产占15.9%，商超服务占12.8%，主动居家隔离占9.7%，其他占4.3%。从调查结果总体来看，受访对象对整个青年群体在此次疫情中的表现评价较高，认为"满意"的占82.4%，其中"特别满意"的占47.8%。受访对象普遍对"战疫一代"的称谓表现出很高的认可度，95.8%认为用"战疫一代"来指代当代青年的时代特征"准确、贴切"，94.7%认为这一概念"形象、生动"。

　　马克思认为，人是一切社会关系的总和。社会关系是构成社会的骨架，一个社会主要由六大类关系构成：个人与自然的关系，个人与他人的关系，个人与社会的关系，个人与政府的关系，个人与民族的关系，以及个人与世界的关系。这六类关系由内而外，构成了一个相互联系的同心圆体系，也形成了不同的价值观圈层，即自然观、道德观、社会观、政治观、民族观和国际观。此次调查我们将以这六种关系为切入点，考察新冠肺炎疫情对当代青年价值观的深远影响。

一　自然观：敬畏自然与环保意识相伴，生态理念深植

　　人类所生活的世界，是人与其所处的自然环境持续互动、交换和体认的过程。人与自然的关系是最基本的社会关系，也是人类赖以生存的基

础。人与自然的关系也深刻影响着人与人的关系，由于灾难经常以一种激烈的形式呈现人与生态的互动性，因而往往挑战着人们既有的世界观，并提出深刻的存在论问题。

经过新冠肺炎疫情的考验，与环境相关的反思正在深刻融入当代青年的价值判断中去。在人类历史上，诸如鼠疫、天花、霍乱、西班牙流感等几次大瘟疫都是人类定位自身发展模式的重要节点，它使人们穿梭于历史与当下之间，通过具体的反思实践来促进社会的再生产，勾勒出人类繁衍与存续的文化脉络。因此，新冠肺炎疫情势必经由青年的感觉、认知与应对的实践，日益浸入他们未来的生活，我们从青年如何理解疫情、记忆疫情、叙述疫情，可以窥见人类与自然的未来链接状态。调查显示，有96.4%的青年认为"疫情使我认识到不应该食用野生动物"，有95.3%的认为"疫情使我更尊重自然、敬畏自然"。同样，疫情也使当代青年体会到，今天的人类社会比以往任何时候都需要自然与人类共生理念的观照，在生态文明建设道路上，要秉承人与自然和谐共生的人类共同价值观，重新审视人类自身的生产生活方式以及科技进步对于人类自身的意义所在。调查显示，有96.9%的青年表示"疫情使我更加认同'绿水青山就是金山银山'的理念"，有95.5%表示"疫情使我更加认识到山水林田湖草是生命共同体"。

人因自然而生，人与自然是一种共生关系，对自然的伤害最终会伤及人类自身。当代青年经此一"疫"，会进一步在脑海中深植保护自然的理念，担当起建设生态文明的重任。调查显示，有97.7%的青年认为"要像保护眼睛一样保护生态环境"，有93.4%的认为"要用最严格制度和最严密法治来保护生态环境"，有92.1%的认为"生态兴则文明兴，生态衰则文明衰"。可以预见，当代青年会比前辈们更加深知人与自然的关联及其中蕴涵的道德伦理，在他们手中，"美好地球家园"的生态文明建设一定能够实现跨越式发展。

二　道德观：跨代共鸣与情感直觉交织，核心价值内化

道德观是一个共同体中能够彼此认同与共享的生活行为准则和规范，

是人们对自身在社会生活中的价值定位，其中居于核心地位、起主导和统领作用的是核心价值体系。任何社会都有自己的核心价值体系，这是一定社会系统得以运转、一定社会秩序得以维持的基本精神依托。在我们国家，社会主义核心价值观分三个层次建构了一个系统的认知框架，提供了是非善恶的判断标准，提炼出值得共同赞赏的对象，凝聚了全党全社会的价值共识。

在移动互联网时代下，当代青年的交流媒介从内容到形式都发生了很大变化，以前相当程度上因纸媒和广播电视而团结、凝聚在一起的家庭和社会，由于人手一部手机、信息渠道的多元分化等因素削弱了。疫情期间居家隔离，让青年重返家庭环境和熟人社会，他们有更多的时间与长辈交流想法，并就疫情中出现的一些问题进行讨论。是疫情，使当代青年展开对话，并产生共情。疫情缩短了代际价值观的隔阂，不同代际间发生了更多的联结，社会各个层面的价值观逐渐向核心价值观聚拢。调查显示，有90.1%的青年表示"疫情期间，我更加理解父辈们的思想观念"，有94.5%的表示"疫情期间，我更加认同中华传统美德"，有91.3%的同意"战疫斗争有助于凝聚社会共识，找到最大公约数"。可以说，此次战疫斗争是一次难得的价值观聚合契机，使当代青年的集体意识指向社会团结，培养了他们怀着善意和尊重去尝试理解不同代际群体所坚守的价值准则。

对于疫区的情况，绝大多数青年不可能亲临现场，移动互联网和电视直播给他们提供了几乎与现实环境相吻合的"拟态环境"，价值观通过一个个具体的人物和事例得以具象化，滋润着青年的心田。被称为"最美逆行者"的医生护士、"城市摆渡人"的快递小哥，一个个平凡鲜活又感人至深的形象，无不闪烁着"爱国、敬业、诚信、友善"的光辉，为当代青年提供了一种"情感直觉"，使他们得以用青春的视角在现实中去体悟社会主义核心价值的抽象意义。调查显示，有92.2%的青年认为"通过战疫斗争，我更了解了社会主义核心价值观的内涵和意义"，有91.4%的认为"此次疫情中青年的表现充分体现了社会主义核心价值观"，有90.5%的表示"我愿意把社会主义核心价值观作为自己人生的道德和行为准则"。访谈中有青年讲到，新冠疫情是很多个体生命的痛点，但也是我们开始思考生命的起点——是这场灾难，让我们开始醒悟生命的可贵，开始意识到很多平日里的烦恼纷争在死亡面前不值一提；也是这场灾难，让我们看到了跨越地域的温情和群体互助的真诚。疫情的发生，使社会主义核心价值观在当代青年中形成了深厚的现实基础和丰富的情感语境。

同时，战疫斗争也影响着当代青年看待偶像和榜样人物的态度，当被问及"在新冠疫情防控中，最为推崇的三个群体"时，一线医务人员（96.1%）、公共卫生与医学专家（90.5%）、公安民警和基层干部等坚守一线的公职人员（85.2%）位列前三。在疫情期间最为欣赏和敬佩的人当中，钟南山、李兰娟、张文宏排名前三。战疫过程使传统意义上的"道德榜样"和具有鲜明时代色彩的"公众偶像"完美结合，并通过科学魅力和人性共鸣，使英雄人物身上所体现的社会主义核心价值观成为当代青年普遍认同的道德准则，并内化为他们自觉的精神追求和价值向往。

三 社会观：责任担当与扶危济困同向，公共精神升华

社会观是指人们对社会的基本观点和看法，人的社会观是在一定的社会关系和社会状态中形成的，社会观一旦形成便支配着人们的社会行为。大多数社会事件只对特定人群产生影响，而新冠肺炎疫情则影响到社会中每个人，习以为常的生活突然遭遇巨大冲击，使当代青年对社会的认识亦出现一些新的变化。

在社会责任感方面，调查显示，有85.3%的青年认为"战疫英雄事迹激励了我应用年轻的肩膀扛起社会责任"，有84.6%的认为"战疫经历使我懂得，青春应当在党和人民最需要的地方绽放绚丽之花"；有82.2%的认为"当个人正当利益和社会公共利益发生冲突时，个人利益应该让位于社会利益"，有80.3%的表示"战疫斗争如有需要，我愿意上一线"。值得注意的是，疫情中青年展现出责任感与真实感的同频共振，他们认为

责任不单是一种理念，更是一种行动。访谈中很多青年表示，在疫情期间参与志愿服务，是做了一件正确的事、有意义的事，他们能够从自己真实的生活情境中感受到集体需要与自身责任之间的密切关联。对于当代青年而言，责任不再是一个抽象的、遥远的概念，而是实实在在的感知。这种真实感知让青年的参与行为同时成为一个自我实现的过程，他们在其中获得了存在感、成就感、荣誉感乃至幸福感。

同时，疫情之下求助者的需求，让青年人"想做点什么"的冲动有了更为具体的指向和对象。他们关注受疫情影响的"弱势群体"，力所能及地去帮助受疫情影响的群众。调查显示，有 90.8% 的青年表示"当危机事件发生时，我会尽自己所能去帮助别人"，有 93.9% 的认同"一个文明社会应该对弱势群体有所保护和关注"。新冠肺炎病毒的高传播性，让当代青年看到生命之间的关联和依赖，他们将整个社会视作命运共同体，每个人都是大陆相连的一部分，没有谁是一座孤岛。

当然，疫情期间，青年也在短时间内经历了复杂的情绪与焦虑：未知病毒带来的恐惧，不知事态将如何演变的迷茫，对生命逝去的无能为力，长期隔离在家的孤独等。对于正处于价值观养成期的青年而言，很容易由于疫情造成创伤性记忆或负面体验。在此次疫情中，各有关部门及时开展引导教育，促进青年形成正确的社会认知。我们看到，此次疫情的宣传工作将宏观叙事和微观写照有机结合，既有国家领导人和基层干部的面孔，也有大量一线医护人员、快递小哥、网约车司机、大卡车司机等社会群体和青年志愿者的身影。大量的现场采写和实时记录带来的效果震撼，给当代青年上了一堂生动的思政大课。调查结果也从一个侧面印证了课堂的实际效果，有 98.3% 的青年认同"个人自由要在法律允许的限度内"，有 96.4% 认同"在公共场所，要文明礼貌、爱护公共设施、遵守公共秩序"，有 93.1% 认同"每个人都有追求自己幸福的权利，但这种权利不能建立在损害他人利益的基础上"。新冠肺炎疫情的洗礼，让当代青年认识到个人和集体的关系以及个人对于共同体的责任，他们在挑战和磨砺中逐渐成熟，可堪大任，未来可期。

四 政治观：道路选择与人民理念坚定，制度自信激活

政治观是政治观点和政治立场的总称，是人们在社会实践中所形成的对政治现象和政治问题的总的看法和根本观点，集中表现为如何看待人民与政府的关系。政治观往往要在具体的事件中才能被感知、被测量。一般性的政治表态未触及个人利益，个体的真实想法往往被深埋。新冠肺炎疫情波及每个人，好似一根探针，让我们有机会能深入洞察当代青年对于国家制度的真实感受。

一般认为，政治观的形成是一个从思想观念到实践结果的连续过程，根据从抽象认同到具体实践的顺序，政治观可以划分为制度信任、执政效能、信息权威三个层次。其中制度信任是指人们对执政党政治理念的认可，可以从疫情期间青年对国家政治制度的信任体现出来；执政效能是指人们对整个政治共同体执政能力的评价，可以从疫情期间青年对政府防控举措的满意度体现出来；信息权威性是指人们对政治行动者发布信息的信任程度和依赖程度，可以从疫情期间青年对政府发布信息的接受程度体现出来。

在政治制度信任感方面，调查显示，有98.5%的青年赞同"战疫斗争再次证明了中国共产党的正确领导和社会主义制度的优越性"，有98.3%赞同"战疫斗争使我更加认识到中国共产党是我们各项事业的领导核心"。尤其需要注意的是，此次战疫斗争使当代青年对执政合法性的认识更加深入，当被问及"经过此次疫情后，您认为一个政党的执政基础应建立在？"，回答"以人民为中心，为人民谋利益"的占比最高，为70.2%；然后依次为"经济社会发展的治理绩效"占10.3%，"对国家的历史贡献与作用"占8.7%，"民主选举等程序合法"占8.1%，"意识形态的解释力"占2.7%。可见，经过此次疫情，青年人判断一个政党是否应该执政，已经超越了经济绩效和民主选举等工具层面的考量，进入价值层面的深度认同，显示出较强的道路自信、理论自信、制度自信和文化自信，中国特色社会主义制度在当代青年中具有广泛而深厚的社会思想基础。

在执政效能满意度方面，调查显示，有93.7%的青年赞同"中国的疫情防控措施有效地保障了人民群众的生命财产安全"，有92.1%赞同"出现危机事件时，我愿意服从政府的管理和规定"，有91.7%赞同"战疫斗争提高了我对中国共产党执政理念和执政效果的认可度"，有83.2%赞同"虽然受疫情冲击严重，但中国经济长期向好的趋势不会改变"。访谈中很多青年表示，尽管疫情对一季度经济产生了较大影响，但我国具有完备的经济体系、坚实的社会基础、巨大的国内市场、丰富的劳动力供给，经济发展的韧性、潜力和空间较大。他们坚信，中国将继续保持稳定持续发展，一定会打赢脱贫攻坚战，全面建成小康社会，在世界上率先实现联合国千年发展目标。

在政治信息权威性方面，调查显示，有80.2%的青年赞同"当官方信息和民间信息不一致时，我更倾向于官方提供的信息"，另有85.6%赞同"此次疫情政府应该尽早公开信息"。可见，相较于政治制度信任感和执政绩效满意度，当代青年对政府信息权威性认同的比例略低，且期待信息尽早公开，说明在此方面仍有一定提升空间。在疫情期间，各种反映体制机制问题、公职人员失职问题的事件时有出现，一方面青年们不盲从盲信，而是积极寻求真相，避免被群体性情绪裹挟；另一方面，很多青年也在理性讨论之余，激发社会对事件的去情绪化思考，并在正当渠道开展舆论监督，反映社情民意，推动问题的顺利解决。

五 民族观：家国情怀与传统文化破壁，民族共感深化

民族观是人们对民族和民族问题的看法和基本观点。新冠肺炎疫情的发生，是对人民群众生命健康的重大威胁，却也是促进形成强大民族凝聚力和国家向心力的重要契机。疫情期间，神州大地紧张有序的救援救助、感人肺腑的人物故事，展现出中华民族万众一心、同舟共济的伟大民族精神与钢铁般的民族意志。

疫情防控的阶段性胜利极大提升了当代青年的民族自豪感。调查显

示，有 94.8% 的青年认为"战疫斗争彰显了中华民族的内在凝聚力和强大向心力"，有 98.7% 为"自己是中华民族的一员而骄傲和自豪"，有 92.4% 认同"忧劳兴国，多难兴邦，中国人民已经习惯了在逆境和灾难中成长"，这种由战疫斗争生发出来的家国情怀是当代青年面对灾难形成的宝贵精神财富。与此同时，此次疫情经历也让更多的青年认识到中华文化中守望相助、救死扶伤等优良传统的独特价值，他们开始转身回望并重新思考中华文化对于当下和未来的意义，有 92.5% 认为"中华优秀传统文化不仅是中国人思想和精神的内核，对解决人类问题也有重要价值"，有 91.9% 认为"中华文明的悠久历史，是中华民族自强不息、发展壮大的强大精神力量"，这种对中华文化的高度认同是民族心理和民族精神的集中体现，构成了民族身份认同的坚实基础。

一代人要形成对于自身民族的正确认知，重大事件的影响不可或缺。重大事件在特定历史时空中产生，并经漫长时间、特定空间的检验和沉淀，成为一个民族区隔于其他民族的思想资源，对内促进认同与融合，对外实现区隔与划界。百年不遇疫情的发生，使中华民族以一个"整体形象"呈现于世界面前，当代青年对于中华民族的自我认知和自我建构空前增强，形成了具有凝聚性特征的共同体意识。调查显示，有 93.2% 的青年觉得"疫情中其他国家在批评中国的时候，我感觉就像在批评我自己"，有 98.5% 认同"中华民族是一个多元一体的大家庭，中华民族是中国跻身于世界民族之林的唯一代表"，有 97.2% 赞成"要坚持促进各民族交往交流交融，不断铸牢中华民族共同体意识"。可见，56 个民族同舟共济，共抗疫情，进一步铸牢了当代青年的中华民族共同体意识。"战疫一代"深刻认识到，56 个民族只有紧紧抱在一起，才能形成强大磅礴的力量，才能使中华民族屹立于世界民族之林。

六　国际观：开放包容与互助合作融通，大国意识觉醒

国际观是人们如何看待中国在世界的位置以及如何衡量中国与其他国

家的关系。"国之交在于民之亲",而青年始终是"民之亲"的重要基础。随着中国综合国力的不断增强并成为世界第二大经济体,在这个伟大进程中成长起来的中国青年自信笃定,在跨文化交流中能够尊重并理解不同国家的制度和文明,在参与国际交往和推动世界发展方面有着天然独特的优势。

疫情暴发后,一方面,青年高度评价中国在疫情中的表现和贡献,认识到中国为全球抗击疫情事业所付出的不懈努力和巨大代价;另一方面,疫情中出现的一些问题并没有让他们形成狭隘的民族主义,反而使他们的胸怀更加开放包容。青年感谢国际社会给予的真诚帮助和支持,对那些曾经支持和帮助中国抗疫的国家和组织,认为应"投我以木桃,报之以琼瑶",坚信"烈火炼真金,患难见真情"。调查显示,有 97.4% 的青年赞同"中国人民为抗击全球疫情做出了巨大贡献和巨大牺牲",有 95.5% 认同"中国在全球抗击疫情中的一系列做法,展现出一个负责任大国的道义和担当",有 90.3% 认同"中国给其他国家援助医疗物资并派出医疗队,体现了一种国际主义和人道主义精神"。同时,疫情没有国界,当代青年更加深刻体会到人类命运共同体的价值意义。调查显示,有 98.3% 的青年赞同"此次疫情告诉我们,世界各国是休戚与共的命运共同体",有 97.6% 认同"世界各国应该携起手来,共同抗击疫情,而不是互相诬陷和攻击"。青年们普遍认为,习近平总书记同多方密切沟通,呼吁各国携手抗疫,有力地推动了疫情防控国际合作,彰显了大国领袖的责任担当。

疫情的全球肆虐,也在重塑着国际政治经济格局。针对一些西方国家政客和媒体丑化和污蔑中国的行径,当代青年也通过此次疫情有了更为清醒的认识,他们能够自觉领悟到所处的时代变局和自身肩负的使命。调查显示,有 81.1% 的青年认为"中国有必要在全球治理中发挥越来越重要的作用",有 80.5% 表示"看到诋毁中国的言论(如'中国病毒''武汉病毒'等言论),我会站出来为国家辩护",有 92.4% 表示"要努力学好科学文化知识,为中国在国际舞台发挥作用贡献力量"。面对错综复杂的国际局势，他们不慌乱不惶恐，在理性平和中展现积极作为的姿态。可以预见，新时代的中国青年必将在参与国际事务、推动和平发展、加强合作共赢、推进世界文明进步方面发挥越来越重要的作用。

（本文原载于《光明日报》）2020 年 5 月 8 日 7 版，
此次刊发略作修改）

在价值引领中做好青年工作

群团事业是党的事业的重要组成部分，是实现党的群众路线的重要力量。从党的历史发展来看，党是靠群团组织与人民群众建立感情和信任的。党的群团工作质量直接关系到人民群众对党的感情和信任。

一　社会结构调整与青年工作挑战

随着我国改革开放的不断深入和经济社会结构的深层次调整，当代青年拥有了前所未有的选择空间，这激发了广大青年对自我价值和主体利益的追求，从而引发了大规模地域和职业的流动。这种流动导致了青年分布状况的改变和青年群体的日益分化，形成了与经济成分和社会生活方式多样化相适应的新兴青年群体，比如"蚁族"青年、"洄游"青年、签约作家、网络意见领袖、独立演员歌手等，对青年来说，这是竞争条件下自由选择的结果，其积极意义是不言而喻的。但对共青团来说，直接的影响是使得现行基层组织设置和工作覆盖难度增加，"建制外青年"数量急剧增加。

目前，团的基层组织设置与青年分布和群体结构仍然不适应，职能扩张与资源短缺、青年需求旺盛与组织供给能力薄弱，是很多基层团组织面临的主要矛盾。这些现实问题不解决，就会降低团组织对青少年的吸引力，如果不采取有力措施，"团结青年"就可能成为一句空话。

2015年2月，中央印发了《关于加强和改进党的群团工作的意见》。

7月6日，中央又专门召开了党的群团工作会议。共青团组织应积极响应党的号召，充分发挥职能作用，深入基层，扎实服务，不断提高青年工作的科学化水平；价值引领，不断创新思想政治工作的载体；既要善于把党的主张和任务转化为青年的自觉行动，又要善于把青年的呼声诉求反映给党和政府。

二 深入基层是加强青年工作的前提

党的事业绝不只是"政策正确"那么简单，因为有了亿万人民的参与，党的事业才能获得胜利。亿万人民之所以参与实现"中国梦"这个伟大事业，是因为对党有感情、有信任，这就是"群众路线"的伟大之处。

深入基层很关键的一条，就是要培养对群众的感情，时刻把群众的困难、冷暖放在心上。感情决定态度，有了对青年的真感情，对青年的期待愿望就能感同身受，就能融洽和青年的关系，切实拉近同青年的距离；感情强化责任，有了对青年的真感情，就能扑下身子埋头苦干，不消极、不懈怠、不折腾；感情催生行动，有了对青年的真感情，就能到青年最需要的地方去，在艰苦的环境中锤炼意志。

共青团是党领导的先进青年的群众组织，深入青年是密切联系青年和竭诚为青年服务的重要前提条件。要把党的全心全意为人民服务的宗旨具体落实在青年工作中，做"青年友"，不当"青年官"。当前，青年对有些团干部有这么一种说法：交通条件改善了，却离我们更远了；学历层次提高了，却不会做青年工作了；信息手段先进了，却与我们沟通少了。尽管这只是在部分团干部中存在的现象，但反映的是脱离群众的根本问题。可见，深入基层，这个门槛很高，因为真正走进普通青年的内心世界并非易事；同时这个门槛也很低，因为走近普通青年并不需要多高的学历和财力。

基层是最好的学校，团干部不接地气，干事业就没有底气，终究成不了大器。

三 扎实服务是加强青年工作的基础保障

随着市场经济和对外开放的深入发展，青年的需求更加多样，对服务质量和层次的要求越来越高。随着我国经济社会结构的变化，不同青年群体对服务有着不同的具体要求。与此同时，大量以青年为服务对象的社会组织纷纷出现，他们的服务在一些专门领域对青年有着较强的吸引力。从目前的情况来看，共青团服务青年的工作还存在着手段不多、渠道不畅、方式方法创新不够等问题，提高服务青年的整体水平显得十分重要和紧迫。

共青团对青年的吸引力、凝聚力取决于服务青年的力度和水平。从青年工作的角度来看，青年从来都不是服务工作的被动接受者。青年对服务的需求是共青团开展服务工作的动力，青年对服务的评价是改进服务质量的标准，共青团的服务内容要尊重青年的选择，服务工作要强化青年的参与，服务过程要欢迎青年的监督，服务效果要注重青年的评价，以形成共青团的服务工作与服务对象之间的良性互动。

要提高服务青年的水平，就要牢固树立服务意识。要把为青年办了多少实事、解决了多少困难作为衡量团的工作成效的根本尺度；要善于从青年成长成才、权益维护、就业创业等方面的需求和精神文化、事业发展的愿望以及解决各种特殊困难的需求中完善服务内容，确定服务方向。要形成以社会为舞台，以需求为导向，联合社会力量，有效利用党政资源、社会资源、组织内生资源的资源整合机制，真正实现服务工作的长期化、规范化和专业化。

四 价值引领是加强青年工作的目标要求

习近平总书记指出，"要树立以人民为中心的工作导向，把服务群众同教育引导群众结合起来，把满足需求同提高素养结合起来。"当前青年的思想观念发生了很大变化，知识水平在不断提高，政策观念、公平观念和民主意识、参与意识、维权意识在不断增强。这些变化，对共青团的工作方法提出了新要求，需要不断创新引导青年的方法途径。

越是在社会思潮多元繁杂的年代，越是要努力维护社会价值观念和精神体系的最大公约数。在社会主义核心价值观教育中，共青团要尊重青年的主体地位，鼓励青年唱主角、当主力，调动青年全面参与和融入宣传教育。要学会在网络世界里把党的路线方针政策与青年的要求有效链接，建立舆论引导、事件处理、信息反馈的畅通机制。要不断学习和掌握新形势下做好青年工作的本领和方法，学会运用民主和法律的手段，在调研、梳理、分析的基础上析事明理，疏解青年的思想纠结。要搭建起青年个人奋斗和"中国梦"两者之间的逻辑桥梁，让青年意识到自己的小奋斗最终会汇聚成一股推动国家发展的巨大动力，为中国梦的实现贡献力量也是为自己的梦想培育土壤。

主流意识形态同青年价值观之间的关系是引领而不是批判，是对话而不是责骂，是寻求共识而不是诋毁压制。共青团应当让主旋律融入青年的日常生活之中，把抽象的意识形态观念蕴含在生动活泼的表现形式之中，将青年的价值观念统一到中央的战略部署上来，把青春力量凝聚到中华民族伟大复兴的中国梦中去。

（本文原载于《中国青年报》2015 年 8 月 31 日 2 版）

善做"看不见"的青年意识形态工作

一　战略层面：思想观念的转变

善做"看不见"的意识形态工作，不刻意灌输意识形态，降低意识形态的显性化。

青年群体的意识形态工作无疑是所有群体中最具挑战性的。党的十九大报告指出，我国社会主要矛盾已经转化为人民日益增长的美好生活需要和不平衡不充分的发展之间的矛盾。对于意识形态工作者来说，就要求我们既要加强主流意识形态的宣传工作，也要努力提供满足青年物质文化需求的产品。

纵观现在深受青年喜爱的文化产品，无一不是满足了青年的某种需求。比如"知乎""果壳"满足了青年求知、求真的需求；电影、音乐，满足了青年视听观赏、情感抒发的需求；"抖音""陌陌"满足了青年社交、恋爱的需求。

对于意识形态工作者来说，需要通过道德、法律及其他意识形态工具规范青年思想与行为，但是对于青年来说，他们却没有被宣传、被规范、被教育的需求。因此，要让主流意识形态获得青年的认同，我们的主产品就一定要满足青年的某种需求，只有主产品得到青年的认可和喜爱，才有可能让青年进一步去接受主产品背后隐藏的意识形态。我们的意识形态工作要具有感染青年的魅力，就不能把意识形态弄得很暴露，政治态度搞得很生硬。观念、主题、态度要深深隐藏在素材、情节和细节之中，一看都是人同此心、心同此理。有时我们不刻意灌输意识形态，降低意识形态的显性化，反而会强化意识形态的作用。

中国古代思想家管仲曾评价盐铁专营改革寓税于价的手法时说："取之于无形，使人不怒。"笔者借用这句话，要让主流意识形态"润物细无声"地进入青年的价值体系，关键要做到"用之于无形，使人不厌"。

那么如何做到"用之于无形，使人不厌"？其实，我们并不缺少核心价值，而是缺少一种表达的本领和传播的能力。西方也讲意识形态，只是我们看不见而已。有些美国电影情节跌宕起伏、催人泪下、引人深思，看了之后，热血沸腾、夜不能寐，最后觉得美国真好，把那种精神变成自己一种自觉的选择。但是实际上，人家虚构了一个精彩的故事，把青年带进去了，这叫"看不见"的意识形态工作。

我们目前搞"看不见"的意识形态工作本领还远远不够。当然，对于意识形态工作，应当分层分类来做，不能眉毛胡子一把抓，统统都是"看不见"的工作也不行。我们首先要旗帜鲜明做好"看得见"的意识形态工作，这方面我们稍微擅长一点。但我们更要学会做"看不见"的意识形态工作，这就需要创意，需要精致的构思设计和巧妙的表达传播，有时甚至要借助先进的科技手段。

二　战术层面：话语体系的转化

对于大人物，我们要讲小故事；对于小人物，我们要讲大故事；对于老人物，我们要讲新故事。

意识形态工作要做到入心入脑、深入浅出，还要运用青年喜爱并接受的话语体系。

主流意识形态要想成为青年信息传递和思想观念沟通的主要内容，成为在青年生活中真实而普遍发挥作用的信息权力，就必须实现主流意识形态的文字内容视觉化、理性概念感性象征化的转变，这要求我们具备讲好中国故事的能力。

对于大人物，我们要讲小故事。比如习总书记去庆丰包子铺吃包子，显然比开会更能赢得广大青年的关注。因为我们平时见不到大人物的日常生活，他们的日常细节对于普通人来说是稀奇的。其实，伟人流传下来的那些生动的小故事最能让人印象深刻。我们可能忘了列宁哪天开会，开的什么会，却记住了列宁和士兵的故事。

从青年工作的多年实践我们感受到，意识形态工作是"天边不如身边，道理不如故事"。讲理论要接地气，要让马克思讲中国话，让大专家讲青年话，让基本原理变成生动道理，让根本方法变成管用办法。主流意识形态需要经过感性的"打包"和"大小"的转换，才能真正打动青年。使用青年喜闻乐见的话语体系是我们的基本功和敲门砖，构建本地化的、群众性的、富于哲理和动员力的语言系统，是我们的看家本领。

对于小人物，我们要讲大故事。为什么小人物要讲大故事？因为很多人都有成就大事的梦想，但并没有这种机会。几乎每个人的生活都是普普通通的，对于普通人来说，大事是稀奇的。

我们在影片中经常看到，主人公并不是从头到尾的高大全。虽然主人公到最后都会拯救世界，但是，他或者曾经穷困潦倒，或者胆小怕事，是一个典型的普通人形象。不要总以为讲一个英雄主义的故事，就一定要将主人公塑造为一个神。我们应当努力在普通人的人性之中找到亮点，用寻找美的眼睛在平凡人之中发现人性的光辉和伟大，这样的人更亲切、更朴实、更自然，这样的人你也可以做到。什么是大人物？大人物就是不断努力的小人物，每个人都是小人物，但也都有成为大人物的可能性。关键看你自己怎么做，想成为什么人。

对于老人物，我们要讲新故事。雷锋是个老人物，雷锋精神是个老话题，但近年来在青年中逐渐出现了一些对雷锋的质疑和解构。比如雷锋在军旅生涯的 951 天时间里，总共拍下了 222 张照片，在那个没有数码相机和照相机并不普及的年代，这该做何解释？雷锋生前有手表、皮箱、毛料衣服等当年罕见的奢侈品，似乎消费很超前，钱从哪里来？在第 52 个学雷锋纪念日,我们组织了"学习雷锋精神专题研讨会"。此次研讨会邀请到了研究雷锋精神的专家和青年们一起分享学习雷锋的心得和感悟。手记、手稿、女朋友、立功、捐款、皮夹克,对种种被遮蔽的问题,大家一一辨析。

通过一次次的思想争鸣,青年们改变了对雷锋的刻板认识,大家最后一致认为,真实的雷锋是一个阳光帅气、向上进取、真诚友善的邻家大男孩,是一个可亲可敬的大哥哥,他也有烦恼,也有纠结,也渴望爱情。一位青年在研讨会后说:"理解雷锋精神,不仅要把雷锋当作远远的伟人,更要把他看作身边的朋友。雷锋做好事是快乐的,我们只有理解了雷锋的快乐,才能理解雷锋精神的真谛。"

综上所述,我们对青年做意识形态工作,一定要学会用科学的力量、真理的力量、思想的力量来说服人,而不是拿大话、空话、套话来压人。我们应当利用自己的年龄优势、知识优势和思想优势,用鲜活的故事和朴实的话语打动青年,把主旋律像小说一样隐藏在故事和人物之中,而不是进行乏味枯燥的说教和灌输。

(本文原载于《人民论坛》2015年5月下,此次刊发略作修改)

用"场景革命"打赢意识形态的
"不对称战争"

　　我带领课题组已经做了超过 20 个青年群体的研究，虽然不同青年群体有各自的特点，但有一个共同的感觉："90 后""00 后"拥有比"80后"更为强烈的自我意识。他们常常围绕日常生活构建和守护自己个体的"小世界"，他们向往能够以品质生活定义安全感，以兴趣界定自我的深度，以独而不孤界定个体归属，以善良微光影响社会①。这种来自当代青年对自我日常生活世界建立和守护的全面诉求，标志着中国社会的个体化进程发展到新的阶段。

　　这种强烈的自我意识，可以称为延后的青春期，这种现象的原因可以从四个层次去解读：一是危机感的缺失：经济发展让大部分物质需求得到满足，导致当代青年人过于安逸、缺乏危机感。二是经验传承的断层：知识经济的到来，知识更新速度的加快，父辈的技能已不适用于现在的产业结构，长辈的经验失去了传喻的价值。三是自我认知教育的失败：以应试为核心的学校教育，无法培养青年的自我认知和探索能力，家庭教育中，父母为子女作出过多决策（选学校、选专业甚至选工作），导致他们缺乏独立决策的机会。四是理想信念的缺失：自主决策通常需要一个自我认知和判断的支持系统（比如核心价值观、宗教信仰、文化习俗等），理想信念的缺失导致青年做决策时失去了参照物。面对延后的青春期和青年群体

---

　　① 青年志：《城市画报：90 后青年——大时代里的"小世界大世界"》，2013。

不断分化的态势，我们建构统一意识形态的难度加大。

与青年个体化进程相伴，移动互联网和社交媒体的普及开启了意识形态领域的"不对称战争"。所谓不对称战争，是指在较量双方的装备、投入有天壤之别的情况下，投入少的一方通过对投入多的一方最顾忌、最无法防备的死穴入手，以极少的代价给对手带来极大的破坏甚至致命的打击的做法。2001 年"9·11"事件正式开启了军事意义上不对称战争——恐怖主义投入极少量的资源就可以给最强大的国家以巨大破坏。不对称战争在意识形态领域主要表现在三个方面。

1. 造谣者和建设者之间的不对称战争

建设难而摧毁易，作为建设者，需要一砖一瓦垒出来，投入数以万计，而造谣方只需要编造谎言或 PS 照片，投入几乎为零，就可以取得混淆视听的舆论优势，这往往让建设者有口难辩。最后造成"即使我党做得不错，那也是你'应该做的'，而只要有一丝纰漏，就要'大字报式批判'"，对于建设者信心打击很大。

2. 造谣者和辟谣者之间的不对称战争

辟谣者进行谣言批驳的时候，需要采用比较多的证据，这样"举证"反而成了辟谣者的任务。每当辟谣者进行批驳的时候，造谣者立即"转进"，甚至无逻辑转进，进入其他话题或又上升到"终究是体制不行、文明劣等"等"先定结论"。而且造谣往往转发数万数十万次，辟谣只能转发数百数千次，更加剧了这种不对称状态。

3. 知识生产中"劣币驱逐良币"的不对称战争

我们知道，写有价值的内容需要较长时间准备，无论是思考还是资料的消化再生产都是有成本的。假设成本投入是一万，其进行社会传播所带来的社会价值可能是十万。但进入社交互联网时代后，进行创作的成本可能只有一毛钱，其营养为零，但能够带来强大的乌合之众效应，把成本为一万的有价值内容排挤掉。长此以往，制作有价值内容者无以为继，被迫退出，整个网络流通市场的内容质量越来越低劣，越来越情绪化。

那么如何针对当代青年的特点，打赢这场意识形态领域的不对称战争呢？

我们看到，在上述三种意识形态不对称战争中，建设者往往陷入不断解释的被动境地，刚刚解释完邱少云和雷锋，现在有些人又开始质疑董存瑞和黄继光了。解释是永远解释不完的，越解释，别人就越以为我们在掩饰。这样短兵相接的肉搏战，虽然打得很漂亮，但也使得建设者疲于应付、心力交瘁，而对手却乐死不疲、不亦乐乎。我认为，做意识形态工作，不仅要被动地解释防守，而且要主动采取"降维攻击"。

何为降维攻击？顾名思义，首先要降维。这个概念出自中国著名科幻作家刘慈欣的科幻小说《三体》，我借用这个概念来比喻意识形态斗争。在《三体》中，三维世界能看到二维世界，但二维世界看不到三维世界，三维世界的生物是无法生活在二维世界的。当采用三维世界的生物生存方式，向二维世界发生攻击时，就称为降维攻击。

在社交媒体时代，运用降维攻击，往往会取得意想不到的效果。比如2015年青年人最喜爱的电影——开心麻花主演的《夏洛特烦恼》上映之时，各个团购网站为了吸引年轻人购票，采取了很多优惠政策。一家网站卖20元一张电影票，另一家就卖15元一张，"淘宝"就卖10元一张，这是传统的打法——价格战，谁价格低谁胜利。这种打法的最大弊端在于打到最后，就形成死局了，只有用更低的利润，才能侥幸获胜。其实打到这个程度，即使胜利了，也是惨胜，甚至赔钱。降维攻击提供给我们用另一个维度去思考问题的视角。在看《夏洛特烦恼》时，我发现所有影院仍然像往常一样在卖爆米花。既然是开心麻花主演的电影，为什么不去尝试卖麻花呢？如果我做一家团购网站，采取的降维策略一定是：电影票赠送，免费让年轻人来观影，但会在门口支个摊，卖50元一桶的麻花，年轻人肯定趋之若鹜。可见，所谓降维，就是我不跟你在一个维度上斗争。在同一个维度上斗，按照你的游戏规则走，我肯定死路一条，我换个维度换个游戏规则，这样才能置之死地而后生。在意识形态领域也是这样，一方面，对于网络上的谣言，我们首先要旗帜鲜明地亮剑，在同一维度上展开针锋相对的斗争，这是必要的；另一方面，我们也要降维攻击，在另一维度上，对造谣者的一些说法予以侧翼包抄，直捣黄龙。

那么，怎样才能做到降维攻击？换维度的标准又是什么呢？

我认为是"场景"。我们要重塑青年意识形态宣传教育的主场景，进行一场场景革命。

什么是场景？青年有言：你的刷屏何尝不是我的孤独。我们经常看到一些蔚为壮观的粉丝群体，他们热衷于自己的群体属性，而对群体之外，却常常"两耳不闻窗外事"。

可见，青年在意的不是内容本身，而是内容所处的场景，以及场景中自己浸润的情感。"哥吃的不是面，是寂寞"，个体的体验成了关键要素，这个寂寞的场景，远比吃面更重要。为什么一桶麻花能卖50元？开心麻花的电影就是场景，换个场景肯定卖不动。"西少爷肉夹馍"为什么这么贵，青年"白领"冬天排着队争着购买？在"西少爷肉夹馍"店里，每个吧台都提供 USB 接口，让离不开互联网的青年在店内体验上网和充电的便捷感，这种体验感改变了肉夹馍只能是低端消费者购买的属性，营造了一种全新的时尚场景。

青年亚文化认同的背后，既是碎片化的生存，也是碎片化的传播，更是碎片化的场景。社交沟通即时软件和智能手机的器官化，裂变式的放大能力和蜂窝式的自我复制，既造就群体性孤独，也塑造了新的意识形态。连接不同群体"小世界"的方式就是场景。不同群体中的不同个体被场景连接在一起，这种连接所创造的独特价值，会形成体验，促成认同，最终形成信仰。

从 PC 机到移动互联网，再到物联网的变革中，"场景"对我们惯常的宣传手段进行着解构和重构，"场景"应当在移动互联网时代成为构建意识形态的关键词。在互联网兴起之前，青年生活工作的主场景是由党构建起来的，那时候做意识形态工作是相对容易的，因为主场景掌握在我们手中。但现在，青年生活工作的主场景是由市场和网络构建起来的，这无疑增大了我们意识形态工作的难度。

因此，我们需要认真观察和审视青年生活的主场景，并找到青年在这些主场景中的痛点,在不同的场景里,青年痛点的维度是不同的。当我们能够准确打造场景的时候,就能够精准传播足以让青年自己产生共鸣的价值观。

场景越有传播能力,青年对主流意识形态的认同就越容易形成。如何构建一个有传播动能的场景,我认为有三个方面需要深入思考:第一,这个场景本身是否有内容,让年轻人有转发的欲望;第二,这个场景本身是否足够真实,让年轻人有体验的动力;第三,这个场景本身是否形成一种基于亚文化的人格,让青年人能够感受到一种温度,愿意参与和亲近。场景中这样的内容越多,传播就越有动能,形成的认同感就会越强。

综上所述,我们要让党的理想信念对接青年生活的各个场景,并且不断提高构建青年生活主场景的能力。我们不能再简单执着于宣传内容,而要专注洞察新的场景可能;我们不能再拘泥于自我本位诉求,而是要激发青年主动传播分享;我们不能再以肉搏战获取青年关注,而是要用新视角独占新场景红利。

(本文原载于《思想政治工作研究》2016年第2期)

主流意识形态在青年中的传播效用研究
——对高校思想政治工作的探索思考

移动互联网和智能手机等信息传媒技术的快速发展，为意识形态传播打开了广阔空间，原先以单位传播为主要途径的主流意识形态传播，不仅传播广度与速度都显得明显落后，而且传播内容与传播形式也显得刻板单调。因此，主流意识形态的单位传播被社会传播替代已经成为不可逆转的大势所趋。应当肯定，在社交媒体等新交互方式迅速发展的新时代下，中国主流意识形态传播也为适应新时代、迎接新机遇做了很多努力，但同时也应当看到，在快速发展的信息技术革命引起的新变化面前，中国主流意识形态传播的很多方面还存在不相适应的问题，尤其在对青年学生价值观的引领方面仍有较大的提升空间。

对具有较高文化水平的当代大学生，如何调动并发挥他们的创造性和能动性，让他们从内心里真正认同主流意识形态和中国发展道路，是一个重大且富有挑战性的课题，我在担任团中央学校部副部长以及对外经济贸易大学党委研究生工作部部长期间，在这方面进行了一些探索和尝试。

一 突出文化育人，通过中华优秀传统文化
凝聚人、鼓舞人、感染人，让广大青年树立与
这个时代主题同心同向的理想信念

在习近平总书记的一系列重要讲话之中，无论是谈治国理政的重大问

题，还是在国际场合阐明中国的原则、观点、立场，抑或是在基层和干部群众倾心交谈，他经常会引用一些经史典籍当中的华章佳句。不仅对这些中华优秀传统文化的精髓有精准的阐释，而且赋予了其新的时代内涵，闪烁着新时代的思想光芒。而这些华章佳句又和总书记朴素的大众化的语言鲜活地融合在了一起，真正实现了让古籍里的文字活了起来。

为了让广大青年更好地学习习近平新时代中国特色社会主义思想的精粹，积极响应习近平总书记对广大青年"做中国先进文化的积极引领者和践行者，做中华优秀传统文化的忠实传承者和弘扬者"的号召，更好地引导广大青年特别是高校学生传承中华优秀传统文化，我于 2018 年初向团中央呈报了"习语金句·百校千言——当代书法名家进高校翰墨巡展"活动策划，获得团中央书记处批准。

此活动尝试将传统文化与思想教育有机结合，推出一场以汉字书法文化为"佳肴"的校园文化盛宴，让优秀的书法文化在新时代的背景下绽放光彩。通过这个活动，不仅可以提高当代大学生对我国文字发展历程的了解，提升当代大学生的传统文化修养，而且可以让广大学生在学习习近平总书记用典金句的过程中，增强对伟大祖国的认同、对中华民族的认同、对中华文化的认同、对中国特色社会主义道路的认同。

活动经过半年多紧张筹备，共邀请了当代中国 20 余位著名书法家以不同字体撰写习近平总书记用典金句 100 余幅。从习近平总书记数百篇讲话和文章中遴选出他使用频率高、影响深远、最能体现他治国理政理念的典故 100 余个，包含敬民、为政、修身、法治等内容。同时，为了便于国际友人和留学生观看学习，还邀请了著名英语专家翻译了参展的习语金句和书法解释，让中国传统文化在世界舞台彰显时代的魅力。

2018 年 10 月 10 日，活动在清华大学主楼前厅举办首展暨开幕式，得到广大师生热烈响应，媒体争相报道。随后，活动在北京、陕西、福建、浙江、上海、湖北、山西、四川、黑龙江、广西、云南、江西、天津等省份的 30 多所高校开展巡展，所到之处好评如潮，目之所及人头攒动，深秋凛冽的寒风丝毫未能影响同学们观展的热情，大家交流、讨论、拍照、记录。同学们认为，活动用一种特别的形式，把总书记的治国理政新思想新理念，以富有魅力的风格呈现出来，这些中华民族的精神标识，散发着经久不息的翰墨书香，沁人心脾，令人难忘。

此次活动让广大青年学生感受到中华优秀传统文化博大精深的魅力，感受到中华民族最深沉、最悠久的精神追求，更感受到习近平新时代中国特色社会主义思想的强音。

二 突出实践育人，通过深度调查研究和社区理论宣讲，让广大青年浸入式地体验中国改革开放的伟大成就

从心理学角度上看，人们不会仅仅满足于感性经验累积，总会有一种寻找归因或解释的心理动因存在，在听完故事、感性累积之后，总会自觉不自觉地从中提炼出理性规律，构建起自己对事物的理解。他们排斥的是外界强加的理性解释，但并不排斥通过自身感性体悟和逻辑分析得出个体的理性解读。

从 2013 年起，我们每年组织开展研究生寒假社会调研活动。在活动中，我要求研究生不同于本科生，必须带着问题，结合专业，深入思考，不能走马观花，不能旅游观光。必须设计高质量的调查问卷和深访提纲，必须深入基层，深入群众，获得第一手数据和实证资料，严禁学生们仅通过理论推导、文献研究、逻辑演绎等方法完成调研报告。

相较以往主题分散和浅层次的学生社会实践，研究生寒假社会调研每年都有明确的主题，比如返乡青年、创业青年、小微企业青年、青年产业工人等，广大研究生以一种研究者的视角，在实践中获得自身的感性实践，每个小组实地调研后都要提交专业报告，这必然会促进研究生对调研中感性经验的加工整理，总结出内化于心的理性规律。待所有报告汇总收齐后，我又组织学者专家进行梳理分析，最后升华出一个关于"转型中国"的"大故事"和数个"大道理"。这时已经有数个小故事和小道理内化于胸的学生，自然便不会产生反感与排斥，因为他们一同参与了大道理

和大故事的搜集与提炼，这是他们自己讲述的故事、自己提炼的规律。

构建本地化的、群众性的、富于哲理和动员力的话语系统，是我们做思想政治工作的看家本领。党的十八召开后，我们组织了"十八大精神和我的中国梦"宣讲团。宣讲团成员是从学校研究生党员中选拔出来的，分别就社会保障、文化建设、和谐世界、民主法治和生态文明等五个专题，采取"用故事讲理论，用图片说道理"的办法，深入北京市各社区对"十八大精神"和"中国梦"做了精彩解读。在宣讲中，研究生使用了视频短片、幻灯片、互动游戏、有奖问答等多样化的手段，形式新颖、理论扎实、内容形象。从身边取材，讲身边故事，让群众听得懂、坐得住，符合社区的特点。会场上充满了掌声与笑声，形成了"讲学相长、上下互动、共学共进"的生动场面。宣讲会后居民纷纷表示，"贸大研究生宣讲团的到来既带来了党的精神，也给我们带来了朝气与欢乐，丰富了社区的精神生活，希望这样的活动今后要多搞、常搞，欢迎贸大同学常来做客"。

可见，做思想政治工作，一定要学会用科学的力量、真理的力量、思想的力量来说服人。好的思政或教育工作，应是通过讲述一系列小故事，提供一系列实践机会，给予青年获得体悟正能量、感受积极主流价值的机会，通过议程的设定，促进和鼓励青年通过自己的所观、所想、所思，将所欲传达的主流价值观内化。主流意识形态需要经过感性的"打包"，经过入情、入理、入脑、入心的感性形式，才能真正打动青年。

三 突出场景育人，通过青年自己设计策划的活动，推动核心价值观在日常生活空间中生根发芽

思想政治工作要针对青年生活学习的主场景，悄无声息地走进青年的社交媒体，走进青年的手机应用，走进青年的课余话题，走进青年的日常起居，走进青年的生活习惯。为社会主义核心价值观的文化传播，融入流行、质朴、生动、活泼的因素，更好地引领青年的精神世界。

2012 年我们策划了"贸大好系列"活动，包括"贸大好味道""贸大好声音"和"贸大好风景"等。其中，"贸大好声音"出自学生的手机、录音笔等设施，同学们随时随地记录下贸大最美丽最动听的声音。无论是保安的一次指路，或是食堂阿姨的一声问候，抑或是课堂上老师那略带沙哑的讲课声，这些声音服务全校师生而且贴近校园生活。它们存在于宿舍楼下、操场边、课堂中，它们构成了学校不可缺少的元素。研究生广泛搜集来自校园内的各种代表性声音，通过 BBS、微博等媒体展示在全校学生耳边，当每一个同学回想起"贸大好声音"时，都心怀感恩，铭记责任。

"贸大好味道"以寻找贸大美食为线索，先后多次深入食堂后厨，与后勤服务人员一道经历凌晨食材采购，跟踪拍摄饭菜制作，采访厨师业余生活等。拍摄活动历时两月，采用广泛宣传、大众评选、网络投票的形式评选出贸大十佳菜肴及十佳厨师。活动让同学们第一次近距离了解了这些平日默默无闻为全校师生服务的工作人员，也让后勤服务人员感受到广大研究生对他们的关心和敬意，在校内外引起了强烈的反响和共鸣。根据当年优酷网官方网站统计，贸大好味道的视频播放率已超过 2 万余次，人人网转发过万次，在优酷网 2012 年全国原创视频中排名进入前 20 位，在互联网上掀起了一股声势浩大的"贸大 Style"。

"贸大好系列"活动，是创新思政教育的一次勇敢尝试，研究生的思政教育，不再由教师去说教，而由研究生自己去树立；不再止步于言语，而是落实到行动中；不再停留在课堂书本中，而是充满校园平凡的角落。此时此刻，教育不再只是教课的行为，教师也不只存在于讲台上，一个个平凡的岗位，一个个感人的事例，一个个发现"真善美"的学生，都在扮演着教师的角色，发挥着育人的高尚作用。而这样的做法，往往更能深入学生心中，激发起学生共鸣。当学生们看到生活的意义，尝到生活的苦与甜，学会在苦中作乐、逆中求进时，他们便会互相鼓舞，互相影响，将抱怨化为理解，将痛苦化为欢乐，看到生命的意义，铸就广阔的胸襟，打造坚强的意志。

通过"贸大好系列"活动，我们可以体悟到，真正的思想政治工作要能够入心、入脑，不是靠说教，不是靠命令，而是靠我们的活动设计，靠我们给青年们搭建的平台。有了这样的平台，让学生自己通过活动，体悟到主旋律和核心价值观。他们通过关注和倾听这些普通人的故事，真切感受到伟大其实并不遥远，真善美其实就在自己身边。举办这样的活动，没有一时兴起的激动和快感，但感受到的是一种超越了自私和功利而将他人幸福与自己相连所获得的一种精神愉悦感、灵魂净化感和价值实现感。而这种感觉一旦产生，它不仅属于一个人，而且会感染身边的人，甚至有一种穿越时空的力量，历久弥新，社会主义核心价值观在学生心目中更加具体、更加生动、更加亲切。

我们做思想政治工作，也不能仅停留在以理论讲解和概念推导的传统形式向学生灌输党的理想信念，还要把学生组织起来，把学生的热情激发出来，让学生给学生做思想工作。从 2012 年开始，我们每年组织举办"研究生 SEED 青年发展论坛"，SEED 论坛的名字取自其英文"种子"的含义，意喻青年创新思想所代表的希望，其中每个字母分别代表了 Share（分享）、Enlighten（启迪）、Enjoy（享受）和 Development（发展）。我们每年邀请清华、北大、中科院、社科院以及全国各高校的优秀研究生分别围绕各自突出的成果展开演讲，这其中有技术大牛、科研大咖、奥运冠军、艺术大奖获得者、公益达人，是跨学科、跨领域、跨专业的思想大碰撞，充分体现了中外学生的交流、科技人文的碰撞、仰望星空和脚踏实地的结合，使来自不同学科专业、不同民族文化的优秀研究生能够分享自己的人生体验。

在 SEED 论坛上，我让研究生作为主讲人，让老师和同学作为观众，让专家担任点评人，改变了以往研究生活动"我说你听""我讲你记"的传统模式，把学生作为活动的创造主体和参与主体而不是被动的接受客体看待，活动得到广大研究生的高度评价和广泛好评。通过举办这样的活动，辅导员们也认识到，学生领袖是好学生，是学生中热心公益、有威信、有号召力的人。他们的威信不是来自老师任命，也不是来自同学选举，而是来自他们为同学服务。我们的任务就是要找到这些青年领袖，把他们"请出来"。我们的宗旨是"让好学生成为名学生，让名学生成为带头人"。SEED 论坛每年都受邀出席团中央"全国大学生骨干培训学校"并进行现场讲演，效果轰动、反响强烈，为贸大学生在全国大学生群体中塑造了良好形象。如今，SEED 论坛已经成为贸大研究生工作的一个知名品牌。

（本文根据活动记录和工作笔记总结整理）

当代青年奋斗精神的源泉

梦想和奋斗是人类历史上那些所有最激动人心的故事中的一大主题。梦想指引着前进的方向，奋斗铺就了前进的道路，对于整个人类如此，对于一个国家如此，对于个人也是如此。

但是，每个梦想和每个为梦想奋斗的故事都是不一样的，梦想有大有小，奋斗的故事或艰难或顺利。而中国梦和中国青年的奋斗，无疑是当今世界最令人瞩目的。

近年来，我带领课题组对"蚁族"、"工蜂"、新生代农民工以及城市"白领"等青年群体进行了深入调研。在最新一次的"蚁族"调查中，有这样一个场景让我记忆犹新。我无意间走进一个"蚁族"的住所，在这个不足 5 平方米的房间中，她的床头贴着一份惊人的买房计划：第一个五年计划之购房计划（2013.1.1 ~ 2018.1.1），建筑面积 $53m^2$，实用面积 $45m^2$，单价 2 万/m^2，总造价 106 万；首付 30%，即 31.8 万；每年存 6.36 万，每月存 0.53 万，即 5300 元/月；需月收入捌仟元整/月。一定行！一定行！！一定能行！！！努力！努力！！再努力！！！签字人：XXX，XXX（她的男友），2012.12.16，壬辰年十一月四日。

看到这样的情景，似乎看到他们几年后住着自己房子的幸福生活。当我把这份购房计划拍下来，带回到课题组时，大家震惊了，都觉得那是不可能完成的任务，但是他们在很认真地履行。这就是中国一个普通青年的梦想，以及他们为了梦想而做的努力。

其实，这个普通青年的奋斗，正是千千万万当代中国年轻人奋斗的缩影，我们可以尝试从个人、家庭和国家三个层面来理解当代青年奋斗精神的源泉。

从个体角度来看，青年奋斗动力多源自横向流动的挑战与向上流动的渴望。目前大多数青年人处于"横向流动"状态，他们离开家乡故土，脱离了原有的社会环境与家庭社会关系网，在一个相对陌生的新城市中工作生活，面临着再社会化以及重构社会关系网络的挑战。这种源于"横向流动"的生活压力，构成了青年奋斗的现实动力，推动着年轻人在新环境中努力立足并为生存打拼。进一步看，这种奋斗不仅是为物质层面的衣食富足，如拥有住房和稳定的工作，而且还为内心深处的自我实现和价值追求，是一种渴望被尊重和被认可的"向上流动"愿景。对于在故乡发展的青年而言，他们虽没有"横向流动"所带来的压力，但心理上多少有些"向上流动"的渴望，他们希望通过自己的努力，过上比现在更好的生活，实现自己的人生价值，这些都映射在其日常活动之中，成为其努力奋斗的最初动力。

从家庭角度来看，当下青年人或许并非如社会舆论所认为的那样以自我为中心，相反我认为，他们很多人将自己的命运同家庭责任紧密相连，中华民族"守望相助"的传统在其身上并未断裂，这一特点在青年流动人口中体现得尤为明显。在"蚁族"调研中我们发现，对于留在北京的最主要原因，"为父母能过上美好的晚年"、"为下一代能有更好的生活"和"为恋人能过上更好的生活"是仅次于"为了实现个人理想和价值"的选项，前三个选项之和达到总人数的近四成（38.8%）。在对流动青年的深访中，我们逐渐发现这其中隐藏的逻辑，即大多数青年的最主要奋斗动力源自追求个人理想和价值的实现，但这种实现绝非单纯的利己主义，而是个人在竞争中不忘分享和关怀，在前行中相互慰藉和守望，在奋斗时牢记社会的责任，在自我追求成功时关爱他人，这也是中国梦所具有的特质，可以说中国梦是天然超越个人主义的。

从国家角度来看，虽然当代青年对过去那套单纯说教的政治话语体系不太感兴趣，但这并不代表他们不关心政治，更不代表他们不懂政治。随着时代的发展，青年的政治态度，更加世俗也更加理性，但他们对国家和社会的关怀却从未消逝。几年来，我们在同青年朋友们座谈时，无论主题是住房、教育抑或职业发展，随着谈话的深入，我们总能倾听到他们对于社会的评论甚至批评，总能感受到他们对于国家富强、民族复兴和人民幸福的渴望，这可以称得上是一种"忍不住的关怀"。当然，不可否认，这种情绪有时也会极化成为狭隘的爱国主义，造成诸如保卫钓鱼岛事件中的非理性行为。但总体来看，青年人目前在微观层面上的逻辑是"国家能为我做些什么"，希望国家能够给自己的工作生活提供更多的帮助和福利；而在宏观意识形态和对外交往层面的逻辑则是"我能为这个国家做些什么"，当国家利益受损、对外交往受挫时总想站出来为国家出力。因而我们不能简单地认为，青年人已经丧失了为国奋斗的理想，在他们的内心深处，爱国主义情怀、民族崛起之梦从未消失，只是有待我们有效地引导与合理地发掘。

当前我们面对的是一个快速发展和深刻变革的流动时代，各种利益和价值观念均在不断地解构与重组，无论是对于青年本身还是对于青年工作者，都需要因势而谋、应势而动、顺势而为。

在为个人奋斗的层面，青年人很容易在快节奏的现代生活中感到迷茫和疲惫，在高度紧张的生活中，逐渐丧失为实现个人理想而奋斗的激情。因此，我们可以在积极倡导青年奋斗精神和职业素养的同时，引导其树立正确的奋斗观。要将奋斗精神与功名利禄剥离开来，让青年们意识到奋斗与成功之间并不一定存在必然的逻辑关系。奋斗不应是功利计算后的行动结果，不应是外在生活压力下的无奈选择，而应是一个现代青年的内在品质和道德修为的体现，是一种源自对生活工作热爱的内生动力。

当然我们也要认识到，向青年人一味地强调通过个人奋斗就可以改变整个家庭的命运或许是急功近利的，有成功就必然有失败。如果我们把成功夸大到极致的程度，一旦没有实现预期目标，反而会增强他们的心理落差和社会不公平感。所以，我们还应在青年中倡导理性奋斗的精神，倡导"努力不一定成功，但放弃一定失败"和"奋斗可能不能立即改变你的命运，但不奋斗一定不能改变你的命运"的观念，让青年保持合理的奋斗预期，意识到奋斗并不是在所有情况下都可以为自己带来"效用最大化"的结果，但一定可以增强自己抵御风险的能力，产生"风险最小化"的效果。

在为国家奋斗的层面，我们应当搭建起个人奋斗和"中国梦"两者之间的逻辑桥梁，要让青年意识到自己的小奋斗和小故事最终会汇聚成一股推动国家发展的巨大动力，反过来为个人的奋斗提供舞台和机会，要让广大青年认识到，为中国梦的实现贡献力量也是为自己的梦想培育土壤。例如青年在城市中为买房的奋斗，看似为的是一个小家庭的安居乐业，但千万个家庭的买房奋斗汇聚到一起，造成的实际结果却是为中国的城镇化进程提供源源不断的动力，助推中国经济的繁荣与发展。而改革开放的深入、城镇化的推进，也为所有青年的发展构建一个良好的成长环境和良性的社会流动机制，让更多青年能够分享到与其奋斗打拼相匹配的发展际遇和改革成果。因此，国家发展需要作为社会主体的青年人接续奋斗，社会转型也需要最有活力的青年一代激发创造力，而最终国家的进步，中国梦的实现也会为青年的个人发展创造更好的环境条件。从这个意义上讲，每个青年的个人追求和对家庭的责任，客观上与中国梦的精神实质殊途同归。

16 岁的爱因斯坦曾问：假如我们以光的速度追光，会发生什么事情呢？之后，我们看到了狭义相对论如何永远改变了我们关于空间和时间的概念。有些梦想，爱因斯坦从未实现，而留给了未来，让每一个人都期盼其中那最美妙动人的旋律。青春因梦想而闪亮，因追梦而生动，因圆梦而绚丽。拥有一个看得见的未来，是青年人精神世界最为重要的根基，也是国家发展的动力源泉。青年希望在这片土地上通过自身努力来实现人生价值，而国家应能为每个青年人的奋斗提供公平的机会。对未来的中国，我们有更大的期许！

（本文原载于《中国青年发展报告 NO.2——流动时代下的安居》序言，2014 年 4 月出版）

争做引领时代潮流的青年先锋

中华全国青年联合会第十二届全委会胜利召开。习近平总书记专门发来贺信，对大会胜利召开表示祝贺。刘云山同志等中央领导出席大会，李源潮同志代表党中央致祝词，这充分体现了党中央对广大青年的高度重视和亲切关心。

作为全国青联委员，我有幸聆听了总书记的贺信以及党中央的祝词，亲身感受到党和国家对我们青联委员的殷切期望，深深认识到我们青年哲学社会科学工作者所肩负的神圣使命。我们青联委员一定要认清自己的时代使命，以高度的责任感完成时代赋予我们的光荣而伟大的使命。

一　青联委员要做广大青年的服务者

把自己的言行交给广大青年监督，是青联委员"先进性"最明白无误的体现。我们青联委员应当在所在社区中亮明身份，在社区开展青年服务，也可以加入青年社会组织做志愿者，经常与广大青年交流沟通，以最经济、最简便的方式做调研、"接地气"。可以说，这个门槛很高，因为服务普通青年是世界上最难的事；这个门槛也很低，因为走进普通青年并不需要多高的学历和财力。

我们青联委员，无论自己职位多高，都要牢记自己的青联身份，都要积极为身边的青年提供力所能及的帮助。通过服务，我们广大青年朋友会熟悉和亲近青联委员，青联委员也会了解和记住广大青年的疾苦，并时刻提醒自己：无论从事什么样的工作，最终目的是增进人民福祉、为人民服务。如此，能让广大青年亲眼看到身边的青联委员，看到亲爱的青年榜样，并亲身体会青联委员的"先进性"。

社会科学里充斥抽象的政治概念，但现实生活不是抽象概念，而是充满矛盾的真实世界，靠抽象的"概念"是无法说服青年、组织青年的。青联委员不能只是眼睛向上，要克服重精英轻草根的倾向，更多关注、关心、关爱普通青年。学会不依靠"唱高调"，而是用"青年的语言"和"青年的方法"来动员青年，组织青年，反映青年诉求，促进青年发展。

二　青联委员要做心系青年的研究者

在社会科学研究中，每个人都可以追求自己的价值，但价值大小要看你是否将自己的研究和人民的福祉联系在一起。古希腊神话中的大力士泰坦，离开了大地母亲就会丧失掉力量。同样，即便是掌握了先进理论的知识分子，如果丧失了平民之心，即使掌握着多么博大精深的理论，也会丧失其应有的生命力、影响力和感召力。当今社会的发展已经指出这样一个趋势：那就是未来中国的领军人物，是那些能做到"行为精英，心系平民"的人们。

任何国家或社会不论组织得多么合理，运行得多么顺畅；也不论它是多么的富庶，都不可能保证所有成员的成功。常识甚至告诉我们，在任何时代的任何国家中，成功者永远都是少数，财富总量的增加并不意味着分配的平均。因此，作为青年中的先进分子，我们青联委员要多关注社会的弱势群体，让社会中的弱者、失意者得到一定的安慰，而不至于对成功者乃至精英阶层产生怨恨，从而将社会团结起来、粘合起来。

三　青联委员要做青年思想的引领者

不可否认，现在很多青年在面对复杂的社会问题时，对于我们这个党、这个国家和民族的命运，对于中国的发展模式，在一定程度上还存在着不自信或疑惑。在中国的青年哲学社会科学工作者中，我们不难找到西方经济学者、西方政治学者、西方社会学者，却很难找到中国经济学者、中国政治学者和中国社会学者。我们青联委员首先要有自信，并用这种自信去引领和带动更多的青年拥有自信，开创未来。

当前，我国各种舶来的思想观念和知识体系既不能满足青年日益增长的精神文化需求，也不能很好地阐释中国发展的复杂性和必然性，从而形成强大的凝聚力和向心力。近年来西方国家一些政客和媒体不断诋毁和造谣中国发展的成就，因此，如何向世界讲好中国故事已是迫在眉睫的重大课题。中国亟须建立负责任的知识体系，来解释和说明中国的现实，指导中国的实践，并"出口"到国外，以世界第二大经济体的身份，出现在国际学术和知识市场上，用全球公认的学术标准和独具解释力的原创理论，告诉全世界中国崛起的时代意义和对人类的真正贡献，这个使命必将落在我们肩上。

从这个意义上讲，青联委员都要成为"思想家"，具备扎实的理论知识和鲜活的话语体系，能够向广大青年讲清楚中国发展的历史逻辑和现实逻辑以及中国共产党领导人民艰苦奋斗取得的伟大成就，让广大青年以更开阔的胸襟来面对复杂的国际局势，以更坚定的自信走好中国特色社会主义道路。我们青联委员要始终明确，自己无论有多么高的理论水平，归根结底是要青年接受和青年认可的，要站在青年的立场上、用青年听得懂的语言讲青年听得懂的道理，引领广大青年坚定不移地听党话、跟党走。

国家需要的是严谨而不保守，活跃而不轻浮，锐意创新而不哗众取宠，追求真理而不追逐名利，贴近广大群众而不庸俗低俗媚俗的青年知识分子。作为一名青联委员和一名社会科学工作者，我要把报国之志深深地融入学问之道，引领时代潮流，关注青年需求，回应青年关切，紧紧围绕国家在改革开放和社会主义现代化建设中提出的重大理论和实际问题，不断做出新的理论概括，为中华民族伟大复兴的中国梦做出自己应有的贡献。

（本文原载于《中华儿女》2015 年 15 期，此次刊发略作修改）

切实履行青年哲学社会科学工作者的时代使命

胡锦涛同志在致全国青联十一届全委会和全国学联二十五大的贺信中指出：希望广大青年和青年学生自觉担负起时代赋予的光荣使命，以坚定远大的理想励志前行，以孜孜不倦的精神求索新知，以高尚美好的情操培育品德，以锐意创新的激情投身实践，以艰苦扎实的奋斗成就人生，不断创造新的青春业绩，为实现中华民族伟大复兴而奋发努力。贺信深刻阐述了当代青年肩负的光荣使命，对当代青年的成长成才提出了殷切期望。青年哲学社会科学工作者一定要认真学习贯彻贺信精神，切实认清使命、履行使命，不辜负党和人民的期望与重托。

一　认清使命

从事哲学社会科学工作，就意味着担负起认识世界、传承文明、创新理论、咨政育人、服务社会的重要职责。时代赋予青年哲学社会科学工作者的光荣使命就是，把做学问同推动国家发展、增进人民福祉、促进人类进步紧密结合起来，以坚定的政治立场、优秀的道德品质和出色的学术能力繁荣发展哲学社会科学、推动社会发展进步，在报效祖国、服务人民、追求真理中奉献火热的青春。

做有益于国家发展的学问。我国正处于改革发展的关键阶段，经济社会发展在取得举世瞩目巨大成就的同时也面临许多突出矛盾和问题，比如

"三农"问题、就业问题、收入分配问题、腐败问题等。很多问题极其复杂，解决起来难度很大、旁无借鉴。这为哲学社会科学工作者提供了丰富的研究对象和广阔的实践平台。青年哲学社会科学工作者应立足中国国情、研究中国问题、总结中国经验，紧紧围绕国家改革开放和社会主义现代化建设提出的重大理论和实际问题建言立论，努力建设中国特色、中国风格、中国气派的哲学社会科学。

做有益于人民福祉的学问。如果把人民大众比作一个大生命，那么每个人就是一个小生命。个人的小生命只有融入人民大众的大生命，才能找到位置、实现价值。青年哲学社会科学工作者应始终坚持为人民服务、为社会主义服务的方针，与人民群众同呼吸、共命运，自觉深入实际、深入群众，关注大众需求、回应大众关切、解答大众困惑，不断创造有利于实现人民利益、增进人民福祉的科研成果。

做有益于人类进步的学问。关心终极价值，关注人类命运，是青年哲学社会科学工作者应有的情怀。当今世界正处于大发展大调整大变革时期，其中既有合作与共赢，也有矛盾与挑战，贫富分化、种族冲突、能源短缺、环境恶化、恐怖主义蔓延、全球风险增加等等无不威胁着世界的和平发展与人类的文明进步。青年哲学社会科学工作者应具有宽广的眼光和博大的胸怀，立足中国、放眼世界，反映时代精神、回答时代课题、引领时代潮流，用优秀学术成果为推进人类和平与发展的崇高事业提供启迪和借鉴。

二　不负重托

面对时代的召唤，面对光荣的使命，青年哲学科学工作者应不断提升精神境界、培养高尚人格、加强实践锻炼、勇攀学术高峰，努力做到不辱使命、不负重托。

深入学习马克思主义理论特别是中国特色社会主义理论体系，进一步坚定理想信念。首先，深入学习马克思主义基本理论，着力掌握贯穿其中的立场、观点和方法，学会用历史的、全面的、辩证的、发展的眼光观察、分析、解决现实中的各种问题。其次，坚持用科学的态度对待马克思主义，正确区分哪些是马克思主义的基本原理，必须长期坚持；哪些是针对具体问题作出的具体论断，需要进行发展；哪些是对马克思主义的错误的和教条式的理解，需要加以澄清，在实践中不断丰富和发展马克思主义。最后，深入学习马克思主义中国化最新成果——中国特色社会主义理论体系，进一步坚定理想信念，真正用以武装头脑、指导实践、推动工作。

不断提高综合素质和能力，努力成为专业领域的拔尖人才。青年哲学社会科学工作者要肩负起时代赋予的光荣使命，就必须积极投身中国特色社会主义伟大实践，刻苦钻研、勤于实践，不断在自己的专业领域有所发现、有所创造、有所前进。为此，一要具有真才实学，具备扎实的专业知识、深厚的学术造诣；二要注重踏实苦干，深入实际进行调查研究，不急功近利、投机取巧；三要树立创新思维，坚持解放思想、实事求是、与时俱进，勇于推陈出新。

大力弘扬老一辈哲学社会科学工作者的优良传统和作风，在科学研究的道路上不断进取、永不懈怠。新中国成立以来，老一辈哲学社会科学工作者以深厚扎实的理论功底、严谨求实的治学态度、甘为人梯的献身精神，为我国哲学社会科学事业的繁荣发展打下了坚实基础。青年哲学社会科学工作者应大力弘扬他们的优良传统和作风，严谨治学、严于律己，努力实现治学与修身互促、人品与学品共进。

（本文原载于《人民日报》2010 年 9 月 27 日 7 版）

用志愿工作，感受世界的辽阔与丰富[*]

廉思长期聚焦社会管理、政府治理、青年发展等领域，践行习近平总书记指出的"研究问题、制定政策、推进工作，刻舟求剑不行，闭门造车不行，异想天开更不行，必须进行全面深入的调查研究"。正是以调研深耕，他创造了"蚁族""工蜂""洄游"等深入人心的青年群体概念；从关注"蚁族"始，廉思那种年轻人自掏腰包做社会调查的骄傲，北京人的理想主义，敢提真问题得出真结论的勇气，始终在路上的执着与热情，就融进了他前行的每一步。这些调研是有温度的，不是冷冰冰嵌在天花板的，是活泼泼从土里长出来的。"资料就在背包上，调研就在大路上，案台就在膝盖上，成果就在大地上"，他的"田野调查"方法也正在影响新一代更年轻的研究者。

2019 年 11 月，廉思围绕志愿服务主题接受了《中国青年》记者的专访。

一　去掉各种标签和差异，我们都是志愿者

《中国青年》：您从事过志愿服务吗？如果有，最近的一次是什么？

廉思：我经常参加志愿服务，而且非常乐意从事志愿服务。最近的一次，是今年 8 月份和快递小哥一起在社区开展环境整治工作。大家修剪花

　＊　采访者为《中国青年》杂志社编辑部副主任陈敏。

草、打扫卫生、义务劳动，在快乐奉献中，体会志愿精神的美好价值。当时，快递小哥还和我分享了他们在社区送快递的种种辛酸苦辣，我也和他们分享了课题组在快递小哥调研中的心得体会。

通过他们讲述"他们"的生活和我描述别人眼中"他们"的样子，快递小哥更加体会到自己对于城市建设以及和谐社区的重要性，渴望积极参与到首都社会治理中来。

我觉得这就是志愿服务的魅力所在，在志愿活动中，参与者没有了背后的阶层、职业、地位、收入等各种标签和差异，而只有一个共同的身份——志愿者。大家在为他人奉献的过程中，了解交流，共情共融，服务社会。志愿工作加强了人情关怀，减少了陌生疏远，最终汇聚成一股强大的社会暖流。

《中国青年》：您曾按照职业类型、流动情况、文化生活等进行划分，先后对 32 个不同青年群体做过专项研究，您认为青年群体呈现出怎样的发展趋势？

廉思：当今社会流动性增加，带来居住选择和职业选择的多元，形成人生发展方向的多元和生活交际方式的多元，进而导致思想价值观的多元。在许多具体的生活个案中，我们找不到所有人都认可的、关于是非善恶的唯一标准。而青年群体，由于收入差别大、工作性质不同、生活方式迥异，基于各自的知识结构、思想认知、生活经历、利益诉求而形成不同的价值观念，对现实的理解日益分化，差异日趋显著，有的完全对立，有的互不相容。

近年来一些网络舆情事件也表明，对于同一个社会现象，不同阶层的青年群体表现出了迥异的价值判断。

《中国青年》：在这种日趋显著的差异里，您提到 32 个不同青年群体中都发现了志愿者的影子。这意味着什么？

廉思：我认为，虽然社会群体的区隔性越来越大，但志愿工作正是打通不同青年群体的"玻璃幕墙"，是不同青年群体的"通用语言"，是击穿所有社会阶层的"巴比伦塔"，让人感受这个世界的辽阔和丰富。在志愿活动中，青年得以"近距离"地接触不同群体，并认识到每个人的生活境遇都不是一道简单的算术题，它的复杂性远超所想。不要因为取得一点成绩而洋洋自得，也不要一味沉浸在自己的领域中，看不到社会的多元。

参与志愿服务，更多地为他人着想；在换位思考中，尝试理解其他群体坚守的价值准则。从这一意义上讲，志愿活动是传统价值的新式表达，使中国传统文化中蕴含的无私奉献精神，在新时代"活"了起来。志愿服务具有特别的影响力和感召力，能够唤醒并激发人们内心深处的关爱、善良等美好品质，从而构建起一个充满友爱、互助、互信的和谐社会。

因此，要让志愿工作成为不同青年之间相互融通、彼此包容的纽带。长期从事志愿工作的人会有这种感觉：自身会渐渐萌发出一种跨越不同群体各自认知系统和评价标准的"通灵感"。我们正生活在一个不断加速变迁的社会，如果没有这种和其他社会群体的"共情"和"通灵"以及与其他群体建立平等尊重关系的心理需求，那么，我们就会失去在这个世界的"根"。每个人都是与大陆相连的一部分，没有人是一座孤岛。善待他人，也就是善待自己。志愿服务，拆除了一堵堵成见的高墙，为不同群体搭建起一座座理解的桥梁。

二 只有热情，做不好志愿工作

《中国青年》：您认为志愿精神是不同青年群体的"通用语言"，那么实施"打通"时，要注意什么？

廉思：志愿活动切忌搞得大一统，要按照分众原则，深入了解、把握不同群体的心理状态和行为特点，精心定制具体而微的活动内容和开展方式，才能发挥出活动的最大效果。

比如针对快递小哥的志愿工作要注重"节奏"，快递业忙闲分布具有一定的节奏属性，全年来看，多以电商大促节点为忙碌峰值。因此，志愿活动的开展也需考虑这一实际情况，错峰开展，避免蚕食本已相对较少的快递小哥休息时间，没有必要地激发快递小哥的负面情绪。而对青年艺术家，要更好地发挥他们的文艺才能，在诸如自闭症儿童救助、残障青少年教育等方面发挥积极作用。

活动形式各异，志愿精神相通。

因此，要结合不同群体的特点和需求，在遵循志愿精神的原则下，创新志愿活动的内容和方法，针对不同群体的自身优势和行业特点，本着统分结合、忙闲结合、发挥特点的原则，做到宜统则统，宜分则分，忙闲兼顾，常年坚持，做出特色。活动的开展不要打扰被帮助者的日常生活，不要干扰志愿者的正常工作，做到大活动精心组织搞出精彩，小活动遍地开花各有千秋。

《中国青年》：在您新出版的《如何有效开展调查研究》一书中，您说，"我们也要深知，任何一种'真相'都带有'偏见'和'色彩'"，我们是在社会文化、知识训练背景所造成的认知偏见下，去探究"本相"。请问，您觉得大众对于志愿精神比较普通的偏见是什么？这对志愿服务的发展带来了什么影响？

廉思：当前很多人认为志愿服务只是一个业余爱好，工作清闲时热心参与一下，不需要很强的专业性，更无须去系统研究和认真梳理其中的工作方法。当然，有良好的初衷和强烈的愿望是开展志愿服务的原动力，但是只有热情，不讲究方式方法，同样做不好志愿工作。

在这种偏见的影响下，很多志愿组织开展活动往往凭借一腔热情，组织内部管理混乱，在经费筹措、宣传沟通、活动设计、资源整合和内部架构方面没有提升的意愿，最终造成志愿活动的随意性，活动目标的不确定性，很多志愿组织往往处于"自生自灭"状态，最终销声匿迹，难以做大做强。

新时代的志愿工作需要职业精神和专业能力的支撑。

在未来的工作中，要加强和完善志愿者组织内部管理制度，以制度规范志愿者的行为，并通过高质量的志愿活动提高整个社会对青年志愿者的认知度和美誉度。还要加大政策扶持力度，吸引热心于青年事业和志愿事业、懂政策、懂管理、有爱心的高素质人才积极投身青年志愿者事业之中，提升青年志愿者各方面的能力和质量。

三　志愿工作根植于人民对于美好生活的需要

《中国青年》：您提到日常志愿活动是分散的、碎片化的，如果提炼方法，总结成体系，可以更好地指导以后的工作。比如四川以应急救援为主，广东以义工为主……您觉得一个地域，如何选择最适合自己的志愿服务方式？

廉思：志愿服务一定是内生性的、深深植根于群众之中的，借用我党群众路线的宗旨就是"一切依靠群众，一切为了群众，从群众中来，到群众中去，集中起来，坚持下去"，志愿工作的开展也要秉承这样的原则。

不同地域中群众的分布、文化的特点、社会的结构是开展志愿服务的基础，也是形成鲜明当地特色志愿品牌的基础。青年志愿事业也同样不能脱离当地青年的人口特点和成长规律。要对当地的整体情况有初步了解和调查研究，这样我们才能设计出真正为群众喜爱、乐于参与的志愿活动来。也只有植根于当地群众特点的志愿活动，志愿组织才能有坚实的群众基础和源源不断的动力供给。

比如四川，由于经历了几次大地震，已经形成了一套基于应急救援为主的志愿者动员体系，可以给全国提供示范性样板，但如果把四川的志愿体系照搬移植到另一省份，可能就无法开展，因为当地群众还不具备这样的防灾救灾意识。还比如在青年产业工人中开展志愿活动，用 QQ 效果更好，因为他们很少用微信；用图片比用文字效果更好，因为他们阅读文字较慢。

新时代的志愿工作要以满足人民对于美好生活的需要为活动的切入点。相对于过去那种以满足少数受服务者需求为主体的志愿服务模式，未来的志愿服务一定是着眼于当地改革发展大局，在当地的经济和社会领域中寻找服务课题，那么就一定要植根于当地群众的所思所想、所急所盼。

只有了解群众的真实诉求，志愿服务才能够有效弥补市场机制和政府机制中的内在缺陷，发挥出应有的社会价值。

《中国青年》：作为中国青年志愿协会副会长，您觉得在年轻人当中开展志愿工作有什么新课题？

廉思：当代青年的价值观已经从"我一定要说服你"变为"你的观点与我无关，我只坚持自己就行"。当发现别人"道不同"时，他们便"不相为谋"，以一种"我不和你玩"的心态避开矛盾。因此，怎么让青年和我们一起玩是个新课题。

志愿活动是和青年一起玩起来的有效载体，有时候直接跟青年开展一些意识形态特别强的活动，并不是所有青年都能接受。而志愿活动往往围绕公益、时尚、环保和大型赛事来展开，体现了"以过程讲道理，以事实讲故事"，志愿活动不是靠纯粹的说教和灌输，而是通过服务他人、服务社会这种亲身参与的形式获得感知体验，从而实现对社会制度的深度认知。这种认知一旦建立，是比通过单一课堂教育形成的价值体系更具稳定性和持久性的理性认同。

《中国青年》：能否说一位打动您的志愿者？为何被打动？

廉思：当然是徐本禹，我和本禹很熟悉，也是非常要好的朋友。我和他经常在微信上交流，而他让我感动的原因在于，他在个人事迹被广泛报道并引起社会极大关注后，仍然不忘初心、矢志不渝地积极投身中国青年志愿事业，并且带动了一大批青年人参与其中。我觉得，他完成了从个人到群体、从行动到精神的跨越，本禹身上所闪现出来的奉献精神和人格魅力，必将激发一代代青年人在服务他人、奉献社会中收获成长和进步，找到青春方向和人生目标。

（本文原载于《中国青年》2019 年第 23 期）

第四篇

人生感悟思考

后声论

世有三才，曰天地人。人有三德，曰智仁勇。三德兼备，在我青年。

伏惟青年之智，在于探究真理。远古洪荒，生灵诞孕，智慧之光，传承千载。思想启蒙，科学振而玄学退；时代祛魅，人格立而神格亡。社会新革，科技遂成生产力；世界共识，知识即为真力量。逝者如斯，且看当下，技术硕果，遍结宇内，信息大潮，席卷四方。生也有涯，知也无涯，肢体所触，断非旧物，视线所及，全然一新。伟哉青年我辈，修习经典，格物致知，探真理之究竟；壮哉我辈青年，钻研学术，焚膏继晷，求智慧之无上！

继而青年之仁，在于利益人民。天下兴亡，家国重任，但凡青年热血，无不奋勇担当。且看大好华年，群科邃密，尤知民生多艰，念兹在兹。人民为青年之人民，青年为人民之青年，青年所作所为，必以服务人民为根本，青年所思所想，必以裨益人民为目的，此仁之至也。秉持此仁，其心其志，虽经困顿苦厄，分毫不损；其业其功，虽历艰难险阻，必有所成。伟哉青年我辈，与人民同心，其力无穷尽；壮哉我辈青年，与群众同德，其势不可挡！

终而青年之勇，在于革新社会。世界潮流，浩浩荡荡，维新其命，在吾旧邦。青年群体，朝气蓬勃，感家国之情怀，当时代之责任，励精图治，奋起向前，孜孜以求，矢志革新。积弊盘结，非一日之症，全球危机，亦此起彼伏。迂者常思守旧，怠于改变，懦者多生胆怯，逡巡不前。须得披肝沥胆之气血，必有锐意进取之精神。伟哉青年我辈，凭下山猛虎之勇，破除藩篱，冲决罗网，于陈腐世界上建崭新之社会；壮哉我辈青年，以东升红日之力，驱散阴霾，扫清困障，于有限青春中得永恒之荣光！

后声者，后生之声也，亦取西文 Hope Sound 之意。希望所在，皆后生也，皆呐喊者也，皆后声也。追溯历史，先生言行垂范后世；再看今朝，后生锐气响彻寰宇。先生先知了百年，后生后声在此间。呜呼，青年强则国兴，后声亮则国昌。故我辈当以修德为基础，以强身为骨干，以国学为枝，以西学为叶，上晓天文，下通地理，集古今中西一切真才实学于一身，而后树泽被苍生之志，周游列国以恢宏气概，访世间疾苦以充实胸臆，成自立自强之品格、成实践处事之能力，成爱人爱民之性情。果如此，则我辈屹立于世界，神州屹立于世界。

幸甚至哉，歌以咏志。

［本文原载于《中国青年评论》（第 1 辑）创刊词，2014 年 11 月出版］

微　观

现在貌似进入了一个微妙的时代。

有人说是数秒的时代、微变的时代。

由微博缘起，到抖音、快手。

微摄影，微小说，微动画。

微视频，微公益，微表情。

短暂的、易感的、便捷的、精炼的，似乎什么都可以微一把。

语言的破碎成了微语录，人人都可以微记录。

这是一个人人自"微"的时代。

然而，你有没有注意到，微，可以是时间之微，却并非只代表快捷的、瞬时的、来不及消化的。

还可以是微微地张开、轻轻地说、慢慢地看到。

个体的、草根的、弱小的、卑微的、破碎的。

都说微不足道，微乎其微。

但是，就是循着碎片、角落、尘埃、细节、个体、无微不至，方才有了见微知著，微言大义。

细微之处见精神，微小之中有洞天。

19 世纪，法国历史学家亚历西斯·托克维尔写道：

每一个世代都是一群新人类。

但是，他和 19 世纪、20 世纪的其他人一样，完全无法预见到 21 世纪才出现的代际差异的迅速缩小和人类"微时代"的突然到来。

所谓微时代：

就是出生时间仅相隔几年，但成长中经历的科学技术却完全不同，从而生活环境迥异的时代。

当今青年正在经历这样一个时代，这也是人类历史上从未有过的全新时代。

如何在这样的时代生存下来，人类没有经验，我们与世界互动的方式没有任何参照。

预期寿命的延长、工作年限的增长以及技术转化和创新迭代的间隔越来越短，

使得不同世代的人们共同生活和工作的范围也在变化。

如果我们以 5 年为一代，以 20～70 岁为工作年龄，以"80 后"为迭代起点，

那么在 2050 年，社会主义现代化强国建成的那一刻，

将会出现 10 个世代的人一起共事工作的奇妙景象，

这是何其的壮观和不可思议！

微小的更迭亦是潜在的巨变。

我们，是一群"思行者"——边思考，边行动，用"脚底板"做学问，试图记录"微时代"。

我们的研究聚焦"微观"，有别于流行的宏大叙事，我们更关注小人物的喜怒哀乐、悲欢离合。

我们曾用并不强大的力量和不被看好的微弱声音命名了一个又一个响亮的群体：

"蚁族""工蜂""洄游""城市新移民""拐点一代"……

在学术大话笼罩的年代，清淡质朴的语言，精微细小的事实，扎实深入的调研，苦于寻觅而日见稀缺。

研究问题越具体越难，越细致越精。

微，不是小、不是弱、不是卑；微，是精妙、是细致、是深入。

于是，一群怀揣同样理想，秉承相同价值观，但人微言轻的青年学者聚在一起，为着一个共同的目标：

为当代中国青年著野史、立别传。

历史长河孕育了一代又一代人，每一代人在历史上都留下了自己独特的印记。

其中有些人改变了世界，但大多数人只是世代交替中的无名一员。

我们让那些微小的个体发光，让无名者被社会所了解、所认知，让消逝者被历史所记录、所承载。

2009 年，我们首先发现在北京郊区聚居的大量年轻人，并创造了这个概念：

"蚁族"。

他们弱小、坚强、不为人所知，再卑微也向死而生。

2019 年，"蚁族"十年了。

他们过得如何？生活还好吗？

看到一个十年前曾参与我们调研的"蚁族"在朋友圈发出这样的感慨：

——从唐家岭走出来，整整十年了。十年间，和我原来住在一起的那些"蚁族"朋友们，有的生了，有的升了；有的离开北京了，有的离开人世了；有的分了，有的合了；有的分了又合了，有的合了想分了；有的博士后了，有的脸皮厚了；有的仍然怀抱理想，有的只想怀抱美女；有的出国了，有的想出家却还颠簸在红尘。十年，我们不想改变的，都不得不改变了；我们努力去改变的，大多还是原来的模样。

——十年，我们都没有走到当初设想的地方，但我们都得到了未曾期待的结果。如果下一个十年还是这样，我也并不会有任何的遗憾。我们的回忆和梦想都留在了唐家岭，我们都还在一起。

——而真正让我流泪的，是自己的人生旅途中，曾有踏歌而行的你，也有击掌唱和的他。

十几年的研究历程，数十次的呐喊呼吁，最终转化为实际政策的颁布出台。

事实证明，我们的"微"有价值。

微，足道。

那么，现在也请你微动。

和我们再次一起"微观"，微微地观望，小心进入下一个群落的世界观。

我们在尝试在第 31 次的青年群体记录之后，再出发去捕捉一些平凡的小人物。

快递小哥的微现场，来到你的面前。

我们从细微处，去捕捉这个数百万群体的生存细节，举手投足，情绪心意。

快递小哥，我们称之为——"蜂鸟。"

他们穿梭于偌大城市里每一处犄角旮旯，如蜂鸟般不停地扇动翅膀，试图悬停在城乡的上空。每次的城市游走，每次的回家探亲，都让他们无所适从。唯一确定的，只有不停地向上飞翔，努力让自己不跌落而下。

在他们身上，你可以从细微处观察到这个国家其实最宏大的命题：

时代如何裹挟个体，个体如何搏击时代。

卡尔维诺在《阿根廷蚂蚁》里说过：回想起故乡的蚂蚁，马上便觉得它们是值得尊敬的小动物，像猫和兔子一样，可以任人抚弄，任人摆布。

然而，它们也是"面临的敌人却像虚无缥缈的云雾和无孔不入的细沙，根本无法对付"。

顾城写过：人可生如蚁而美如神。

法国的贝纳尔甚至早已帮忙计算过，在你读这几行字的短短数秒间：

——地球同时诞生了 40 位新生儿以及 7 亿只蚂蚁。

——地球同时失去了 30 位人类以及 5 亿只蚂蚁。

蚂蚁比我们想象的更脆弱。也更不可名状,无法预知。

"蚁族""工蜂""洄游""蜂鸟"都比我们预期的更值得微观。

微观,就是蹲下来地观,擦亮眼地观,走入中国深处透过显微镜观,小心翼翼,看向细微角落与渺小人群地观。

微观,是代表每一个如蚁、如你的个体,微薄却自持尊严而立的价值观。

就像一双手虽微不足道,但无数双手就能链接起整个社会。

就像亿万小草的微力共同构成伟力,可以造就春天万物生的欣欣向荣景象一般。

安东尼·德·圣艾修伯里曾说:

如果你想造一艘大船,不要召集人们去堆积木料,也不要向他们布置任务和工作,而要激发他们对浩瀚无垠大海的向往。

如果说中国是一艘驶向远方的大船,那么,激发广大青年对星辰大海的向往,无疑是梦想实现最为重要的根基和接续奋斗的逻辑起点。

因此,如何给青年一个看得见的未来,就构成了我们研究的初衷本心。

有人好奇问我:这么多年,30 多个青年群体的实地调研,你们累不累?

每当看到通过我们的努力,改变了某个群体的生存境况,让青年有了为美好生活打拼的动力和对未来人生的无限憧憬,我们就开心,累就忘了。

而在这个过程中,我们没有想到的是,研究成果不仅得到了青年的认可,收获了学术价值,更重要的在于推动了一个庞大国体,该如何慢下来、蹲下来,与微小个体价值平视的变革。

(本文原载于《中国青年发展报告 NO.4——悬停城乡间的蜂鸟》序言,
2019 年 12 月出版)

新闻周报——我的人大记忆

《新闻周报》邀我以老朋友的身份谈谈与"新周"的共同记忆，不知怎的，心头蓦地涌出一股暖流，思绪悠然荡起，飘向了母校，飘回了我在人大校园近 10 年的岁月。

1998 年，我考入了中国人民大学会计系注册会计师专业。进校后没多久，我就被教一楼（现为求是楼）南侧宣传栏内的黑板报所深深吸引——那就是当时的《新闻周报》。也许是 80 年代出生的人对黑板报情有独钟的缘故，看到这熟悉的风格，内心油然而生一种亲切感。我现在仍然清楚记得当时《新闻周报》的样式，黑底白字，偶尔会配发几幅学生拍的照片，简单大方，虽没有华丽的装潢，却不失典雅庄重，真正体现了人大求真务实的朴素学风。

在之后的日子里，每周一上完晚自习，我都会到《新闻周报》的黑板报前，从人头攒动的人群中奋力挤进去，如饥似渴地阅读着自己身边和那个年代的人和事。《新闻周报》也以她那独特的视角、细致的笔触、巧妙的构思一直陪伴我成长。可以说，是《新闻周报》充当了我人大求学经历的领路人。

2000 年初冬，刚上大三的我被推选为学生艺术团键盘乐团团长，我准备打破以往单调的演出形式，探索一种全新的演出模式。为了能让更多的同学了解我的想法，我找到了当时《新闻周报》的主编雷剑桥。他在得知我的想法后，欣然应允。"新周"后来以连续报道的形式，登出了键盘乐团从筹备节目到最终演出的整个过程。晚会获得了空前的成功，而我也收获了自信和尊严，这为我今后在人大的发展奠定了坚实的基础。回想当年情景，自己那时在学校只不过是一个不起眼的小人物，来"新周"之前，我也曾试图联系一些校内媒体，但均因自己"人微言轻"，而遭到冷遇。只有"新周"给予了我那种朋友式的温暖和关怀，这种感觉我至今记忆犹新。后来我在人大逐渐有了自己的平台，但我从不敢张狂傲慢、得意忘形。对师弟师妹，我大力支持；同学有难，我也尽力帮助，这些都得益于当时"新周"教给我做人做事的道理。唯一有些遗憾的是，本科毕业后我和雷剑桥失去了联系，后来得知他去了《南方周末》做记者，继续秉承新闻人自由独立的精神，思考着这个国家的当下和未来，我从心底为他高兴并为他祝福。

岁月流逝，《新闻周报》也伴随学校发展，版面和样式不断推陈出新，黑板报换成了纸质版，内容也丰富多了，但其中对真善美的追求和对国家民族的思考依然是不变的主题。在担任校研究生会主席后，每次我组织活动，总忘不了要请上"新周"的同学参加，其实并非想让他们报道什么，只是想通过他们，告诉我们这所学校，当下的人大人正在做些什么。

2005年的一天，"新周"的田李蓓同学找到我，约我做一期"80后"访谈。当时我已在法学院攻读博士研究生，同时在湖北省广水市挂职市长助理。我结合自己多年做学生干部和到基层工作的经历，侃侃而谈。现在看来，当时的许多想法，不免幼稚可笑，但这毕竟是一个人成长的必经阶段，幸运的是，"新周"帮我如实记录了下来。这期报道我至今保存完好，有时工作中难免会遇到不如意之事，每当这时，我就会拿出这篇报道，告诉自己，从未放弃过大学时的理想。

2007年，我从人大毕业，不久我发现了"蚁族"现象，开始招募各高校研究生组成研究团队。好心的朋友帮我推荐了《新闻周报》的原社长刘宇翔。当听说他是"新周"社长时，我迫不及待地想要见到他。后来的发展，近乎浪漫和完美，我们两人彻夜长谈，大有相见恨晚之感。而刘宇翔后来的出色表现，也再次验证了我对"新周人"的印象：执着、睿智、正义。

2010年，"蚁族"研究获得社会广泛关注，《新闻周报》的同学又先后几次约我采访。无论有多忙，每次我都有求必应。而"新周"也从未令我失望，每次报道"蚁族"所形成的文字都感人至深，字里行间渗透着对弱势群体的关注与呼喊、对社会民生的回应与担纲。人大人办了"新周"，"新周"又以自己独特的方式，告诉所有的人大人，他们没有辜负历史赋予的这份责任。

啰啰唆唆说了很多，其实还有很多话想说，但篇幅所限，只能就此打住。最想说的其实还是这句：《新闻周刊》，人大人的精神家园，她记录了人大的历史和现在，也在书写未来。她真实，她鲜活，她富有朝气，她敢为人先，她代表了人大最经典、最古老也最有内涵的一种理想；她同时也代表了一种力量，一种教人求真、从善、唯美的力量，一种思考、批判和大爱的力量。正是因为有了这种理想和力量，我们的人大精神才得以生生不息。

（本文原载于中国人民大学《新闻周报》2010年纪念特刊）

人生的价值和意义

很高兴参加"劳模与学子牵手行动",也很荣幸能作为劳模代表在这样隆重的仪式上和我的学生进行面对面的交流。

与我结对子的是我校公共管理学院 2011 届毕业班,你们马上就要开始找工作了。按理说,我现在应该以老师的身份传授给同学们一些对找工作有用的经验和技巧,但学校有就业指导中心,那里有专业的老师会对你们进行专门的就业辅导。所以,我今天在这里不想和同学们谈有关就业的具体问题,只想以朋友的身份,以一个"80 后"老大哥的身份,和你们分享一下自己走过的路,聊聊你们未来该如何走自己的路。

各位同学,今年是 2010 年,三十年前的 1980 年,《中国青年》在第 5 期上刊发了一篇署名潘晓的读者来信《人生的路呵,怎么越走越窄》,在信中,潘晓谈到:"有人说,时代在前进,可我触不到它有力的臂膀;也有人说,世上有一种宽广的、伟大的事业,可我不知道它在哪里。人生的路呵,怎么越走越窄?"

潘晓的困惑也正是当时许多青年的困惑。很快,潘晓的来信引起了无数年轻人的共鸣。30 年前人生的追问,如今并没有失去意义。在我对"蚁族"群体的调查过程中,总会有青年朋友们不断问我类似的问题,但我知道,这其中蕴含的意义其实已完全不同。从对社会的疑虑到对自身的反省,从被动的思考到主动的寻求,你们这一代青年已经不再为自己的命运无法把握而叹息。你们依然不安,那是因为世界发展太快;你们依然焦虑,那是因为担心知识更新太慢;你们依然躁动,那是因为展现在面前的机会太多；你们依然思考，那是因为你们渴望更加优秀、更加有力。

你们明年就要毕业，走向新的工作岗位，开始新的人生旅程。人生的痛苦，不是没有选择，也不是被选择，而是不知该如何选择。在上大学以前，你们的路很大程度上是被安排的，努力学习，是为了考重点高中，上重点高中，是为了上名牌大学。但现在，你们必须自己做出选择，是考研？出国？还是工作？选择了其中任何一项就意味着要舍弃其他的选项，每一个决定都意味着取舍——拥抱一种可能性的同时也得放弃另一种可能性。这对从未经历过选择的你们来说，应当并不是一件容易的事。

作为毕业生，又处于一个需要做出重大抉择的阶段，可以想象得到，你们在座的每一位都忧心忡忡。你们之所以会忧心忡忡，是因为你们不仅想取得传统意义上的成功，还想让人生过得有意义、很精彩。你们既想拥有令人羡慕的财富和地位，又想拥有丰富的精神世界和人生理想。但你们同时又不知道怎么把这两个目标结合起来。你们不确定是否在一家国际知名的大企业中拥有一份起薪丰厚的工作，或者是在一个政府部门拥有一个令人羡慕的身份地位，就能够得到精神上的满足。你们一方面很清楚，接受高等教育的目的不仅仅是改变自己的现状，让自己过得舒坦、满足，还要努力改变你周围的现状，让这个社会变得更好。但另一方面你们又不确信，自己是否具有这样的能力，在实现自己价值的过程中，完成你存在的社会意义？

廉老师和你们一样，也曾有过类似的困惑。我本科主修的是注册会计师专业，在当时，从这个专业毕业后可以获得一份相当不错的薪水和工作，但我知道自己的志向并不是做一名财务人员，当然这不是说做财务人员有什么不好，而是我渴望学到更广博的知识。于是在本科毕业时我选择了上研究生，并且将更多精力投入管理学。当我硕士毕业的时候，许多人认为一个具备经济管理知识的硕士生应该可以去工作了。但随着我对国家改革开放事业理解的深入，我意识到中国的问题需要用更多元的方法，站在更宏观的视角来进行观察和思考，我已不满足于微观的会计知识和中观的管理知识，我决定放弃去知名大国企工作的机会，尝试考法学博士研究生。而且这次不是攻读与我原来经济、管理专业相关的经济法、民商法专业，而是法理学。法理学探讨的大多是哲学问题，比如自由、正义、平等、民主等等。这对于一个从未系统学习过哲学的人来说，难度可想而知，我的家人和朋友都表示反对，但我已经抱定决心。经过半年夜以继日的刻苦复习，我终于以优异成绩考取中国人民大学法学院法理学专业公费博士生，师从我国著名法学家、中国人民大学荣誉一级教授孙国华老先生。三年后，我又被北京大学国际关系学院以第一名的成绩录取为国家全额资助的政治学博士后。

我本科的同学早在我上博士期间已有人年薪超过百万，而我的专业，却由于越来越由经济基础向上层建筑发展，找工作时薪水变得越来越低。很多人对我的选择表示不解，更有以前的同学把我作为取笑的对象。但我一直坚定自己的信念，认为自己多年的所学所用终会对社会有所贡献。来到对外经济贸易大学后，我有幸成为一名高校教师，我感觉到自己离目标更近了。因为高校教师，是一项极为崇高的职业，肩负着认识世界、传承文明、创新理论、资政育人、服务社会的重要职责。在这里，我终于可以沉下心来，扑下身去，把自己的个人追求同国家的前途命运结合起来，用自己多年知识积累报效国家了。

2007 年一个偶然的机会，我关注到大学毕业生"蚁族"现象，我意识到，在经济结构调整和社会转型的中国，这是一个亟须研究的重大社会问题，立即组织团队展开调查。但当时我的研究并不被看好和认可，2008年国际金融危机尚未显现，国内经济形势发展良好，我以此题目申报的国内课题和研究项目接连遭到否决，很多人认为我"杞人忧天""危言耸听"。但我并没有放弃，就是自己垫钱，我也要坚持下来。后来的研究过程，异常艰辛。由于没有研究经费，课题组的许多成员不得不选择离开，国外的研究机构慷慨承诺提供上百万元的研究经费，以收买我的研究成果。每当这样的时刻，我就追问自己，国家培养了我，我应当肩负怎样的责任和使命去回报祖国和人民。我的坚持终于有了结果。随着就业形势的日益严峻和金融危机的到来，"蚁族"问题凸显了出来。2009 年 6 月，我申报的国家社科基金课题终获通过，我的研究得到了学术界的肯定。2009年9月，我出版《蚁族——大学毕业生聚居村实录》一书，首次提出并定义"蚁族"概念，引发社会各界高度关注和持续探讨。2009年12月，我提交的成果要报《"蚁族"对社会稳定的影响及相关对策建议》上报中央，得到中央领导同志的高度重视。

通过我自己的成长经历，我想告诉大家：无论你选择了什么，只要你选择了一条路，同时也就选择了一份挑战。要战胜挑战，就要有坚定的理想信念。有没有坚定的理想信念，是决定一个人事业能否成功的关键。虽然推动人生的力量可能来源于外部的许多方面，但其中最根本最持久的还是来自内在的理想和信念。它能给人生一种向上的力量，为人生提供动力和毅力，是人生的力量源泉。当然，你可能会说，理想信念离现实很远，他能对我们目前有什么帮助？那么我要回答你：请牢记你心中的理想信念，就算你觉得它们永远不可能实现。理想信念就像北极星一样，当寒风咆哮、暴雨倾盆、阴云密布，而你又没有导航的工具时，他会告诉你们正北的位置。它可以指引你，让你到达那个对自己和世界都有意义的彼岸。有了理想信念，你就会方向明确，意志坚强，热情高涨，精力旺盛，在时代的洪流中找到属于你自己的位置！

当然，你们还要知道，人生的道路选择需要经过漫长的理性思考，不断克服众多外在的利欲诱惑，直面自己的内心，去询问到底什么样的选择会让自己有最大的成就感和幸福感。如果把人生比作一条大河，那么，它就是由为自我、为他人、为国家等各种泉流汇合而成的。"为自我"只是其中的一个源泉，但绝不是唯一的源泉。你们应当经常询问自己：我的贡献是什么？我希望将来被人们记住的是什么？

其实，在今天这个场合，你们有幸见到这么多劳动模范，他们已经给出了你们答案。在座的这些劳动模范，既平凡又伟大，他们可能未必有多么显赫的地位和引以为傲的身世，也不一定腰缠万贯、日进斗金，但他们扎扎实实、爱岗敬业、甘于吃苦、乐于奉献，抱着高度负责的态度，尽心、尽力、尽职、尽责地干好每一天的工作。他们的事迹，已然被这个时代所铭记。在他们身上，我们真正看到了人性的伟大和光荣，他们真正体现了普通人的使命感和责任感。

劳模们来到你们身边，正是对你们如何走好未来人生路最好的注解。榜样的力量是无穷的，希望你们能从这些榜样身上，真正领悟到人生的真谛，找到自己人生道路的方向。什么方向？那就是作为对外经贸大学的学生，你们如果仅仅掌握了一技之长，只是为了自己在社会上过得很好，那你们还称不上是一个合格的贸大学生。你们要在自己过得好的同时，让别人过得更幸福，你们要通过自己的努力，引领这个社会向更美好的方向发展。作为贸大的学生，你们要永远记住，金钱和财富对于你们来说永远只是实现崇高理想的工具，而不要让金钱和财富反过来成为驾驭你们人格的力量。

诸位同学，你们是天之骄子，国之希望。如果说这个世界有一群人，还仰望着星空，还把自己的头脑和国家社会联系在一起，我希望是你们在座的各位同学。我们要有一种气概，解决中国的问题舍我其谁？除了我还有谁能干？要有这样敢于担当的精神。如果说有一群人站在一起，大家问："谁能够到最艰苦的地方去？谁能解决中国社会面临的问题？"我们对外经贸大学的同学要往前迈一大步，说："我。"人家问你为什么，你会回答："因为我是对外经贸大学毕业的，这就是我的责任，这就是我的使命。"

啰啰唆唆说了很多。也许，我今天的讲话，不能给大家就业带来实实在在的帮助，但希望能引发你们对未来人生道路的思考。

（本文系在 2010 年"劳模与学子牵手行动"上的发言）

一颗粒子激起的水花

几年来，我带领团队一直坚持做社会调查，先后出版了一些有影响力的作品，也因此有人评价我们的书总能"一石激起千层浪"。其实，石头与千层浪是什么关系呢？简单的线性因果联系？我看恐怕不是，而应是非线性、非均衡的复杂性关系，大多数的声音无非是借我们的书说出他们心里早想说的事情吧，算不上是我们的作品有多么过人之处。

有了这样的认识和判断，对于社会上的一些正面或负面评价，自己也就泰然许多。而所谓"名"呢，则更是偶然因素，对于我来说，以前我和我的团队一直在做研究，没有人关注，出版了《蚁族》《工蜂》，人家认识你了，所以有了名，但这种"名"来得太突然，所以我只当是捡来的，随之而来的很多东西也都是捡来的，捡来的宝贝当然也喜欢，但捡来的并不会觉得自己多么有本事，只不过运气好罢了。

从 2007 年开始，因为某些机缘，我们得以敲开一扇又一扇门，取得信任并让里面的年轻人开口讲述他们的故事。透过这些故事，人们能看到中国的未来——那些大学毕业生、那些高校青年教师、那些新生代农民工、那些作为社会中坚力量正在奋斗的青年人正在经历怎样的命运。在这纷乱喧嚣的社会中，我们选择关注那些被忽视、被遗忘的人与事，将目光一次次投向大变革中那些普通的小人物，注视他们被时代裹挟的命运，诉说他们微小的愿望与简单的快乐、深深的无奈与绵长的苦痛，我们一直在坚持，我们一直在路上。

在几年的调查过程中，我真正感觉到自己的渺小和卑微。而最痛苦之处在于，所有的研究，最终带给我的并不是答案，而是更多的困惑。我常常感叹，研究中国问题，一切方法和思维都会遭遇三大困境：一是中国甚长，历史源远流长，悠悠浩瀚，要做到钩沉发微，熔前铸后，谈何容易。二是中国巨大，960 万平方公里，56 个民族，东西南北民风迥异，差别之大让人不敢轻易做出判断。三是中国善变，且不说当前正处于"千年未有之大变局"，即便是在全球化背景之下，中国每一个地方都通过多种多样的联系和渠道与世界其他地方一起呈现意义重大的时空效应，这会导致各种"原因"与"结果"之间形成非常大的不成比例的关系，这种不可预见的影响使得认识一个"真实"的中国几乎成为不可能。更何况在现有学术专业日益细化的趋势下，作为思考对象的历史性、整体性、世界性的"中国"早已被专业化切割成条条缕缕、方方块块，安得窥见全貌！

这三重困境积累叠加，使得当代中国既不存在结构，也不存在功能；既不存在宏观，也不存在微观；既不存在社会，也不存在个体；既不存在上层，也不存在底层。因为这些概念中的每一个都假定存在着相互分离的实体和相互分开的要素，而对剧变着的当代中国而言，按照结构主义者和功能主义者提供的范式来理解，都显得过于简单化和公式化。从这个意义上讲，社会科学的本质，其实并不是去发现什么社会规律和理论假说，社会科学不同于自然科学，它的规律性极差，在整个社会运行中，并不存在单个孤立的要素，只有许多的联系和循环。这些联系和循环通过各种多样化的、不同距离的网络而建立某种有效的关系，我们所能做的，就是揭示这种关系。或者说，我们要通过研究告诉人们，在哪些要素之间存在发生某种关系的可能性。

当然，作为青年学者，由于水平所限，我们可能连这点都做不到。但我想，我们的作品，总还是干了一点小事的，那就是在平凡人不平凡的命运中，展示出一些价值——善良、正直、助人、坚韧、奋斗、梦想等人类共同推崇的优良品质。如果我们的作品，能让人看到在这个世界上，在我们的社会中，还有一些没有被压倒的也不可能被吞噬的价值，那我们就很欣慰了。

思行者

威纳曾说："我们只是奔流不息的河水中的一朵小旋涡而已。"但我想说：我们确是历史长河中一颗微不足道的粒子，我们不能决定自己流向何方，但我们能把握自己这颗粒子裹挟着多大的能量，能激起怎样的水花……

（本文原载于《中国青年》2015 年第 12 期）

驴村行

一个朋友准备在河北的某个贫困县的某个贫困村办个驴厂，地已征好，厂房正建，驴也买了几百头，特意请我前去参观。我对驴本无兴趣，无奈好友多次相邀，且颇为雄心壮志，大有振兴中国驴业市场之意。我见他兴致勃勃，也心生好奇，便寻个周末，一同前往。车在颠簸的山路上开了三个多小时，突然峰回路转，遥见一片麦田，朋友指曰：此乃我驴业大兴之地也。

车驶入村子，在村委会门前停下，村支书和村长提前得知我们到来，早已在门口恭候多时。此村是个满族村，村民大多是当年热河驻防八旗兵的后裔，百多年前，此地村民无须纳粮交税尚能衣食无忧，如今却只剩下些老幼病残，年轻的壮劳力多已外出打工。世易时移，物是人非，不免让人唏嘘不已。

村里小户几百，村民几千，和中国的许多地方一样，村里流传着许多古老的传说故事，甚至连村名也和皇帝拉扯到一起。据说当年康熙皇帝途经此地，见一山极像一只卧虎，随口一句话，遂定为村名。但是县志上并未认可此种说法，只记载村名来自蒙语，意思是黑色的核桃，估计村里早年盛产此物，因而得名。

和村长小叙过后，朋友便拉着我去看驴。由于正式的驴棚还未建好，驴散养在一些农户家中。这些农户原本只会耕作种田，养牲口也仅限于牛、马、羊之类，养驴可真是难坏了这些老实巴交的农民。按说现在是信息时代，遇到不懂的东西，一查一搜便知。但村里年轻人少，老年人由于知识文化所限，很少上网，镇里的科技员又大多是农业种植方面的，所以他们只得靠仅有的一点养牛、养马的常识来养驴，搞得我的朋友总是担心，他们会不会把我的驴养成了马样或牛样？如果搞得似驴非驴，岂不贻笑大方？

但好在经过一番巡查，似未发现这种情况，朋友心情稍稍平复。农民虽没有养驴知识，但凭着自己的摸索倒也探出不少门道，比如驴喜阴，不能老拉着驴去晒太阳；驴发情的时候，千万不能把公驴和母驴放在一起，否则，就是几个大小伙子，也拽不开两头犟驴。

一路赏驴，一路和村支书攀谈。老支书60多岁，具体当了多少年村支书，他自己也不记清了。只记得当初上任的时候，毛主席还在。在中国的行政体制内，村一级不属于公务员系统，因而没有任期和年龄的限制，这就使得村一级干部得以长期浸染在基层政治生态之中，是中国政权的"最后一公里"，也是面对中国社会复杂矛盾的终极节点——在这里，不能再以文件落实文件，以开会落实开会，而必须直面问题、解决问题了。村支书煞有介事地向我介绍起县里最近发生的一件政治生活的大事——新提拔了一位副县长。按理说，副县长在中国相当于副处级干部，这个级别的官员多如牛毛，而且此地毗邻京城，来来往往见识的京官应也不少，但毕竟此番变动的是本地父母官，而且据说是近十年来头一次更换副县长，因而还是在县里引起了不小的"震动"。在中国的基层社会，换个县级干部，是比天大的事，对村民的直接影响比国家领导人换届还深。

晚上村里设宴款待，村支书、村长、村会计、大学生村官、村广播员等等，该村所有现任领导全部到齐，规格相当隆重。酒过三巡，村支书似醉非醉说道：想我一生，虽在基层，但以村领导身份亲历新中国政治变迁，也是荣幸之至。毛主席健在的时候我就是支书，后来毛主席走了，华主席来了，我还是支书，接下来领导人更迭变换，而我依然是支书，现在即将迎来下一届领导人。

饭后朋友和我到下榻之处——村招待所，这是村里最高级别接待，只有贵宾来访方可安排入住，村支书把我们毕恭毕敬送至房间。屋里布置得简单干净，一个脸盆，两张单人床，唯一现代化的设施就是液晶电视。据朋友介绍，这是村长为了让他在此投资，特意购买。我心生好奇，为何村里人对你如此热情，朋友笑答，此村既无煤，也无矿，看着周边村子一个个坐拥地下资源发财，村民们求富之心可想而知。随即，朋友说起了他的宏伟"驴计划"：以往人们只知驴可拉磨，驴肉可吃，驴皮可作阿胶，其实没有深谙经商之道，要想把驴业做大，先要把驴办成文化。我孤陋寡闻，古人虽有"黔之驴"典故，但不知驴还有何文化内涵？朋友正色说道，现在精英阶层也盛行驴文化，你没见大城市人都背什么包么——"LV"！LV 拼音不就是"驴"么？如果我在每个驴屁股后面都印上"LV"标记，然后做成驴包、驴帽、驴鞋，岂不比国际知名品牌还要正宗？经朋友如此点拨，我恍然大悟。朋友越说越兴奋，文思泉涌，什么驴脾气、脑袋被驴踢了、好心当驴肝肺、驴唇不对马嘴等等，驴的歇后语和俏皮话一个接一个，让我应接不暇，更令我吃惊的是，他还都能找到对应的商业创意。想不到一个小小毛驴，竟能挖掘出如此丰富的商业资源。

晚上睡觉，躺在床上，伴着驴嘶狗哮，回味驴村经历，别有一番情调。中国的乡土村落，是中华文化生命系统的基本细胞，千百年来，他的运转犹如毛驴拉磨，只是转圈，其实未变。不管外面的世界天翻地覆，国家统治者几经更迭，原来的贵族沦为平民，但乡村的生活方式和建立在土地上的精神联系，却依然如故，支撑着一个超稳定的农业社会结构，这也是中华文明得以延续五千年的原因之一。而今，农业社会衰败，现代化的进程骤然开启，市场强大的力量闯入乡村，冲击着这里的每一个角落，就连"牲口"亦未能幸免——驴被"包装"成"文化"，被"LV"成世界品牌，被"赶着"与国际接轨。我不知这样的过程是好是坏，但当我们的乡土遗产和文化传统被裹挟进这样的潮流中时，还有多少东西能真正留下？当然，强行留下的东西，意义也不大，历史终究是要淘汰一些东西的，把五千年的东西都保留下来，我们也承受不起。中国，亦新亦旧，一体多面，这就是为什么我们总是对自己的祖国感到陌生的原因吧。

（本文原载于《天下》2011 年第 1 期）

哪怕有争论， 我们也要负责任地发声[*]

廉思很忙，这次约访也是见缝插针。

他一直是活跃在公众视野的知识分子，率领"廉思课题组"做系列青年研究，《蚁族——大学毕业生聚居村实录》《工蜂——大学青年教师生存实录》《中国青年发展报告》系列影响深远……，他刚刚完成的调研报告《对新的社会阶层人士的分析研判和对策建议》，受到习近平、俞正声等中央领导同志的批示和重视。

作为"80后"，他是国家"青年拔尖人才支持计划"和教育部"新世纪优秀人才支持计划"入选者，主持国家社科基金项目，教育部、共青团中央重点课题等等，曾获全国青年岗位能手称号、北京五四青年奖章，入选"《南风窗》为了公共利益十大年度人物"……如今，37岁的他是对外经济贸易大学教授、博士生导师、团中央学校部副部长、中国青少年研究会副会长，平常依旧T恤配双肩背，说话直率又谦逊。

难怪他说起正在调研新兴青年群体，别人啃不下来的硬骨头，往往他就能聊开。他也调侃自己的"焦虑"："年轻人迭代变化太快，作为研究对象很难定性，而自己又在变老，觉得跟不上。2007年研究'蚁族'的时候，作为'80后'还很年轻，现在'00后'小萝莉都觉得我是大叔。"

身在大学，廉思也关注身边青年，提出了新概念"工蜂"，探讨青年知识分子的发展：当分工劳作越来越专业化，青年教师似乎也成了

---

* 采访者为《中国青年》杂志社编辑部副主任陈敏。

"workerbee"，每个人都只耕耘自己那块，是否会对整体知识包括整个社会的关注度下降？在学问不断更新换代的时代，自"五四"以来的老一辈知识风骨传承，如何避免断档？

廉思曾给出答案："国家需要的是严谨而不保守，活跃而不轻浮，锐意创新而不哗众取宠，追求真理而不追逐名利、贴近广大群众而不庸俗低俗媚俗的青年知识分子。"

我们并没有多聊知识分子应该是怎样的，但廉思拒绝利益诱惑做自主性青年调查的坚定，面对学术界因"蚁族""工蜂"而起争议时的淡定，谈到当下精神产品粗糙时的愤怒，探索青年困境和问题的热忱……已勾描出一个在路上的当代中国青年学者形象。

一　他们记录成功和伟大，我们记录失败和梦想

《中国青年》：从"蚁族"到"工蜂"，令社会瞩目。但"豆瓣"也有争议，有人说缺乏深度分析、没有解决办法，有人力挺说这是理想主义者的践行……你如何面对争议？

廉思：不仅是"豆瓣"，学术界也有一些反对的声音，更激烈的说法是，我们是学术明星，哗众取宠等等。想一想，当初我们课题组关注"蚁族"，一是有情感因素。那时我们都很年轻，同龄人在大城市奋斗打拼，感同身受，希望如实记录他们的生活状态，也为自己的青春留下回忆。二是有一种历史情怀，当后人回顾21世纪初中国的现状时，不仅只看到宏大叙事和光辉历程，也要看到普通人的命运艰辛和奋斗精神。我们要给中国青年作野史：历史不仅仅记录成功和伟大，也要记录失败和梦想。"蚁族"虽是小人物，但不断努力的小人物，就是大人物。

有了这种情感和情怀，哪怕有争论，我们也要负责任地发声。

《中国青年》："蚁族"、"工蜂"、"洄游"、新生代农民工、城市新移民……能提出这些新概念，你觉得最难的是什么？

廉思：也有人说"炒作概念"（笑）。这点我们很自信，研究并没有

停留在概念的造字上面，简单的几个词背后，有大量田野调查的实证数据和质性材料作为支撑。

我认为，能否把复杂的社会现象，归纳提炼成言简意赅的概念，使普通大众也能把握问题的核心，彰显了一个学者的思维能力和理论功底。费孝通的"差序格局"，贝克的"风险社会"，丹尼尔·贝尔的"后工业社会"，这些学术大家，都是深入浅出，几个字就勾勒出社会的本质和要义。社会学不同于其他学科，归根结底是要答疑解惑、总结规律。如果我们描述的青年人，他们看了都觉得不像自己，都不认可，研究又有什么意义呢？

《中国青年》：你们做的这种自发性社会调查，遇到了哪些始料未及的困难？

廉思：不同于官方渠道的社会调查，这种调查很独立灵活，能够对社会问题及时发现，及时反应，并形成新颖独特的调研报告。而且我们的成员都充满热情和兴趣，积极性很高，更具活力和创造力，也有效率和成果。

但与综合性社会调查相比，这种调查也有劣势。可动用的资源匮乏，团队的经费和规模都受到较大限制。即便与政府部门合作，有时仍需要在学术严谨性上做出一定的妥协，在样本量及抽样方案的设计上会受到局限，在成果发表的内容和研究视角上也会有所取舍。

因此，自发性社会调查的优势和劣势，正如硬币的两面。如果对自发性调查过分苛求，那就只能放弃，学者只能唯综合调查数据和普查数据等是从。但这些数据的公布往往滞后，在调查深度和问题意识上都有所欠缺，无法满足个性化的研究需求。此外，能够得到这些数据的人并不多，青年学者由于社会资源相对匮乏，经常处于"寻数据而不得"的尴尬境地。

因此，我们认为，为了得到理想化的研究成果而放弃眼前并不完美的学术实践，这不是对学术的追求，而是背离，甚至扼杀。

《中国青年》：要面对批评争议、资源匮乏等问题，当时也会觉得委屈吗？

廉思：是啊，有时也会觉得委屈和不公平。我还跟团队成员说，好多学者都在比圈子比师承，觉得半路搞社会学研究的我是个异类，容不下我。如果今后我们在这条路上走得更远，当自己成为学术权威的时候，一定要对年轻人多一些包容、多一些扶持。

当然我们也在成长，心态也在变化，对这些争议，我们现在更加平和。如今我们倒是觉得，一个作品即便十分出色，凭什么每个人都要认可接受？新的观念必须经过打磨：鄙夷、责难、否定、谩骂，这是进入人类正式赛场之前的预选赛，如果连预选都没通过，还谈什么正式比赛？一个人不经历这些，怎么可能变得成熟坚强？

《中国青年》：你获得过很多荣誉，作为青年知识分子，最珍视的荣誉会是什么？

廉思：实话实说，我特别在乎普通青年对我们作品的反馈，青年自己对我们研究成果的评价。我们出版新书，都会在书末留下邮箱，想听听读者的声音。青年的建议和批评，是我们前进的动力。比如最近我们研究的自由职业者，有很多独立音乐人、演员歌手、签约作家……这些群体离我们自己的圈子比较远，那么，我们的作品出来后，他们作为调研对象，觉得这个画像到底是不是自己？如果能得到他们的认可，这才是无上光荣和无冕荣誉。

二 批评年轻人的物欲？不如反省我们粗糙的精神产品

《中国青年》：你在调查中发现，"90后"青年愿意为美好事物买单，而发达商业也更贴合青年的个性需求，衍生出人文意义。请问，这种"类精神"的物质，会如何影响青年？

廉思：我们那一代，对于物质的想象是极其有限的，小时候家里有个彩色电视机就很了不起了，如果有个录像机那就很奢华了。现在物质极大丰富，房子、车子从几万到几千万，不同价格有不同的档次。你开几万的车，还是开上千万的车，体验会完全不一样。人性其实是一以贯之的，喜欢美好的东西，只是以前没有选择，但现在各种商品就在眼前，放大了人们的欲望，极大地刺激了人们的价值观念，也使得人被物质所控制，人的物质生产与精神生产及其产品成为异己的力量，反过来统治人本身，也就是马克思所说的异化。

年轻人在价值观形成期，对美好物质的向往是内生性需求，所以他们是刚需消费群体，但是如果年轻人过早享受了高品质的体验，透支了自己的欲望，标准就很难降下来，由奢入俭难嘛。当自己的生产能力不够支撑消费欲望时，遇到各种诱惑，就会陷入恶性循环之中。现在大学校园盛行的各种裸贷，就是一个典型的例子。

《中国青年》：那你如何看待那些为了满足物欲而裸贷的年轻人？

廉思：与其批评年轻人，倒不如反省我们提供的精神产品有多粗糙，很少有引导青年人理性思考和深度思考的作品。我们自己没有好的产品，年轻人精神空虚，自然会寻找其他的替代品。

比如我们的抗战，为什么只能拍出裤裆藏雷、手撕鬼子的抗日神剧？为何就是学不会讲故事的方法和技巧？美国人就很会讲故事。比如《血战钢锯岭》，弘扬了他们自己的理想信念。片中展示了"二战"中日军的真实形象，顽固、凶狠、疯狂、狡猾，这也是我们抗战八年所面对的敌人。美国把日本军队描绘得十分强大，观众才对美军特别是主角道斯的勇敢和坚强有了更深刻的印象，更加感慨战争的残酷、和平的珍贵。

我们的抗日神剧，把如此精锐的日军，描述得愚蠢弱智、不堪一击，这是对历史的极端不负责任，对青年的不负责任。我们尊重对手，才是对自己的尊重。对历史胡编乱造，既反衬出自己的弱智，也是对革命先烈的侮辱。

在意识形态方面，美国人常常把假的说得跟真的似的，我们反而把真的说得跟假的似的，需要认真加以反思。

习近平总书记曾说，"文化是一个国家、一个民族的灵魂……文化自信，是更基础、更广泛、更深厚的自信，是更基本、更深沉、更持久的力量。"我们做的东西，跟这样的要求还有很大距离。只有你的土壤是务实鲜活的，才能真正谈多元包容，谈创新引领。

三　要对历史怀有敬畏

《中国青年》：消费时代全面来临，老的价值体系在年轻一代逐渐瓦解，多元化也让未来不可预测性增强，你在和年轻人调研时，感想深刻的是什么？

廉思：比如一个青年厨师，生活不稳定，房子买不起，女朋友没有，也照顾不了家人，如何能够安心做事，在工作上精益求精？难道光谈工匠精神就能解决这些具体问题吗？青年人的发展和梦想被整整一套东西包裹着，社会如此浮躁，媒体宣传的又是白富美，谁不想一夜暴富啊！所以，关注青年发展，就要真心解决青年的实际问题，尤其是那些制约青年发展的长期性、难点性问题，要以利益疏导形成价值认同，适时开展思想引导。

《中国青年》：做青年研究也有十年了，你现在也会面临瓶颈期吗？

廉思：主要是我们团队的老龄化。大家都是兼职在我的课题组开展研究，有的在政府机关工作，有的在阿里巴巴工作，平常压力很大，课题组都是晚上开会，熬夜写报告，对身体消耗极大。随着年龄的增长，各自家庭的负担也在加重。我们有一个团员颈椎已经出了问题，甚至到了卧床的地步，他可是1987年出生的啊！

这几年喜爱做研究的青年人越来越少了。优秀一点的青年都去创业了，挣快钱的多了，沉稳踏实的少了。有多少人还愿意老老实实地码字儿，辛辛苦苦做田野调查？调查是一项极为辛苦的工作，产出效益不确定。因此，我们常说，研究是一个高投入、低回报的行业，存在着很多的风险。

《中国青年》：那为什么你们还能坚持着？

廉思：团队从三十多人到十来人，离开了不少，毕竟青年研究离钱比较远，这个时代诱惑又太多。有的团员调侃，说师兄当年我跟着你混，好多人羡慕，觉得长本事；当年那些没跟你混的，现在都巨有钱……

我想，能留下来的，就是因为热爱和情怀吧，共同培育一种青年研究文化。我们去年完成的新的社会阶层研究，花的都是从别的研究项目里省吃俭用剩下的钱。我们的研究经费对课题组成员都是公开的，细致到每一分钱的花费，因为这个团队走到今天，不是某个人的，而是课题组所有人的精神家园。在这个大家庭中，不单是我鼓励大家，大家也感染着我。我始终认为，历史从长期来看，是有价值判断的，要对自己的行为负责，要对历史怀有敬畏。所以我们才能拒绝一些诱惑，朝着这个方向一直在走。

中国的青年研究要一步一个脚印地去做，通过不断积淀数据和经验，把"点"连成"线"，进而形成"面"，最终拼出一个青春中国的地图。

（本文原载于《中国青年》2017 年第 10 期）

第五篇

报道采访评论

少年中国说

李　纯[*]

编者按：2009 年 9 月，在获悉廉思及其团队正在从事"蚁族"问题的研究后，本刊率先加以关注和报道。随着《蚁族》一书的出版，"蚁族"问题日益成为社会各界关注的热点。廉思和他的团队背后有着怎样的故事？"成名"后的他如何看待自己？下一步又有哪些工作计划？近日，廉思接受了本刊的采访。

在百度输入"蚁族"一词，显示相关网页约 700 万个。这是青年学者廉思及其团队在对北京唐家岭、小月河、马连洼等地进行了 2 年的深入调研后，对聚居在那里的大学毕业生低收入群体设定的称谓。

为了梦想，那些年轻人不惜忍受七八个人一间房、七八十个人一间厕所、在城市的边缘地带苦苦挣扎的境遇。根据廉思的调查，"蚁族"的数量庞大，仅北京一地就超过 10 万人，而所有的省会城市，包括一些二线城市，都有这样的聚居村。这群年轻人的生活形态像蚂蚁一样平凡、弱小，但一旦整合起来，又会发挥出不可思议的飓风般的力量，如蝴蝶效应般神奇。

"蚁族"与当前社会的各个热点问题都有着千丝万缕的联系：教育、医疗、就业、城乡二元结构、贫富差距……对社会神经的牵动既深且广。

---

* 时任《中国青年》杂志社编辑部副主任。

在北京，百余家媒体前往唐家岭等地进行拍摄；中央高层开始关注"蚁族"群体；"两会"期间，多名政协委员或在提案中为"蚁族"呼吁，或亲自走进唐家岭调查情况，并为之洒下同情的泪水……

这个被忽视的偌大群体能够被发掘并迅速引起人们的广泛关注，与廉思及其团队的努力密不可分。

一　一条孤独的路

从一开始，廉思便知道，他要走的是一条孤独的路。

还是在 2007 年，他看到了《中国新闻周刊》上的一篇文章《向下的青春》，是对北京周边"高知'贫民村'"的实录。文中提到，在唐家岭——北京市海淀区最靠边的一个村子，一群年轻人清苦地聚居，住的是"一溜铁皮架子搭建的平房"，月薪通常只有 2000 余元。更不可思议的是，他们中的大多数是接受过高等国民教育的大学毕业生，有一些甚至出自名校。

这是怎么了？都说知识改变命运，为什么"魔法"在此失灵？城市"80 后"廉思，由此开始了与一群陌生同龄人的交集。

出征之路，并不容易。

任何一项调查研究，没有经费便是无源之水，而那时的廉思赤手空拳，刚刚到大学任教，月薪不足 3000 元，更无积蓄。

但粗粗一算，开销怎么也得 5 万元，包括：请 100 个调研员，每人每天 50 元，包括来回搭车、吃饭、将采访资料整理录入的费用。而且，为了争取受访者的支持（他们的问题设计得极为详尽，至少得回答 2 个小时），廉思不得不在礼物上用尽心思。他曾跑遍中关村的每一个角落，直到发现单价 28 元的 U 盘……

"一份礼物 28 元，600 多份问卷哪！1.5 万元就这样没了。可又不得不如此，既然决意要做，就不希望草草了事，希望尽可能客观、真实。"

经费缺口，一半由"啃老"来弥补——理解他的父母，默默提供了支持。另一方面，北大教授、中国与世界研究中心主任潘维也资助了3万元。钱不多，却凝聚了潘老师的良苦用心："廉思，如果我都给你出了，你还会这么用心地去做这件事吗？"

经费只是一个问题，潘维老师提出了另一个层面的担忧："会不会吃力不讨好？受访对象会欢迎你吗？无权无名无利，依靠什么凝聚团队？若调查结果没有含金量，你固然不会开心；可是信息量太多，真相太残酷，你会不会受到更大的打击？"

果然，隐忧在前行的过程中一一变为现实。大家走到一处，全凭一腔热血。可热血在现实而功利的考验面前，往往面临各种摧折。思维方法的不统一，导致内部的分歧。廉思性情刚烈、直率，身为带头人，既有憨厚长者的一面，批评人时又犀利如锋。

最艰难的时候，是妈妈指点并鼓励他："你带领一个团队，要面对那么多问题，协调多方面的关系，真的不容易。在当前的经济社会中，没有资金，却有一群青年为了一个共同的目标而奋斗，是多么难能可贵啊！你要珍惜他们，尊重他们，如果今后真能成功，不论荣誉还是利益，首先应该考虑他们。对于这个课题你还要有充分的思想准备，尽管你们付出了极大的努力，也可能得不到想象的回报。但要有一颗平和的心，只要尽力就行了。"

经过磨合，这群优秀的青年最终未负所托。他们常常清晨5点起床，深夜才疲惫地回家；为了采访一个人，往往光是录音材料就长达十几个小时。在家中，他们何尝不是宠儿，而在这里，得没心没肺地笑对一双双冷眼。"当公共汽车的门关上时，我有一种感觉，仿佛自己错过了这辆车，就错过了这个世界。"调研员张冉的话，是最真切的证明。

当然，这些都是"技术问题"，更难推倒的是同一星空下的"柏林墙"。你以为你有悲悯情怀，含着眼泪为弱者奔波，人家未必领情：首先，他不认为自己生活得有什么不好，七八个人一间房，七八十个人一间厕所，一个月享受不到一次性生活……这有什么呀！我有梦啊！王宝强不也在小月河住过吗？不也成功了？其次，他不认为调查会对他产生什么实质性的影响。换成你，要你填一份问卷，说它能影响你的未来，你信吗？

但廉思和他的团队信。与时下泛滥的"CTRL＋C""CTRL＋V"（电脑操作"复制""粘贴"）的虚浮作风不同，廉思与同行者互勉，要了解中国这块大地，须俯身躬耕。他们的调研未必直奔主题，却沉潜入微、温暖人心；他们带上礼物，与"蚁族"一起过年，有福同享，有肉同吃；他们不作价值评判，不居高临下，只静静聆听。他们亦忘记一己之得失——两年时光在逐利者心目中，能折算成多少银两——只求在历史上留下些微足迹。"历史上有多少事如白驹过隙，我们手中掌握了笔，却不去记录，那是对历史的辜负。"

他们最终赢得了一个"冰封"已久的群体的信任。2009 年 9 月，《蚁族》一书出版。《南方周末》在对 2009 年度进行盘点时，对《蚁族》特别致敬："'蚁族'正在成为一种符号，被上百万已毕业或者刚毕业的年轻大学生自认或者他认。我们既能从中看到自己的影子，又能不无惊心地触摸到可能的未来。给他们一个看得见的未来，这大概也是中国人在当下共同的困境。"

二　梦想在召唤

繁华如斯，仍能深味廉思的孤独。

少年顽劣，他也有过。那时，胡同里有一个扫大街的智力障碍者，六七岁的廉思时常与小伙伴们一起逗他，扔小石头砸他。为这个，素来疼爱他的母亲竟将他一顿好揍。

"我要你知道，这世界上永远有生活得不如意的人、不如你强大的人，但你不要因此欺凌他、羞辱他，而是要更加珍爱他、保护他。"关怀弱者，这是母亲告诉廉思的最平凡也最深刻的话。

他的选择，有点逆流而上。大学时，专业是经济；硕士阶段，换成管理学；博士阶段，改学法学；博士后，又改为政治学。"因为我越来越发现，自己喜欢探讨研究的是自由、平等等人类的终极问题。"

现在看来，在一帮同学中，廉思算得上是异类了。当年家境贫寒、笑言"娶媳妇只能娶个心灵美"的兄弟们，如今多去证券公司高就了，能在一线城市买豪宅好车。同学聚会，大家总是善解人意地不叫廉思埋单，因为即使 AA 制，七八百元一位的价格，他也掏得艰难。而当其他人的父母向廉思的母亲夸耀"我儿子给了我 1 万元当压岁钱"时，他只能愧疚地低下头，"什么都没给妈妈，除了一本书，但是我不后悔。"他说。

举世滔滔，为名来，为利往，似乎已经成为共识。所以，像廉思这样的年轻人比较少了。虽然《蚁族》一书的出版让他出了名，但他依然穷，5 万多册书是卖出去了，成本却依然没收回来，只能以"社会价值大"聊以自慰。

"我从不觉得我有多么崇高。我也追求自我价值的实现，在追求小我的同时，做一件对国家、对'大我'有些作用的事情。其实，仔细想想，《蚁族》的热既叫人欣喜，又是时代的悲哀。放在费老（费孝通）写《江村经济》的时代，我们这点东西又算什么呢？"

他向记者讲起曾撼动他灵魂的一幕：2002 年，他曾率中国人民大学艺术团赴甘巴拉雷达站慰问演出。这是世界上最高的人控雷达站，海拔 5374 米。"那儿没有草，没有树，却有一群人在最清冷、最高寒的地方，展示了人类最顽强的品格。"

这个时代，不缺乏追逐财富梦想的骄子，也不缺乏追逐明星梦想的"超女""快男"，但做一个把家国梦想放在心中、把他人幸福看得重要的人，依然需要莫大的勇气。

谈及下一步的计划，廉思说，他将重点从事两方面的工作：一是继续关注"蚁族"群体的生存状况，包括这一群体进入公众视野后有何变化，他们如何看待社会对他们的定位和评价等；二是关注、研究"80后"其他群体的生存状况，比如"80 后海归"，仍然会沿用带有人文关怀的学术报告的风格，展现给社会一部"80 后"自己写成的"80 后"的历史。

思行者

孤独，也不孤独，廉思们依然有同道者。

"天地大矣，前途辽矣，美哉，我少年中国乎！"谨以饮冰室主人的话，给廉思们及我们的少年中国。

（本文原载于《读者·原创版》2010 年第 5 期）

少年中国说（续）

李　纯[*]

　　编者按："蚁族""工蜂""洄游"，廉思和他的团队，在这大地上奔走，一幅幅地，建构了对当代中国青年真实生存图景的拼图。生年不满百，逝者如斯夫，美轮美奂、不朽如庞贝古城，最终也有被烈焰岩浆吞没的一天。作为一个调查者，他希望自己给未来，留下些什么与众不同的一些"史实"。

2014 年 10 月 21 日。韩国庆熙大学。

这所高校，以盛产韩星和韩剧《假如爱有天意》而闻名。这一天，它同样云集了很多"来自星星的你"。以"韩中人文交流"为目标的中韩两国青年聚会于此。其中，中国青年代表团皆为从中国各地 56 个少数民族中选拔的 20～40 岁的青年人才。堪称未来中国各领域的领袖者。

一位年轻的中国学者，尤其引人瞩目。演讲以"韩中青年国际交流的重要性"为主题，着眼于中韩两国青年的共情基础，视野开阔，见地不俗：

"如今的中韩青年，都是更为关注个体发展的一代，并面临着诸多相似的问题，这对于两国青年的交往，显然存在着强大的'共情'基础。

"究其原因，是因为今天的青年成长在日益同步的全球背景下，构成

---

　　* 时任《中国青年》杂志社编辑部副主任。

其认同基础的，不再仅仅是家族传统、地区习俗、民族特征，现代传播营造的软环境和工业生产打造的硬环境正迅速成为引导全世界青年的决定性力量。工业标准化生产以相似的生活工作环境和方式取代传统的就地取材各具特色，现代传播则用生活化的意识形态取代传统的宏大政治。借此，这两股新力量消弭了地理空间的差异，同时建立了新的社会空间格局，其界限标准是依附于身份的工作生活方式、价值理念和权利诉求。在这一新的空间中，人们旧有的身份将逐渐淡化，新身份将逐渐凸显，人们的认同、标签、归属感，都将随之改变。

"在现代的时间观念下，人类也将管理的对象扩展到了未来。

未来属于谁呢？长远地说，属于未出生的人；近一点，则属于该时代的青年。"

未来的世界、世纪、世代属于青年！

青年学者、对外经贸大学教授廉思在演讲中"断言"。一如他既往的风格，既建构于科学基础、缜密分析之上，同时对青年人，不遗余力地、热切地期待。

广而兼是为廉，心在田以成思。身为战国四大名将、信平君廉颇之后，与生俱来的燕赵气质，使廉思行文、演讲，每多慷慨高歌之气，充满着对当代青年命运的深深关照与悲悯；而与一般文人志士的兴之所至、感性文章不同，廉思对当代中国青年的深刻认知与解读，建构于社会学严实、精密的调研之上。如同先贤费孝通（中国社会学的奠基人之一、《江村经济》的作者、田野调查的开拓者——编者注）一样，他深谙"学问须从实地调查中获得"之味，从北京唐家岭、全国各大高校、瑗珲—腾冲线，他带领着他的团队，以步履为车毂，丈量着青春中国。

于是，有了 2009 年的《蚁族——大学毕业生聚居村实录》、2012 年的《工蜂——大学青年教师生存实录》、2013 年的《中国青年发展报告 NO.1——城市新移民的崛起》与 2014 年的《中国青年评论（第 1 辑）——中间地带的青春中国》的问世。

"让无力者有力，让悲观者前行。"《蚁族Ⅱ：谁的时代》封面语里，这句话动人心魄。

"含着泪阅读完了廉思的报告，这本书是无须推荐的。"经济学家丁宁宁的推荐语，则无声胜有声。

有时，通过一朵花、一片树叶，我们可管窥一个婆娑世界的神奇。通过数本书、通过这个"80后"团队数十万字厚重的报告，我们读到的，是一个时代的印迹，是我们的青春中国。

一　生如蚁，美如神

唐家岭的大学生聚居现象，是由廉思和他的团队首先发现的。由此，他获得了"蚁族"研究第一人的称号。

"他们平均年龄约 22～29 岁，九成属于'80后'一代；他们主要聚居于城乡结合部或聚居村；15 年前，他们曾被称'垮掉的一代'；15 年后，他们学会在陌生的城市苦苦求生；他们是大学生，又是贫困群体；他们以极其低廉的价格，居住在简陋的、门前流淌着污水的村子里；他们是如同蚂蚁般的弱小强者，他们也是鲜为人知的庞大群体。"

延续两年的深入调研，二十万字的报告，廉思带领他的团队，"交出"的不仅是《蚁族》作业，更道出了中国社会存在的潜在危机——这是这本书的"国家级"意义所在。小蚂蚁也能带来飓风般的蝴蝶效应。他们的生存状态，与"大陆上"每一个人的生存状况，休戚相关。如果重视并扶持他们的生存，"大陆"将收获的，是天堂般温暖的正能量，否则，戾气、怨言，与不可名状的本不该属于青春的雾霾，将从这座城堡飘散出来。

不是盛世危言。

而是触手可及的"预言"。

"他独自住在北京西北角的一个偏僻村子里。等有了女朋友，肯定不住这三百五一个月的村屋里。总得要涨了工资再搬。想出去玩，但有时间没钱；想学英语，但基础实在差；上班，工作没面子；生活，平时吃泡面。先就这样过吧。"

—— 《进京记》洪建修

"墙边，一个大的饮料瓶子里装着半瓶水，里面插着一枝已经黑红色的玫瑰。狭窄的楼道，阴暗的房间，到处都是压抑的色调。唯有顶楼的天台上，还有灿烂的阳光。站在阳光下，远远近近的出租房房顶上，一面面五星红旗，记载了那些建筑的历史。"

—— 《离开唐家岭》狄群　邓锟

这是有关蚁族的"荒村纪事"。这是一个隐秘部落的真实素描。

在大量翔实的数据与案例之后，让人难以忘却的，是洋溢在书中的浓浓的悲悯情怀。在调查过程中，廉思一再嘱托他的团队，深入人物的内心世界，展示他们的生活细节。于小月河而言，他们是陌生的"闯入者"，但闯入者，非但没有破坏小月河居民的"自得其乐"，反而与他们成了朋友，成了弟兄。

这份悲悯，来自廉思的童年纪事。小时候，廉思居住的胡同里，有一个智力比正常人略逊的青年。淘气的小廉思和小伙伴们曾一起开他的玩笑，拿小石块儿砸他。此举，遭到了母亲的呵斥。母亲温文和蔼，一席话却影响他终生："你要记得这世上永远有不如你的人。对于那些弱者，你要做的，是悲悯和关照，而不是排挤与嘲笑。"

廉思创作《蚁族》与深入"蚁族"群体的行为，曾没少遭到北京小伙伴儿们的不解。"您一个北京人，关心那些外地大学生？"

可是，"王侯将相，宁有种乎？"真正的贵族，并非如玛丽王后般美艳绝伦却对法国人民的饥寒一无所知，说出"他们为什么不吃蛋糕"这样的亡国之言；真正的贵族，也并非驿卒李自成面对的严苛官僚，在把那个小人物逼至绝路的同时，官僚们一并葬送的，是自己的王朝。

真正的贵族，懂悲悯，有担当，对社会中下层，寄予深深的同情，以温暖消融坚冰。

我们每个人都可以是"贵族"。每个人虽"贫寒微贱"，却可身具贵族的骨骼。

他因这本书的出版，声名大热；中央高层批示；海内外百余家媒体云集唐家岭；《蚁族》一举获得当年《南方周末》年度致敬奖与国家图书馆文津奖……以 30 岁而立之年，获此盛名，夫复何求。

但事隔多年之后，廉思依然担心着，他采访过的《蚁族》如邓锟等人的命运。《蚁族》对他，更深刻的影响是，因为悲悯和忧思着"蚁族"的命运，这个本来衣食无忧的北京青年，也一度找不着方向，也一度陷入了迷茫。

"蚁族"的前途在哪里？

我们的前方又在哪里？

"为天地立心，为生民立命，为往圣继绝学，为万世开太平。"这是始自北宋范文正公、张载，知识分子"无可救药"的抱负与"同情心"。

河汉宽广，如何一苇杭之？

二 《工蜂》：当代大学青年教师生存实录

"蚁族"现象，经廉思及其团队报道后，得到了中央高层的高度重视。大学生聚居村——唐家岭被列入翻建计划，如今，昔日凌乱的村落之上已经矗立起一座新城。

潜水三年之后，廉思的另一部作品——《工蜂》也悄然面世。"工蜂，在蜂群中是占绝大多数的群体，以数倍于雄蜂的数量承担了整个蜂群的全部劳动。相比蜂王和雄蜂，工蜂弱小，但有力量，犹如一介文弱书生，强大从不彰显于外在。工蜂不知疲倦地为人间酿造出甜美的蜂蜜，恰似老师把自己的知识毫无保留地传授给学生。"

以动物为喻，成为廉思系列作品的"招牌标志"。2011 年以来，廉思带领团队对全国 40 岁以下高校青年教师进行了大量深入细致的调查工作，调查涉及全国上百所高校、5000 余名高校青年教师，全面地描绘出当前中国大学青年教师生活和思想的全图。

"蜂"貌、"蜂"骨、"蜂"声，三个井然有序的篇章，勾勒出当代青年教师的精神风貌。一方面，他们坚持着"勤劳"的品格，终其一生不知疲倦，思考、授业与发声；另一方面，工蜂集体协作，独立作业，有着独立的风格，这也恰似知识分子的品格。

于是，有了《奈何笙磬不同音》、《穆文的矛盾》、《边缘地带》、《一名外教的天真与经验之歌》与《让鸡蛋飞》。也有了第二篇"蜂"骨里，高校青年教师的纵论时弊。我们的文化是否支持创新、大学是锦上添花还是雪中送炭、选才还是育才——陈平原、许纪霖、萧功秦等名师大家的畅所欲言。

通过冷静的数据分析和人文化的描写，向大家呈现的是当代青年知识分子的奋斗、彷徨、苦乐和求索。"以士弘道""道义结合"，批判现实主义与浪漫主义的结合，向来是中国自古以来的道统。古有岳麓书院、白鹿书院，近代有梅贻琦、闻一多、梁思成、林徽因，曾在三尺讲坛上，尽绘知识分子的风采风流。他们不仅学富五车，更忧国忧民，学贯中西，展现世人风骨。

曾几何时，梦萦三尺讲坛，似乎成为难得的坚持。一辆宝马、一栋豪宅，似乎比起虚无缥缈的理想、风骨，更让许多孩子神往心驰。权力、财富，在成为社会主流价值的同时，也扮演着杀人不见血、钝刀子割肉的角色。时人崇拜的男神里，不乏富豪、明星，却绝少青年教师。"秋天深了，王在写诗"，如今，王与诗，一道消遁，诗人、诗性的王国，一道成为萧索的绝唱。

> 工蜂有舞，
>
> 舞唤同行，
>
> 途中苦厄，
>
> 终得蜜酿，
>
> 归于蜂巢，
>
> 化于蜂群。

《工蜂》是关于高校的故事，是关于青年教师的故事。"工蜂"的归处，也是当代青年知识分子的出路。

三 没有必要每个人都成为精英

《蚁族》《工蜂》这两本书，都引起了出版界特别是知识界的关注，也引发了广泛而深度的讨论。在两本书中，廉思都没有给出"终极出路答案"，无论是贫困大学生群体还是途中困厄的青年教师群体。

或许，人自身出路的求解，就在于不断地"探险"与"求索"之中。外部环境变幻无定，人如惊涛骇浪中的小船，很难确切地掌控自己的命运，能最大限度地消除、减弱自身的不安全感、焦虑感、迷惘感，本身就是一种出路。

《蚁族》出版后，廉思不断地收到读者的来信。其中，有一位小姑娘问他，"廉老师，我要不要去大城市闯一闯？"这位小姑娘，家乡在广东的一个县级市，父母将她安排在一个事业单位，很是安逸，但小姑娘想去追梦。

可是，看了《蚁族》之后，她害怕了，"我不敢去了。"她问廉思，"廉老师，我是应该在大城市做'蚁族'，还是在小城市做贵族？"

而另一个年轻人则来信问他，我们工作十几年，攒了几十万，这钱，用来攒首付还是自己创业？

"我们不建议把奋斗和成功联系起来。因为决定成功的因素很复杂，如果我们把成功夸大到极致的程度，如果奋斗最后的结果没有导致成功，无疑会增加一个年轻人的心理落差和社会不公平感。改革开放发展到今天，我们明白了一个现实，现在的社会是努力奋斗不一定成功，但是不努力不奋斗一定不成功。一个人除了奋斗努力外还有很多成功的因素，比如机遇、天分。所以我们一定要让年轻人把奋斗和成功剥离开来，我们要跟年轻人讲清楚，让他的心态更平和。"

"我觉得中国的教育最大的问题就在于它让每个人都成为精英，而没有教育每个人应该如何做一个普通人和一个公民。我们对成功的定义理解得太肤浅了。当有一天，我们不以公认的权势、财富、名望，作为成功的标准时，也许，这才是真正的成功，它意味着强大的心灵，它也映射着社会的文明。"

换一种思维路径，甚至逆向思维，审视一下自己的选择、自己的梦想，自己的判断，量体裁衣地寻找自己的梦想，定制自己的梦想，也许，我们会迎来意想不到的成功。

这也是廉思在 2014 年再出发，组织"瑷珲—腾冲线"青年群体大调研活动的原因。

1935 年，我国著名地理学家胡焕庸先生提出了"瑷珲—腾冲线"的概念。他沿着黑龙江的黑河市瑷珲区到云南省的腾冲县，大致 45°的倾斜直线，将中国一分为二。这条线以东的我国东南沿海地区，人口稠密，而西北地区人口稀疏。

但随着新中国的成立与建设、发展，这条线的原有内涵被日益更新。"瑷珲—腾冲线"，成为管窥中国政治、经济、青年流向的重要"国情线"。

这一次的调研，以瑷珲腾冲线为基准，沿"线"两侧各延伸 100 公里的带状区域（瑷珲腾冲带）。主要包括黑龙江、内蒙古、河北、山西、陕西、甘肃、宁夏、贵州、青海、四川、云南等 11 个省份。调研群体为出生于 20 世纪 80 年代以后、年龄在 16 周岁以上，不分户籍、不分职业、不分学历，具有跨县级以上行政区划外出至少半年经历，目前回到本地生活发展的返乡群体——"洄游"青年。

通过这次调研，关于当代中国青年生存图景的新的结论逐渐浮出水面：在二三线城市的牵引和大城市的挤出这两方面的综合作用下，部分青年开始选择回流返乡。

他们与城市新移民、海归群体等类似，都具有流动性的特点，与中国城镇化进程密不可分；但同时，他们自身又表现出许多独特之处，这也恰恰折射了城镇化进程对于特定类别青年人的差异化影响。课题组对"蚁族"的调查数据也印证了上述结论：在购房地点的选择上，2010 年 16.4%年轻人会视情况而定，39.2%会选择在北京购房；而 2013 年则有

35.8%会视情况而定，25.9%会选择在北京购房。在北京购房的比例明显下降，更多的年轻人选择"视情况而定"，在购房的选择上趋于理性和务实，并不是非常执着于在北京发展。

事实上，"洄游"之后绝地逢生的例子并不罕见。廉思团队曾去河北清河县调查，发现"洄游"青年非常擅长把他们掌握的信息技能的优势，运用于传统加工业。清河县生产羊毛，很多世界知名的大品牌都以清河羊毛做原材料。老乡们辛辛苦苦，只能挣到10美元的人工费。

返乡的年轻人尝试着创立自己的品牌，并借助微信进行宣传。我们常常抱怨，知识是无用的。在知识"淤积"的地带，也许，知识并不能最大化地释放它的效应。但换一个地方，也许知识将作为稀缺商品，释放它的能量，掀起头脑的风暴。

求学的经历，对"洄游"青年，也是有益的。廉思们的调研显示，外出流动经历对"洄游"青年的认知与思想带来了显著影响，"洄游"青年返乡后不再局限于之前的生活状态，创业意识明显增强。河北清河县的调研表明，有35.6%的"洄游"青年选择了自己创业，据我国人力资源和社会保障部调查显示，2013年我国大学生创业比例仅为0.3%，当地羊绒管理部门的数据显示，2013年属地青年的创业比例为10%，"洄游"青年的创业比例在同年龄人群中，是靠前的。

"蚁族""工蜂""洄游"，廉思和他的团队，在这大地上奔走，一幅幅地，建构了对当代中国青年真实生存图景的拼图。生年不满百，逝者如斯夫，美轮美奂、不朽如庞贝古城，最终也有被烈焰岩浆吞没的一天。作为一个调查者，他希望自己给未来留下些什么，与众不同的一些"史实"。

文王拘而演《周易》，太史公困厄而著《史记》，奔走的廉思，最后将完成的，是关于当代中国青年的"史记""列传"。

当代中国青年，是创世纪也是创史记的一代。事实上，通过廉思的"蚁族""工蜂""洄游"，青春的多元式列阵，已经了然。青春，多么匆匆，但包含了奋斗、彷徨、思索及之后永不放弃的创新与创造，才会令人不虚此生，不虚此行。

　　曾是微不足道的蚂蚁，辛勤的常自嘲无谓的工蜂，但有一天，锁定了生命的航程，溯游而去时，青年完全有可能，成为自我阔大生命的主宰者。沿途，是美丽的南极光、珊瑚。奋身一跃，青年便是那矫健的鱼群！

　　大变革的年代……

　　湍急浪急、飞流直下三千尺、于无尽变量中孕育着无尽机遇的年代！

　　5.4 亿中国青年在路上。

　　廉思和他的团队，也永远在路上！

　　………………

（本文原载于《中国青年》2015 年第 3 期）

"80后"的力量

皓　月*

　　为期两年的北京实地调研，让廉思和他的团队，第一次将"大学毕业生低收入聚居群体"贴近而生动地呈现在世人面前——2009年9月，由廉思主编的《蚁族——大学毕业生聚居村实录》一书由广西师范大学出版社正式发行。

　　《蚁族》出版后广受社会各界关注和好评，北京大学校长周其凤、中国人民大校长纪宝成，著名学者丁宁宁、王绍光、潘维、汪晖、温铁军，企业总裁唐骏、张锐等知名人士联袂推荐。《蚁族》反映的问题甚至引起中央领导同志的高度重视，中共中央政法委、全国哲学社会科学规划办、共青团中央、共青团北京市委、北京市公安局等单位相继与我校取得联系，邀请廉思开设讲座，主持座谈，并就"蚁族"问题提交专项报告。

　　新华社、《人民日报》、《参考消息》、《中国经济时报》、《中国青年报》、《中国日报》、《广州日报》、《北京青年报》、《华商报》、《读者》、《南风窗》、《凤凰周刊》、《南方人物周刊》、《新世纪周刊》、《时代周刊》、中央电视台、中央人民广播电台、香港无线卫视、北京电视台、上海电视台、湖南卫视、凤凰卫视等60余家国内媒体接连刊登对《蚁族》的报道及对廉思的专访；此书甚至引起路透社、美国CNN、《华盛顿邮报》、《华尔街日报》、日本东京新闻社、《读卖新闻》等国外知名媒体的

---

　　* 时任对外经济贸易大学党委宣传部教师。

关注。在北大的博雅堂、清华的万圣书园、经贸大学的光合作用这些大学附近的书店，《蚁族》也被摆放在最显眼的畅销书位置。

有媒体称："蚁族"可能成为像"知青"那样流行的单词。"蚁族"现象已被新浪网评为"年度教育事件"。

在互联网上，《蚁族》一书在腾讯和网易的连载高居点击榜前列，引起了大量网民的共鸣——"我是蚁族，我报到""我虽然没有聚居，但我也是蚁族"——这样的回帖在网上不计其数。需要在社会上"独自站立"起来的青年们，都经历过卑微、迷茫、焦虑的时光，在某种意义上，《蚁族》这本书有着当代青年人精神样本的意义。

"1980 年的潘晓大讨论，改革开放刚刚开始，中国青年经历了第一次思想洗礼；而明年是 2010 年，距潘晓大讨论正好时隔 30 年。改革开放的深化应当带给当代青年更多的东西。"廉思表示，希望通过对"蚁族"的研究，引发全社会对这个群体的关注，同时也留下空间，让青年人对自己的前途命运进行更深入的反思。

一 "我有坚持下去的力量"

这本书凝聚了廉思的巨大心血。从发现这个群体，到展开调研、撰写报告、组织深访，再到最后成书出版，历时两年，其中的曲折和艰辛，如人饮水，冷暖自知。

2007 年夏天，廉思看到了一篇名为《向下的青春》的报道，文中讲述了一个名叫李竟的大学毕业生在北京的真实经历，他的现状、年轻脆弱的心灵以及无处寄托的青春梦想，让廉思震惊。

"长期学术训练的敏感性告诉我，这是一个需要被关注和关心的群体，这是一个亟须研究的重大社会问题！"廉思说。

于是，廉思走进了唐家岭——大学毕业生"聚居村"，在这里他看到了和他同属于"80 后"的年轻人的真实生活。他立即成立了"80 后"研究生组成的科研团队，开始对这一群体展开深入调研。

社会调查需要大量的资金，而《蚁族》全程所需的经费都是廉思自己筹集的。第一次调研后因为经费问题，他陷入了困境。曾有国外的研究机构慷慨承诺提供上百万研究经费，他毅然拒绝了，"这种重大问题的敏感性是不允许我这样做的"。国内课题和项目的申请又接连遭到否决，很多人嘲笑他"杞人忧天""危言耸听"，但他还是坚持下来了。

2008 年 3 月，他主笔完成近 5 万字的研究报告，经北京市直报中央，国务院总理温家宝、国务委员刘延东、教育部原部长周济、北京市委书记刘淇等相继做出重要批示。

两年来，廉思的生活和工作被"蚁族"完全充斥：招募团队、培训调研员、发放问卷、录入数据、统计分析……廉思为这项研究垫了 4 万多元，在许多人眼里是亏大了，但是他觉得——值！因为他获得了大量的第一手数据与实证资料。

2009 年，廉思申报的国家社科基金课题"潜在危机：中国'高校毕业生低收入聚居群体'与社会稳定问题研究"终获通过，此时他年仅 29 岁，比北京大学最年轻的国家社科基金获得者还要小 1 岁。

支撑他的，有多年积累的学术功底，有团队的同心一致，还有身为"80 后"一员的社会责任感。正如北京大学校长周其凤在《蚁族》书中所说，"我为他们强烈的社会责任感和严谨的学术态度感到欣慰。"

二 "这本书无须推荐"

"这本书不是一部小说却字字扣人心弦，不是一本传记却句句镌刻着小人物的奋斗艰辛，不是历史著作却必将载入史册。"这是微软中国终身荣誉总裁唐骏的评价。

"'80 后'眼中的'80 后'生存处境、心理状态和内心渴望；一个透视当代中国社会的独特窗口。本书是迄今为止对这一群体最生动、最贴近的描述。"《读书》杂志原主编、清华大学人文学院汪晖教授这样评价此书。

思行者

"廉思，含着泪阅读了你的报告，这本书是无需推荐的"。国务院发展研究中心社会发展部长丁宁宁看完书稿后，连夜给廉思发来了推荐语，这是他的第一句话。

"任何官僚主义、形式主义的做法和空洞的说教都是无益的，我们需要更加扎扎实实的工作。因为关心大学毕业生，就是关心国家的未来。"人大校长纪宝成在国外出访期间，一直带着此书的书稿阅读，并几次让秘书与廉思沟通，能否把出版时间再拖后些，因为他要认真地思考书中反映的问题，然后再撰写推荐语。

有人问廉思，花了多少钱请这些人做推荐。廉思说："对于像唐骏这样转会费就高达 10 亿的人，我能出多少钱让他给我做推荐？对于北大校长、人大校长、长江学者这样的著名学者，他们为什么会给此书推荐？我想是因为这本书实实在在打动了他们，感染了他们。"

《蚁族》全书 20 余万字，几十幅图片，虽然起源于研究，但研究报告只是书中部分内容，书中大量的是深访记录、调研笔记等汇集起来的感性文字。这些文字凝聚着"蚁族"的真挚情感和真实思考。用廉思自己的话说，他们代表着我们这个社会不能忽视也不应该忽视的最敏感的群体，他们揭示了一代人的痛苦、无奈和彷徨。

三 "不唯书，只唯实"

"不唯书，只唯实"才能写出这样的好书——这是长江学者、香港中文大学政治与行政学系主任王绍光对《蚁族》一书的评价。而"尊上不唯上，读书不唯书，求实只唯实"恰恰是廉思长期遵循的座右铭。《蚁族》背后，是廉思带领的一群"80 后"团队付出的艰辛努力。

"蚁族"两次社会调查全部安排在冬天，调研员和深访团队的同学们一般早上 6 点出发，晚上回到宿舍常常已是深夜。经常一站就是一整天，有时连记录的笔都被冻得写不出字。为深入了解"聚居村"，廉思自掏腰包在唐家岭租房，供深访同学临时居住。

两年来，廉思白天要忙自己的工作，晚上要跑到在苏州街借用的会议室开课题研讨会，还要协调各方面关系，常常要在后半夜才回得了家。

很多"蚁族"因为没钱或没票回家，春节只能待在北京。廉思觉得有必要了解他们在异乡是如何过春节的。2009年除夕，他征得家人同意，跑到唐家岭去过除夕，带了点年货，在几个"蚁族"朋友的宿舍里和他们一起吃年夜饭，看"春晚"。在那一刻，他恍惚觉得自己成了"蚁族"的一员，他们的酸甜苦辣，他感同身受。

没有调查，就没有发言权。注重问题导向和实地调研，是廉思的一个良好习惯，早在人大读博时他就曾经有过实地调研的成功经验。

那是2005年11月，经校方推荐，廉思来到湖北省广水市挂职市长助理。他组织了由5位博士生、9位硕士生组成，跨6个专业的一行14人的调研团，带着整整两大箱的文字资料、12份不同门类的备用调查问卷，奔赴广水开始了为期两周的实地考察。14天中，他们走访了50多个市直机关，2个大型生产基地，2个驻广部队，20多家企业，12个村，8所小学，取得了大量珍贵的一手资料。

由廉思主笔的调研报告对广水市未来经济社会可持续发展提出了详细的建议，赢得了各方好评。2006年9月挂职结束，组织部为他出具了表现优秀的鉴定意见，经广水市委常委会研究决定，廉思被聘为广水市终身市长助理。

其实，在大学期间，廉思一直注重参与社会实践活动，他曾担任中国人民大学研究生会主席、中国人民大学学生艺术团总团长，并获得全国大学生年度人物30强、中国人民大学优秀毕业生、吴玉章奖学金、CASA奖学金、范止安奖学金、光华奖学金、北京市优秀学生干部等各种荣誉30多项。

四 "我自豪，我是贸大人"

2007年，廉思成为我校公共管理学院新引进的青年教师。作为大学老师的他，经常鼓励学生多读书，多提问题。每次下课后，他总是等大家都没什么问题了才离开教室。他说："不读书、不实践的人是肤浅的，经贸大学的学生需要有深厚的人文素养和文化底蕴。"

他的课程深受同学们的喜爱，2008年，廉思承担的教学任务在全校本科课堂教学质量评价中，按院系排列进入前10%，受到学校表彰。

身为"80后"一员，廉思用坚持不懈来一次次地证实着自己的踏实与毅力。入校以来，他已主持各级课题10项，其中国家级课题3项，省部级课题2项，北京市课题3项，校级课题2项，累计获得科研经费近90万元。截至目前，廉思已在CSSCI发表论文10篇，其中数篇发表在CSSCI分类排名中前20%的权威期刊，10篇文章中有5篇被中国人民大学书报资料中心全文转载。此外，他还主编著作，在学术界引起一定反响。

由廉思领衔的校社会稳定与危机管理研究中心也取得了不斐的成绩，中心主要负责高校维护稳定工作动态预警体系建设和运行管理工作。两年来，廉思带领中科院、社科院、北大、清华、人大等科研机构博士、博士后组成的队伍，齐心协力，不断克服技术难关，成功实现了动态预警体系的预期目标。

动态预警体系在维护奥运和国庆60年教育系统安全稳定的工作中，发挥了重要的信息参考和决策辅助作用。他被评为"首都教育系统奥运工作先进工作者"，研究中心被评为"首都教育系统奥运工作先进集体"。

去年11月，廉思还将研究中心价值15万元的设备捐赠给学校相关部门，在捐赠仪式上他动情地说，"作为一名青年老师，我还是觉得学校给我的太多太多，我回报给学校的太少太少了。"

现在的廉思，更加珍惜学校给自己的一切，他常说："作为一名贸大人，我是自豪的；能生逢其时，我更是幸运的。在今后的工作中，我将更加努力工作，以昂扬的斗志、饱满的精神、最高的工作标准、最严的工作要求、最佳的工作状态，来回报学校对我的厚爱。"

（本文首发于2009年11月30日对外经济贸易大学新闻网，
后被团中央网站、《中国人民大学校友专访录》等转载）

廉者无畏　思者无域

邓玲玲[*]

一　廉思与他的课题组六年调查历程

从"蚁族"到"工蜂"，再到"城市新移民"，廉思课题组已走过了6个年头。6年来，这个由廉思和人大、北大母校及周边院校的师弟师妹们组成的调查团队，先后有几百人加入，分别来自不同学科、不同专业。课题组的二十来位核心成员，白天上课或上班，晚上聚集在麦当劳24小时店或大学咖啡馆里，通宵讨论着他们调研的学术课题，那种"众人皆醉我独醒"的感觉，让他们很high很享受。6年来，他们很苦、很累，在物质上收获无几，廉思甚至倒贴了不少家里的钱，不过，共同的理想兴趣，平等自由的交流氛围，让他们一路相拥走来，收获了友谊与信念。也许有怨，但无悔。即使现在很多人已经离开，但这段共同的青春时光，将铭刻进他们永生的记忆。

（一）组建团队：为理想为责任为爱——"兄弟，对不住了，我误导你了！"

"我们这个不是房地产项目，你跟着我，可以让你学东西，但不能挣

---

* 时任《新京报》记者，文章题目为此次所加。

很多钱。为什么？因为我们这个项目没那么多钱，每分钱都得掰碎了花，所以你们都想清楚了！"

在 2008 年年底的第二次"蚁族"调研团队招募大会上，廉思的这番话一说完，下面报名的一百多学生，瞬间走掉一半。剩下的七八十人，经过面试、考核，有的科研能力不行，有的专业不对口（心理学、社会学、统计学、经济学优先），留下的，也就不到 20 个。有个别落选的同学，会天天给廉思写邮件要求加入，最终进入了这个团队。之所以先到人大招募，是因为廉思从本科到博士，一直在人大，而且他曾担任校学生艺术团团长、校研究生会主席，是曾经的校园风云人物。老主席回到母校招募，师弟师妹们很给面子。

"留下的都是真正喜欢学术研究，有着理想情怀的年轻人。"廉思回忆说。2007 年组建的 15 人研究团队，成为廉思课题组的雏形和开始。6 年来，有人加入，有人离开，跟随廉思至今的，仍然有 5 个核心成员。

"大家都是为了理想去做，为了热爱去做，为了解决社会问题去做。"廉思称，这些人大及周边高校的研究生们，跟着他一年半载，也就挣几千块钱，但跟着导师干，一个月就能有这个数。做高校青年教师（即"工蜂"）研究时，招募了好几个理工科的学生，这些学子们跟着导师干活，一个活就能挣上七八千。课题组成员丁诚在《背后的故事》中，写到廉思研究"蚁族"的初衷："大学生是掌握知识的阶层，掌握知识的阶层过不好，说明这个社会真的出了问题。有人说是高校扩招的恶果，有人说是劳动力市场结构的问题。这些观点是不是有事实基础，有没有说服力，我想更仔细地去调查研究。"

对于如何让这群各个专业的精英学子心甘情愿地跟着自己吃苦受累，廉思说自己只能身先士卒带动他们，每次调研都去最远的地方，报告不比任何人写得少，大事小事啥都管。他在唐家岭陆续租住了一年，有三年的除夕都是与"蚁族"们一起度过的。课题组成员描述当年唐家岭租住的地方"跳蚤蟑螂遍地，厕所全是臭味，夏天蚊子成群，冬天屎都结冰，一般人受不了。最简单的，三天洗不上澡，你就不行了。"在课题组成员於嘉眼里，廉思学术水平很高，却又不迂腐，不太像北京人，倒像是个山东汉子。

后来成为课题组核心骨干的冯丹，2008 年进入"蚁族"调研团队时，刚考上人大的研究生。河南农村家庭出身的他，高中辍学打工两年后，于 2004 年考上本科，依靠希望工程资助完成大学学业。"受着社会恩惠去接受了高等教育，我想应该有责任有义务尽自己的能力来回报社会，这可能是我参加团队研究青年问题的内在动力之一"，冯丹称。另外一个重要原因，冯丹觉得是廉思个人魅力的感召。2008 年考取人大研究生来到北京，廉思的家是他唯一去过的北京人的家，2008 年的中秋节，是他至今过得最感动的中秋节。从"蚁族"课题开始，他一直跟随廉思，逐步成为核心成员。

2010 年冯丹毕业，在一家国企和研究所之间选择就业。考虑到已经积累两三年的研究和廉思师兄的孤军奋战，冯丹选择了收入相对较低的研究所。签完三方协议后，打电话给廉思，廉思说："兄弟，对不住了，我误导你了！"

（二）调查实践：掏心掏肺掏钱——"这么大年龄还向父母开口，真是不好意思啊！"

2008 年年底，还在北大政治学博士后流动站的廉思，带领他在人大招募的学生调研团队，进入了唐家岭、小月河、马连洼等地，开始了第二次"蚁族"调研。

此前一年，他受相关部门委托，已经在 2007 年年底组织了第一次调查，写成了 4 万余字的报告，并把这个群体命名为："大学毕业生低收入聚居群体"。

2008 年年底的第二次"蚁族"调查纯属廉思的个人行为，只能自筹资金。在人文社科领域，社会调查是最花钱的，仅印刷问卷、购买赠品、交通及误餐费，就高得惊人，一份问卷的成本最少也要 200 元左右。而北京地区至少要 500 份以上的样本量才有意义，有人给廉思算了一笔账，没有 15 万这个调研绝不可能启动。

由于各项目组的组长和调研员自觉节省开支,这个项目最终仅花费了 7 万多元。廉思北大的研究中心资助了 3 万元,家里人贴补了 4 万多。问卷是课题组自己设计的,前后改了几十版,最后由廉思登门拜访了几位学术权威,他们进行了免费修改。调研员每天 100 元酬劳,多从网上招募,很多人做完问卷调查后主动参与别的工作。课题组是没有工资的,不过廉思常以个人名义请大家吃饭。

第二次的调研,由于想了解较多的信息,廉思和团队设计了长达 40 页的两份问卷,受访者做完需耗时 1 个多小时。为了减少拒访率,廉思和课题组"大管家"沈路跑遍了中关村的各大商场,最终选定了一款性价比较高的 U 盘作为赠品。

调研报告和深访文章完成后,廉思拿着这些"成果",一家家上门找出版社,吃了很多闭门羹。最后,廉思出了三万的出版费,书稿才得以在广西师大出版社出版。《蚁族》出版后,很多书商都对他说,没想到他真能火。

之后,廉思耗时半年在 2010 年组织了更大规模的第三次调查:在北京、上海、广州、武汉等 7 个"蚁族"大规模聚居城市,共发放了 5000 余份问卷。这次,课题组有了十几万的国家社科基金支持,不过项目总共花费了 80 万元,廉思等从各种渠道自筹资金,父母又帮他垫了一些钱。再后来的高校青年教师与城市新移民调查,情况就好些了,有科研项目的资助,有学校资金的支持,再加上廉思的个人收入,基本做到了收支平衡,没有再向家里伸手。"这么大年龄还向父母开口,真是不好意思啊!"廉思向记者表示。

(三)立论报告:挨冷挨险挨寂寞——"也许伟大的作品就在麦当劳里产生了!"

几次"蚁族"调查,都是在寒冷的年底。调研员们顶着寒风,奔走在城市聚居村的大街小巷,寻找着调研对象。有人曾质问廉思:"你们吃饱了撑得没事干吗？大冷天的跑这儿做什么调研？"

有时，还会遇上想不到的险情。《蚁族》一书收录了课题组成员沈路写的《唐家岭的"保护费"》，记录了他和廉思、冯丹为了拍照，在早上六点半到达唐家岭后，遇到当地收"水费"的"保安"抢相机的情景。冯丹向记者表示，廉思在关键时刻展现出了很强的应对能力，主动站出来处理"危机"，这次经历拉近了大家的感情。后来在武汉调研，也碰到了类似的情况。

现已在香港中文大学读社会学博士的於嘉，当时是廉思课题组的成员，她在唐家岭遇上一个男孩，男孩填完长达 24 页的问卷后对她说："祝你毕业后能找到个好工作，不用住到这里来。"於嘉一时语塞。虽然调研组的成员们都是名牌大学的高才生，大多不会成为"蚁族"，但偶尔也会遇上毕业一两年的师兄，颇为尴尬。

廉思的朋友提供了人大附近的一个办公楼顶层的休闲室，成员们经常围坐在乒乓球桌前开会。开会时除了廉思交代工作安排之外，大家都很自然地凑成几堆，讨论得不可开交。廉思常常也会被成员们指出这样那样的"错误"。工作后的冯丹，几乎每天骑着自行车从蓟门桥的出租房到苏州街的开会处，参与组织团队例会和各类讨论会。例会是在晚上八九点开始，熬夜成为家常便饭。经常是天亮之前，直接赶回工作单位。

课题组更常用的聚会地点是人大西门的麦当劳店，那里能通宵讨论、免费上网，饿了还可以点东西吃。"刚开始我们觉得很不适应，因为那里就是聊天交友的地方，我们去讨论学术问题不觉得很搞笑吗？"但是长时间后，大家不再觉得难受反而感到自豪，"'众人皆醉我独醒'，就是这种感觉吧，当许多人已经放弃梦想时，总还要有人怀揣希望，也许伟大的作品就在麦当劳里产生了！"廉思如此描述大家的感受。

二　"野路子"青年学者的路径与困惑

2009 年《蚁族》出版，29 岁的廉思一炮走红。为什么研究"蚁族"？

这个青年学者本身是"蚁族"吗？其实，廉思是出身知识分子家庭的土生北京人，父亲是位搞研究的工程师，母亲是公务员。对于为何研究"蚁族"，也许廉思自己都无法解释清楚：对弱势群体的关怀同情？学人与精英阶层的责任意识？抑或是个偶然？一次无意中启动的自发性社会调查，让他和课题组进入青年研究的领域。伴随着名气的增长和研究领域的扩大，他们也一直在争议和困惑中成长。在《中国青年发展报告 NO.1》一书的附录中，课题组写下了《自发性社会调查的困境与路径选择》，廉思称这是课题组 6 年来的"集大成"之作，在记者看来，其实是他作为一个走"野路子"闯入社会学领域的学者，对这些年争议的回应和思考，由此可见一个青年学者治学的路径与困惑。

（一）调查："滚雪球"与"野路子"

"我发现蚁族是在做博士后期间，实际上最早是从政治角度去考虑的，我并没有受过系统的社会学训练，从某种程度上看，我的社会学是'野路子'出来的，是在实践中摸索自学的。"

"从社会统计学的角度来讲，这份调查报告是无效的。该书第 10 页指出'蚁族'的人数仅北京地区就有十万以上，总体如此庞大，廉思先生是怎么确定样本的呢？他采用的是一种非概率抽样：'滚雪球的统计调查方法'（第 55 页），样本量仅有五百六十三份。"

这段话来自 2010 年 1 月 24 日李继宏发表的一篇书评《荒唐的"蚁族"调查》，文章对蚁族的"滚雪球"调查方式提出了质疑。三年后，时机成熟，廉思在新书中的《自发性社会调查的困境与路径选择》一文里，做出了回应——"在当时探索性的研究背景与无行政资源支持的条件下，'滚雪球'或是唯一可行的抽样方法。"

2007 年夏天，廉思偶然阅读到《中国新闻周刊》的一篇报道——《向下的青春》，讲述一位居住在唐家岭的大学毕业生工作和生活的真实状况。"怎么也想不到在北京还有自己的同龄人过着这样的生活"，当时在北大政治学博士后流动站的廉思，凭借长期学术训练的敏感性，感到这是一个需要被关注和关心的群体，是一个亟须研究的社会问题。他决定去那篇报道中提到的"聚居村"——唐家岭一探究竟。他的社会学调查之路，由此开始。

如果没有看到那篇报道，如果没有"唐家岭"，今天的廉思也许不会跨进社会学领域，不过，他的求学生涯其实一直在不断地跨界。本科是人大注册会计师专业，硕士为财务管理专业，后来以第一名的成绩（法学院学生专业课考3门，廉思需要考6门），考取了80岁的法学泰斗孙国华教授的博士，专业是法理学。"会计学本科，锻炼了相对缜密的思维；管理学硕士，砥砺了组织管理能力；法学博士，坚定了内心对公平正义的追求。不同的学科训练了我不同的思维方式。"廉思称。

一般而言，大规模的社会学调查分为两种方式，一种是随机调查（即采用概率抽样方法选择受访者，收集样本数据，可用来推论整体），一种是非随机调查（即采用非概率抽样方法选择受访者，"滚雪球"是其中一种，不能用来推论整体）。在北京大学社会学系副教授卢晖临看来，廉思的"蚁族""滚雪球"调查，只是将无人注意的现象揭示出来，他的目的本来就不是推论其他城市甚至全国有多少"蚁族"。廉思所谓的"自发性调查"，其实是一种社会学的探索性研究，有些学者做持续性研究之前，经常也会做类似的小范围调查，比如当年李银河、王小波对无人关注的同性恋现象感兴趣，就自己做了调查，并汇编出书，这样的探索性调查也很有意义。在中国社科院社会学研究所研究员李春玲看来，廉思课题组的社会调查并非"学院派"风格，有些方面确实存在严谨深化的空间，但他们的路数其实不是纯学术的，"他是往产生政策影响这块走，比纯粹的学者影响更大，更有效果。"

廉思认为，他们历次调查的抽样方案均不是教条式地照搬教科书，而是不断明确调查目的、充分评估调查资源、深度理解调查场域的产物，是调查资源与科学严谨性之间的妥协。例如，在"蚁族"调查初期，课题组的社会资源与能力不允许其开展严格的抽样调查，而在有了丰富的前期成果，令"蚁族"概念走入了学界与公众的视野，使之成为流动人口管理部门日常统计工作的口径后，以"蚁族"群体为对象建立抽样框进行概率抽样调查才变得可行。

（二）在场：社会研究，情怀为先

"虽说价值中立为社会学研究的重要原则，但如果没有对国家、对社会、对所调研的对象有着知识分子应有的担当和关注，就很难建立起敏锐的学术敏感性，就很难在丰满的社会现实中提炼出对社会有价值的信息。"

"有人曾批评我们的这种形式类似于'报告文学'和'调研报告'的结合体，缺少学术意蕴。对于这种观点，我们不敢苟同。社会学研究，不仅包括问卷调查和数据分析，其他方法像深度访谈、焦点小组讨论和参与式观察等也是社会学研究的重要方法。"

廉思在《自发性社会调查的困境与路径选择》中如此回答学术界对文体的批评。从"蚁族""工蜂"到"城市新移民"，廉思一直坚持以人类学的田野调查方式，深入受访者的生活，与他们聊天交朋友，写下调研日记与个案文章。每次课题伊始，廉思都要亲自给调研员和深访人员做培训，教他们如何与受访者打交道并取得信任。深访组的核心成员，如今已是新华社、人民日报社、中国新闻社的记者。做"蚁族"调查时，廉思在唐家岭长期租了房子，方便团队与"蚁族"深入接触。而他自己，则是一星期平均住上两三天，"老不去的话，别人会觉得你这个人不踏实"。"蚁族"们心里的话，往往不跟父母说，却放心地向调研员们倾诉。

在后来的高校青年教师调查中，为了全面收集资料，在受访老师允许的前提下，深访组的成员除了深入采访老师本人外，还会采访他的学生，还会连续追踪生活的多个方面——上课时在场、报销时在场、吵架时在场、痛苦时在场……《工蜂》书中的第一篇深访《奈何笙磬不同音》出自一位北大中文系的研究生之手，形象而生动地展现了一位 A 大青年古典文学教师的寂寞与苦闷，读来让人久久回味。

廉思称《工蜂》力图写就的是一部中国当代青年知识分子的苦闷

"心史"，但出版后反响平平，廉思觉得这可能是因为高校青年教师群体太小了，甚至有网友大骂："廉思你这个人怎么这样，别人都觉得你很有同情心很有情怀，你做底层群体我们都支持你，但你做大学老师——他们有两个假期，工资不低还是体制内的，你说他穷，说他苦，谁信啊？"廉思则觉得，青年教师是培养下一代精神气质的，他们的生存状态，代表着时代的容颜，关系着国家的未来，他有责任也有义务将这一群体的真实生活和思想情感反映出来。不过，这样的心声，在当今社会的大环境下，恐怕也同样是一种"笙磬不同音"。

现在大规模的社会调查更多是交由调查公司协助开展，学者很少甚至不参与一线调查。但廉思课题组始终坚持一个原则——"必须到一线去做，不能委托公司，不能通过电话，不能通过网络，每篇文章的执笔人必须都具有和被访面对面交谈的经历。"廉思很欣赏老一辈社会学家费孝通做调查时天天在田间地头泡着的状态，他觉得一线调查所获得的，是大量的感性认识，感性认识一定是理性认识的积淀和基础。但他对现在高校青年教师的状态也表示理解："高校的科研体制逼着你快一点发文章，按量化标准来考核，你只能去抄袭，因为要评职称，否则非升即走。几个星期攒出一篇文章来，不也算科研工作量吗？有这个便利干吗非要到田间地头去吃那个苦？"

廉思说，我不能要求所有人都向费老等前辈看齐，但至少可以心怀敬仰之意，通过自己的实践，努力习得这些大家的学术精神，可以说"虽不能至，然心向往之吧""我们不具有老一辈学者那样丰富的研究积淀，所以我们高扬起头，看不见整个天空，但我们俯下身子，可以看到脚下所站的方寸之地。我相信脚下泥土的芬芳，才是作为青年的我所能通过努力扎根叙述与研究的。"

三　麦当劳里的学术青年（记者手记）

一个出身知识分子家庭的北京本地人，为何要研究"蚁族""城市新移民"这样的外来群体？一个非社会学专业的北京大学博士后，为何会突然跑到条件艰苦的城中村——唐家岭，研究"蚁族"？这其实不仅仅是我的疑问。

2010 年《蚁族Ⅱ》出版，廉思到一所重点大学做讲座，一个学生问："你说的这些人里，有多少是我们学校的？他们的生活，跟我们又有什么关系？我们是社会的精英，我们不会成为那样的人。"

廉思怒了，当场反驳："你自以为是社会的精英，你知道精英是怎么形成的吗？你享受的权利越多，你承担的责任也就越大，心为平民，行为精英，这才是真正的精英！你以为你离唐家岭很远吗？整个社会都是连在一起的大陆，没有人可以是一座孤岛。"

廉思称，"蚁族"不可能有时间、有财力去做这样的研究，这只能由他这个精力相对充沛的读书人来完成。"我没有看不起他们，平等对待，诚心交流，他们有真心话就跟我讲，我也感觉自己有责任让更多的人理解和关注他们。"

廉思课题组的成员，大多从研究生在校时开始跟随廉思，有些人毕业后依然利用业余时间留在团队工作。他们来自经济、社会、统计、心理、新闻等不同的专业，后来做《工蜂》调查时，甚至有学临床医学、生物学的博士，学水下爆破的硕士加入。

6 年来，许多成员出于求学、就业等原因，离开了这个"无经费、无场所、无报酬"的"三无"研究团队，但很多人和事成为团队的永恒记忆。"团队有家的感觉与温馨，它不以名利为目的，而是靠着感情为纽带，靠着大家的相互鼓励而支撑。"

采访过程中，廉思提得最多的词是"太累了"。在我看来，这种累也许不仅是生理上的，更有心理上。无论是"蚁族""工蜂"还是"城市新移民"，在这些课题的研究过程中均能接触到大量生活境况并不是太好的青年人，他们在转型社会中的苦闷与挣扎往往也会郁结于廉思心头，让同为青年的他产生强烈的共鸣。他可能暂无生活困顿之忧，但作为"一只在高校里的工蜂"，却同样面临着繁重的工作与精神压力，一周上两次公共课，白天处理行政事务，晚上做学术研究，还要看书备课、外出调研，几乎每天下班都已是夜里两三点，经常是办公楼里走得最晚的人。可以说，那些被访青年所表现出的彷徨与挫折感，他感同身受。

夜深人静，廉思经常在办公室里拉拉心爱的手风琴，在寂静夜空下的流动琴声里，疲惫的身心方能得到一丝抚慰。窗外的黑夜过去，光明到来。第二天，他又满血复活，带领这群麦当劳里的学术青年们继续艰难前行。

[本文原载于《新京报》（书评周刊）2013 年 6 月 29 日]

"80后"学者的别样沉思

吴军涛[*]

　　"'蚁族'一词已经被收录进《现代汉语词典》了。"廉思翻开手中的词典，用手指着"蚁族"被收录的一页给记者看。

　　对外经济贸易大学的校园里，午后的阳光很灿烂，整间办公室都被照得透亮。四面的墙壁有两面都被书柜占据着，办公桌上堆砌着各类文件和研究报告，屋内飘逸着沁人心脾的花草芬芳和淡淡的书香。

　　眼前的廉思，少了曾经的俊秀，多了一份成熟和稳重，他一身休闲装坐在旁侧的沙发上，用平和的语速叙述着自己的过往。

一　对弱者的尊重尤为可贵

　　1980 年，廉思出生在北京，他是地道的北京人，因为创造了"蚁族"一词以及做的"蚁族"研究而被误认为"北漂"。可在他的成长中，2007年之前和"蚁族"并无任何交集。

　　"很多同学见面时调侃我，'你是北京人吗？怎么这么卖力替外地人呼吁啊？'"廉思苦笑道。

　　至于如何走上这条"维权"之路，廉思也说不清楚。是偶然？是内心的善良？还是对社会公平的向往？没有一个标准答案。只有小时候发生

---

* 《中华儿女》杂志社记者。

的一件事情让他至今记忆犹新。

出生在一个知识分子家庭，廉思从小接受了良好的教育。从小生活在北京四合院，那时，胡同里有个清洁街道的残疾人叫"小臭"，大概是他身上经常散发臭哄哄的味道而得名，大人小孩儿都会嫌弃他。"每次经过，孩子们都会拿石头扔他。"一次，廉思也和别的小孩一同在胡同里捉弄他，被正巧路过的妈妈看到了，把他叫回了家，给他上了一堂严厉的"思政"课，这也是妈妈第一次动手打了廉思。

从那时起，廉思明白了一个道理，人与人的相互尊重，不分地位的尊卑和身份的贵贱。一个人，对强者的尊重并不难，难的是对一个弱者保持应有的尊重。

这对一个成长在大城市的孩子来讲，是人生中重要的一课。廉思说："在现实生活中，强者、富者处于优势地位，弱者、穷者处于不利地位，作为一个社会，应当特别倡导强的尊重弱的，富的尊重穷的，这是一种道德、一种品格、一种文明。"

二　一股韧劲闯天下

大学之前的廉思算不上班里最出众、最拔尖的学生，更别提当什么学生干部了。"我中学和小学没当过什么'官'，记忆中最大的官就是路队长，放学回家手里举个牌子——'让'。"他用手比画着。

但上大学之后，廉思却显示出惊人的组织管理能力。从6岁就开始学习手风琴的他，一入校门便加入了中国人民大学学生艺术团键盘乐团。刚入团，却面临着尴尬的境遇，"演出曲目同学们都不喜欢，听不懂，演出过程中，观众假借上厕所之名溜之大吉。"

大二时，廉思接任了艺术团键盘乐团团长一职，他不甘心眼睁睁地看着键盘乐团就这么"砸"在自己手中。他找到了空政歌舞团团长张天宇老师帮忙改编了很多流行歌曲。之后，在校内的演出获得空前成功，他又将乐曲录成带子，去寻找商演机会。

廉思找到了北京音乐厅。"那天一大早，家人送我过去，谁知音乐厅都是下午才来上班。"大冬天，廉思就蹲在门口等。直到下午，音乐厅的负责人终于来了。

"我是想跟您谈一些合作，这是我们录制的曲子，请您听听。"对方听了曲目之后觉得不错，更是被廉思对集体的这份责任感所打动，当即决定签约，不收场租费且进行商业分成。

从此，廉思在团里就有了个"政委"的外号，他是键盘乐团里唯一的男生。后来，廉思担任了中国人民大学学生艺术团总团长，再后来，他又受命组建中国人民大学校友艺术团。

"不知疲倦，永不停歇的活跃分子。"是大学同学对廉思的评价。攻读研究生时，廉思担任中国人民大学研究生会主席，他举办了一个"明德论坛"，主要邀请党政军领导来学校做报告，介绍国家政策，开阔学生视野。"很多人都好奇，廉思你有什么关系，能邀请到他们？其实我哪有什么关系，我们学生组织，没有经费、没有权力，有的只是真诚和热情，所以我们就给领导写信，一次不成，就两次，两次不成，就去门口堵。最后，领导们被我们执着的精神感动了。"现在，中国人民大学研究生会仍然秉承着这样的理念举办明德论坛，共邀请到省部级领导二十多位。

廉思在执着的事情上，总能得到自己想要的结果。也正是他身上的那种不达目的誓不罢休的"韧尽儿"，让后来做"蚁族"研究的梦想得以实现。

"在做'蚁族'调查的时候，我也曾有过放弃的念头。实话实说，花钱投入太大，做到一半就进行不下去了，向父母借钱，向朋友借钱，那时是一片反对之声。"无奈之下，廉思回到人民大学，因为曾经是校园里的风云人物，师弟师妹都很认这个意气风发的大师兄。在大家的支持和帮助下，廉思组建了自己的研究团队，完成了"蚁族"研究。

但棘手的事情接二连三，在调查报告最终完成后，却苦于找不到出版社。"记得有一次联系到一家出版社，我说这本书是讲述大学毕业生生活状态的，原来从未有人关注过，一定能火。对方当时就回我，'你千万别这么说，号称能火的，最后都没火，看你这样，肯定也火不了！'"

当时廉思心中只有一个念头，一定要把书出了，证明给你们看。

三　用脚底板做真学问

因为爷爷曾经从事会计工作，廉思受其影响在本科学的是注册会计师专业，"但四年下来，我发现自己的志向并不在此。"大学毕业后，他选择继续深造，在研究生、博士和博士后阶段，他分别攻读了管理学、法学和政治学。

对于这样的专业选择，廉思说："会计学本科，锻炼了相对缜密的思维；管理学硕士，砥砺了组织管理能力；法学博士，坚定了内心对公平正义的追求；政治学博士后，开阔了中外比较的国际视野。正是有了这些不同的积淀，才使我在学术追求中始终坚持'尊上，不唯上；读书，不唯书；求实，只唯实'"。

"大学同学聚会的时候，我是同学当中最穷的，但他们都说我是他们当中精神上最富有的。"廉思笑了笑。

"当我2007年第一次去北京西北五环的唐家岭的时候，当我看到和我一样的年轻人，他们为生活环境所迫，但仍然坚持内心梦想和不懈奋斗的时候，内心的那种复杂情感……"廉思的表情有种说不出来的凝重。

这次偶然的经历让廉思第一次了解到了唐家岭，了解到在北京这个他从小生长的城市里，竟然还有这样一群同龄人让他感到从未有过的陌生，他的心灵被震撼了。

博士毕业后，廉思带领着自己组建的研究团队在那里一待就是三年，和"蚁族"们同吃同住同感受。"我们曾经调研时被村民追打，拍摄时被人围攻。"但是，这正是廉思所能感受到的"蚁族"的切身处境，这就是他亲眼看到的"蚁族"的真实生活，他要记录下来，形成文字，让人们了解到这个鲜为人知的庞大群体。

"资金匮乏，境遇窘迫，但你还是要坚持做这样一项研究，支撑你们的信念是什么？"

"有一次，我遇到一个'蚁族'，他从黑河学院毕业后，两年走了 5 个城市打了 7 份工。他在北京找工作花了 3 个月时间，他告诉我，找工作花销最大的是交通。我不信，北京交通是很便宜的。他却说，'我每次都要买票'。'那你不会办卡吗？'他却说不敢问，因为他一直认为那张卡只有北京人才有资格拥有。这样的事情在我们做研究时经常会遇到，'蚁族'身上那种对梦想的渴望和奋斗精神让我们团队意识到自己肩负的使命。生活条件的艰苦仍然不能阻挡他们前行的脚步，那我们又有什么理由不努力呢？"

"我现在所做的一切，并非为我自己，我不担心我，我过得已经不错了。我担心的是比我们更年轻的'80 后''90 后'还有'00 后'。我们总希望他们过得比我们好，他们应当享有更广阔的天空和舞台。"

"一些学者质疑你们的报告不够正规，不够学术，你怎么看？"

"我们的书里面有一半是研究报告，有一半是深访报告。在研究报告中，我们较多地运用了实证研究的方法。通过实证的调查数据对社会现实进行剖析与解读。但是，我们不敢忘记质性研究的重要性，除了开展问卷调查外，课题组还主动走入田野，与研究对象进行深度交流，站在'主位'的视角上去体验他们的生活，聆听他们的故事。我们深知，社会除了具有理性客观的一面外，更多地还是一个'讲求情感体验''重视主观因素'的场域。调查研究不能过分希求社会中存在所谓完全客观的规律，特别是在中国这样一个'人情社会'之中，西方社会科学所认定的理论规律或研究方法，在中国并不见得适用。从我们的作品中便可看出，我们在研究中，就是试图通过一次次深度访谈，去尽力再现每一个个体的生活经历与情感体验，用有温度的文字去记录社会生活中那些有温度的故事和人物。此外，在每次调查中，我们都会要求课题组的所有成员到实地调研的一线中去和被访者直接接触，获得数据之外的感性认识，增强文章的鲜活性和生动性，使之更接'地气'。"

"用脚底板做学问，一直是青年学者很缺乏的。"廉思说，"做社会调查，无论是精力还是体力，青年学者理应冲锋在前。现在的青年学者大多受过系统的学术训练，从知识结构上说，比老一辈学者更加系统规范。但同时，大多数青年学者在长期受教育的过程中，往往是'概念对概念''理论对理论'，头脑中形成的是'观念的世界'。因此，做社会调查本身，就是把青年学者头脑中'观念的世界'转换成'案例的世界''经验的世界'。当青年学者能够在头脑里建构起'经验的世界'后，经过再次总结、抽象，最后就能形成新的观点和理论。当然，这个过程是漫长而艰苦的。"

廉思的研究成果也引起中央领导同志的高度重视，多次对他的研究成果做出重要批示。谈起为什么会被国家重视，他也颇有所感，"这和我在博士阶段，曾经在湖北广水市做市长助理有关，我能够找准问题的意义所在，要让这个事情引起政府的关注，才能最终促进问题的解决。"

在廉思的这个团队里，基本是"80后"甚至还有"90后"，没有地位尊卑，没有学术权威，大家相互交流，产生学术精品。"青年研究是跨学科的，不同的专业可以提供不同的视角。白天我们都忙自己单位的事情，晚上就坐在麦当劳里一起讨论问题，所以有人也称我们为'麦当劳里的学术青年'。"虽然廉思团队是业余时间从事青年研究，但这丝毫不影响学术界和青年人对他们作品的认同和喜爱。廉思团队的作品相继荣获"教育部高校人文社会科学研究优秀成果奖""北京市哲学社会科学优秀成果奖""文津图书奖""华语传媒图书大奖""中国图书势力榜非文学类十大好书"等荣誉。

四 盛世里关注忧患的逋人

历时两年的研究报告在 2009 年终于出版，当全国都沉浸在奥运会后就业形势一片大好的研判中时，廉思的《蚁族》一下子戳破了"就业的谎言"。之前对青年问题大多是从思政教育的视角分析的，自此之后，青年研究逐渐回归社会学主流，很多社会学大家开始转而研究青年问题。

那时,《蚁族》一书引起了社会极大反响,曾一度让廉思感觉自己像是被捧到了天上,学术圈对他的评价也是五花八门。2010 年 8 月,廉思选择了到国外深造,远离了喧嚣和聚光灯,这段时间他学会了沉潜。

后来有人说,廉思只能做"蚁族",做不了别的。

"可我不信这个邪。2011 年我开始启动大学青年教师相关研究,2012年,我们出版了《工蜂——大学青年教师生存实录》,我们提交的研究报告也得到习近平总书记的高度重视。时任共青团中央第一书记的陆昊同志亲切接见了我们团队所有成员,当时他高兴地说,如果说《蚁族》成功是偶然,那《工蜂》成功还是偶然么?"

后来又有人说,廉思能做《蚁族》,能做《工蜂》,但他能做整个青年人的问题吗?

"到目前,我们已经连续两年出版《青年蓝皮书:中国青年发展报告》,引起社会高度关注和持续探讨。我们正在做新生代'海归'群体研究,我们的研究成果尽量少地提供观点,而更多地去反映社会现实。去通过青年问题这个切片,展现转型中国的一个侧面。"廉思笑着说,"蚁族、工蜂、海龟,海陆空都有了。"

有人说廉思的成功一部分是建立在为弱势群体呼吁的基础上,再往深了说,是建立在别人的痛苦之上。对于这一点,廉思并没有否认,之所以这么"拼",就是因为在廉思心里,他一直用"别把机遇当能力"这句话警醒自己。"对于我们来说,为盛世唱赞歌,已有很多人在做,我们从来都更注目忧患,我们总觉得应成为'遒人'。在古代,遒人的重要职责就是每岁孟春摇动木铎,将古代圣王谟训宣布到全国各地。当然,遒人还有上传的职责,巡行于各地,进行必要的采风。从某种意义上讲,我们团队正在做着遒人的工作:下大力气、下真功夫,沉下心来做大量深入一线、深入实际、深入基层的调查研究,同时将在社会调查中所得的一些感悟呈现出来,试图对国计民生有所影响,并引发社会的共鸣与思考,然后重回学术寂寞。可以说,在整个团队,希望能够为国家做出贡献,尽绵薄之力促进社会发展，已经成为我们学术动力的最大源泉，并得到所有成员的高度共识。"

五　逼出来的能力

廉思现在是对外经济贸易大学 35 岁以下唯一的正教授、博士生导师，也是学校最年轻的处长，全国青联委员。有人说，他很幸运。

关于幸运，廉思很坦然，"我确实出生在一个幸运的年代，在当今时代，谁能准确抓住中国社会发展中的关键问题，谁就能把握世界未来发展的轨迹。越是中国的，就越是世界的。这样的研究成果，不仅有助于解决中国现实问题，而且对于整个世界的发展也具有意义和贡献。这样的研究成果，不仅具有国内水平，也会具有国际水平。"

"身为学校研究生院副院长、研工部部长和青年发展研究中心主任，如何平衡好自己的教学、科研和管理工作呢？"

"学生工作很琐碎很繁杂，白天刚有点思路，学生进来了，就把思路给打断了。只有晚上和周末有空做点研究，但巧合的是，我研究的是青年，做的也是青年工作，我能把研究理念最快地付诸实践检验，两者互为促进，相辅相成。"

"管理工作确实很占时间，但是学校信任你，才会交给你重要的工作。我会尽量去平衡。在复杂环境下做研究工作，就需要自己的转化能力特别强，得见缝插针地思考。伟大是熬出来的，有时要逼自己，很多能力都是慢慢逼出来的。"廉思笑了。

也有很多人问，廉思你怎么不去做"公知"，把自己塑造为一个意见领袖？

廉思答道，"我很清楚自己要做什么，每个人所能做的很有限，要有自省之心和自知之明。作为一名青年学者，高扬起头或许也看不尽整个天空，但俯下身子却可看清脚下的方寸之地。"

此时，已接近傍晚时光，一缕阳光透过玻璃窗，照射在墙上的一幅字上，记者清晰地看到这样一句话，"廉为德之本，思为智之源。"

（本文原载于《中华儿女》2014 年第 19 期）

中国新兴群体的瞭望者

王玉君　高岚岚*

"功崇惟志，业广惟勤。"《尚书》里的这句话正可以用来形容对外经济贸易大学（简称贸大）的青年教师——廉思。他待人谦和，为人正直。让很多人感到意外的是，不满四十岁的廉思不仅是对外经济贸易大学深圳研究院院长、公共管理学院教授、博士生导师，还是中宣部文化名家暨"四个一批"人才、教育部"新世纪优秀人才"、全国青年岗位能手。十几年来，廉思始终坚持用"脚底板"做学问，长期蛰伏在不同社会群体中进行深度观察研究，首创"蚁族""工蜂""涸游""蜂鸟"等社会学概念，新冠肺炎疫情期间，他提出"战疫一代"的概念来定义"90后"青年，引发社会热议和青年关注。他撰写的系列研究报告十余次得到党和国家领导人的批示和有关部门的高度重视……

一　德学滋养　不懈求知

廉思祖籍燕赵，是战国时期赵国大将廉颇之后裔。1980年他出生于北京一个知识分子家庭，父亲是国家研究机构的高级工程师，母亲是政府机关的公务员。那个年代，国家刚刚改革开放，经济百废待兴，价值观风

* 《中华英才》杂志社记者。

云激荡，父母在日常言谈中经常提及国家形势和政策变化，潜移默化中使廉思意识到个人际遇和时代发展之间的密切联系，使他从小就有了更大的格局去思考国家发展和个人成长的关系。廉思的外公曾是民族资本家，在"文革"中不幸罹难。廉思从小和外婆一起生活，外婆性格坚强，扶危济困，家里经常有来自老家的人请求帮助，外婆一向慷慨相助，这种待人处事的方式在廉思的记忆中留下了深刻的烙印。

廉思的父母从小就对他严格要求，而他也刻苦努力，没有辜负家人的期望。当时廉思可以直接上国家部委的对口小学，但父母则安排他上了家门口的学校。这所小学虽不是什么重点名校，但历史悠久，学风纯正，老师质朴，更重要的是，由于是一所属地学校，就近入学的同学都来自附近胡同里居住的家庭，家长的职业类型分布在各行各业，这使他有机会接触到不同社会阶层的人，给正在价值观形成期的他提供了观察社会的窗口。廉思小时候是孩子王，放学后领着众多小伙伴走街串巷。胡同里有一个智力障碍的人，廉思和小伙伴有时候扔石头戏弄他。"有一次我们欺负他被我妈撞见了，回家后妈妈打了我一顿，在我的印象中她很少打我，所以至今记忆犹新。妈妈当时告诫我，'真正的强者，不是去欺凌弱者，而是去帮助他们'。"母亲的话像种子一样在廉思心底生根发芽，影响了他今后的人生观和世界观。

因为成绩优异，廉思被保送至北京市重点中学——第五中学，六年中学生涯后，他顺利考入中国人民大学（简称人民大学）会计系注册会计师专业。进入大学后，因为从小学习手风琴，廉思加入了学生艺术团键盘乐团，这个乐团除了廉思是个男生外，其他10个都是女生。相比交响乐团、民乐团这些大乐团，键盘乐团是当时最不受重视的小乐团。上大二时，廉思被推选为团长，他的潜能也意外被激发出来。他带领团员调整演出曲目，将一批青年人喜爱的流行歌曲加入进来，同时创新演奏方式，和不同乐器巧妙搭配，展现出键盘乐的独特魅力。校园演出获得了极大成功，场场爆满，站无虚席。廉思之后有了更大胆的想法，他要带领女团员们走出校门，到社会上进行公演。键盘乐团相继到北京音乐厅、中山公园音乐堂演出，后来还走出国门，赴海外比赛表演，成为人民大学一张靓丽的名片。一年后，廉思被推选为人民大学艺术团总团长，协助老师管理学生艺术团 6 个分团 300 多名同学。在不断的沟通协调和组织动员的过程中，他的管理能力得到极大提升。

虽然策划了很多学生活动，但廉思并没有耽误学业，本科毕业后他被保送本校商学院研究生，硕士生毕业后，他跨一级学科自学考取本校法学院博士。人大毕业后，他又被北京大学国际关系学院录取为政治学博士后。在读博士期间，廉思担任校研究生会主席，中间他还赴湖北省广水市挂职市长助理。在博士后期间，廉思担任北京博士后联谊会副理事长兼秘书长。他始终兼顾学习与活动，做到齐头并进、双线丰收，相继荣获全国大学生年度人物 30 强、北京市优秀学生干部、第二届全国手风琴邀请赛青年组一等奖以及中国人民大学学生最高荣誉——吴玉章奖学金等。长期的训练使廉思具备了动静皆宜的综合能力，为日后从事行政管理工作，以及做大型调查研究打下了坚实的基础。

回顾廉思的求学经历，本科会计学专业训练了他缜密的思维，硕士管理学专业培养了他对人性的洞察力，博士法理学专业陶冶了他抽象的思辨，博士后比较政治学专业给予了他广阔的视野，学生工作的锻炼则提供给他无数次的试错和实操的机会。当他将自己的研究志趣锁定于社会学时，以前学到的学科知识突然都链接了起来，让他能以开放多元的视角来看待社会现象。2010 年 9 月，在因出版《蚁族》而闻名遐迩一周年之际，廉思远离喧嚣，静下心来，远赴社会学圣地美国芝加哥大学社会学系做访问学者，进一步汲取原汁原味的社会学营养。

二　传播理念　承载使命

廉思目前承担着《青年社会学》《社会学方法》等课程的教学任务，他上课注重案例，不拘教条，丝丝相扣，引人入胜。他善用引导性的方式，把问题融入鲜活的案例之中，让学生在思考中自己总结提炼出观点。

"我希望学生能够多一些看待问题的角度,享受讨论的乐趣,获得智识的增长,以及最重要的,拥有独立前行的勇气。"廉思解释道。

廉思认为,人类的知识汗牛充栋,好的老师应以知识为载体,向学生传授更深远的内容,让学生有一种穿透现实迷雾来展望未来世界愿景的能力。这种能力应由三方面构成:一是开阔的视野和广博的胸襟。要了解不同文明和不同制度的存在方式,更好地反思人类自身的发展和社会运行的规律。二是分析问题的方法。有了科学的方法,就算遇到新的问题,也会游刃有余,迎刃而解,对社会现象也就能形成自己的看法,而不会人云亦云。三是积极乐观的人生态度。要有共情感和同理心,学会以更包容和豁达的态度,去尊重并理解别人的生活方式和价值准则,同时以阳光向上的心态积极过好每一天。有学生评价说,"廉老师的课生动有趣且立意高深,对我们认识社会有很大启发。"

廉思曾多次应邀为国家部委的中心组学习做专题报告。2014年7月,廉思为共青团第十七届中央书记处第十一次集体学习授课。2019年12月,廉思应邀为北京市委领导班子主讲城市治理问题。此外,廉思还担任中国青年志愿服务项目大赛评委、中国青年公益创业大赛评委等,并为中央党校、中央社会主义学院、国家教育行政学院、中央团校、全国辅导员培训基地等常年授课。

在出色完成教学科研任务的同时,2012年,廉思被任命为学校党委研究生工作部部长,负责全校研究生的思想政治工作。他在日常工作中和学生打成一片,把思想政治工作同青年喜爱的感性形式结合起来,把抽象的意识形态观念蕴含在生动活泼的表现形式之中,开创了"研究生 SEED 青年发展论坛""贸大好系列"等很多学生喜爱的活动,有些已经成为贸大学生工作的知名品牌。2016年底,廉思被任命为对外经济贸易大学深圳研究院(简称深研院)院长,肩负起异地办学和服务地方经济社会发展的重任。深研院是贸大与深圳市于2013年成立的独立事业单位法人实体,是学校在粤港澳大湾区和社会主义先行示范区的重要智库。在深研院遇到瓶颈的困难时期,廉思临危受命,应对全新挑战。他频繁奔波于北京、深圳两地，将深研院扭亏为盈，成功举办首届湾区论坛——"新时代中国对外经贸关系的新挑战与新机遇"，并推动了学校与前海自贸区管理局签约，共同打造自贸试验区改革创新研究实践基地，有力提升了学校在南方的影响力和美誉度。今年疫情暴发，面对疫情防控和学院运营的双重压力，廉思统筹协调，带领深研院干部职工迎难而上，不仅没有向学校申请经费，而且还提前完成了全年指标。在完成好学校工作的同时，廉思还积极参与社会活动。2016 年到 2018 年，廉思兼任团中央学校部副部长，组织策划了"习语金句·百校千言——当代书法名家进高校翰墨巡展"活动，邀请当代中国二十余位著名书法家以不同字体撰写习近平总书记用典金句 100 余幅，在全国数十所高校巡展，所到之处好评如潮。观展学生认为，活动用一种特别的形式，把总书记的治国理政新思想新理念，以富有魅力的风格呈现出来，散发着经久不息的翰墨书香，沁人心脾，令人难忘。

三　焚膏继晷　不负韶华

廉思一直坚定自己的信念，将自己多年的所学贡献于社会。他始终怀着探索心、好奇心和求知心，关注不同社会群体的发展诉求，努力在不同群体间搭建起沟通理解的桥梁。他通过学术研究把聚光灯照在普通人身上，让每个人的价值得以展现，让平凡人的人生绽放光彩。

十余年来，廉思不辞辛劳，忘我工作，带领课题组根据不同职业类型、教育背景、生活方式，分门别类地调研了 32 个社会群体。其中既有以"蚁族""洄游"为代表的流动人口，也有以"工蜂"和科技工作者为代表的青年知识分子；既有以新生代农民工、产业工人、青年白领为代表的传统行业群体，也有以网络主播、流浪歌手、快递小哥为代表的新兴职业群体。廉思还打破社会群体划分的界限，着眼于整个青年的全面发展，意在建构中国青年真实生存图景的拼图。其成果集中反映在《中国青年发展报告》（青年蓝皮书）系列中，这也是中国社会科学院"皮书"

中最早的青年蓝皮书。

廉思的公共感和问题感是在和调查对象的深度互动中形成的，是具体的、扎根的、鲜活的。作为社会学研究者，廉思跨越学科分野，善于从社会生活中汲取营养，他反复揣摩政治语言、学术语言、生活语言、网络语言之间的转换模式，练就了击穿不同阶层，对话各种群体的本领。研究"蚁族"时，廉思曾在北京最大的蚁族聚居村唐家岭调研三年，跟"蚁族"们一起吃烤串、喝啤酒、大年三十包饺子。后来这种深入调查对象生活的研究方法也一直被课题组坚持下来。2019年做快递小哥研究时，他带领课题组和快递小哥一起投递货物，感受他们的工作节奏和生活艰辛。面对每一个群体，研究人员固然不可能一下子变成调查对象，但他和课题组用心去感受、去体会、去融入。廉思认为，只有这样做，群体画像才能精准，作品才能得到调查对象的认可。"调查研究是跨学科的研究，但跨学科不是非学科。社会是一个整体，不能用细分的专业去切割完整的生活，每个学科都有自己认识社会的方式，不同的专业看待同一个社会事实是不一样的，但社会事实本身不会因为专业的区别就发生变化。因此，专业只是我们认识事实真相的手段，而不是真相本身。"廉思旨在通过对一个个社会群体的剖析，以微明宏，以小见大，探究中国的未来和发展的模式，增进中国社会科学本土化原创性的学术价值。

十几年来，不断有青年学者慕名加入他的研究团队，他跟每一个新人都用这样的话开场："加入我的团队应该追求什么？不是追求成功，因为成功是由别人来定义的，我们团队追求的是自我实现。社会已经给我们提供了很多比别人更好的条件。我们能够上大学是以很多人不能上大学为代价的，我们能够做学问是以很多人要做那些枯燥的、重复的、无聊的甚至折磨人的工作为代价的。我们有这么优越的条件，国家给我们这么好的平台，我们一定要做出符合时代需要、反映人民呼声的研究成果，只有这样，才不会愧对那些千千万万艰苦奋斗，但由于机缘所限而无法握笔的人。"

"广而兼是为廉，心在田乃成思"这是廉思名字的含义，也是他为人处世的座右铭。从廉思身上，我们看到了一个和共和国改革开放事业同向而行的当代中国青年知识分子的成长之路。我们相信，以廉思为代表的新一代中国学者，一定会担当起时代赋予的重任，在实现中华民族伟大复兴的中国梦的历史进程中展现自己的人生价值。

（本文原载于《中华英才》2020 年第 11 期）

从生活中长出来的一本书

——评《中国青年发展报告（2013）NO.1》

桂　芳[*]

　　廉思，一名中国学者，首次提出"蚁族"的概念，2007 年以来持续追踪研究青年问题，并于 2013 年推出以"城市新移民的崛起"为主题的中国青年蓝皮书《中国青年发展报告（2013）NO.1》。这也是廉思首度以年度蓝皮书形式发布自己的深度研究成果，并计划此后于每年 5 月份定期出版当年主题下的青年蓝皮书。

　　此书延续了廉思课题组以往对社会青年群体的关注，新生代农民工、"蚁族"和城市新"白领"是此书关注的三个青年群体，廉思将这三个群体归入"城市新移民"。他定义"城市新移民"为：年满 16 周岁且 1980 年以后出生，在城市工作、生活而没有取得该城市户籍的中国大陆地区居民。他们是具有新知识、新视野和国际性的一个青年群体。

　　该书提炼出这一群体"双重边缘人、农民盟友"等八大特征，并研判了城市新移民未来的发展定位，从人口城镇化等方面认为他们是建构中国社会的积极力量，从生产、消费、教育、新媒体使用、创造文化、政治参与等六方面做了具体分析，为我们刻画了当代典型青年群体像：民工——中国城镇化的主力军，微薄的收入、乡城的壁垒挡不住他们游走的渴望；"蚁族"——中国城镇化的先遣队，聚居的环境、结构的固化封不

---

　　* 社会科学文献出版社编辑。

住他们向上的奋斗；"白领"——中国城镇化的排头兵，都市的压力、社会的分化阻不住他们涌现的融合。

社会学领域的一本好书一定离不开对现实社会的深度观察、发问和求索。读者即使在阅读严谨的调查研究部分，都能一次次触摸到当今社会粗糙的肌理，感受到强烈的现实气息扑面而来，感觉到"我"正生活在此时此刻，而此时此刻已被该书嵌入历史的时空坐标中——我们司空见惯的一些现象，经作者用社会学理论和数据资料呈现后，无形中给了这个时点一个历史坐标。

书中基于扎实的研究而给出的一些观点非常具有冲击力，比如：

——"住房正替代职业成为社会分化，甚至是社会固化的重要因素。"

——"在职贫困"：许多有工作甚至收入中上水平的贫困者出现了，其独特性为代际性贫困、高学历贫困、住房贫困等。它可能引发三大社会风险：一是社会的"原子化"风险，二是阶层固化风险，三是社会心态弱势化风险。

在这个时代，一本根植于现实生活血肉之中的书不多见，一本思想深刻、令人读来如醍醐灌顶的书不多见，一本可读性强、令读者无法释卷的书也不多见，而能同时兼具三者的书就更如凤毛麟角。而廉思课题组因为这部作品，扎根社会深处：历时 6 年，调查 7 个城市，行程 13420 公里，发放 17300 份问卷，撰写深度访谈报告 141 篇共 130 余万字后，基于大量鲜活的访谈材料，最终形成了这 30 余万字的一本书。在这本书的字里行间，我们能看到作者对现实社会的深刻入骨的关怀。

值得注意的是，此书打开了蓝皮书的一个新向度：中国社会科学院社会科学文献出版社的蓝皮书通常专注于理论分析，不讲故事。然而，这首部青年蓝皮书则蕴涵了两种截然不同的风格，前面大半是概括性极强、深刻的现实问题分析，而后一部分是从 100 多篇访谈资料中精选出来的 10 篇深访文章，10 个具有典型意义的城市新移民，读后栩栩如生、血肉丰满地浮现在眼前，他/她是你，也是我，是我们自己，是这个时代的小人物。这 10 篇深访文章，注重与当下中国现实问题的连接，为前面的研究分析做了生动的注释，以形象的、浮世雕的手法让我们一览当今青年群体的面貌。

这说明了蓝皮书的开放创新和包容性，它一直在吸纳新鲜的经验和养料，在成长和完善的路上。

相信很多读者喜欢读老一辈社会学家的著作，如费孝通先生《乡土中国》等，笔者对青年蓝皮书的感觉是，此书似乎意在接续费老这个传统。

（本文原载于《中华儿女》2013 年第 17 期）

一本有思、有料、有用的好书

——评《如何有效开展调查研究》

郑水泉[*]

当前，我们身处知识爆炸的时代，每年出版的新书就达数十万种，但是仍然无法满足读者对新知的渴望。读者们迫切地希望读到好书，从好书中汲取丰富的营养。虽然我们对好书的标准认识不一，但有几点是共同的。

第一，好书首先要有思想。人与动物的区别在思想，好书与差书的区别也在思想，思想是人类的智慧之光，是人类前行的明灯。好书的第一标准是要有思想，给人以启迪，给人以激励。深入开展调查研究是一项实践性很强的事务，但如何有效开展调查研究却不仅仅是一件技术活。我非常赞同廉思的观点，做调查研究，实际上是做人的工作，要做好调查研究，核心是把握具体情境中的人情和人性。《如何有效开展调查研究》（人民日报出版社）不仅介绍了调查研究的技术和方法，而且介绍了技术与方法背后蕴含的价值观与群众观，调查问题的提出、调查方案的确定、调查方法的选择、调查报告的撰写，不再是冷冰冰的技术流程，更重要的是要体现人性的温情，体现对底层群众的同情与关爱。这就是廉思的"思"，也是《如何有效开展调查研究》与其他介绍调查研究方法的著作不一样的地方。

---

　　* 中国人民大学党委副书记，教授。

第二，要有料，即要有内容，有独特之处。《如何有效开展调查研究》一书不是坐在书斋写出来的，而是在中国大地上走出来的，是廉思团队十余年调研成果的集中体现。所以，该书的每一章、每一节、每一个调查方法背后都有着深厚的调研基础，言之有物，言之有料。该书没有简单照搬西方实证社会学的调查方法，而是植根于中国国情，积极探索本土特色的社会调查方法，体现了廉思团队"深度入场、共情交流、抽离研判"的研究经验和"资料就在背包上，调研就在大路上，案台就在膝盖上，成果就在大地上"的研究作风。

第三，要有用，对读者要有形而上或形而下的帮助，即要有获益。调查研究是谋事之基、成事之道。没有调查，就没有发言权，是领导干部必须具备的很重要的一项能力。本书结合具体案例，围绕着调查研究各个环节的理论与实操，从调研的价值态度能力、调研设计、抽样方法、问卷法、深度访谈、焦点团队座谈、调查报告撰写等调查研究全流程、各环节，都一一进行剖析解读。力求客观、权威、通俗，兼具学术性和实务性，应该说本书既适合政府部门和学术机构撰写研究报告时参考，也适合一般调查人员阅读学习和指导学生开展社会实践使用，是一本有用之书。

廉思教授是中国人民大学的优秀校友，他 1998 年进人民大学本科学习，直至 2007 年博士毕业，共达 9 年之久。他在人民大学学习期间，一直致力于通过调查研究开展学术研究。廉思教授在北京大学博士后出站后到了对外经贸大学工作，他平时有繁忙的教学科研和行政工作，但始终坚持深入基层开展调查研究，并在此基础上撰写了一系列研究报告，为国家提供了高质量的政策建议和咨询意见。不仅推动了相关实际问题的解决，也引起学术界对中国现代化进程中的热点难点问题的深入研究。我对他能够常年坚持深入一线做高强度社会调查、坚持开展学术研究非常敬佩，这充分体现了他对学术的热爱、对基层民众的感情，也正是对我们当前正在开展的"不忘初心、牢记使命"主题教育的很好案例。

2016 年 5 月 17 日，习近平总书记在哲学社会科学工作座谈会上的讲话中指出："这是一个需要理论而且一定能够产生理论的时代，这是一个需要思想而且一定能够产生思想的时代。我们不能辜负了这个时代。"一切有理想、有抱负的哲学社会科学工作者都应该立时代之潮头、通古今之变化、发思想之先声，积极为党和人民述学立论、建言献策，担负起历史赋予的光荣使命。中国人民大学是中国共产党创办的第一所新型正规大学，有着"立学为民、治学报国"和理论联系实际、实事求是的优良传统，我想，廉思教授和他的团队所做的工作、所坚持的研究、所撰写的著作，正是对习近平总书记讲话精神的实践，对时代召唤的回应，也是人民大学优良校风的体现。正如廉思教授在本书致谢里最后写的一段话："国家的一小步，是我们的一大步；我们的一小步，是国家的一大步"。

（本文根据作者在"新时代群众工作方法研讨会"
上的发言整理而成，后被人民网、中国共产党新闻网等刊发）

"蚁族"：从比喻到概念

刘宏森[*]

2015 年 10 月上旬，应邀出席某省首届青少年发展论坛时，我第一次见到久仰大名的廉思。几句寒暄后，我就对廉思说，"蚁族"这个词用得很好，非常传神、到位。廉思说：谢谢刘老师！但有人说"蚁族"这个词不是学术概念，不够严谨。

学术语言的主要元素是概念。人们进行理性认识和学术研讨之时，都必须使用概念。概念是反映对象特有属性的思维形式。概念的基本特点是其含义——内涵和外延——也即其所指对象必须非常明确清楚，没有歧义。而概念含义的明确、无歧义，是人们进行理性认识和学术探讨的重要基础与基本前提，这也是学术研究严谨性的重要表现之一。概念的形成，一定是人们经过诠释、研讨和界定，达成对其内涵与外延"同一性"共识的结果，标志着人们对某种自然和人类社会现象的认识，已从感性认识阶段上升到了理性认识阶段。毫无疑问，作为人们对世界和人生理性认识的产物和成果，概念在人们把握、思考很多历史性和现实性问题时，发挥着很大的功能，具有很强的适用性。

然而，这种适用性是相对的。概念通过反映对象的特有属性反映现实生活，而现实生活日新月异，新现象、新问题层出不穷。赫拉克利特说："太阳每天都是新的"。因此，历经无数代学者反复使用、界定的一些既

有概念固然很严谨，固然很规范，但面对日新月异的现实生活，面对纷纭复杂的种种新现象和新问题，它们却往往有心无力，左支右绌，捉襟见肘，难以描述和揭示新现象、新问题的特征与特质。比如，现实生活中，由于我国劳动力市场转型、就业形势发生变化、教育改革举步维艰、房价过高、人们的就业观念滞后等多种原因的共同作用，北京等大城市出现了"大学毕业生低收入聚居群体"。对这样的群体，人们缺乏一个既有的合适概念指称他们。这就对人们深入了解和把握这个群体产生了很大的影响。于是，及时提出新的合适概念，就成为对这样的群体进行学术研究之必须。

在这种情况下，文学语言往往体现出一种特殊的优势、作用和魅力。文学语言的鲜明特征之一是其形象生动。而形象生动主要来自比喻、象征等具体手法的运用。就"蚁族"而言，它首先是一种修辞手法——比喻。一般情况下，一个比喻都包含本体、喻体、喻词等几个要素。其中，本体是需要被解释的对象，类似于定义中的"被定义项"，喻体则是解释本体含义的部分，类似于定义中的"定义项"。作为一种比喻，"蚁族"体现了文学语言的鲜明特点：形象生动，能够激发人们更多乃至无限的想象，具有解说的更多可能性等。文学语言和学术研究并非水火不容。在学术研究中，尤其是在面对一些新的现象和新的问题之时，使用一些文学语言，不仅可以，而且必要。这是因为一些新的现象和新的问题是人们所陌生的。如何帮助人们迅速把握这些"新"的陌生的对象？一个很重要、很管用的办法，就是尽可能召唤人们种种既有的经验，帮助人们通过相似的既有经验去把握"新"的对象。《围城》中方鸿渐失恋后的心理难为人所知。钱钟书通过比喻，借助于"仿佛害病的眼睛避光""破碎的皮肉怕风"两个喻体，以及人们相关的经验，极其传神地表现了方鸿渐失恋的这种特殊心理："鸿渐只希望能在心理的黑暗里隐蔽着，仿佛害病的眼睛避光，破碎的皮肉怕风"。在当今社会生活中，"大学毕业生低收入聚居群体"还是一种新的社会现象，人们对此可能还比较陌生。但有对蚁居的观察经验在前，在这些"大学毕业生低收入聚居群体"与"蚁族"之间建立一种新的联系，也就是说这些"大学毕业生低收入聚居群体"就像"蚁族"一样，便能有效地帮助人们借助于对蚁居（喻体）的既有经验，认知和把握住"大学毕业生低收入聚居群体"的基本特征和基本特质。

面对现实生活中的种种新现象和新问题，人们不必用既有概念削足适履地指称它们，而应该充分发挥想象力，灵活运用艺术思维方式，通过比喻等具体方法，推出新的喻体——意象，以努力提升学术研究及时迅速应对日新月异的现实生活的能力。"如果寻求所有人都接受的普适价值的'传统'研究多被摒弃，那么，顽固坚持科学自身就能提供揭示真理的说法也将无容身之地。今天我们所看到的政治学研究之所以硕果累累且令人振奋，就是因为它包含了多种理论取向和不同分析流派。"① 学术研究不仅要包含多种理论取向和不同分析流派，也需要善于融科学思维和艺术思维方式于一炉。只有善于整合、灵活运用艺术直觉、想象、意象塑造和概念分析等多种思维方法，学术研究才能更加灵动地面对瞬息万变的现实生活，才能更加从容地应对种种新现象和新问题，才能有情怀、有温度、有才情，而不八股、不冰冷、不干瘪。在这方面，廉思创造"蚁族""工蜂""蜂鸟""涸游"等喻体——概念的经验，值得借鉴。

当然，在科学研究中，运用喻体——意象指称新的现象和新的问题还只是充满启发性的第一步，接下来还有很多细致的工作要做。需要指出的是，一个定义中，"定义项"和"被定义项"的外延必须相等，否则有定义过宽或过窄的问题。然而，喻体和本体之间，却往往难以做到这样一种"相等"。比如，说"姑娘长得像花一样"。这里，姑娘是本体，花是喻体。很显然，用花比喻姑娘，一般情况下是取了花的娇嫩鲜艳之意。然而，现实生活中，除了娇嫩鲜艳以外，花还有很多其他特点。世界上的花也有很多种，不同的花也各有其特点。因此，说"姑娘长得像花一样"，确实很生动，却又是所指并不十分明确的：是说姑娘像牡丹花般雍容，栀

---

① 〔英〕安德鲁·海伍德：《政治学的思维方式》，张立鹏译，中国人民大学出版社，2014。

子花般清香，玫瑰花般鲜艳而带刺，还是像罂粟花般艳丽却又携带了与毒品有关的种种负面信息因子？所以，一个比喻中，喻体含义往往不明确，又因为这种不明确，人们对本体的特征和特质有了解说的无限可能性。毋庸讳言，这也许既是文学语言的特殊魅力之一，却也是文学语言常常被学术研究拒斥的重要原因之一。学术研究终究是以概念含义的明确、无歧义为前提的。因此，人们"天才"般地运用一个形象生动的词（喻体）指称新的现象和新的问题之后，就要"工匠"般地对这个词的含义进行多方面的诠释和界定，使之成为内涵与外延明确、无歧义的严谨概念。

诠释和界定主要包括以下几个方面：这个词的基本含义包括哪些？在相关语境中，其所指对象的基本表现形态有哪些？在相关语境中，其所指对象的基本特点有哪些？其所指对象的特殊功能、意义和价值有哪些？其所指对象的来龙去脉是什么？等等。

事实上，廉思对"蚁族"已经做了多方面细致而严谨的诠释和界定：从年龄上看，"蚁族"中 95.3% 的人属于"80 后"，主要是一个"80 后"群体；从地域上看，"蚁族"大规模生活在北京、上海、武汉、广州、西安等城市中的"大学毕业生聚居村"；从群体特征上看，"蚁族"群体和蚂蚁有许多相类似的特点：高智、弱小、群居；从社会影响上看，"蚁族"还没有形成社会学意义上的"社会阶层"，往往被淹没于"青年农民工""流动人口""校漂族"等群体中，既没有被纳入政府、社会组织的管理体制，也很少出现在学者、新闻记者的视野之中，是一个极少为人所知、被漠视和淡忘的群体；从其社会价值看，"蚁族"身上承载着我国社会城市化、人口结构转变、劳动力市场转型、高等教育体制改革等多方面的压力。在主流话语中缺失话语权，却并不代表他们在现实生活中不重要……

通过廉思这样的诠释和界定，"蚁族"还会引起什么歧义么？"蚁族"还不是一个内涵与外延已经很清晰、很明确的概念么？

（本文原载于微信公号"子行空间"，2019 年 12 月 24 日）

《蚁族》在日本：中国出版的世界意识

何明星[*]

> 编者按：今天，中国出版业迎来了有史以来拓展世界市场空间最好的历史时期，中国出版的图书有着潜在的巨大的世界市场。当世界市场预期与中国期望传播的目标之间存在差别，引导、协调二者之间的差别就成为中国出版界职责所在。
>
> 《蚁族》在日本图书市场上的"热"与在中国图书市场上最初的"冷"不是简单的话题，事关中国出版业在选题、生产、加工、销售等环节所体现的驾驭国际市场的能力。
>
> 《蚁族》在中日图书市场上的成功足够引起中国出版人反思：有没有一条将商业利益与学术责任打通的管道呢？日本出版界似乎找到了答案。

今天中国的一切比之以往任何时代都更能够获得世界的关注，从当代到历史、从政治到文化、从政府到民间等等，因此中国出版的图书就面临一个潜在的巨大的世界市场，在此意义上，中国图书出版迎来了有史以来拓展世界市场空间最好的历史时期。只不过世界市场预期与中国期望传播的目标之间往往有些差别，而引导、协调二者之间的差别，正是中国出版界的职责所在。

---

[*] 北京外国语大学国际新闻与传播学院教授。

　　《蚁族》一书在日本的出版与传播就体现了世界市场预期与中国出版之间的不协调：在国内，该书最初被当作一般学术书来对待，让作者自己拿出 3 万元出版补贴才得以面世，而在日本出版时却很"热"，十几家报刊刊发书评，而且还投入巨资刊发图书宣传广告。一冷一热，正好反映这种差别。这不是一个简单的话题，而事关中国出版业在选题、生产、加工、销售诸环节所具有的驾驭国际市场的能力，这就是本文所要探讨的中国出版的世界意识。

一　在中国出版时的"冷"

　　《蚁族》一书的形成与出版过程，按照作者廉思的介绍，起因是在2007 年夏天，他偶然从《中国新闻周刊》读到一篇题为"向下的青春"的文章，由此开始了对"蚁族"的关注，开始了对"大学毕业生低收入聚居村"问题的研究。对于这样一个新的生态群体，在没有前人研究可资参考的情况下，这位具有县级市挂职锻炼经验的对外经贸大学年轻教师，自行组织社会调查，并得到了北京市委市政府的支持，但出版的过程却不如预想的顺利。作者廉思拿着书稿找到甚负盛名的广西师范大学出版社，该选题却没有引起足够关注，只被当作一般学术选题处理，作者只好自己拿出 3 万元出版补贴，首印仅有 8000 册。但此书面世后引起各方关注，引发了联动效应，作者也由此成为国家级课题的项目"潜在危机——中国'大学毕业生聚居群体'与社会稳定问题研究"的主持人。

　　该书的最大贡献是"蚁族"一词，这是作者廉思的首创，是对"大学毕业生低收入聚居群体"的典型概括，他综合蚂蚁和这一群体的共有特征，将其命名为"蚁族"。并且，根据该群体所处地域的不同，分别冠之以京蚁（北京）、沪蚁（上海）、江蚁（武汉）、秦蚁（西安）、穗蚁（广州）等称呼。从社会学意义上说，"蚁族"群体也是继三大弱势群体（农民、农民工、下岗职工）之后的第四大弱势群体。这一群体的共同特征是：绝大多数都受过高等教育；从事保险推销、电子器材销售、广告营销、餐饮服务等临时性工作，有的甚至处于失业半失业状态；平均月收入低于两千元，绝大多数没有"三险"。平均年龄集中在 22 至 29 岁之间，九成属于"80 后"，主要聚居于城乡结合部或近郊农村，形成独特的"聚居村"。在"2009 凤凰·百度时事沸点事件"评选中，"蚁族现象"以在百度搜索 20008252 次的搜索量，毫无悬念地当选"影响时代社会类"事件；在《咬文嚼字》公布的"2009 年十大流行语"中，"蚁族"又以高票当选。

随着"蚁族"引发的巨大社会关注，《蚁族》一书在 2009 年面世后屡次重印，当年就重印五次，截至 2012 年，该书已经印刷了 6 万册。这本略显枯燥的学术读物所获得的巨大影响完全超出了出版社的预料。应该说，广西师大出版社在今天中国出版界的地位堪比 20 个世纪二三十年代的商务印书馆，在某些选题、领域的开发引领着中国人文社会科学的方向，对这个选题的忽视可能有人为因素，却也能够说明一些深层次的问题：在市场化生存与社会重大选题之间，商业利益与学术责任之间，往往不自觉地偏向前者。而这本书事后的成功，足够引起所有中国出版同仁反思：有没有一条将二者打通的管道呢？肯定有，我们的邻居日本的出版界同行做得就比较好。

二　在日本出版的"热"

高度市场化的日本出版界，经常关注中国图书市场，对于一些图书选题有着自己的判断。有些选题，中国出版界极力推荐，而且还有出版资助，有的甚至由中国方面翻译好，但日本出版的积极性并不高。而对一些图书日本是宁愿花大价钱也要出版，《蚁族》就是其中之一。

《蚁族》一书的译者是日本学者关根谦，他 1951 年出生于日本福岛县，就是去年发生核电站爆炸事件的地方。他是日本庆应大学文学硕士，现为日本庆应大学文学部教授，2010 年 4 月起担任文学部长。研究方向为中国现当代文学。1988 年曾出版过《中国教科书中的日本和日本人》

一书，此后不断翻译当代中国文学作品。如 1997 年翻译出版过中国当代文学作家格非的《飞过时间的鸟》，2004 年翻译过虹影的小说《饿》，2008 年翻译陈染的小说《私人生活》等等。

《蚁族》一书于 2010 年 9 月由日本勉诚出版社出版，这家日本出版社创办于 1967 年，办公地址就位于日本出版社、书店扎堆的東京千代田区神田神保町，现任社长为冈田林太郎，职员仅有 14 名，是一个典型的中小出版社。出版领域集中在文学、语言学、历史、考古、美术史、文献学等几个方面。出版理念也很朴素："对人诚实、对工作诚实、对社会诚实、对世界诚实"。代表性出版物有《世界儿童·青少年文学情报大辞典》《宫泽贤治辞典》《太宰治辞典》《菅原道真辞典》《太平记》等。

勉誠出版社对于《蚁族》一书的重视程度却比国内强多了。

首先是日本一流的学者撰写了大量书评，下面是勉诚出版社列出的刊登了《蚁族》书评的报纸名单：

1. 2010 年 11 月 14 日，《朝日新闻》〈读书〉栏，书评撰写者是日本著名现代史学者保阪正康；

2. 2010 年 11 月 12 日，《读书人周刊》〈读物文化〉栏，书评撰写者是日本著名社会活动家、文艺评论家生田武志；

3. 2010 年 11 月 7 日，《东央新闻》〈读书〉栏；

4. 2010 年 10 月 24 日，《京都新闻》〈读书〉栏；

5. 2010 年 10 月 24 日，《读卖新闻》〈读卖堂〉栏，撰写者是日本大阪大学大学院经济学研究科教授、学者堂目卓生；

6. 2010 年 10 月 24 日，《神奈川新闻》〈读书〉栏，撰写者是长期深入中国社会生活的日本著名文学家麻生晴一朗；

7. 2010 年 10 月 24 日，《山阴中央新报》〈读书〉栏；

8. 2010 年 10 月 21 日，《下野新闻》〈读书〉栏；

9. 2010 年 10 月 24 日，《中国新闻》〈读书〉栏；

10. 2010 年 10 月 3 日，《东京新闻（中日新闻)》书评栏，撰写者是曾经在中国社科院做访问学者的日本著名学人高原基彰。

从保阪正康、生田武志到堂目卓生、麻生晴一朗、高原基彰，这些人都是日本当下最有影响力的中国研究学者，这些名人能够不吝笔墨撰写书评，本身就是一个话题性事件，当然就更不用说带动这本书的销售了。

其次，除了书评之外，该书还上了电视。2010 年 10 月 29 日，在日本电视台的"〈3DOORS〉コーナー"栏目里，著名电视主持人池上彰作了专题推介。

最后是直接广告宣传投入。2012 年的 4 月 24 日《朝日新闻》头版，勉诚出版社还刊登了宽三栏×高八栏（约 4cm×9.5cm）的图书广告，尽管刊登了该社出版的 3 本中国文学图书，《蚁族》只是其中之一，但《朝日新闻》的头版广告报价在 170 万日元（折合人民币 13.6 万）以上，价格之高令日本一些大出版社都不敢轻易问津。勉诚出版社敢于在本书出版两年后仍然花大价钱做广告，表明了出版社对这本书的重视程度。

此外，《朝日新闻》的广告栏已经成为一个重要标志——那就是这本书在 2010 年出版后，经过两年的酝酿，已经成为日本社会的畅销书，而日本畅销书的概念是销售数量要达到十万册以上。一个在中国自费出版的选题，在日本经过一个仅有 14 名职员的小出版社之手，成了畅销书，其驾驭图书市场的能力高下立现。

三　获得日本青睐的原因

每年中国出版近 30 万种图书，为什么独独《蚁族》一书获得了日本的青睐？笔者综合几篇书评的内容后发现：

第一，通过了解当代中国青年人更深刻地了解当代中国，本书是一本绝好的题材，因此才引起日本社会上下的高度关注。可见，认识当代中国、解释当代中国的图书，在中国热成为世界性话题的今天，都理所应当地具有巨大市场。

曾经在中国作访问学者的高原基彰，他以"地方出身的大学生面临就业难"为题刊发了书评，文中详细地介绍了中国"蚁族"群体的收入、生活状态以及原书作者的一些结论和担忧，明确"蚁族"形成的原因是高校扩招，强调中国的"蚁族"与日本的不同。他呼吁日本学界要关注这个话题：

"这本书出版的时候，正是笔者在北京的 2009 年，当时该书一出版就成为中国一个非常大的话题。我建议只看英语圈和国内学会出版杂志的日本大学教授和研究者，要关注范围更为广泛的出版界的话题。"

在另一篇书评中，书评作者还明确推荐其他几本书与本书配合阅读，以更好地了解中国青年人：

"要理解中国当下的年轻人，我想还推荐远藤誉的《中国动漫新人类——日本的动画和漫画摇动中国》（日经 BP 社，2008）和《拜金社会主义中国》（筑摩新书，2010）配合阅读。只有了解了多种形象的中国年轻人，才能对现代中国有更深刻的理解。"

一个读者在自己的博客中写道：

"围绕'蚁族'这一问题，揭示出了中国当代社会中存在的大学教育系统和社会就业需求之间的不协调、地方与中心城市之间落差、不同出身阶层之间的距离等各种各样的社会矛盾。"

第二，日本社会也有"高学历低收入者"人群，中国的"蚁族"现象与日本似曾相识，"高学历低收入者"这个群体在中日两个社会里是一种共同的社会现象，这也是该书能够获得日本读者广泛青睐的主要原因。只不过无论是日本上层社会的学者，还是普通日本读者，都认为日本"蚁族"与中国"蚁族"之间有区别。大多数学者都专门指出了中日"蚁族"的不同。

有个作者在文章中写道：

（本书）副标题是"高学历低收入者"，这种现象与日本研究生学历毕业，无法找到工作的现象很相近，不过中国的情况，倒不如说是"高等教育大众化"带来的弊病。另外，出版者在"致日本读者"的后记中指出，"蚁族"现象在日本大多是自愿选择的"自由职业者"，与中国的"蚁族"实际上有很大的不同。虽说中日之间有研究生大众化与高等教育大众化的差别，但其实都是经济发展政策、文化教育政策和劳动就业之间彼此不协调的现代化发展所产生的悲剧。我感觉，在社会矛盾比日本深刻的中国，中国"蚁族"们顽强的生活态度与其说堪比生活在成熟社会的日本年轻人，莫不如说有点像作为见习生在日本工作的中国年轻人。

高原基彰也明确指出，在日本成为社会话题的"高学历低收入者"，指的是研究生以上的人群，特别是那些念完博士课程但还没有取得博士学位，又没有工作的人群，与中国大学毕业生的"蚁族"有区别。

署名 tabopapa 的读者在日本亚马逊网站留言道：

"和日本一样，中国也步入大学教育大众化时代。本书是对中国的高学历低收入者的社会现象——'蚁族'的分析，揭示了一些深层次的问题。在这个意义上，本书的原生态调查是非常有意义的。日本人读本书，除了对于今后中国发展方向性的问题给予指正之外，也要对日本大众化的高等教育给予反思。大学生就业难不仅仅是中国、日本，在欧美也很严重的问题。中国蚁族和日本的自由职业者虽然有不同，那是因为各有各的社会背景，但现实社会的需求和高等教育之间存在差距却是共同的问题。这样思考的话，本书不单纯是中国的问题，对于反思日本社会也有很多启发。"

第三，《蚁族》一书最令人注意的是作者对"蚁族"这个群体的心理状态的揭示，并指出了这个群体对于社会稳定所具有的破坏性，尤其是这个群体可能是"网络暴民"的主要参与者。这个观点得到了日本学者与普通读者的高度关注，有些读者因此联想到日本社会的"右翼"群体，可能也是把现实生活的不如意借助互联网发泄出来的一群人。

比如一个署名为"ものろぎや？ そりてえる"的日本读者在自己的博客中写道：

苦难的生活和对未来的迷茫所带来的压力，"蚁族"们具有一股强烈的被剥夺感和对社会的憎恶情绪。他们对社会的不满，不会付诸具体要求和集体行动，而是借助互联网发泄出来。或许中国"反日"的网络舆论的形成，与他们也有一定关系吧。书中虽然没有提到这一点，但是如果这种假设成立的话，日本所谓的"网络右翼"的一群人，也可能是在现实社会生活中不如意并对社会抱有强烈不满的一个群体。他们的政治主张没有是非，只通过过激的言论引起社会的注意，发泄不满情绪①。

值得提出的是，笔者在阅读《蚁族》一书在日本刊发的各类书评和读者在日本亚马逊网站留言后，有一个很深的感受就是，站在日本民族的立场上关注当代中国，这已经成为日本社会共同的视角，从人之常情角度来看这本来无可厚非，但中国的任何一个问题都与中日之间的关系纠结在一起，无处不透露出对于中国的警惕与防范心理，这反映的是民族主义思潮已经成为整个日本社会的主流，这是与全球化的社会发展方向相违背的。

这个问题不是本文探讨的重点，笔者强调的是，日本勉诚出版社对于《蚁族》一书的把握和运作，远远超出了中国本土出版机构，借助一个"中国话题"成功地把握住了日本社会的思想脉搏：与中国"蚁族"相似的"高学历低收入者"、舆论网络日本中的"右翼"群体，都引起日本读者的高度关注，并因此带动本书的销售业绩。这正是跨文化传播学成功的窍门——寻找到不同文化体之间的同构部分，才能使传播成功。其实，这本书在英语文化区、西班牙语文化区、阿拉伯语文化区还能够获得更大的成功。笔者注意到，《蚁族》一书的中文版，已经被美国的 7 所大学图书馆购买用作参考书，其中有耶鲁大学、哈佛大学、明尼苏达大学、得克萨斯州立大学、华盛顿大学、威斯康星大学。因此，中国出版一定要有世界意识，才不辜负中国经济发展所带来划时代的伟大贡献，因为中国已经成为世界文化和舆论中心之一。

（本文原载于《中华读书报》6 版，2012 年 6 月 27 日）

---

① 详见 http：//barbare. cocolog – nifty. com/blog/2010/09/post – 9bcc. html。

后记 不惑之年亦有惑

> 人生不是一支短短的蜡烛，而是一支由我们暂时拿着的火炬。我们一定要把它燃烧得十分光明灿烂，然后交给下一代的人们。
>
> ——萧伯纳

人生步入 40 岁，古人称之为"不惑"。到了这个年龄，基本上人生走完了一半，需要一次阶段性的盘点来开启下半生。那么，写写自己的前半生，也就提到日程上来了。回首自己走过的 40 年道路，除了不会说话和写不成句的婴幼儿时期，30 多年的学习工作生涯，还真做了不少事，当然也添了不少乱。总的来说，"虚度"谈不上，"开挂"算不上，属于不上不下的一种状态。尤其是 27 岁以后误打误撞做了学问，潦潦草草写的文字更是数不胜数。但扪心自问，其中能真正打动人情感的有多少，有趣且能给人启发的想法有多少，剥去浮华，所剩无几。很多文字，犹如鸡肋，读起来味同嚼蜡，更无法触及灵魂深处，写过之后自己都不忍直视。

很多人喜欢写日记，我是没有写日记习惯的，所以 40 年人生只能凭回忆想个梗概。心理学已经表明，绝大多数记忆会在时光中磨损、阻隔、变形、化为齑粉，就算现在重新唤起，往往会与当时有所出入。而且人们会不经意间对人生中的灰暗时刻自动回避，对高光时刻增添美好。所以当时的记录，无论正面抑或负面，总比现在回忆的要准确些。由于种种机缘，我经历了很多人可能一生都不会经历的某些事件，朋友们都觉得我不写日记是一种遗憾。但我的本职工作就是写作，工作之余，实在无心动笔。后来，看到社会上各种日记流行，感觉写日记的人各怀心思——以前的人，日记被偷看很生气；现在的人，把日记放在网上，没人看也会很生气。其实无论什么写作，一旦有了日后被公开的心思，大抵就成了做给别人看的一种姿态。有了这个动机，在落笔时自觉不自觉地会美化或忘却一些东西，还可能写着写着，就分不清自己到底是谁，真以为笔下的我就是现实中的我，甚至会把别人眼中的自己视为原本的自己，上演了"无间道"。我写报告或发文章，虽然不是日记，但同样面临这个诘问。刊出的文字无疑是要给别人看的，对内心深处的东西肯定也会做一些取舍，但我告诉自己，尽量保持本真，做不到真话不全说，起码做到不说假话、不打诳语吧。

放在大历史的长河中看，自己无疑是幸运的。从大环境而言，赶上了人类发展史和中国发展史上都罕见的好时代，战乱天灾人祸一个没碰上，经济发展还能长时间保持增长。从小环境来说，自己投胎技术也不差，出生在大城市的殷实家庭，这真是命运对我的眷顾。小时候不明事理，看到别人家的条件比自己家优越，难免会有一丝伤感，抱怨自己怎么就没有那么好的命。后来做调查研究多了，阅遍人生百态、世间苦难，才深知自己的先天资源来之不易，有缘来到这样的家庭实属上辈子积德的小概率事件。

我出生于20世纪80年代初期，那时候国家刚刚改革开放，经济百废待兴，价值观风云激荡。我们现在知道，父辈对子女的成长发展有很大影响，如换作更为学术的表达就是，原生家庭对一个人的影响是天赋的、前置的、深远的。在那个年代，知识含量高的职业非常少，国企职工和老师是其中主要的类型，其他像公务员、工程师这类的知识分子在社会上很少见。我的母亲在国家机关工作，父亲在科研院所工作，父母都算是知识分子，在当时那个社会就显得比较突出。他们都深知，知识对一个人命运的重要性（我从小就被父母灌输这种观点，并认为这是所有人的共识，但后来我才知道，当时并不是每个人都持有这种认识），所以他们对我的学习特别关注，尤其是我的父亲，要求我极为严格——由于学习不认真，我小时候真没少挨打。

现在绝大部分的中国家庭都认识到了这一点，对子女教育的关注无以复加了、各种辅导班也比比皆是。但在那个时代，如此关注孩子学习的，其实并不多见。我上小学时，身边几乎没有像我父母这样盯着孩子学习的家长，所以从某种意义上说，我是被父母"逼"（guān zhù）出来的。我自认为自己是一个资质很平庸的人，而且小时候对自己要求不高，很懒散，很多事我都是差不多就得了，性格造就了我做事粗心大意和"混"日子的习惯。如果按照那个状态自由发展下去没有管束的话，我想自己现在应该在社会上不会有什么大的作为。幸好有父母对我的严管厚爱，才使我的为人处世有了质的转变，成为今天别人眼中的"廉思"。如果我出生在另外一个家庭，可能命运就会完全不同。

当时公务员和工程师都是国家编制，属于"体制内"。我父母都在体制内，所以他们对于国家的变化、政策的调整自然会有更多关注，我也随之受到一些影响。他们经常在家里讨论国家最近出台了什么样的政策，哪个政策好，哪个政策有待改进，甚至对领导人的各种评价也从不避讳我。我当时年龄小，很多话题我插不上嘴，但是这些讨论对我潜移默化的影响是很大的。

我要特别感谢我的小学生涯，这是我人生中第一次走出自己的家庭，系统性地接触外面的世界（上幼儿园时年龄太小，完全没有自我意识）。可以说，小学生涯奠定了我一生的价值观基础和研究志趣。由于母亲的工作单位，根据政策福利，我有机会上国家部委对口的学校。但出于就近上下学方便的考虑，父母让我直接上了临近胡同里的一所很普通的小学——走路不到五分钟。这所小学虽不是什么重点学校，但历史悠久（我上学的时候她已经有 90 年历史），我母亲就是这所小学毕业的。现在这所小学已被其他学校合并，不存在了，但当时真的是一所"有教无类"的好学校。学风纯正，老师质朴，更重要的是，由于是一所属地学校，就近入学的同学都来自附近胡同里居住的家庭，家长的职业类型分布在各行各业。现在看来，它提供了一个极好的观察社会各阶层的窗口。如果我当时上的是国家部委的对口小学，同学的家长都是在机关工作的干部，我第一次睁眼看到的世界可能就会完全不同。

在 80 年代，经济尚不宽裕，一个人工作养不活家庭，没有现在的"全职太太"一说，家长都是双职工。那时候孩子们的学业压力不像现在这么大，放学比较早，每天下午四点以后，根本没人管我们这群"小屁孩"，胡同里各处民宅和四合院就成了我们的"战场"，我们这些"胡同串子"到处"追跑打闹""上房揭瓦"。这些高频的不同场景的集体性活动，使我有了近距离接触和体会不同阶层家庭生活方式和思想观念的机会。

在那个时代，社会还没有阶层化的意识，我小学同学的家长很多都是出租车司机、个体户、商场售货员、工人等很普通的职业劳动者。直到现在也还是这样，我的小学同学大多仍处于这个阶层——感谢互联网技术和即时通信工具，让我和一部分小学同学至今保持着密切联系。英国著名社会学家保罗·威利斯（Paul Willis）在他的名著《学做工：工人阶级子弟为何继承父业》中第一句话就提出他的核心问题：为什么工人的孩子又自愿地当工人？全书根据细致的、投入式的观察，系统分析了社会阶级结构再生产的文化机理。但是对于当时的我来讲，不可能有这么深刻的认识，我只是隐约感觉到，不同的家庭层次，对子女的教育投入不尽相同，对生活的认知也迥然有异。

和 20 世纪 80 年代相比，现在的中国社会结构已然完全不同。现在一个人所有的亲戚和同学的家长可能都会在同一个阶层里，而在我小时候的那个时代，一个大家族内成员的身份差别非常大（当时外地来的远房亲戚经常到家里住，并请求家族里身居高位的长辈解决各种"政策问题"，他们一住就是很长时间），一个学校的同学地位差别也非常大（主要是小学阶段），这一点对我来说特别重要。一方面，我看到了多样性，每个人的经济和社会地位都不一样，想法就会不一样，这个多样性对我来说本身就是一个刺激；另一方面，我也看到了多样性之间的联系：为什么不同的人会有不同的命运？这显然不完全是因为个人的天赋问题。我小时候听大人聊天，他们经常会提到历史机遇的因素——中国的变化那么大，从五六十年代的"反右"开始，到"文革"十年动乱，再到改革开放，上上下下对每个人的影响都非常强烈。这就使我形成了一种历史意识，一种对于大的历史事件和个人际遇之间的联系思考。

小升初时，因为学习成绩优秀，我被保送至北京市重点中学，同学之间家庭层次就比较一致了。按现在的话说，都是中产以上阶层的后代。同学们都是各小学保送或高分考入的孩子，他们学习成绩好且刻苦，他们的父母也很重视他们的教育，当时社会上为数不多且价格昂贵的辅导班，他们和我一样也都在补习，而这种情况在小学时是没有过的。我突然感觉到自己的优势不存在了，学业压力很大，自己再怎么努力，也不再是那个从小排名第一的尖子生了。即便是班里有个别学习成绩不好的同学，家里也都是"非富即贵"，很有"背景"。其实一想也能明白，学习成绩不好依然能上重点中学，其背后能够动员的社会资源可见一斑。在我的中学时代，知识量得以迅速增长，但是那种观察社会多样性的机会没有了。我的中学同学很多现在和我也保持着密切的联系，他们的职业类型大多是投资人、律师、医生、金融从业者、互联网从业者、传媒工作者和公务员，其中不少人已经移民海外。相对于小学同学微信群中各种情感和怀旧的交流互动，中学同学微信群里更多的是各种资源和人脉的对接整合。

中学时代，每天面对环绕于身边的优秀同学，我专心学业，两耳不闻窗外事。这段回忆于我而言，是平淡的、枯燥的、苦涩的；不像小学那么无忧无虑、多姿多彩。六年奋斗，一切都是为了那个最终目标——高考，那个年代的高考以"圈养"的知识为主，考核的重点是对书本内容的记忆和掌握，全国一张卷，无论身处何处，学习的教材一样，考试的内容一样。大城市的学生诱惑多些，往往不安心学习；小地方的学生心无旁骛，勤奋刻苦，成绩更好。所以，那个年代的高考高分很多出自某些县一中。我虽在北京上学，但做的不少模拟试卷是其他省份市县的考题，当时就感觉难度很大，力有不逮。农村和小城市学生的勤奋程度和原生动力比大城市学生强得多，他们希望凭借弱冠之前的这场公开公平公正的全国统一考试，给自己和家人送上一份"跳龙门"的成人礼。我是扩招前的最后一批大学生（98 级①），上大学后发现身边很多同学的家境都十分贫寒，我忽然成了同学中少有的"富人"，这从一个侧面验证了 90 年代高考对中国社会阶层流动所发挥的作用。高考制度类似于古代科举，我们不能简单将其看作一个升学考试，它实际上是一个社会分层制度，承载了无数年轻人向上流动的渴望。

但这种情况在扩招以后的高考改革中发生了变化。2000 年以后的高考改革，突出了能力导向和素质导向（不仅在正式考题中有所体现，而且在考前自主招生环节更为突出），大城市中产家庭的孩子由于见多识广、兴趣广泛，优势自然凸显出来。也就是说，当以涉猎多寡而不是以限定内容、以集成能力而不是以知识掌握作为考核的重点时，资本在后代身上的叠加效应就显现了。随着高考越来越强调考生的综合素质，资本的各种比拼也趋于白热化，名曰"不能输在起跑线上"。各种价格不菲的游学考察、科技竞赛、资格认证、发明创造、论文发表、特长爱好等，大城市的家长们各显神通（比如今年引起广泛关注的全国青少年科技创新大赛获奖学生的天才作品），但这些对于小城市和农村的学生则是天方夜谭。那些曾经辉煌的县一中衰落了，因为那里的学生在拼"爹"方面没了优势。农村孩子上大学的概率低了，重点大学（985、211）对社会中下层子女的挤出效应使得穷苦人家的孩子能考上名牌大学的机会越来越渺茫。经济资本、社会资本、文化资本在家庭代际的转化速度在加快，大城市中产及以上阶层通过教育——这一公认的资本转换模式——实现了资本在后代身上的传递。简而言之，条件好的家庭有更多的资源让自己的孩子上好的小学，上好的小学就可以上好的中学，上好的中学就可以上好的大学或者出国深造，归根结底是为了找到一份好的工作，其实质是为了保证自己家庭的阶级地位稳固和后代的向上流动。人一出生就站在两个相距很远的起跑线上，之后则生活在两个平行的人生世界里。这当然并不意味着后天

---

① 全国高校大规模扩招始自 1999 年，按当年统计，全国普通高校招生 160 万人，比 1998年增加了 52 万人，增幅高达 48%。

的赶超完全不可能，但现实往往要求后面的那个人跑得更快且不许犯规。我那个时代曾出现的"18岁我和你坐在一起喝咖啡"的场景，如今越来越难觅踪影了。

整个中国90年代都处于小平同志南方讲话的亢奋影响之下，市场经济体制在1992年10月党的十四大上得以确立。与之相伴的是个体意识觉醒，社会学称之为"个体化进程"。国家从一些公共领域逐步退出，不再包办个人的住房、就业、教育、养老、医疗等。国家不埋单，把责任推给个人的同时，个人的权利主张也多了起来，各种维权事件轮番上演。责任和权利从来都是相对应的，但在中国，两者的关系又不是简单的同步和法条的对应。中国是家国传统，国家是家庭关系的延伸，小家、大家、公家、国家，哪一层都有父母，哪有爹妈不管孩子的道理？一个典型的例子是，一些长期亏损的国有企业，买断工龄让员工提前退休，90年代中后期出现了大规模的下岗潮。但很多职工已经习惯了"公家"养活"小家"的模式，面对突如其来的市场打击无法适应，以各种抗争形式要求国家落实待遇和各种保障。他们的这种想法在当时具有一定的普遍性：社会主义大家庭的优越性就在于无论怎样，国家这个最后的大家长都必须兜底。好比孩子长大了，爸妈给笔钱让孩子自谋生路，孩子混得不好再回来找爸妈要钱，似乎也在情理之中。不同时期、不同地域、不同行业的补偿政策标准不同，导致了下岗职工福利待遇的差异较大，部分人至今仍然不满，还在坚持上访。当然，这些事情对于远在京城、安坐书斋的一个中学生而言，是完全陌生的，那时的我对于社会矛盾的理解仅限于新闻报道中的一些群体性事件。90年代留给我印象深刻的反而是两部情景喜剧——《编辑部的故事》和《我爱我家》。这两部剧以一种诙谐幽默的方式，对当时社会中存在的官僚主义和形式主义等"左"的观念和行为进行了戏谑式的嘲讽批判，剧中也反映出大转折时代人们对于新生事物的怀疑、惶恐、欣喜和兴奋。这两部剧中很多地方按照当时的审查标准来看，应属于"政治尺度大"，但这丝毫不影响人民群众对其的追捧和喜爱。从我父母的态度就可窥见一二，在当时紧张的高考升学压力下，这两部剧是他们唯二批准的我可以按时观看的电视节目。可以想象，"文革"带给中国人的回忆是多么沉痛且深远，改革开放之初能形成如此广泛的全民共识，以致"大势所趋，人心所向"，是对之前整个国家"左"倾错误的一种强烈反弹与逆向回应。如果说"文化大革命"还有"一功"的话，那就是它从反面教育了我们，"极左"和民粹主义是不可能有出路的。回溯90年代的社会氛围，虽然少了些80年代的理想主义情怀，但整体是趋于开放的。对于金钱，人们敢于公开谈论了；对于有钱人，也不再认为是剥削阶级；对于职业的看法，也不觉得进入体制就是唯一的选择。下海挣钱，成为很多人羡慕的生活方式，第一波公务员下海潮就是在那个时候出现的。

高中时，我读的是理科，但我最终考入了中国人民大学，一所以文科见长的学校。在迈入人大校门的那一刻起，我从未想到，自己即将在中关村大街59号这个地方度过近10年的青春时光。我的求学阶段历经四个学科专业，经济学、管理学、法学和政治学，可谓门门通、门门松，什么都知道点，什么又都没学精。这种学法如果放在理工科是大忌，但在社会科学反而还成就了我的多元和包容。要知道，社会生活是完整的，不能用不同的专业去切割完整的生活。社会科学的研究对象最终是人，人性是复杂的、一体多面的，所以研究人的社会科学也一定是相通的，专业之间的划分是为了研究方便并提供认知路径，但如果设置成非此即彼的专业门槛，不允许别人进来，比我高的都不用，那就目光短浅了。现在看来，社会科学研究如果把自己局限在一个非常狭窄的范围内，是不可能深入下去的。专业外的知识往往会以各种形式与专业领域联系在一起，一定要善于捕捉那些似乎无关紧要的知识。越是有意识地学习那些与自己专业有距离的知识，对自己今后从事的创造性工作就越有意义，因为学过的东西在什么时候以什么形式发挥作用是难以预料的。如果把知识比作植物的话，各种知识的地下茎脉会在意想不到的地方相互连接起来。

在大学期间，我的成长可以大致分为两个并行不悖的轨道：一个是作为普通学生的理论学习，一个是作为学生干部的社会实践。在理论学习方面，我要感谢恩师朱小平教授、孙国华教授和潘维教授，他们三人都在不同的学科领域，带给我不同的看待问题的方法。更为重要的是，他们对待我的"离经叛道"，极为包容豁达（换了四次专业，背叛所学学科，若在武林界，我估计早已声名狼藉），在研究上"放任"我的自由散漫，在实践中"纵容"我的尽情折腾。人大会计系声名远播，不仅在于阎达五、阎金鄂等一批著名会计学大家执掌校鞭，更因为有当代著名作家、思想家王小波曾在此任教。我上本科时，朱小平教授已是人大会计系主任，威名如雷贯耳，他主编的会计著作是几代会计学人的入门教材，我对朱老师仰慕已久，上研究生后十分荣幸拜在朱老师门下。他没有嫌弃我的专业水平，始终耐心辅导我，给我以极大鼓励和鞭策，是朱老师打开了我学术的大门，树立了我学术的信心。如果没有朱老师的引领，我很可能凭借"京男"的身份，谋个高薪工作混迹于市侩，不可能发现自己还有研究的潜力，更遑论以后走上学术道路。记得研究生毕业时和朱老师相聚，看着他那慈祥的目光、温和的微笑，就像感受父亲般的慈爱，能使烦躁的心安静如水，舒服无比。

求学的过程也是一个不断认识自我的过程，通过研究生阶段的学习，我发现自己的研究志趣不在经济金融等物质基础方面，而对上层建筑问题更感兴趣。可能是从小家境尚可，我始终对挣钱热情不大，对经济问题自然也燃不起研究激情。没有激情，难以长久，做学问谈恋爱皆然。研习了微观的会计学知识和中观的管理学知识，我有了追求宏观运行规律和顶层制度设计的构想——报考人大法学博士。人大法学院在全国排名第一，众多著名法学家汇聚于此。按理说，我的专业方向一直与经济有关，理应报考与之相近的民商法或经济法，但接触了几位相关领域的老师后发现，报名的学生太多，招生名额又有限，已经把我排到"9012 年"去了。正在我无计可施之际，命运再次眷顾了我，无意间我了解到我国法理学泰斗、著名法学家孙国华教授不问出身，不计门户，唯才是举。我有了大胆报考孙老师的想法。但还未及和孙老师沟通，就遭到家人和朋友的一致反对，他们的两个理由都很有说服力：一是报考孙老师的难度太大。孙国华教授是新中国法理学的奠基人之一，1986 年即作为第一位给胡耀邦等中央书记处讲课的法学家名扬天下，号称"中南海讲课第一人"。许多法学家和大法官都是孙老师的高徒，考孙老师的博士，意味着极为激烈的竞争。二是法理学很多内容偏向哲学，晦涩深奥，既需要扎实的法律基础、对法律条文熟稔于心，又需要一定的哲学基础和马克思主义理论背景，而这两方面我都不是强项。我当时的法律基础只有大一时学习的社会主义法律体系概论，而马克思主义理论也就是思政课的底子，早都已经还给老师了。但那个时候，不知哪来的底气，越是别人认为不可能的，我就偏要做成，有种"初生牛犊不怕虎"的韧劲。无知无畏地闯到孙老师家，没承想老先生热情地接待了我。一番攀谈后，深深地被孙老师平易近人、和蔼可亲的长者风范所感染，内心更坚定了报考的决心。孙老师当即告诉我，学问没有先后，谁能考取第一即录取谁。后来，经过夜以继日的学习，我终于如愿以偿，有幸成为孙老师最小的学生，成就了一段爷孙师生的佳话。孙老师学养深厚，尤其深谙马列经典，收我为徒时，已是 80 岁高龄，但每次与他对谈，精神矍铄，思维清晰，逻辑缜密，仁厚谦逊。谈及当下的社会问题，见解深刻，振聋发聩，思想永远年轻。有时他回顾一生成就，在众多的赞誉声中，先生从不独揽功绩，尤为淡泊。他经常跟我讲，研究问题，一定要弄清基本概念、基本原理、基本方法，才能在此之上开疆拓土，否则根基不牢，地动山摇。还有一次和先生聊起为学为人，孙老师感慨地对我说："改革开放前，别人说我'右'，改革开放后，别人又说我'左'。其实我没有变，是人心变化太快了。廉思你记住，一个人要顶天立地，就要有自己的原则立场，不能人云亦云、见风使舵。"孙老师于 2017 年 4 月仙逝，在葬礼上，我默默地看着先生，和先生交往 10 多年过程中的一幅幅画面，浮现眼前，仿佛就在昨日。

博士毕业后，机缘巧合，我又受教于北京大学国际关系学院潘维教授门下做博士后研究。潘老师被学界称为"新左派"，当然他自己并不认可这种划分。潘老师语言犀利，观点鲜明，性格直率，因此在学界"得罪"了不少人。其实，他的观点有很多我也并不认同，但他坚持自己的学术追求，笃定自己的价值判断，是令我十分尊敬的。他与那些溜须拍马、阿谀奉承的投机分子完全不同，他是在长期国内外经历的感知比较中，经过反复咀嚼内省式的理性思考，才衷心拥护党的理念和政策的。他对党的事业的热爱、对党领导下国家取得的成就，是发自内心认同的。每次我去找潘老师请教，他说历史，谈改革，讲故事，旁征博引，深入浅出，娓娓道来，人闻之而沉醉，深思之而灌顶。在博士后期间，我还负责北大中国与世界研究中心几次重要研讨会的筹备工作，印象最深刻的是"三十年来我国社会价值观的变迁"研讨会和"人民共和国六十年与中国模式"研讨会。两次会议来的左中右派学者都有，高朋满座，大咖云集，可谓思想沐浴，精神饕餮。对于刚步入学术殿堂的我而言，这些学者的名字原来只在书上见过，一下子在现实中见到本尊，好似童话世界里的英雄复活来到身边，自然无比兴奋。每位学者都对中国问题有自己独到的见解，我既沉浸其中，为他们的精辟论述拍案叫绝；也发现他们一些争论其实在观点上并没有多大差别，而在于对基本事实的认定上有所出入。后来看得多了，愈发觉得在当前中国愿意俯下身子，深入一线去揭示现象、发现事实的学者实在是太少了，大多数人忙于逻辑推导逻辑，理论推导理论，自圆其说，自证其义。我很好奇，中国改革开放的巨变提供了如此丰厚滋润的养料，学者们为什么不去努力汲取呢？可能找事实、摆现象这些工作既LOW又累吧。我是个年轻人，别人不屑于做的基础性工作，我倒是无所谓，正好从这些简单事情做起。可能就是在那个时候，我的心底就埋下了做调查研究的种子。此外，在北大中国与世界研究中心秘书长凌岩老师的鼓励和支持下，我还组织策划了"106青年学者沙龙"和"周六小历史沙龙"。每到周末，如果没有其他安排，我们就邀请不同学科的年轻博士和博士后，就自己的研究领域，来到北大国际关系学院B106会议室畅谈。那是我最愉快的一段时光。沙龙在周六下午三点开始，直至吃完晚饭方止。各领域青年才俊济济一堂，春夏秋冬、寒来暑往，从未间断。沙龙内容丰富，品茗谈心，学术、生活、时事畅所欲言，这种融洽的氛围，极大地开拓了我的视野，潜移默化感染着我的价值观。

我求学期间是自由自在的存在，现在回忆起来，好像这些老师都不曾

448

手把手教我写东西、查资料、做调查，我的研究从来都是四处碰壁、迤逦前行，有时候还要"偷学"手艺。但是细想起来，我何曾不是受到这些老师们的影响，何曾不受到他们的教诲，他们真正是"身教胜于言传"的"良牧"。思想的影响只能是浸润式的、化于无形之中，那种训导式的、规范性的教诲，只有一时之效用，难有深远之影响。只有经过自己吸收内化的认同和遵从，才是真信仰。后来，由于"蚁族"，我又误打误撞进入社会学领域从事青年研究，对于我这个新人，有些人很排斥、很反感、很不屑，但仍有一些老师给我以长辈般的关爱，比如李强老师、赵鼎新老师、郗杰英老师、刘俊彦老师等，他们高尚的道德情操、严谨的治学态度、前瞻的学术视野、渊博的人文知识，更是深深地影响了我。这些老师，是巍峨的存在，高山仰止，景行行止，永远是我成长道路上的明灯。

话说两头，学术轨道之外，另一个就是我的学生干部经历。本科时我担任学生艺术团键盘乐团团长、副团长、总团长；研究生时我担任中国人民大学研究生会副主席、常务副主席、主席；博士后期间我担任北京博士后联谊会副理事长兼秘书长。一路走来，筚路蓝缕，流过汗水，受过委屈，有过欢笑，得过表彰，也交下许多人生挚友。最重要的是，这些工作锻炼了我很强的动手实操能力和组织动员能力。有了十年学生工作打底，没有什么小事是不屑一做的，没有什么大事是不能去做的。从艺术团、到研究生会，再到博联会和课题组，我带领的团队都有一个共同特点：既没有工资待遇，又没有行政级别。也就是说，管理学上通常使用的"名"和"利"两种手段都借不上力，那么，如何管理好这样的团队？多年的学生工作经历让我体会到，除了严格的组织纪律管理人之外，还要有独特的人格魅力感召人和无微不至的关怀体贴人。如果没有别人对你发自内心的认同和尊重，仅靠严苛唬人的制度，是不可能实现有效管理的。

不经事，不见人，学生工作，让我在经事中增长智慧，提升自我。十年学生工作饱含了很多至今难以忘怀的故事。记忆深刻的，往往都是有深度情感参与的，我对学生工作用情之深，以至无数个夜晚都梦回组织学生

思行者

活动时挥斥方遒的情景，激动醒来，方知幻境。后来，我能以 32 岁之龄担任学校党委研究生工作部部长，36 岁得组织垂青担任团中央学校部副部长，无不得益于青年时期学生工作的历练。学生工作也极大地助力了我的调查研究，与日常行政事务不同，也与其他诸多学科的研究性质不同，我从事的基于大量一线调研的社会现象研究，除了对现实问题的敏锐性、学术功底的扎实性、潜心研究的耐久性提出了要求之外，因其庞大的调研规模、敏感的调研性质，还对组织动员调研团队、协调调度各方资源以及平衡政治和学术的能力提出了更高要求。而这些能力的养成，都是学生工作带给我的宝贵财富。如果没有在大学时期的反复"试错"以及老师们对我的包容爱护，自己怎么可能在后来的人生中实现跨越式发展。真的要感谢在学生工作生涯中对我有过莫大指导和帮助的高祥阳老师、代鹏老师、王健老师、时光寨老师等，他们其实有很多学生可以选择，他们本可以把平台留给更优秀的青年，但他们依然坚持把机会给予了我，让我终身受益。

没有对时代的痛感，就没有思考的深度。在我求学阶段，还有一些经历增强了我对时代的感知——赴湖北省广水市挂职和借调到北京市委教育工委。2005 年 10 月，经中国人民大学组织部和党委学生工作部推荐，我以博士身份来到地处祖国中部的城市——湖北省广水市，挂职担任市长助理一年。2006 年 3 月，我组织了 14 名在读博士、硕士赴广水调研，撰写了 16 万字的《中国中部县市经济社会和谐发展探究——来自湖北省广水市的调研报告》，得到时任广水市委市政府领导同志的高度评价。在广水，我走遍了山山水水，访遍了风土人情，在我心里，总有一个位置，保留着对广水那份化不开的深情。那里的人和事至今让我感动牵挂，在此次抗击新冠肺炎疫情的斗争中，我向广水市捐赠了 5 万元和一批口罩，东西虽然不多，但确实是一份心意。可以说，我的公共感和问题感是在广水时形成的，在和大量干部群众的互动交流中形成的，是具体的、鲜活的、扎根的。在我后来的三十多个社会群体的调研过程中，几乎每一次调查，都会动员上百人的调查员队伍和访问员队伍，培训、分组、路线、用餐、住宿、记录、安全等事无巨细，千头万绪，有时还需要协调民政、公安、国安、网管、团委等部门支持配合，工作量大，协调部门多，跨度时间长，且在调研中，还会经常遇到突发事件。我能够高质量地完成这些调研，与广水挂职经历练就的统筹协调能力、应急反应能力和舆情应对能力是密不可分的。广水的经历是我这个出生于大城市的青年第一次走入基层，第一次长时间离开学校接触社会。现在想来，是广水，让我在研究中对政府行为有了更多的体谅，能够设身处地地站在治理者的视角，换位思考哪些工作是政府可以做，却没有做到的；哪些工作，是政府全力做，也无法达到的；哪些工作是需要长时间积累，现在仍在推进之中，需要时间检验的。同时也让我认识到：工作中必须分清改革所依靠的力量是什么？改革使什么人受益？使什么人受损？改革的受益者通常要经过一段较长的时间才能体会到，而受损的人立刻就可以体会到，因而双方的力量对比暂时是不平衡的。这个时候往往很考验执政者的担当和智慧：一味担当，用力过猛，力排众议，可能现在就被人整了下去；而过于袒护利益受损者，瞻前顾后，患得患失，什么事情都无法推动，也会丧失发展机遇。

2007 年底，我以博士后身份借调到北京市委教育工委，负责高校动态预警体系建设工作。一年时间里，我带领北京大学、清华大学、中国科学院、中国社会科学院等科研机构的研发队伍，认真总结并汲取多年来高校维护稳定工作的基本经验，充分借鉴国内外最新研究成果，广泛整合多学科先进理论和研究方法，建设了一套首都高校动态预警体系。在北京奥运赛事运行和国庆 60 周年庆祝活动期间，教工委运用动态预警体系数字化平台，对首都高校各个主体的安全稳定状况进行实时监测，及时汇总统计事件分类和突出情况，对教育系统安全稳定发挥了重要的信息参考和决策辅助作用。这次特殊的借调经历，加深了我对中国"维稳"机制的认识。"维稳"不仅关乎主政者的"帽子"和追责，也关乎社会的长远发展和长治久安。任何文明的任何制度，面对不同的价值理念都不可能一视同仁，都有其自身的特定排序。在中国，求稳的排序往往高于民主、自由等其他价值，这既源于中国千百年来的历史传统，也源于改革开放的现实需要。从这个意义上讲，维稳是中国的刚性需求。但另一方面，我们也要警惕，不能把秩序和稳定视为社会治理本身的目的。相反，秩序和稳定是社会治理的一个副产品，它基于对不确定的高度复杂的现代化的理解。一个好的社会生态，不应为了达到所谓的"稳定"，就对居住其中的人们制定过于严苛的标准，而应让每个人在其中找到适合自己的生存方法。一个社会的正确打开方式，不是将自己制造出来的任何层次的人口驱逐出公共空间，而是要让社会边缘群体有自主经营或自我生存下去的机会。有时候，这种打开的方式并不美观，在审美上不那么"高大上"，但人不能总活在"高大上"里，人终归是要活在"烟火气"中的。

大学毕业后，我来到对外经济贸易大学任教，同时开启了我作为学者的另类人生。我们知道，主流的学术生产体系主要有两个力量来控制学者，一是发表论文的要求，一是课题申请的要求。在"非升即走"的倒逼压力下，一个学者如果五六年内没有文章发表或项目主持，有很大可能是要被淘汰出局的。所幸，我又一次赶上了那个年代的最后福利，成为学校最后一批签订长聘事业单位合同的员工——这意味着我一生都没有非升即走的压力。现在想来，我之所以能够在"唐家岭"漫无目的地泡两年做"蚁族"研究，一方面是因为我当时是一名无名之辈（Nobody），没人找，没事扰；另一方面是没有不发表即死亡的压力，可以静下心来，深度沉浸在某个地方做不为人知的研究。回过头看，如果说《蚁族》有什么特别的优点，那就是我对调查对象超乎寻常的亲密程度。这种熟悉，只有靠开放的、长时间的、不赶任务的"浸泡"才能获得。没有这种熟悉，就不会有真正贴切和丰富的分析。我记得初去唐家岭时，自己大脑一片空白，没有研究框架，对于要写出一个什么东西也完全没有概念，就纯粹在那里泡着，浸淫在其中。这个过程既是观察，又是体会那里生活的味道，感悟"蚁族"些微的知觉。两年里，我和他们建立朋友式的关系，吃住在一起，玩耍在一起，不是作为一种研究方式，而是作为一种生活方式，最后自然地、慢慢地形成认识并记录下来。这样调查出来的东西，与用比较规范的、带有某种目的写作，味道是很不一样的。所以，《蚁族》不是靠理论框架套出来的，而是一个一个细节叠加出来的。就像很多油画非常立体，不是一次作画完成的，而是一层一层颜色重叠而成的效果。

最不容易得到而又最容易从指缝中溜走的，是机遇。它就像个"小偷"，来的时候无声无息，走的时候令人追悔莫及。幸运的是，我在29岁时抓住了一个"小偷"。沉淀两年后，《蚁族》出版，举世皆惊，让我措手不及。我从未想过这本书会有如此巨大的反响，其实自己做这个事情的动机很单纯，一是好奇心使然，这么多和我一样的大学毕业生居住在北京城中村里，他们为什么留下？从事的都是什么工作？可能这些问题对于出生在农村，然后到大城市奋斗的年轻人不是个问题，但对于我这个从小到大一直生长在大城市的年轻人就是个问题。二是觉得有一种责任要把同龄人的别样青春书写下来，记录他们的奋斗，也是记录自己的成长。当时就是这两个因素的驱动，也没有什么关乎时代变迁、中国崛起的宏大意义。至于自费出版，实属情非得已，研究启动时我曾答应课题组成员要对这段共同的经历留个痕迹，如果不做这件事，违背了当初的承诺，我怕以后无颜面对大家。

《蚁族》大火后，我自己做人做事也没有什么变化，我还是那个廉思，那个社会学的半个门外汉。但有越来越多的青年人通过《蚁族》知道了我，开始主动联系我，愿意跟我讲述自己的故事，这激发了我的责任感，我觉得作为一个握笔的人，有使命把这个时代更多青年群体的面貌呈现出来。正是为了这个过于理想化的痴念，我坚持了10年，完成了32个社会群体的画像。可见，我的研究动力不仅来自对思考的热爱、对真理的追求——当然思考问题并有所心得也能带给我快感，更多的来自感情——对弱小者的感情、对普通人的感情。感情的驱动，往往区别于纯粹的理性，但也许更强有力、更能成为激励一个人长期行为的原发动力。看到这里，可能有些人会对我感到失望，认为我前行的动力是"微弱而细腻"的小情绪，竟没有什么"宏远而雄伟"的大抱负。在现实中，也的确有不少人认为我课题组的研究没啥档次，都是关注小人物的日常琐碎和生活烦恼。但我总在想，普通人，尤其是社会边缘群体，他们的幸福生活很多是靠苦难编织出来的，里面充满着温情和不舍、无奈和坚守，以及对自己尊严的考量。这千千万万普通人的生活就是中国这片土地的律动，每个人的个体命运影响不了这个国家的命运，但千千万万普通人的命运汇集起来，就是这个国家的命运。关注普通人的命运和关注国家的命运，虽有层次之别，但殊途同归。

还有不少朋友不止一次地善意提醒我，希望我在研究中能多讲些伟大成就，少谈点社会苦难，这样"政治上更正确"，也更容易受到重视和青睐。其实，仔细审视我课题组的研究成果，我们从未否认过国家发展的伟大成就，领导一个 14 亿人的国家并即将在人类历史上首次消除贫困，事实明明白白摆在那里，任何人不说都夺不走，更何况为盛世唱赞歌，已有很多人去做，也不缺我一个。我们从来都更注目忧患，我总觉得自己应成为一个"遒人"。在古代，遒人的重要职责就是每岁孟春摇动木铎，将古代圣王谟训宣布到全国各地。当然，遒人还有上传的职责，巡行于各地，进行必要的采风。虽然因为反映某些部门的"问题"，我受到过一些责难和冷落，但我从未后悔，让我重活一次，还是会选择同样的道路。

不可否认，《蚁族》在带给我无数赞誉的同时，也会潜移默化形成一些压力，这种压力会导致我对社会关注具有某种强烈的偏爱。"蚁族"以后，我和课题组接连创造了"工蜂""洄游""蜂鸟""拐点一代""战疫一代"等社会学概念，有的至今为人乐道，研究者众；有的如昙花一现，鲜有问津。有人说，我们擅于创造概念，炒作媒体，吸引眼球，这里面其实有最初"蚁族"带来的路径依赖。因为"蚁族"成功了，所以就不自觉地形成了一种期待被社会大众尤其是被调查对象认可的道德绑架。在某一阶段，我不仅希望课题组的研究成果得到认可，而且希望得到相当高程度的认可。好像没有一定的认可，就说明研究的失败，自己也会感到很失落。那么，给研究对象"贴标签"就是得到社会认可的一种捷径，通过将社会群体拟态化为某一社会性"动物"，既能让社会大众迅速地熟悉研究对象的特点，拉近与研究对象的距离，也可以让研究成果有较好的传播效果，形成舆论热点。社会科学作品确实需要面向大众，追求社会认可本身没有错，但如果把社会热度作为衡量研究的唯一标准，就会倒向反面——研究的投机以及迎合社会某些情绪。我会不自觉地看哪个东西会引起社会更大的关注，会押那个宝，这个投机性可能是我今后一生都要尽量避免和努力挣扎的东西。

因为成名过早，我课题组的研究成果常常毁誉参半。面对各种评价，我们尽量做到不受干扰，保持平和。我始终坚信，一个人在社会当中想要做点事，必须学会沉潜。沉潜代表了一种专注，能专注才能淡定、才能思考。中国社会的承载力和可融性很小，我们做了一些事情，人们为了褒奖肯定，冠之以很多光环；或者羡慕嫉妒，妖魔化一些东西。但无论外界是流言蜚语，还是鲜花掌声，我们都要清楚自我能力的边界，老百姓俗话叫"知道自己吃几碗干饭"，不妄自菲薄，也不妄自尊大；不轻易否定自我，也不把机遇当能力。

十几年的研究生涯中，我对自己的认识越来越清晰。对于社会学，我属于后来者，底子薄，基础差，不是科班出身，也没有师袭传承，成为理论大家几无可能。但我既然选择了学术道路，总要做点什么。我走了一条看似浅薄、实则艰难的"曲径"——通过实地调查，获得对中国社会的认识，进而对学科发展有所贡献——希望能够"通幽"。社会学当然要追求建构理论，来阐释和解读这个世界，但无论是建构还是批判，所依据的事实，都要由调查研究的结果形成。任何的判断，都要从基本事实出发，而不是从臆测想象出发。事实，好比一块块结实有分量的石块，至于如何将石块垒成坚不可摧的大楼，那要看理论功底和长期积淀。但如果石块首先不结实，后面建起的东西也必然崩塌。当然，理论和事实也不是完全割裂的，事实的选择和甄别，也需要理论的介入，就像用什么材料做石块，把石块打造成什么样，每个人的视角不同、手艺不同，打磨的石块也形态各异。但更多的情况是，石块还没选好造好，就忙着起高楼了。在很多高论之下，缺乏扎实的根基，很多人陷入概念之争、主义之争。数字是笼统的，事实是模糊的，越来越少有社会科学者愿意做基础事实性的工作。从这个角度上讲，我课题组做的工作，虽然不那么"伟光正"，但也还是有它的价值的。

另一方面，我们对问题或事实的选择，也不是随意为之，我们是有自己价值判断的。社会科学的任何研究，都有一定的主观性。而我们选定的研究对象，往往兼具"要命"和"有趣"两个特点。所谓"要命"指的是真实、紧迫的问题，有全局性影响的问题；而"有趣"指的是具有重要理论意义和学术潜力且能够生产科学知识的问题。这两个标准构成了我们选择问题的上限和下限："有趣"体现的是对某一问题的整体把握和敏锐思考，基本决定了一项研究的下限所在；而"要命"则体现了我们的眼光和格局，往往能左右一项研究的上限高度。从本质上说，问题感和幸福感类似，都不仅仅是大脑皮层的简单映射，而应当是内心深处的一种激发和触动，如果我们自己对所要研究的问题都不能产生好奇和震撼，也就不可能深入下去，进而引发他人的共鸣。美国社会学家米尔斯曾写下传世名作《社会学的想象力》，他认为，想象力是一种心智的品质，这种品质可以帮助人们利用信息增进理性，从而能看清世事，以及或许就发生在他们之间的事情的全貌。放在中国的知识语境下，想象力更像是一个人的内在修为，是一种能够照顾人心且关怀世事的温度与气度，是一种"身在此山"，而又能由此及彼，在"远近高低各不同"中辨识其面目的眼力与定力，这与技术、策略或者方法不是一个层面的东西。精致数学模型的运用固然可以为研究增色不少，但对于社会学而言，最重要的还是问题意识与研究志趣。

同时，我们对问题的选择也一定是基于对当下时代的回应和参照，这种回应和参照是从容的，也是深刻的。理论、概括和抽象化的研究结论，即使存在，也决不能以牺牲对于社会现实的具体感觉为代价。社会学研究应当首先帮助他者重塑当地的场景，辨别当时和现在的相同和差别，并且能让他者体会到身在其中的情感和抉择，最后才能给出那些值得尊敬的成就和令人痛心的失败背后的分析和结论。换言之，研究现实问题首先是让别人能通过你的描述，设身处地地生活在调查对象当时的场景之中。当然，有可能穷尽一切方法，对于当时事件的描述仍然是不完整的，描述中会带有主观的偏见。这不是为自己偷懒找借口或者恣意妄为找理由，只是说在严谨的学术标准之下，依然有可能会犯下关于事实的错误，或者做出经不起检验的结论。但是，只要我们严格遵守学术设定的标准，这些错误应当被看成前进道路上的阶梯，而不是否定成果全部价值的依据。

具体而言，我的研究肯定也带有自己的主观偏见或某种不得已的缺憾，这种偏见是我的成长经历与生俱来的，这种缺憾也是受主客观条件限制的。其中，我的原生家庭给我的研究带来了益处，也带来了麻烦。我的出身使我不会有很大的经济困扰，也不会为养家糊口担忧，但在有些研究中也会变成我的劣势，尤其是关于社会底层群体和弱势群体的研究中，会被很多人讥讽我故作"子非鱼安知鱼之乐焉"的无病呻吟之态。我尽量把自己的家庭背景变成研究的优势，试着把自己的想法当成一个实验对照组，用来比较在特定的环境下，面对同样的人生抉择，我和调查对象会有哪些不一样的观点。我经常通过向调查对象学习来克服我出生的阶层特点，他们的建议让我带着我从未有过的想法进入田野调查中去。同样，主客观条件的限制也非个人所能控制，我们曾称自己的研究为"自发性社会调查"。这种调查的最突出优势在于独立灵活，有别于统计局的普查和每年的千分之一调查，我们的调查能够及时发现社会问题，及时反应并形成新颖独特的调研报告。在团队组建和运行上，往往依托团队成员的热情和兴趣，因此能够充分调动成员的积极性，实现更具活力和创造力的效率和成果。当然，这种调查方法也存在一定的劣势。主要表现为可动用资源匮乏，与综合性社会调查相比，团队的经费数额和人员规模都受到较大限制。由于实际条件不具备，有时仍需要在学术严谨性上做出一定的妥协和让步，在样本量及抽样方案的设计上会受到局限，在成果发表的内容和研究视角上也会有所取舍。可见，我们这种调查方法的优势和劣势，正如硬币的两面。若对其过分苛求，那就只能放弃这种极具优势的学术方法，使我们只能唯综合调查数据和普查数据等是从。但综合调查和普查数据的公布往往滞后，且在调查深度和问题意识上都有所欠缺，无法满足个性化的研究需求。此外，能够得到这些数据的人并不多，一般学者由于社会资源相对匮乏，经常处于"寻数据而不得"的尴尬境地。因此我们认为，为了得到理想化的研究成果而放弃眼前并不完美的学术实践，不是对学术的追求，而是对学术的背离。

当然，虽然上文中我反复强调揭示事实的重要性，但毕竟十几年的调查研究中，谁都不甘心只是对事实进行解读，哪怕是再深入的解读。我也希望在思考上能更为深化，更理论性地提出一些问题。但实话说，我们目前的研究主要还停留在对现象的直接分析和浅层描述，没有就这些现象对整个中国社会变化的影响提出一些新的看法，也没有看到别人还没有看到的更深层次的东西。应当承认，十几年来我课题组的研究的确造了不少"坚实"的石块，但自己越来越感觉"内卷化"，重复一些社会现象和社会群体的描述，几乎在理论上没有什么大的建树。我对自己的能力产生了很大的怀疑，甚至不确定当初选择学术道路是否正确。我们做了大量的田野调查，积累了丰富的调查资料，有了无数很好的"奠基石"，按理说，现在的突破口应该是在其之上提出原创性的理论，建起"高楼大厦"。下得去，还要上得来，只有上得来，才能从田野调查提升出具有普遍性的规律，这才是高水平的研究成果。田野调查有助于原创性研究，但还不等于原创性研究。我们现在的研究重复性太强，学术增量极小，我被困在自己的认知框架里了。基于田野调查的研究当然是我们的特色，并已形成我们的优势，但为什么深入的东西还是太少？究竟缺失在哪里、不足在何处？自我分析这里面可能的原因是：一方面自己的理论功底还是不够深厚，无法对调查结果进行多次升维的提炼。列宁说，人的思想由现象到本质，由所谓初级的本质到二级的本质，这样不断地探求下去，以至无穷。可见，本质是有层次的，我们目前的研究还停留在初级本质的层面；另外，在理论与现实的联系中，自己还是没有能够抓住现实中要害的东西，也就是牛津大学社会学者项飙所说的"能从看到的东西里看到东西"。

我也不是没想过让自己转型，做不了一个优秀的学者，那就做一个优秀的工匠，起不了高楼，那就多造点石块，如实记录点时代变迁也是好的。我现在也在慢慢劝说自己，没原创理论的本事，那就做一些重复性的、没有创造性的，但是同样重要的工作吧。所谓中年危机是有一定道理的，年轻时在巨大的冲动下做成了一些事情，可能有偶然的因素，也有必然的因素。现在想继续往深里做，却发现做不成了，而且发现不是通过自己的努力就能达到的。这让我很焦虑，又不知该如何终结，自己虽然还没有崩溃或者完全没有自信，但这确实成为我一个非常大的心理阴影。做了十几年的事应该有一个说法，放弃觉得可惜，向前又走不动。这种状态，有点像"蜂鸟"的"悬浮"。过去的发展路径如果坚持下去，很难；但如果冒险走一条新的路，又没有勇气和信心。我也悬停在空中，茫然、无措，不知道方向在哪里，但仍要不自觉地努力拍打翅膀，避免自己不跌落而下。

　　这几年，没有方向感，还要拼命"悬浮"保持飞行姿态，我明显感觉到身体透支严重，精力大不如前了。更让我担忧的是，自己的心态在潜移默化发生改变。长时间高频度的一线调研，使我接触了大量残酷而真实的社会现实，对我的价值观冲击很大，负面烙印愈发沉重，深陷无力感不能自拔。我感觉现在内心里没有强大的声音了，在文稿里也看不到鲜活的、跳跃性的东西了，很难再写出那种向上的文字。佛祖说"大德之人，度己度人"，而我的修为不够，成了"度人不成，反累己"。记得小时候，看到不公的事，总会落泪，并立志长大"为弱者言"。现在真的眼泪少了，可能泪腺已经萎缩。貌似心灵鸡汤对我也不起什么作用，每当看到朋友圈有人发一些励志的东西，我总觉得是正确的废话，日子是一天天熬过来的，谁能每天靠喝鸡汤活着，不怕上火么。书读多了，活太明白，自己痛苦。我不是上帝，对于现在现实中的种种问题，我能发现、能调研、能分析、能呼吁，甚至能给政府提建议，但对于最终解决问题，我真的无能为力。自己的使命感有时候真是要命，理想主义的光芒一旦过热，不仅灼伤自己，也容易灼伤他人。

　　曾经一度，我寝食难安，彻夜难眠，理想和现实差别太大，我无法面对，难以接受。随着调研广度和深度的不断拓展，我越来越生发出"地命海心"＋"杞人忧天"似的担忧，我十分焦虑当前中国的社会结构会从金字塔型变为马拉松型。人们理想中的社会结构是橄榄型，中产阶层占大多数。但目前中国的社会结构，仍是金字塔型①。在这种结构中，虽然底层居多，但仍处于同一个框架之内，每个位置都有向上向下流动的可能性。而在今天，"金字塔"正在消失，"马拉松"正在显现。在马拉松结构中，每跑一段，都有人掉队，被甩到竞争体系之外。被甩出去的人，不再处于社会结构中的一层，而是位于社会结构之外了。倘若没有奇迹出现，几乎完全丧失了向上流动的机会。这些掉队者在人生中剩下的时光是"垃圾时间"，好比一场比赛打到半场，双方分数相差太大，落后的一方几无翻盘可能，还要隐忍坚持着陪胜利者打完全场。

而另一些人——那些中产以上阶层的后代，他们用了30年的时间来继承资源、学习技能并囤积力量，以便在30岁以后能够顺利实现自己的梦想。有人说他们是"世袭精英"，这种说法太绝对化了。在当今时代，没有谁敢公开承认血统的正当性。一个人即便出身再高贵，也必须不断地学习、精进、奋斗，向世人证明自己的才华和能力。资本的传承，不是简单的财富继承，家庭条件再好也要不懈努力。只有在前30年的时间里迅速地GET各种技能，获取各种资源，延续家族声望，才有可能跑赢整个人生的马拉松。正如很多人说的那样：比你优秀的都在努力，你还有什么资格偷懒？

两种出身，两种人生，一个是竞争掉队者，一个是梦想囤积者。两者的出现似乎在昭示着一个趋势，这个社会正在不断地甩掉不适应自身规则的参与者。由于社会贫富差距逐渐拉大，数量众多的底层青年向上层流动异常艰难，就算天赋异禀，若没有机遇垂青，努力也是枉然。对中产以上阶层的后代来说，当然也不是仅凭着自己家庭的社会资源或者是财富继承就可以轻松赢得整场比赛，父辈的能量仅能保证他们跑赢人生的前半程，30岁后的人生，还是要看自己各方面技能的习得，换句话说：爸妈只能

---

① 2019年中国居民收入分配显示，近43%人口的月收入在1090元以下，近69%的人口月收入在2000元以下，约84%的人口月收入在3000元以下，月收入在5000元以下的人口比例高达95%左右。

送你到这里了，后面的路，还是要自己走的。

两种人生，都不容易，在资源有限的条件下，如何调和矛盾，我无计可施。可能我过于悲观，但以我目前的学识，的确看不到当下能够改变的可行路径。我指的路径，不是那种纯理论的学术批判，而是务实管用的政策方法——马后炮似的说教人人都会，提出建议性的意见才是真水平。其中的道理我也懂，就自然法则而言，人人生而不平等。性别、体力、智力都是有差异的，家庭条件也是有差异的。如果社会不对天生的弱者，尤其是家庭条件的弱者进行某种照顾，平等就无法实现；但反过来看，如果要实现平等，就必须限制或牺牲一些效率。美国 20 世纪 60 年代曾施行"矫正性行动"（Affirmative Action 又译为"肯定性行动"），旨在通过联邦法律的强制，消除对黑人等少数族裔以及妇女等弱势群体在就业、教育等领域的歧视和不平等，但后来，这一行动又引发了对白人的新的不平等，从而陷入了自我否定的循环。在中国现有的制度设计下，如果对所有人一视同仁，那些家庭条件好的年轻人，定会有更大的概率脱颖而出，这可以说是"平等对待"；但如果追求的是"平等结果"，就必须采取刚性的政策倾斜，也就是"不平等对待"不同人群，对社会底层家庭的年轻人有所照顾。无论是在理论还是在实践中，关于平等、公正、效率等的悖论都很难让我找到答案。

32 个社会群体，32 种人生境遇，每完成一个群体调查，自己的"惑"就多一些，而"解"却越来越少。没承想，到了"不惑"之年，人生非但没有活得更明晰透彻，愈来愈多的"惑"反而成了我挥之不去的心结。以我们去年做的大城市快递小哥调研为例，原以为随着现代技术的发展，诸如快递小哥、网约车司机、家政服务钟点工、自由职业者等各种零工经济蓬勃兴起，人们会更加自由、更加幸福，自主选择工作的权利会更大。我甚至曾真的相信经济学之父凯恩斯的预言：到 2030 年，社会的飞速进步足以令人们几乎不需要工作，届时人类面临的主要问题将是无聊，人们可能需要以"3 小时轮班或每周 15 小时"的形式来分派工作，以解决无聊的问题。我满怀期待地开始调研，设想着快递小哥用工作打发自己的无聊时间，想干就接一单，不想干就随时下线。调研的结果却直接打脸，智能化现代技术并未带来如凯恩斯所期望的美好情景，而是更加否定了劳动者的主体性，制造出了更多不稳定的临时非正式工作，各种风险更为隐蔽地被转嫁给了劳动者，并以劳动者的主动选择为遁词来规避企业应承担的道义责任。而类似快递小哥这种及时性、分散化、非标准化以及非正式性用工的大量不稳定劳工群体，并不具有传统意义上的集中工作场所，也没有严格意义上的工作日与休息日，他们更多的是围绕着即时的市场需求而应急性地为订单工作，这样一来，传统意义上的劳工团结局面也难以形成了。可以说，我们的调研结果十分令人沮丧，资本对人的异化不是减弱了，而是加强了；劳动者的工作环境不是改善了，而是恶化了；大量的人在加班过劳和待业失业两种不稳定的极端状态之间流变。人类几百年来为保障劳动者权益所做的一切努力，被新技术击得体无完肤。

上面的"惑"还只是涉及具体问题，而接下来的"惑"则直接动摇了我世界观的根基，极大地冲击了我业已形成的稳定判断和不断呼吁的价值导向。以前我经常谈及，在前喻时代，年轻人借助长者的知识传授，需要花费很长时间进行经验积累，以此不断"试错"来增加对世界的认识。前喻时代是年长者的时代，青年人并没什么话语权。而现在，年轻人不必再仰仗老年人了。他们熟练地使用网络，利用"外脑"轻松地获得老年人一生都难以企及的知识。他们通过计算机模拟生成各种结果，极大降低了"试错率"，提高了"成功率"，年轻人反过来教育老年人的后喻时代终于来临了。如今，社会越来越认识到青年的价值，国家也于2017年出台了《中长期青年发展规划（2016 – 2025 年）》，首次提出了青年优先发展战略。作为一个长期关注中国青年发展的学者，我深知后喻时代青年的翻转作用，并为人类这一全新模式的到来而欢欣鼓舞。但另一方面，近年来如"奔涌吧，后浪"等一系列现象的发生，又让我产生了一种莫名的担忧。借助移动网络和新媒体技术，当代青年拥有了前所未有的信息渠道。作为一个整体，青年在日常生活中因为对现代技术的使用而在整个社会中提升了自己的位置，青年的话语权极大地增强了。后喻时代没有谁再敢忽视青年,漠视青年,而是纷纷倒向了另一个极端:一味地迎合青年,盲目地讨好青年,不指出青年存在的问题。如今吹捧青年已经成为一种流行时尚和政治正确,任何人好像不说几句赞美青年的话,就不能显示自己的高明和胸怀。如果说人类的历史以前是社会驯化青年,那么如今则是青年驯化社会。既往的人类经验是否真的过时了?后喻时代已经发展到可以不依靠前人传承就能够自我进化的程度?我开始怀疑自己这么多年所坚持的东西,是否对社会有正确的导向;自己一直所坚守的信条,是否本身就是一个伪命题。

很多时候,我无法说服自己,更无力说服别人,每天冥思苦想也无济于事。尽管有诸多负面情绪和无解答案,但我毕竟还肩负着教书育人的职责,我担心自己的状态会影响到学生和身边的青年。我不厌其烦地告诫自己,使命感要有,但要有度,要在自己可以掌控的范围内有所作为,不能把一切问题都当作自己的使命,把问题没有解决好归结于自己的能力不足;更不能超越基本的同情,把别人的苦难和不幸当成自己的不幸,动辄为遥远的陌生人暗自垂泪……这样不仅自己容易受挫,对信心打击很大,而且容易抑郁,最后可能连活下去的勇气都没有。我也尝试着开导自己,给自己做思想政治工作和一些心理建设。我常自我暗示:在对现实进行批判审视的同时,也应该肯定这些年社会在一点一滴地进步(比如今年全国彻查高考替考);尽管现实还远不尽如人意,但是这些变化或多或少能给生活带来信心,能让我感受到些许个体的力量,不至于动辄陷入绝望和虚无;我无法改变大环境,但可以改变身边的小环境,中国整体变革需要局部先行先试和精神气候的累积改变,而这恰好是自己能发挥一点作用的地方;罗曼·罗兰说过,真正的英雄,是那些看清了生活的真相,却依然热爱生活的人,事实已然如此,但自己不能放弃梦想,也不能因迟疑而停止努力等等。希望这些话能管点用,让我不为所"惑",坚定不"惑"地活下去吧。

篇幅有限,文章最后还是要拉回到自己的人生轨迹上来。与本书成果相对应的 2010~2020 的这十年,与我之前的三十年完全不同,应该是迄

思行者

今为止最跌宕起伏的十年了。前三十年的我是向上生长的，这种向上，直观地表现为学历的提升、职务的提升和职称的提升，背后其实是知识的累积、视野的开阔和能力的增长，在临近三十而立的 2009 年，我因《蚁族》名扬天下，给自己前三十年画上了一个完美的逗号。而最近这十年，我经历了大起大落和人间冷暖，让我对人生、对社会有了更多的反思和内省。我倏地发现，这十年自己咬着牙，竟也走了很远的路。我看到了人性的丑恶和不堪，也读到了人性的美好和善良。至于近一年发生的有些意想不到的事，可以说是我有史以来经历过的最大挫折，但人生不就是在这样的磨难中迂回前行的么。《了凡四训》中说：从前种种，譬如昨日死。过去了，就成了历史，无法改变。事情过去了就是过去了，再后悔也没用。心里装着悔恨，只能搅乱当下、错失未来。曾文正公也说："物来顺应，未来不迎，当时不杂，既过不恋。"时间是一条单行道，事情发生了就是发生了，一切都无法挽回。除了接受，别无选择。再多的抱怨，再多的不甘，也是徒劳。只要不死，我们就得受着。受着受着，可能也就习惯了。很多时候，人们感到焦虑，就是因为脑子里装了太多东西。专注当下，把手头的事情做好，才是一个人最大的修行。

回望征途，40 年人生，自己设置了一个又一个目标，有的实现了，有的失败了，有的还能再次尝试，有的可能一辈子已无缘。一切过往，皆为序章，40 年如白驹过隙，是人生下半场的前奏，但下半场的入场式，我的脚步已与上半场明显不同。人到中年，自己变得"成熟"了，说话与做事都不想"冒尖"了，少了年轻时的"锐气"，往往也没了做事的"冲劲"。现在的我，心态平和淡泊，看不到希望，也不至于绝望；接近成功，但离失败也并不遥远；想向上向前，但随时可能跌落而下。事情做成了，难以惊喜若狂；事情没成，也坦然接受。胜，多是惨胜；败，多是惜败。可能今后更多的日子是无日无月，无风无雨，磕磕绊绊，跌跌撞撞。不过还好，我已然接受了这样的状态、这样的处境、这样的际遇，欣然迎接狂风暴雨的吹打，也不幻想明天就能风和日丽。

历史的变化是非线性的，对一些人来说，变化很快，对另一些人来说，变化是温和的，也有人几乎感觉不到变化。曹操讲"人生苦短，对酒当歌"，苏东坡说"哀吾生之须臾，羡长江之无穷"，人在时空两大维度中都是非常渺小的，转瞬即去。幸好，思想比生命更长久，生命必有尽头，但思想可能长存。那种具有魅力而长存的思想，不是那种短暂闪耀的火花，是能够照亮人们心灵的长亮不绝的光。如果再过 40 年，到我 80 岁时，自己仍能理想不灭，浩气长存，思想涌动，情感满怀，那该是多么值得赞叹的一生啊……

（未完待续）

图书在版编目（CIP）数据

思行者／廉思著 . -- 北京：社会科学文献出版社，
2020. 11（2024. 12 重印）

ISBN 978 - 7 - 5201 - 7198 - 4

Ⅰ. ①思…　Ⅱ. ①廉…　Ⅲ. ①社会学 - 文集　Ⅳ.
①C91 - 53

中国版本图书馆 CIP 数据核字（2020）第 164133 号

思行者

著　　者／廉　思

出 版 人／冀祥德
责任编辑／桂　芳
责任印制／王京美

出　　　版／社会科学文献出版社·皮书分社（010）59367127
　　　　　　地址：北京市北三环中路甲 29 号院华龙大厦　邮编：100029
　　　　　　网址：www. ssap. com. cn
发　　　行／社会科学文献出版社（010）59367028
印　　　装／三河市东方印刷有限公司

规　　　格／开　本：787mm×1092mm　1/16
　　　　　　印　张：30.25　字　数：447 千字
版　　　次／2020 年 11 月第 1 版　2024 年 12 月第 5 次印刷
书　　　号／ISBN 978 - 7 - 5201 - 7198 - 4
定　　　价／188.00 元

读者服务电话：4008918866